Virginie Girod

Virginie Girod est docteur en histoire et spécialiste de l'Antiquité romaine. Elle a notamment publié les biographies d'Agrippine – *Agrippine, sexe, crimes et pouvoir dans la Rome impériale* (Tallandier, 2015) – et de Théodora – *Théodora, prostituée et impératrice de Byzance* (Tallandier, 2018) –, qui ont rencontré un fort succès. Depuis plusieurs années, elle est également chroniqueuse à la télévision (pour « Secrets d'Histoire » en particulier) et dans la presse (*Le Point*, *LiRE* et *Historia* entre autres magazines). *La Véritable Histoire des douze Césars* a paru chez Perrin en 2019.

LA VÉRITABLE HISTOIRE DES DOUZE CÉSARS

VIRGINIE GIROD

LA VÉRITABLE HISTOIRE DES DOUZE CÉSARS

PERRIN

ISBN : 978-2-266-30998-1
Dépôt légal : septembre 2020

À mon père et à ma mère,
parce qu'il n'y a pas de famille sans histoire

« Ce qui intéresse l'homme politique, ce n'est pas l'argent, c'est le pouvoir. Il ne pense qu'à ça tout le temps, jour et nuit. Il sacrifie tout, sa famille, sa santé, sa dignité : c'est toujours pour le pouvoir. »

François MITTERRAND

« En fin de compte, qui suis-je, lorsque je ne joue pas ? Un pauvre orphelin abandonné dans les rues des Sensations, grelottant de froid aux coins venteux de la Réalité, obligé de dormir sur les marches de la Tristesse et de mendier le pain de l'Imaginaire. »

Fernando PESSOA,
Le Livre de l'intranquillité

Avertissement

Cet ouvrage est une série de biographies historiques élaborées sur le modèle des *Vies des douze Césars* de Suétone. Il est le fruit de recherches minutieuses menées tant au travers des sources antiques que de la bibliographie récente. Cependant, les introductions et les conclusions de chaque chapitre, dans une police différente et aisément reconnaissables, sont des fictions. Inspirées par les textes anciens et réduisant la part de l'imaginaire au minimum, elles servent d'illustrations aux biographies, à l'instar des scènes de reconstitution dans les documentaires télévisés. Elles n'ont d'autre vocation que de faire partager au lecteur l'intensité dramatique d'un instant particulier, de lui faire ressentir une ambiance, et de planter un décor pour faire de ce livre un voyage dans l'univers des Césars. Néanmoins, le lecteur rétif à ces rêveries pourra aussi faire l'impasse sur leur lecture sans que cela altère la compréhension des biographies.

Avant-propos

La comédie humaine suétonienne

Pourquoi revenir encore aux douze Césars ? Parce qu'ils ne cessent de nous fasciner. Qui n'a jamais rêvé d'avoir l'audace de César et de franchir, comme lui, le Rubicon ? Qui n'a jamais imaginé être doué d'un esprit aussi rusé que celui d'Auguste et de devenir un meneur d'hommes adulé ? Qui, en son for intérieur, n'a jamais envié les nuits orgiaques de Caligula ou de Néron ? Bons ou mauvais, les Césars ont tous été animés par une volonté de puissance au sens nietzschéen, une pulsion de vie si extraordinaire qu'elle aboutit irrémédiablement à l'*hybris**, un mode de vie excessif dont même les dieux prennent ombrage. Et pourtant, malgré leur destin grandiose, leurs failles se sont transformées en gouffres béants. Leurs blessures, leurs carences affectives, leur paranoïa, leur besoin de dominer pour

* Dans la Grèce antique, l'*hybris* est une façon de vivre dans la démesure, en proie à toutes les passions, à l'égal des dieux. Elle est considérée comme un crime envers l'ordre universel.

affirmer leur supériorité en ont fait des monstres discrets ou assumés. Du haut de leur piédestal, élevés au rang de mythe, ils demeurent néanmoins terriblement humains. Rendus immortels par l'histoire, ils sont toujours présents dans les manuels de nos écoliers, jusque dans les œuvres de fiction les plus variées. De l'opéra aux séries télévisées, en passant par les grands péplums hollywoodiens et la bande dessinée, ces mégalomanes, visionnaires ou pervers, hantent délicieusement notre imaginaire.

Depuis le XIXe siècle, les historiens, à l'instar de Franz de Champagny dans son ouvrage intitulé *Les Césars*[1], ont tenté de démontrer que le pouvoir impérial, avec son cocktail d'excitation et de terreur, avait conduit les empereurs à la folie. En 1991, le chercheur Régis F. Martin a essayé de comprendre comment d'éventuelles maladies, telles la proverbiale épilepsie des Julio-Claudiens* ou diverses psychopathies, ont pu influencer leurs décisions parfois insensées[2]. Les récentes recherches en neurosciences et en sciences cognitives démontrent que toutes leurs intuitions étaient fondées : le pouvoir corrompt immuablement les puissants. Il isole. Être Auguste signifie avoir une valeur supérieure aux autres, et il ne peut y avoir qu'un

---

* Les Julio-Claudiens forment la première dynastie d'empereurs romains allant de Jules César à Néron. Jules César n'a jamais été empereur, mais dictateur à vie. Légué à son petit-neveu après son adoption, son nom passera d'empereur en empereur. César, symbole d'une filiation, deviendra progressivement un titre. La famille Julia est donc à l'origine des premiers empereurs. La famille Claudia se lie à elle par le jeu des unions. Tibère sera le premier Claudien au pouvoir. Les empereurs suivants descendront de ces deux lignées.

Auguste à la fois. L'empereur se trouve à une place intermédiaire entre les hommes et les dieux. Comment garder les pieds sur terre dans cet espace politique symbolique où personne ne peut vous rejoindre ? Les effets de cette solitude sont particulièrement palpables chez les plus tyranniques tels Tibère ou Domitien. Le premier s'est isolé à Capri et le second s'enfermait plusieurs heures par jour pour échapper à la promiscuité du palais.

Le pouvoir confère par ailleurs un sentiment d'impunité. Caligula et Néron n'ont renoncé à aucun de leurs désirs, même lorsqu'ils étaient socialement réprouvés : le fils du général Germanicus laissait libre cours à sa féroce volonté d'humiliation et Néron a mené une carrière au théâtre comme s'il avait été un histrion né dans les bas-fonds. Mais surtout, le pouvoir atrophie les structures cérébrales liées à l'empathie[3]. Ressentir les émotions des personnes en face de soi devient de plus en plus difficile, voire impossible. Cela explique pourquoi nombre de Césars ont été perçus comme des sadiques. Le pouvoir bouleverse aussi la chimie du cerveau. Le taux de testostérone augmente et développe les traits des dominants tels que l'agressivité et l'assertivité. César est l'exemple parfait de l'homme de pouvoir. Ses succès militaires l'ont convaincu de sa légitimité à gouverner Rome.

La testostérone joue également un rôle prépondérant dans la libido. Certes, les frasques sexuelles des empereurs, souvent fantasmées par leurs ennemis, étaient un moyen de les calomnier, comme l'a très bien démontré l'historienne Géraldine Puccini[4]. Cependant, leur position hiérarchique les poussait à consommer la chair avec appétit. Les femmes ambitieuses ne s'y trompaient pas. Être l'intime d'un puissant, ne serait-ce que par orgueil, est très gratifiant sur les plans social et narcissique. Poppée n'aurait certainement pas aimé Néron si son front n'avait pas été ceint d'une couronne de laurier. En l'épousant, elle a gagné une forme d'immortalité.

Dans les lits des douze Césars comme dans les coulisses du palais, de nombreuses impératrices et princesses ont participé à la politique à travers des jeux d'influence ou des complots. Comme les hommes, elles ont connu les affres du pouvoir et l'ambroisie enivrante de la toute-puissance sans pour autant être en droit d'occuper le devant de la scène. Évidemment, les mères les plus ambitieuses et castratrices ont joué admirablement les reines de l'ombre. Livie a été l'une des éminences grises de l'Empire et Agrippine la Jeune a exercé une véritable régence pendant quelques mois. Dans une Rome culturellement misogyne, l'une et l'autre ont chèrement payé le prix de leur arrogance en défiant les lois sociales mais, surtout, elles ont semé chez leurs fils respectifs, Tibère et Néron, les germes d'une frustration devenue le terreau fertile de leurs aspirations tyranniques.

Les douze Césars s'inscrivent dans une histoire de famille particulièrement complexe. Ils ne peuvent être réduits à une succession de biographies se chevauchant plus ou moins. Ils forment ensemble la fresque humaine la plus cynique du Haut-Empire et sans doute l'une des plus captivantes de l'histoire de l'Occident. La véritable histoire des douze Césars est dès lors une sorte de saga familiale où chaque destin d'empereur est lié à celui de son entourage sur près de cinq générations. Le palais où ils évoluent est un lieu d'une grande violence psychologique et parfois physique. Les maîtres de Rome s'y sont empoisonnés au venin de la jalousie, de la haine, des amours déçues et de la vengeance avant même d'accéder au pouvoir. Ils incarnent encore, deux mille ans plus tard, les figures paroxystiques de nos passions.

Cette plongée vertigineuse dans la psyché des premiers empereurs romains est rendue possible grâce à Suétone (*c.* 70-122 apr. J.-C.). Ce membre de l'ordre équestre, la petite noblesse romaine, a fait une partie de sa carrière dans l'administration impériale sous Hadrien (117-138). À l'inverse du grand Tacite, jugé le plus grand historiographe de son époque, le secrétaire de l'empereur ne confond pas l'histoire avec un exercice de littérature, certes brillant mais quelque peu dénué de fondements – la description tacitéenne du naufrage d'Agrippine la Jeune, par exemple, témoigne de l'influence du théâtre classique sur la construction de ses récits, au détriment de toute vraisemblance[5]. Tacite a tissé dans ses sublimes *Annales* l'étoffe des mythes des Césars. Suétone, avec sa vision acerbe, nous rappelle qu'ils étaient avant tout des hommes en proie à des sentiments exacerbés par leur position sociale. Tel Balzac disséquant l'univers du XIXe siècle, il construit une histoire naturelle de la société romaine, sa propre comédie humaine, polarisée autour du Palatin. Dans ce microcosme dont il se fait le cicérone gravitent l'aristocratie formée des sénateurs et des chevaliers toujours avides de s'arroger quelques prérogatives illusoires ; les soldats, contre-pouvoir armé et véritables faiseurs d'empereurs ; le peuple, meute tantôt soumise, tantôt impétueuse, obnubilée par le pain et les jeux ; les esclaves et les affranchis, moins dociles et discrets qu'on ne l'imagine. Le reste de ses œuvres, hélas perdues, poursuivait son travail d'anatomiste social*.

Suétone a longtemps été méprisé pour s'être adonné au genre mineur qu'était alors la biographie. L'historien Jacques Gascou, auteur d'une thèse sur *Suétone historien* publiée en 1984 par l'École française de Rome, a pourtant largement démontré que les jugements négatifs portés par snobisme intellectuel sur le travail de Suétone devaient être dépassés. L'œuvre de ce dernier possède une véritable valeur historique car ses fonctions de secrétaire de l'empereur et de bibliothécaire lui ont donné accès aux archives du palais[6]. Lorsqu'il rapporte une rumeur, si délicieusement scabreuse qu'elle soit, il l'énonce clairement. Il cite des documents officiels qu'il consulte et nous permet, vingt siècles plus tard, de faire une incursion dans les pensées des Césars.

Évidemment, la tentation est grande de paraphraser l'historienne Nicole Loraux et d'affirmer, comme elle l'a fait au sujet de Thucydide[7], que non, Suétone n'est pas notre collègue ! Il n'avait pas cette méthodologie et

---

* Parmi les titres perdus de l'œuvre de Suétone se trouvaient un traité des rois, un traité de l'institution des offices, un livre des jeux, une étude de l'année romaine, une défense de la *République* de Cicéron, une étude critique des signes d'abréviation, une étude des costumes romains, une étude des injures, une étude des mœurs et des usages des Romains, un livre des courtisanes célèbres, un livre des défauts corporels. Autrement dit, il y avait la matière complète d'une comédie humaine focalisée sur le centre de son monde, Rome, avec à son cœur, les Césars.

cet esprit critique si chers à notre discipline aujourd'hui. Il était, dans le fond, bien moins arrogant que nous le sommes, car il avait compris que l'humain est une source intarissable de subjectivité. À défaut d'avoir été un historien au sens académique, Suétone s'est comporté en protoenquêteur. Il a réuni les indices et les documents nécessaires au travail des historiens des générations futures. Nous pouvons lui en savoir gré.

Avant de profiter pleinement de son œuvre, il faut également garder à l'esprit qu'il écrit dans le but de plaire à Hadrien. On comprend alors aisément son dessein : montrer que les Antonins* ont apporté l'âge d'or à Rome. Cela impliquait nécessairement le dénigrement des dynasties antérieures sur le plan politique et l'exhibition des travers personnels des premiers empereurs. Dès lors, il est relativement simple de faire une lecture critique de son œuvre et d'approcher modestement la réalité.

Ainsi, en recoupant minutieusement les sources textuelles, archéologiques et numismatiques, et en sollicitant la psychologie et les neurosciences, nous parvenons à éclairer d'un jour nouveau les comportements des Césars et de leur entourage. Ce qu'ils semblent avoir été apparaît comme la somme d'un complexe mélange d'acquis et d'inné, de biologique et de culturel, dans le décor onirique d'une Rome en pleine mutation politique.

---

* La dynastie des Antonins a gouverné Rome de 96 à 192 apr. J.-C. Ses empereurs, Nerva, Trajan, Hadrien, Antonin le Pieux, Marc Aurèle et Commode, ont mené l'Empire à son apogée en termes de surface et de prospérité, du moins si l'on fait exception du dernier de leur famille.

1

César, le destin d'un audacieux

> « S'il faut en effet violer le droit, que ce soit pour régner. Dans les autres cas, respectez la justice. »
>
> Suétone, *César*, 30

César se tient là, juste devant le Rubicon. S'il traverse la rivière, il entrera en Italie malgré l'interdiction du sénat. Son acte ne sera pas sans conséquence. S'il ramène ses hommes en armes dans son pays natal, il déclenchera une guerre civile. Il le sait. Il le veut.

Il a déjà cinquante et un ans. Alexandre le Grand, son modèle, dirigeait un empire à seulement trente-trois ans. Il est temps de prendre sa place dans le monde. César vient de mettre la Gaule à ses genoux. N'est-ce pas la preuve de sa puissance ? N'est-il pas supérieur à Pompée ? Le peuple l'aime. Ses légions l'adulent. C'est le moment de prendre ce qu'il a toujours voulu : le pouvoir suprême.

Les dieux lui envoient un signe pour balayer ses derniers scrupules. Un jeune homme de haute taille et d'une grande beauté – un dieu peut-être – est apparu de nulle part en jouant de la flûte. Les bergers des alentours et certains de ses soldats s'attroupent autour du pâtre. Malicieusement, celui-ci abandonne son instrument rustique au profit d'une trompette qu'il arrache des mains d'un légionnaire et s'élance vers la rivière en sonnant la marche[1].

N'est-ce pas Vénus, la protectrice de César et sa lointaine aïeule, qui lui envoie ce beau berger ? Ses muscles se tendent. Sa décision est prise, irrévocable. Il franchira le Rubicon. Se tournant vers ses légionnaires pour les exhorter à le suivre, il s'écrie : « Allons où nous appellent les signes des dieux et l'injustice de nos ennemis. Le sort en est jeté[2]. »

Sa voix vibre dans l'air froid de ce mois de janvier 49 av. J.-C. Il sait qu'il vit un moment décisif de son existence. Il ignore cependant que ses mots résonneront d'un sempiternel écho dans l'histoire. *Alea jacta est.*

Un fils de bonne famille

Non, César n'est pas né par césarienne. Les conditions d'asepsie de l'époque n'auraient pas permis à sa mère de survivre à une telle opération[3]. Or, Aurelia Cotta a semble-t-il vécu assez vieille pour assister au meurtre de son fils, épreuve terrible qu'aucune mère ne devrait avoir à subir. Le drame des ides de mars a cependant rendu son fils immortel.

Caius Jules César voit le jour à Rome le 12 juillet 100 av. J.-C.[4]. Son surnom lui aurait été donné en hommage à l'un de ses ancêtres, meurtrier d'un éléphant carthaginois pendant les guerres puniques. Mais les philologues ont démontré qu'il s'agissait là d'une invention de sa famille : le mot « pachyderme » ne s'est jamais dit *caesar* dans aucune langue sémitique[5]. La famille Julia a toujours eu à cœur de justifier sa grandeur par des légendes et César ne dérogera pas à la règle. Lorsqu'il fera à trente et un ans l'éloge funèbre de sa tante Julie, l'épouse de l'éminent politicien Marius, il n'hésitera pas à déclarer que sa lignée remonte jusqu'aux premiers rois de Rome et à la déesse Vénus[6]. Dans la réalité, le petit César provient d'une famille noble comptant au moins un consul par sa mère, les Aurelii Cottae. Son père, quant à lui, est issu du patriciat, la haute aristocratie romaine.

Chéri par une mère en pâmoison devant lui[7], le jeune César grandit avec une très haute opinion de lui-même. Son arrogance est nourrie par une intelligence et une finesse d'esprit hors du commun. Il passe pour avoir une éloquence extraordinaire sans se donner trop de peine[8]. Il a une solide culture générale et s'initie probablement à l'art de la guerre en se délectant de textes épiques conseillés par ses pédagogues. En plus d'être un intellectuel de haut niveau, César est un athlète accompli : cavalier infatigable, nageur endurant[9] et escrimeur brillant[10]. Chez lui, le corps et l'esprit sont tout aussi performants. Il possède toutes les qualités nécessaires pour devenir un glorieux chef de guerre et un politicien exceptionnel.

Outre ces atouts, César possède une apparence remarquable. Certes sa beauté est un peu froide, comme l'atteste le buste de Tusculum*, mais il émane de

---

* Le buste de Tusculum est très proche du profil de César représenté sur les monnaies. En 2007, l'archéologue Luc Long

lui une autorité naturelle incontestable en raison de sa taille haute, mince et de son corps nerveux*. Ses bustes monétaires donnent à voir un visage dénué de rondeur**. Ses traits secs laissent imaginer un caractère volontaire, celui d'un homme sans concession. Ses prunelles noires extrêmement vives sont rendues plus pénétrantes encore par la pâleur de son teint. Son unique complexe serait la perte de ses cheveux avec l'âge. Il coiffe alors ses rares mèches de manière à tenter de masquer sa calvitie. En séducteur invétéré, il s'accommode mal des plaisanteries à ce sujet[11]. Le grand avocat Cicéron, jamais à court de bons mots, ne manquera pas de le taquiner dans une diatribe conservée par l'historien antique Plutarque : « J'aperçois dans tous ses projets et dans toutes ses actions des vues tyranniques. Mais je regarde ses cheveux si artistiquement arrangés [...] je ne puis croire qu'un tel homme puisse concevoir le dessein si noir de renverser la République[12]. » César est très attaché à son apparence et soucieux de sembler parfait en permanence. Il pousse le soin de sa personne jusqu'à s'épiler le corps[13]. Il se montre aussi affable que son physique est agréable. Mais, comme

découvre un buste dans le Rhône près de la ville d'Arles. Très vite, il médiatise sa découverte en l'identifiant à César, mais la communauté scientifique n'est pas unanime. Paul Zanker, grand spécialiste de l'histoire de l'art antique, y voit bien un portrait de la fin de la République, mais certainement pas celui de César ; de même l'Anglaise Mary Beard et Yann Le Bohec. Il est vrai que le buste n'a rien de commun avec celui des monnaies.

* Plutarque, *César*, XVII.

** *RRC (Roman Republican Coinage)*, 480/6. Pour illustrer notre propos, nous avons choisi un denier de 44 frappé à Rome.

Cicéron, les hommes avertis sentent déjà que derrière son sourire enjôleur et l'éclat de ses yeux perçants se dissimule une âme dure, éprise de pouvoir. Un homme dangereux.

Les hésitations de Jupiter

Le père de César meurt alors qu'il n'a que seize ans. Ce n'est pas pour lui une perte tragique, d'autant plus que sa mère reporte sur lui toute son affection mais aussi ses espoirs. Telle Cornelia, la mère des Gracques, Aurelia rêve d'offrir au monde un grand homme. Dans une Rome en proie à la guerre civile depuis près d'un siècle, une carrière politique est toujours instable et coûte très cher. Il convient de se forger un solide réseau de clients pour être soutenu lors des élections et d'organiser des jeux pour se faire remarquer du peuple. Dans un tel contexte, la stratégie matrimoniale d'un politicien est primordiale. Dès l'âge de quinze ans, César se fiance à Cossutia, une jeune fille issue de la petite aristocratie romaine (l'ordre équestre) et pourvue d'une très riche dot. Cependant, le mariage n'aura jamais lieu. Cinna, l'une des figures de proue des *populares**, a en effet remarqué le potentiel de

---

* La Rome du Ier siècle avant notre ère est divisée en deux grands courants politiques : les *populares* et les *optimates*. Les premiers défendent notamment les grandes réformes agraires favorables aux citoyens par le redécoupage des terres au profit des plus pauvres. À l'inverse, les *optimates*, plus conservateurs, protègent les privilèges de la haute aristocratie.

l'adolescent et lui propose sa fille Cornélie en mariage. César baigne depuis l'enfance dans l'environnement de ce parti dont Marius, l'époux de sa tante Julie, est l'un des chefs de file. En devenant le gendre de Cinna, l'adolescent s'impose comme l'un des héritiers des meneurs de cette tendance politique, une alliance qui lui ouvre d'emblée les portes d'une carrière politique prometteuse[14]. Mais si les *populares* pressentent son talent, les *optimates* également, et Sylla, le leader du parti des conservateurs, se méfie désormais de ce jeune garçon arrogant sous ses dehors avenants.

À dix-sept ans, César se voit offrir le flaminat de Jupiter. Il s'agit d'une prestigieuse prêtrise, mais également d'un coup d'arrêt à ses ambitions. S'il accepte de devenir l'un des prêtres les plus puissants de Rome en servant le culte du roi des dieux du panthéon romain, il abandonne en effet obligatoirement le *cursus honorum**. Sa prêtrise lui interdira de quitter Rome à une époque où les généraux gagnent leurs galons en faisant des conquêtes. César semble donc hésiter. En réalité, il sait que ce flaminat est un cadeau empoisonné. De qui émane-t-il, d'ailleurs ? Marius et Cinna ont-ils voulu le protéger de Sylla ou les *optimates* mettre un frein à sa carrière en lui offrant un prestigieux sacerdoce qui deviendrait bien vite une prison ? Il est impossible de trancher la question aujourd'hui encore[15].

---

* Le *cursus honorum*, la carrière des honneurs, est le parcours politique à suivre pour tous les sénateurs. Il se termine par la plus haute magistrature, le consulat, mais tous les candidats sur la ligne de départ ne parviennent pas jusque-là.

César diffère sans cesse la prise de son sacerdoce. En 83 av. J.-C., Cornélie lui donne son seul enfant, Julie[16]. L'année suivante, Sylla obtient les pleins pouvoirs en tant que dictateur et profite de cette situation avantageuse pour s'attaquer à César, le jeune prodige du parti ennemi. Et puisque celui-ci refuse de s'en saisir, le leader des *optimates* commence par lui retirer la prêtrise de Jupiter. Il cherche ensuite à lui faire désavouer sa famille politique en le poussant à divorcer. Selon le dictateur, Cornélie, issue de l'aristocratie plébéienne, n'aurait jamais dû épouser un patricien. Il s'agit donc d'un cas de mésalliance. Évidemment, César refuse de divorcer, même lorsque Sylla confisque sa dot et ses biens[17]. Le jeune père de famille se trouve économiquement acculé mais tient bon. Il ne trahira pas son camp. Ce serait un suicide politique.

Fou de rage, Sylla proscrit César. Pour survivre, et alors qu'il souffre de violentes poussées de fièvre*, celui-ci doit fuir Rome. Le dictateur l'autorise à réintégrer la Ville après que ses amis haut placés – parmi lesquels des vestales – ont intercédé en sa faveur. Sylla met cependant en garde les soutiens du jeune homme : « Triomphez et gardez-le, mais sachez que cet homme dont le salut vous tient tant à cœur causera un jour votre perte. Il y a dans César plusieurs Marius[18]. »

---

* César a probablement fait une crise de paludisme, une maladie fréquente à Rome dans l'Antiquité.

La reine de Bithynie

Pendant son séjour forcé hors de Rome, César, une fois remis de sa fièvre, se rapproche du préteur d'Asie Marcus Minucius Thermus[19]. À dix-neuf ans, il souhaite affiner ses connaissances militaires et diplomatiques sur le terrain. Thermus le charge alors d'une mission diplomatique en Bithynie, un petit royaume situé au bord de la mer de Marmara, au sud-ouest de la mer Noire. Le jeune homme a pour rôle de rapporter au préteur les navires de guerre promis aux Romains par le roi Nicomède. Les négociations semblent s'éterniser, à tel point qu'il se murmure que César s'est laissé séduire par le roi. Il aurait accepté de s'offrir comme une fille au souverain en échange d'une flotte[20]. Il s'agit là des médisances véhiculées par ses ennemis pour le diffamer*, mais le surnom de « reine de Bithynie » lui collera aux ptéryges** jusqu'à la fin de sa vie. César ne manque cependant pas d'humour : lorsque, des années plus tard, un sénateur jaloux met en doute ses capacités à gouverner en le traitant de femme, il répond malicieusement que « Sémiramis avait régné sur la Syrie et que les Amazones avaient jadis dominé une grande partie de l'Asie[21] ». En revanche, quand

---

* R. F. Martin, *Les Douze Césars*, Paris, Les Belles Lettres, 2004, p. 164 : « Cette réputation d'homosexualité ne tient donc qu'à un voyage très ancien bien loin de Rome et on est tenté de ne guère y accorder de crédit car une tendance homosexuelle se serait manifestée ultérieurement ; enfin, cette anecdote sur le séjour en Bithynie ne correspond guère à la personnalité de César. »

** Frange de larges lanières de cuir décorant les cuirasses des officiers.

les moqueries viennent de sa propre armée, comme le veut l'usage lors des triomphes, il les supporte beaucoup moins bien[22]. Ce ne sont pourtant alors que des plaisanteries venant d'hommes qui ont en réalité un profond respect pour lui.

Après sa mission en Bithynie, César part pour le champ de bataille sur l'île de Lesbos[23]. Pour la première fois, il peut se distinguer comme militaire. Ses fines stratégies et ses aptitudes au combat lui permettent de sauver la vie de nombreux soldats. En récompense, il obtient une prestigieuse distinction militaire : la couronne civique*.

Riche de ses expériences sur le terrain, le jeune homme rentre à Rome en 81 av. J.-C., après l'abdication de Sylla. À vingt ans, il est déterminé à s'imposer dans le paysage politique en intimidant les plus grands politiciens. Cornelius Dolabella le premier fait les frais de cette tactique. Le jeune audacieux s'attaque à ce consul parce qu'il est proche de Sylla et l'accuse de concussion, c'est-à-dire de malversations dans le cadre de ses fonctions publiques. César a visé très haut. Trop haut. Dolabella est acquitté et le jeune ambitieux décide de quitter Rome quelque temps pour faire oublier son échec. Il met à profit cette mise au vert pour perfectionner sa rhétorique auprès du professeur Apollonius Molon à Rhodes[24].

Hélas, son périple en mer vers cette île est interrompu par des pirates. Ceux-ci capturent les voyageurs

---

* Y. Le Bohec, *César, chef de guerre*, Paris, Tallandier, coll. « Texto », 2015, p. 43 : c'était peut-être une récompense suivant une victoire au corps à corps.

pour les libérer contre des rançons ou les revendre à des marchands d'esclaves. Lorsque César découvre qu'il sera libéré contre 20 talents, il rentre dans une colère noire, estimant en valoir 50[25], soit l'équivalent de plus de 1 050 kg d'argent. Si l'anecdote n'est somme toute pas très réaliste, elle en dit beaucoup sur l'estime qu'il se porte. César passe quarante jours dans le repaire des pirates en attendant le paiement de cette incroyable rançon transportée par ses serviteurs. Quarante jours durant lesquels le Romain menace ses geôliers. Dès qu'il sera libre, il les fera traquer, étrangler puis crucifier. Leurs charognes rappelleront qu'on ne s'attaque pas à César impunément[26].

Après son studieux séjour à Rhodes[27], le stratège de vingt-sept ans rejoint les troupes romaines en guerre contre Mithridate, le roi du Pont, un petit royaume près de la mer Noire, et fait encore la démonstration de ses qualités militaires et de meneur d'hommes. Nous sommes en 73 av. J.-C. et César s'annonce d'ores et déjà comme un grand chef de guerre[28].

Premiers pas en politique

Après son succès militaire, le jeune homme rentre à Rome et commence sa carrière des honneurs* à l'âge légal requis. Ce cursus politique s'achève avec la fonction de consul. Encore fallait-il y parvenir. À trente ans, il remporte la première élection à laquelle il participe

* Le *cursus honorum* est le parcours professionnel suivi avec plus ou moins de succès par les sénateurs.

et devient questeur, une magistrature qui le conduit à être trésorier en Espagne[29]. Ses débuts sont l'occasion pour lui de se positionner comme un authentique populaire, proche du peuple, même s'il ne manque pas de rappeler son ascendance royale et divine – et donc sa supériorité naturelle – lors de l'éloge funèbre de sa tante Julie en cette même année[30]. Évidemment, chaque mot prononcé en public a un objectif : César prépare doucement les Romains à accepter sa future prise de pouvoir personnel. Il rêve déjà d'être l'homme le plus puissant de la République. En atteste la démonstration de sa frustration à Gadès, l'ancienne Cadix, quelques mois auparavant devant la statue d'Alexandre le Grand. Il n'a pas pu s'empêcher de geindre de ne rien avoir accompli de grandiose à trente ans alors que le fier Macédonien avait déjà mis la moitié du monde à ses genoux. Son ambition le torture jusque dans son sommeil. Un soir, il rêve qu'il viole sa mère. Il confie ce songe extravagant et pour le moins dérangeant à un devin qui lui explique que sa mère est la terre et qu'il s'en rendra bientôt maître. Rassuré par ce présage, le questeur est bien décidé à se faire remarquer à Rome[31].

Selon Suétone, César aurait envisagé un coup d'État dès l'âge de trente et un ans alors qu'il s'apprête à prendre la charge d'édile. Pour lui, en effet, le *cursus honorum* est trop long et il est prêt à tout pour gagner du temps. L'ambitieux sait qu'il est encore trop jeune pour prétendre être dictateur et étourdit de sa faconde le consulaire Marcus Crassus : il le convainc de s'imposer comme dictateur et de le prendre comme maître de cavalerie, autrement dit son second. Mais au dernier moment, le consulaire se ravise et renonce à ce projet fou[32]. L'héritier symbolique de Marius apprend que les vrais audacieux sont rares. Ils ne sont – heureusement – qu'une poignée à Rome à être aussi déterminés que lui. Parmi eux se trouve Pompée. Plus âgé que César de seulement quelques années, il s'impose sur la scène politique comme le poulain de Sylla. Les deux stratèges comprennent qu'il est inutile à ce stade de leur parcours de s'affronter et qu'il est plus judicieux de sympathiser. Pour sceller leur bonne entente, César, veuf depuis un an, épouse en 67 une parente de Pompée, Pompeia. Il n'y a pas meilleur moyen de faire alliance que le mariage !

Cependant, cette union ne dure guère. Cinq ans plus tard, la nuit du 4 au 5 décembre 62, Pompeia organise chez elle la fête de la Bonne Déesse. Cette célébration religieuse devait se faire chez un magistrat et était strictement réservée aux femmes. Or, Clodius, une des figures de proue des *populares*, s'introduit chez Pompeia déguisé en matrone pour la rejoindre, car elle aurait été sa maîtresse. Ce sacrilège défraie la chronique[33] et César réagit en répudiant sur-le-champ son épouse dont la probité est mise en doute[34] – une femme impliquée dans un scandale aurait en effet gravement nui à sa réputation. Pour justifier sa décision, l'ambitieux déclare sans aucun état d'âme que « la femme de César ne devrait même pas être soupçonnée[35] ». En revanche, Clodius est acquitté, ce qui n'a rien d'étonnant car le politicien a jugé bon de s'allier à ce jeune homme quelque peu fanatique, à ce fils de sénateur, véritable extrémiste du parti populaire, que les réunions du sénat intéressent moins que jouer les agitateurs dans les rues avec une bande de voyous pour terroriser ses opposants politiques. César préfère à l'évidence l'avoir comme soutien que comme ennemi et se garde toujours la possibilité de renier leur amitié s'il devient dérangeant[36]. Pour lui témoigner sa sympathie, il consent même à le faire déchoir au rang de plébéien, ce qu'il réclame depuis longtemps pour rompre avec la classe sénatoriale contre l'avis du consul Cicéron[37].

César consacre les années 60 av. J.-C. à l'amélioration de sa visibilité à Rome. Pour être connu du peuple et reconnu des sénateurs, il fait son devoir d'évergète en tant qu'édile et participe à l'embellissement de la ville, faisant notamment construire des portiques qu'il orne de ses propres œuvres d'art[38]. César est en effet un collectionneur éclairé, et cette débauche esthétique a aussi pour but de faire la démonstration de sa richesse et de son souci du bien public. Comment ne pas aimer un homme qui participe à la magnificence de l'*Vrbs* ?

Cela ne suffit pas, toutefois, pour se rendre aimable aux yeux de la plèbe. Il faut aussi la distraire, raison pour laquelle César ne regarde pas à la dépense pour organiser des chasses et des jeux – et contracte même de nombreuses dettes. Son collègue à l'édilité, Marcus Bibulus, est littéralement éclipsé par son binôme solaire et omniprésent sur la scène politique – il se plaint de subir la même injustice que Pollux jeté dans l'ombre par son frère Castor[39]. Peu lui importent les états d'âme de son collègue chagrin : le peuple adore César et cela lui convient.

Après son édilité, César obtient la présidence du tribunal. C'est pour lui l'occasion de s'attaquer avec une détermination sans faille aux anciens partisans de Sylla favorables aux proscriptions. Manipuler la justice en revenant sur des faits vieux de dix-huit ans est un excellent moyen pour ce procédurier retors de se débarrasser de quelques rivaux[40].

En 63 av. J.-C., une nouvelle occasion de briller se présente à lui. Il fait acte de candidature à la prestigieuse fonction de grand pontife, le chef de la religion romaine (plus tard, seuls les empereurs occuperont cette charge). Il n'était jusque-là que simple pontife et est encore trop jeune pour superviser l'intégralité de tous les collèges de prêtres de Rome, mais son audace n'a pas de limite. Pour être certain de gagner les élections, il est particulièrement dépensier et noie ses soutiens sous les cadeaux, tant et si bien qu'il est désormais ruiné. Au matin des élections, il affirme à sa mère qu'il deviendra grand pontife ou ne rentrera pas. En cas d'échec, il s'imagine déjà se suicider ou s'exiler à l'autre bout du monde[41]. Mais la Fortune récompense les optimistes et il est élu haut la main. Suétone nous fait part de sa victoire éclatante sur des hommes plus âgés, plus riches et plus avancés dans leur carrière[42]. Son patient travail de réseau et de séduction porte ses fruits. César s'élève inexorablement.

De la clémence pour Catilina

Cette même année, un sénateur désargenté fait trembler la République vacillante par sa tentative de coup d'État. Catilina fait partie des grands ambitieux de Rome mais n'a pas le talent d'un César ou d'un Pompée. Il se rêvait consul mais il a échoué. Il s'entoure dès lors des sénateurs les moins fréquentables pour imaginer une conjuration, mais son plan est découvert. Plusieurs journées de troubles politiques s'ensuivent, durant lesquelles Cicéron prononce ses célèbres discours, les *Catilinaires*.

La majorité des sénateurs veulent que tous les conjurés soient mis à mort. César, bien qu'il ait été de ceux qui ont dénoncé Catilina[43], intervient pour demander leur exil et la confiscation de leurs biens. Il donne des arguments rationnels à son apparente clémence : d'une part, la mort sociale est un châtiment plus terrible, et d'autre part les citoyens se souviendront qu'ils ont épargné le sang de leurs frères. Ce dernier argument fait mouche, car tous les sénateurs ont besoin d'être élus pour changer de magistrature, et il leur faut pour cela le soutien de la plèbe. Progressivement, ils se rallient donc à l'avis de César. Mais l'austère Caton s'insurge. Pour lui, tous les ennemis de la République doivent être punis de mort. Le ton monte dans la curie et les sénateurs adhèrent finalement à son avis. Le déchaînement de violence contre César est tel que ses amis l'aident à quitter les lieux. L'ambitieux n'a pas réussi à convaincre. C'est pour lui une véritable blessure d'orgueil. Il ne fréquentera plus cette noble assemblée pendant plus d'un an[44].

Quelques mois plus tard, César est accusé par ses ennemis d'avoir fait partie des conjurés, raison pour laquelle il réclamait un jugement clément. Pour faire triompher la vérité, il est obligé de demander l'aide de Cicéron, qu'il déteste pourtant. Il supplie le rhéteur de raconter publiquement qu'il avait dénoncé avec force détails la conjuration. Ses délateurs, tous des proches des *optimates*, sont jetés en prison[45]. En triomphant de ces ennemis, César a certes prouvé qu'il était procédurier et vindicatif, mais surtout il a fait la démonstration de sa force de caractère et de sa détermination à détruire les obstacles qui se dresseraient entre ses objectifs et lui. Si on veut s'opposer à lui, il vaut mieux être certain de le terrasser, faute de quoi l'on doit s'attendre à subir sa riposte.

À la fin de cette année 62, César entreprend de resserrer ses liens avec Pompée[46]. Celui-ci a remporté de belles victoires militaires en Orient[47] et le sénat se méfie désormais de lui autant que de César. Puisque beaucoup voient déjà en eux d'aspirants tyrans, ces stratèges charismatiques commencent à échanger des marques d'amitié. À présent, le fils d'Aurelia ambitionne un triomphe et le consulat. Malheureusement, il dépose sa candidature trop tard et ne peut prendre part aux élections pour cette magistrature. Jouant de ses appuis, il parvient à obtenir une dérogation et se présente malgré tout aux élections. À quarante ans, l'âge minimal légal, il s'apprête à briguer la plus haute des magistratures. Mais ce n'est pour lui qu'un tremplin vers de nouvelles victoires.

Sous le consulat de Jules et de César

En 60 av. J.-C., alors que César s'apprête à devenir consul, il forge dans l'ombre une nouvelle alliance avec deux hommes parmi les plus puissants de Rome : Crassus et Pompée. Ce dernier est reconnu comme le plus brillant chef militaire et les sénateurs le détestent pour cela. Crassus, quant à lui, est très riche, bien qu'isolé politiquement. Ils sont tous les trois complémentaires – César n'a plus un sesterce devant lui mais dispose d'un immense réseau et de nombreux soutiens – et ont tout intérêt à s'entendre[48]. Ainsi élaborent-ils un plan simple : Pompée et Crassus soutiennent la candidature de leur allié au consulat et deviennent ensuite consuls à leur tour. Pompée obtient enfin le triomphe que le sénat refuse de lui accorder pour ses victoires en Orient. Chacun est gagnant. Les historiens ont souvent donné à cette triple alliance[49] le nom de « premier triumvirat ». Cependant, les trois hommes ne sont associés qu'en privé, ce qui ne sera pas le cas du second triumvirat entre Antoine, Octave et Lépide, qui occuperont une magistrature exceptionnelle[50].

Pour les *optimates*, l'élection de César ne fait aucun doute. Aussi défendent-ils du mieux qu'ils peuvent leur propre candidat afin que l'un d'eux soit nommé collègue de César. Pour gagner sa place, Marcus Bibulus est poussé par son camp à faire les mêmes promesses que son concurrent et à distribuer des largesses sans compter. Même Caton cautionne cette débauche de moyens[51].

Élus ensemble, César et Bibulus prennent leurs fonctions le 1er août 59 av. J.-C. César n'est pas du genre à se reposer sur ses lauriers. Du reste, il ne les a pas encore. Sa première mesure est de restaurer immédiatement une coutume ancienne qui consiste à noter tous les actes du sénat dans un journal public. L'idée est assurément fine : instaurer de la transparence en politique est un excellent moyen de garder – voire d'accroître – la confiance du peuple. Il revient également sur l'apparat relatif à sa fonction en rétablissant l'usage de se faire accompagner par un huissier et des licteurs* armés des faisceaux et de la hache dans ses déplacements. Le consul évolue en ville dans un véritable cortège, signe notoire de sa puissance. Le premier à subir l'ire des licteurs n'est autre que Bibulus. Les deux consuls sont en profond désaccord sur le vote de la loi agraire que César a promis de faire passer. Comme le stratège des *populares* ne parvient pas à faire fléchir son collègue, il le fait chasser du forum par les armes. Du jamais vu : déjà César se conduit comme un autocrate, au mépris des règles de la République. Lorsque Bibulus se plaint de lui au sénat, il ne trouve aucun soutien. Les sénateurs craignent César...

Bibulus est anéanti, au propre comme au figuré. Il exerce désormais ses fonctions de chez lui. Cela achève de lui ôter le peu de crédit politique qui lui reste. César est désormais l'homme le plus puissant de la curie, à tel point qu'une plaisanterie commença à circuler : en 59 av. J.-C., on ne se trouve plus sous le consulat de César et de Bibulus mais sous celui de Jules et de César[52] !

Le tout-puissant consul ne perd pas une occasion d'intimider ses ennemis. Il menace Cicéron lorsqu'il a l'outrecuidance de s'opposer à lui et fait jeter Caton quelque temps en prison[53]. Parallèlement à ses propres dérives tyranniques, il lutte activement contre la corruption dans la magistrature. Il place ainsi une épée de Damoclès au-dessus de la tête de nombreux sénateurs proches des *optimates*.

---

* Gardes accompagnant certains magistrats pourvus de l'autorisation de frapper d'éventuels agresseurs.

À la même époque, César noue une nouvelle alliance matrimoniale en épousant Calpurnie, la fille du sénateur Pison, un opposant farouche de Cicéron. Les ennemis des ennemis de César sont ses amis ! Pour renforcer son amitié avec Pompée, il lui offre sa fille Julie en mariage. Caton, toujours cynique, se moque d'eux en disant que l'État était devenu « une agence matrimoniale[54] ». Pompée et César sont plus proches que jamais. Le triumvirat de l'ombre se mue en un duumvirat. Le consul donne désormais la parole à son gendre en premier dans les discussions au sénat, signifiant ainsi à Crassus qu'il n'a plus guère d'importance à ses yeux[55].

À l'issue de son consulat, César reçoit le gouvernement de la Gaule[56]. Il peut quitter Rome sereinement puisque son beau-frère Pison lui succède à la charge de consul et que le turbulent Clodius, son allié de longue date, est élu tribun de la plèbe. Le jeune agitateur est devenu un politicien averti. Il s'attaque frontalement à Cicéron. Ce dernier, privé de ses biens, et contrairement au sens de l'honneur romain[57], préfère s'exiler que se suicider. N'ayant plus de rivaux notables à Rome, le général peut partir conquérir la Gaule.

La conquête de la Gaule

La guerre des Gaules devait faire de César le plus grand général romain et le légitimer davantage sur la route de la dictature. Aux légions que la République lui a données, il en ajoute de nouvelles, dont une composée de Gaulois transalpins, issus, donc, d'une région déjà romanisée[58]. Pour se concilier les faveurs de cette nouvelle légion, il donne à tous ses soldats le droit de cité. Il les rend romains, ce qui est loin d'être dénué d'importance. Ces hommes en effet ne sont plus des mercenaires, ils ont donc tout intérêt à œuvrer pour la gloire de l'*Vrbs* puisque leurs victoires leur apporteront du butin et des terres. De son côté, César cherche à récupérer un maximum de légionnaires car chacun devient le client de son général. Grâce à eux, il pourra briguer le titre d'*imperator*, soit chef de guerre[59]. Il sait comment rendre ses hommes fidèles. Il double leur solde annuelle[60], ce qui ne manque pas de les flatter, se montre aussi endurant qu'eux et ne s'épargne aucune fatigue physique. Dans les moments d'urgence, il lui arrive même d'être plus rapide qu'un messager. Sur le champ de bataille, le général arrête en personne les fuyards et leur intime de retourner au combat s'ils ne veulent pas périr de ses propres mains. César sait galvaniser ses troupes par ses discours vibrants et leur impose une discipline de fer tout en sachant les récompenser. Il veut que ses troupes soient les meilleures, et elles le sont, parce qu'elles estiment avoir le meilleur des généraux.

Grâce à son armée disciplinée et performante, César fait la conquête de la Gaule en huit ans. Il fédère les peuples celtes alliés derrière lui et s'attaque aux autres sans pitié. Moins de trois ans après son départ, en 57 av. J.-C., le sénat, impressionné par ses exploits fulgurants, vote quinze jours de supplications pendant lesquels les Romains prient incessamment les dieux afin que le général reste victorieux. Année après année, César soumet toute la Gaule, des portes de la Bretagne à la Germanie. Il n'essuie que trois défaites, dont celle de Gergovie, en près de neuf ans de campagne[61].

Au printemps 52, César se trouve aux portes du chef-lieu des Arvernes. Un jeune Gaulois âgé de moins de trente ans s'évertue à mettre en échec le vainqueur des Gaules. Pour donner plus de poids à sa résistance, celui-ci s'est fait reconnaître comme le chef de guerre de plusieurs peuples celtes[62]. Les deux tacticiens n'en sont pas à leur première bataille. Cette fois, César assiège l'oppidum de Gergovie pendant un mois et demi, puis renonce, déplorant de lourdes pertes dans ses rangs[63]. La topographie du lieu est en sa défaveur et Labienus, un de ses lieutenants, se trouve en difficulté au nord de la Gaule. L'*imperator* juge alors qu'il est plus pertinent de maintenir la stabilité des terrains conquis[64]. Il sait par ailleurs qu'il retrouvera l'Arverne plus tard, et qu'il lui fera connaître le goût amer de la défaite.

Quelques mois plus tard, le Romain retrouve Vercingétorix retranché dans l'oppidum d'Alésia avec 80 000 fantassins gaulois. Le but du guerrier est d'épuiser les Romains par les travaux de siège puis de les prendre en tenaille entre les fantassins retranchés et des combattants extérieurs[65]. C'est sous-estimer César. Celui-ci crée des fortifications qui empêchent les assiégés de sortir de l'oppidum et d'attaquer les Romains. Ainsi, le général n'essaie pas de rentrer dans Alésia mais il empêche les Gaulois d'en sortir et défait sans aucun problème les troupes celtes attaquant depuis l'extérieur. Les assiégés se retrouvent bientôt totalement prisonniers, face à leur destin.

Après plusieurs semaines de siège, Vercingétorix, vaincu mais digne, se fraie un chemin à cheval jusqu'au proconsul pour signifier sa reddition. César a écrasé toute la résistance gauloise. La région est à lui et Vercingétorix sera son trophée. En vue de son triomphe, l'*imperator* envoie l'Arverne croupir dans une prison romaine. Le général termine alors d'écrire son journal, *La Guerre des Gaules*. Ce livre servira de propagande à son génie militaire. Pour fêter la nouvelle province, les sénateurs votent vingt jours de supplications pour remercier les dieux puissants[66].

Le sort en est jeté

Pendant toute l'année 51 av. J.-C., César stabilise ses conquêtes gauloises. Pourtant il ne rêve déjà plus que de Rome. Julie, sa fille, est morte depuis trois ans[67]. Pompée n'est plus son gendre et leurs relations se sont passablement refroidies. Crassus est mort en 53, mettant ainsi fin à leur triumvirat[68]. Il n'y a plus personne pour jouer le rôle de médiateur entre les deux ambitieux. Pompée est désormais l'homme le plus puissant de la capitale mais il sait que l'heure d'affronter son ancien allié viendra un jour. La crise de la République s'enlise. La querelle des *optimates* et des *populares* se mue en une guerre d'ego pour un pouvoir personnel[69].

À la fin de la conquête de la Gaule, César arrive au terme de son proconsulat. Sa fonction a déjà été prorogée. S'il quitte sa magistrature, son immunité sera levée et ses ennemis pourraient lui intenter des procès et lui reprocher des abus dans la gestion de la guerre[70]. Il lui faut dès lors obtenir une nouvelle charge à tout prix. Contrairement à l'usage, il conçoit l'idée de briguer un nouveau consulat alors qu'il n'est même pas présent à Rome. Par ailleurs, il demande la dissolution de l'armée de Pompée et propose de faire de même avec la sienne. Il s'agit clairement d'un pacte de non-agression dans le but de temporiser, car leur affrontement est inéluctable. Pourtant cette éventualité fait horreur à tous les Romains : on ne répand pas le sang de ses frères.

Refusant la proposition du vainqueur des Gaules, Pompée le rappelle à Rome le 13 novembre 50, mais sans son armée. César tente un compromis et propose de rester stationné en Cisalpine avec deux légions seulement. La tension est palpable. Les deux généraux n'acceptent ni l'un ni l'autre la voie diplomatique, qu'ils conçoivent comme un échec. Pompée constate que son ex-beau-père continue sa marche vers l'Italie et qu'il ne renoncera jamais à ses soldats car il veut la guerre. Il le fait donc nommer ennemi public par vote du sénat en janvier 49[71]. Cependant, les césariens à Rome sont encore nombreux. Marc Antoine, l'un de ses fidèles bras droits, est alors tribun de la plèbe. César est donc prêt à s'attaquer à son ultime rival.

Le 12 janvier 49, le général est au nord du Rubicon. Il a cinquante et un ans. S'il franchit le fleuve, malgré l'interdiction du sénat, il déclenche la guerre civile. Selon Cicéron, César aurait en permanence cette phrase d'Euripide au bord des lèvres : « S'il faut, en effet, violer le droit, que ce soit pour régner, dans les autres cas, respectez la justice[72]. » Il a rêvé autrefois qu'il violait symboliquement sa mère. Franchir le Rubicon est l'accomplissement de la prémonition. César hésite-t-il ? Certainement pas. Il veut Rome et il la prendra. Sur la rive du Rubicon, il harangue ses troupes avec l'éloquence brillante qu'on lui connaît. Il les exhorte à se battre s'ils traversent la rivière avec lui[73]. Il doit s'assurer de leur soutien indéfectible car cette fois ils devront plonger leur glaive dans le ventre de leurs frères pompéiens. Ce moment où l'histoire bascule est érigé au rang de légende et, comme dans toutes les légendes, il se passe un événement extraordinaire. À l'issue de son discours, un jeune pâtre d'une grande beauté jouant de la flûte surgit de nulle part. Sa présence subjugue instantanément les troupes, comme s'il agissait d'un phénomène divin. Alors que tous le regardent, l'apparition s'élance vers la rivière en sifflant une marche et franchit le fleuve d'un pas décidé. Cela ne peut être qu'un signe divin. Convaincu que les dieux sont avec lui, l'*imperator* s'écrie : « Allons où nous appellent les signes des dieux et l'injustice de nos ennemis. Le sort en est jeté[74]. »

César s'avance désormais vers Rome. Pompée imagine d'abord l'éventualité d'une bataille dans la capitale, mais il est en infériorité numérique et ne veut pas risquer inutilement les vies des habitants. Alors, le 19 mars, il décide de partir en Orient reconstituer les troupes avec lesquelles il a déjà obtenu des succès. César le poursuivra et les batailles auront lieu là où il l'aura décidé. La lutte à mort entre les deux généraux est engagée[75].

Veni, vidi, vici

Le Rubicon franchi, César se rend maître de l'Italie en soixante jours seulement et obtient pour la première fois la magistrature extraordinaire de dictateur qui lui confère les pleins pouvoirs pour une durée limitée de quelques mois. Il ne veut cependant pas passer pour un tyran, ce qui desservirait son objectif final : l'autocratie. Il renonce donc à ses pleins pouvoirs au bout de quelques semaines et quitte Rome pour affronter Pompée.

Au printemps 48 av. J.-C., les deux généraux se livrent une guerre de positions près de Dyrrachium, en actuelle Albanie. Comme tous deux souffrent de problèmes de ravitaillement et sont bien trop avisés pour lancer l'offensive alors que les conditions leur sont défavorables, les légions se déplacent et se retrouvent à nouveau face à face à Pharsale, en Thessalie, à la fin du mois du juillet. Cette fois le choc est inévitable. La bataille a lieu le 9 août. Pompée essuie la plus grosse défaite de son existence : plus de 6 000 de ses hommes sont tués et près de 24 000 faits prisonniers. Son adversaire, quant à lui, ne perd que 1 200 soldats. Face au génie tactique de César, le grand Pompée n'a pas fait le poids. Humilié, il est contraint de fuir vers l'est. Cependant, tous les royaumes et toutes les grandes cités de la partie orientale de la Méditerranée refusent de l'accueillir. Personne n'aime les vaincus et ne veut risquer de s'opposer à César.

De son côté, le général fait preuve de mansuétude. Il a toujours su quand il devait se montrer clément ou impitoyable, selon la nécessité de se faire aimer ou craindre. Ainsi libère-t-il la majorité de ses prisonniers pompéiens et les renvoie-t-il à l'Ouest. Il reviendra à Rome en vainqueur.

En septembre, Pompée entre en négociations avec Ptolémée XIII. Il était autrefois proche de son père et espère pouvoir trouver refuge en Égypte. Mais le jeune pharaon n'est qu'un adolescent encore inapte à comprendre les jeux de pouvoir qui animent l'espace méditerranéen et il se laisse convaincre par ses conseillers de faire tuer le général pour gagner les bonnes grâce du dictateur.

Le 28 septembre, Pompée accoste à Péluse, sur les côtes égyptiennes. Il n'est plus qu'un fuyard accueilli par les conseillers de Ptolémée XIII et un de ses anciens soldats restés en Égypte, Septimus. Il ne comprend que trop tard qu'il est tombé dans un piège. Il reçoit un premier coup de glaive dans le dos et meurt lâchement assassiné[76]. Les conseillers du pharaon lui coupent la tête pour la présenter à César et laissent son cadavre pourrir sur la plage où il a accosté.

Le dictateur arrive en Égypte quatre jours après cet événement. La découverte de la tête tranchée de son rival le fait enrager. Il a toujours respecté Pompée ; le vaincre était pour lui la preuve de son propre génie dans la mesure où il était le seul ennemi digne de lui. Il a donc été privé d'une victoire. De surcroît, il méprise ces Égyptiens qui ont osé s'en prendre à un puissant Romain. César exige donc de Ptolémée XIII les têtes des responsables et du félon romain, Septimus.

Désireux de laver l'honneur de son admirable rival, il fait ériger un cénotaphe à sa mémoire sur la plage de Péluse et envoie ses cendres à sa veuve, à Rome.

Ces problèmes réglés, César tourne son regard vers l'Égypte et décide d'y stationner pour l'hiver. Cela fait longtemps que la riche vallée du Nil l'intéresse. En outre, il s'y trouvera bientôt une nouvelle alliée politique.

La souveraine Cléopâtre, chassée hors d'Alexandrie par son frère-époux Ptolémée XIII, est bien décidée à récupérer son trône. Pour cela, César, l'homme le plus puissant de son temps, pourrait devenir un atout. Ainsi, à la fin de l'année 48 av. J.-C., le Romain reçoit Apollodore, un proche de la jeune reine. Celui-ci lui livre un tapis offert par sa maîtresse. Il le déroule et Cléopâtre en sort[77]. Ce subterfuge était le seul moyen dont elle disposait pour parvenir jusqu'à César sans se faire arrêter par les gardes de son frère*. Le général est immédiatement séduit par l'aplomb de cette jeune personne dont se dégage un charme envoûtant[78]. Tous les deux comprennent qu'ils ont de nombreux intérêts communs et décident de sceller une alliance. César organise promptement une entrevue entre les souverains. Évidemment, Ptolémée XIII enrage en voyant sa sœur honnie au côté du Romain. Aucun terrain d'entente ne peut être trouvé. Il n'en faut pas davantage au dictateur pour s'engager dans un conflit armé.

Le 13 janvier 47, César inflige une cuisante défaite aux Alexandrins sur le Nil. On pense alors que Ptolémée XIII se serait noyé dans le fleuve[79]. Le calme revenu dans le royaume d'Isis, le général installe sa

---

* M. Sartre, *Cléopâtre, un rêve de puissance*, Paris, Tallandier, 2018, p. 76. Selon l'auteur, cette anecdote, que César n'a pas évoquée dans sa *Guerre civile*, est assez improbable.

reine charismatique sur le trône. Pour suivre les traditions ptolémaïques, elle épouse son jeune frère, Ptolémée XIV[80]. Dans les faits, Cléopâtre dirige seule son pays.

César quitte Alexandrie au printemps 47. Il fait route vers le royaume du Pont, où il soumet le roi Pharnace II, un ancien allié de Pompée. Ce n'est pour lui qu'une guerre éclair au sujet de laquelle il écrit le célèbre tautogramme : *Veni, vedi, vici*[81] (« Je suis venu, j'ai vu, j'ai vaincu »). Une simple formalité, suivie de quelques autres batailles tout aussi éclatantes. Le général écrase les derniers pompéiens à la bataille de Munda, en Espagne. Il revient à Rome en juillet 46 av. J.-C. en ultime vainqueur des guerres civiles. L'*imperator* célèbre quatre triomphes en quatre jours. Il sillonne la Ville sur son char tel un Jupiter de chair et de sang. Cléopâtre, alors invitée à séjourner dans la capitale, assiste à ces festivités en reine amie de Rome.

Cette année-là, César – consul pour la troisième fois – est incontestablement l'homme le plus puissant de Rome. Bien qu'adulé du peuple, il suscite la méfiance des sénateurs qui redoutent ses velléités monarchiques. En 44 av. J.-C., son pouvoir autocratique se renforce lorsqu'il reçoit le titre de dictateur perpétuel. Un honneur que nul n'a eu avant lui.

Le favori de Vénus

Dans sa propagande, César met habilement en avant Vénus, sa divine ancêtre. Il lui arrive désormais de recevoir les sénateurs dans le temple de sa déesse tutélaire, assis au pied de sa statue marmoréenne. César se prendrait-il pour un roi ? Il est vrai que ses trop nombreux succès l'ont rendu arrogant. Il se complaît à déclarer que « la République n'est qu'un vain mot sans consistance ni réalité ». À cela il ajoute quelques moqueries contre Sylla, son vieil ennemi, pour avoir abdiqué la dictature[82]. Dans les faits, personne ne peut nier que César est un roi. La dictature n'est qu'une illusion, un artifice juridique et une posture théâtrale. L'ambitieux ne tient pas tant aux symboles du pouvoir qu'à son exercice concret. Il le prouve lors des fêtes latines au cours desquelles il est acclamé par la foule en liesse. Un admirateur se fraie un chemin jusqu'à sa statue et dépose sur sa tête de pierre une couronne de laurier fermée par une bandelette blanche. Or, ce qu'on appelle le diadème dans l'Antiquité n'est pas une couronne, mais une bandelette blanche dont les monarques hellénistiques ceignaient leur chevelure*. Témoins de la scène, les tribuns de la plèbe Epidius Marullus et Caesetius Flavus donnent l'ordre d'arracher la bandelette et de jeter l'impudent royaliste en prison. Lorsque César s'en aperçoit, il se met en colère. Selon Suétone, il comprend que le rétablissement d'un régime ouvertement monarchique est réellement impossible, mais surtout les tribuns l'empêchent de mettre en scène son refus de la royauté. Faire mine de refuser un tel honneur un jour de fête alors que les habitants de Rome sont dans la rue aurait

* Cléopâtre porte le diadème notamment sur son célèbre buste conservé à Berlin. On voit une bande de tissu entourer son crâne du sommet de la tête jusque sous son chignon.

fait sensation. Furieux, César fait déchoir les deux tribuns de leurs charges.

Un peu plus tard, lors des Lupercales* célébrées le 15 février 44, le favori de Vénus prend place sur la tribune aux harangues sur le forum. Là, Marc Antoine lui tend un diadème. Théâtralement, César repousse à plusieurs reprises la main du consul et ordonne de porter l'insigne royal au temple de Jupiter, sur le Capitole[83]. La scène est jouée avec tant d'emphase que l'on pourrait soupçonner les deux amis de l'avoir répétée...

César n'est pas roi et s'il faut jouer la comédie de la modestie de temps en temps, il n'y voit pas d'inconvénient tant qu'il occupe le premier rôle. Le pouvoir est un jeu de dupes. César a conscience d'être incroyablement charismatique ; il séduit le peuple par sa prévenance et sa générosité, ses soldats parce qu'il sait les galvaniser[84] et les femmes par son affabilité. Il est un conquérant et la gent féminine ne constitue pas pour lui un « continent noir** ». Certes, ses mariages n'ont été dictés que par l'intérêt des alliances politiques. Il n'est cependant pas du genre à assouvir sa sensualité chez les prostituées. Il préfère courtiser toutes les grandes dames de Rome. Elles succombent si facilement[85]. Cette frénésie érotique est valorisante à plus d'un titre. Symboliquement, elle contribue à prouver son charme

---

* Rite de purification de la Ville durant lequel les luperques, de jeunes garçons à peine nubiles, couraient fort dévêtus à travers les rues en flagellant les passants avec des lanières de peau de chèvres sacrifiées pour l'occasion.

** Freud aurait dit que la femme était « un continent noir », une manière de dire que la sexualité féminine demeurait un champ d'investigation opaque, incompréhensible à ses yeux.

vénusien. Socialement, elle lui permet d'humilier ses ennemis en polluant de sa semence le ventre de leurs épouses. Politiquement, elle est l'occasion de récupérer des confidences sur l'oreiller.

Certaines de ses maîtresses, plus intrigantes que d'autres, passent plus d'une nuit avec lui. L'affection, l'amour peut-être, et une émulation intellectuelle certaine lui font tisser des liens solides avec quelques femmes exceptionnelles. Sa première grande passion est Servilia, la demi-sœur de Caton, son ennemi politique. Leur liaison dure plus de dix ans. Il lui offre notamment une perle d'une grande valeur alors qu'il n'a pas ces égards pour ses propres épouses et qu'il est un fervent partisan des lois somptuaires[86]. Le couple adultère entretient la flamme avec talent. L'épisode de la lettre d'amour est bien connu. Un jour, un messager porte discrètement une tablette à César lors d'une séance du sénat relative à la conjuration de Catilina. Caton saisit cette occasion pour accuser César d'être un complice des conjurés. Ce dernier, loin de se laisser impressionner, décide de lire à haute voix la missive. Les mots d'amour de Servilia emplissent la curie avant d'être couverts par les rires des sénateurs[87]. Caton est humilié et la virilité de César flattée. Les mauvaises langues imaginent que Servilia, prête à tout pour conserver les faveurs de son dictateur, lui aurait offert sa propre fille, Tertia. Ne voyons là que les propos diffamatoires de jaloux. Son autre passion bien connue est Cléopâtre[88]. La jeune reine est son *alter ego* féminin. Il lui donne la possibilité de séjourner deux fois à Rome entre 46 et 44 av. J.-C., mais leur liaison les dessert politiquement. César est accusé de vouloir imiter l'exemple de sa reine. Le nom de Cléopâtre est quant à lui traîné quotidiennement dans la boue par ses détracteurs. La naissance de leur fils Césarion est un véritable scandale.

Une fin heureuse

À cinquante-six ans, César, officiellement dictateur perpétuel, est au faîte du pouvoir. Au-dessus de lui, il ne reste que les dieux. L'âge venant, et avec une vie riche en émotions derrière lui, César semble s'ennuyer quelque peu. Ses objectifs ayant été atteints, il ne semble plus tenir tant que cela à l'existence[89]. La vie au sommet lui paraîtrait-elle fade ?

Avec un étonnant mélange d'arrogance et de lucidité, il proclame : « L'État est plus intéressé que moi à mon salut. Pour ma part, depuis longtemps j'ai atteint le comble de la gloire, mais s'il m'arrive malheur, l'État, loin d'avoir le repos, souffrira bien davantage et sera en butte aux guerres civiles[90]. » L'autocrate se sait menacé. Mourir en pleine gloire, de manière subite, est devenu une sorte de fantasme, si bien que ses amis s'accorderont pour reconnaître qu'il a eu la mort de son choix[91] : une fin heureuse !

Les sénateurs ont conscience que le dictateur ne restaurera jamais la République[92]. Les nobles insoumis, les envieux et les ingrats se retrouvent ainsi soudés par la même haine ou la même frustration. L'initiative de la conjuration naît entre deux républicains convaincus, Cassius et Brutus. Le premier est doté d'un fort tempérament. Il aime la guerre et le pouvoir. Il ressemble à César – trop peut-être[93] – mais il ne lui arrive pas à la cheville. Le second est le fils de Servilia et connaît bien le dictateur. Cassius est marié à la sœur de Brutus. Personne ne trouve anormal que les beaux-frères se voient. Personne n'anticipe leur pacte de sang…

Les deux hommes organisent leur complot en quelques semaines. Il faut agir rapidement pour réunir des complices sans éventer leur projet. D'anciens pompéiens sont approchés. Entre vingt et soixante sénateurs rejoignent discrètement leur conjuration[94]. C'est assez pour envoyer le dictateur *ad patres*.

Au matin des ides* de mars 44 av. J.-C., Calpurnie, l'épouse de César, s'éveille après une nuit de cauchemars terrifiants. Dans ses songes, le toit de leur maison s'effondrait sur son mari dont elle recueillait la dépouille sanglante entre ses bras. Les Romains ne prennent pas l'oniromancie à la légère. Effrayée par ses visions nocturnes, Calpurnie supplie son époux de ne pas se rendre au sénat[95]. Le dictateur se gausse d'elle. Il ne renoncera pas à ses affaires pour des superstitions. La laissant éplorée sur le seuil de leur maison, il se rend en litière, escorté par ses vingt-quatre licteurs, à la curie pompéienne, près du Champ de Mars, où se tient la séance ce matin-là.

Sur les marches du bâtiment, César croise l'haruspice Spurinna. Ce dernier lit l'avenir de la cité dans les entrailles des animaux sacrifiés lors des rituels religieux, en observant la direction du vol des oiseaux au-dessus de la Ville ou en interprétant les éclairs.

---

* Jour marquant le milieu du mois, tombant le 13 ou le 15. Les ides de mars ont lieu le 15.

Un moins plus tôt, lors des Lupercales, l'haruspice avait constaté que le taureau sacrifié n'avait pas de cœur*. Il avait prévenu César qu'il s'agissait d'un très mauvais présage, mais le dictateur s'en était moqué[96]. Spurinna lui avait conseillé alors malgré tout de se méfier. Un malheur risquait d'arriver dans un délai de trente jours. Le devin avait probablement eu vent d'un complot et avait tenté de prévenir discrètement le dictateur par une prophétie[97].

Évidemment, César est resté sourd aux conseils de Spurinna. Par ce clair matin de mars, il le taquine même à l'entrée de la curie. Désabusé, l'haruspice lui rétorque que les ides « [sont] bien arrivées mais non point passées[98] ».

César s'avance dans la salle en exèdre dominée par la majestueuse statue de Pompée sur l'estrade. Il est en retard. Tous les conjurés sont déjà présents depuis de longues heures, les muscles tendus, le cœur battant sous leur toge, la main sur la garde de leur poignard. La tension est palpable. Le dictateur monte sur l'estrade et prend place sur sa chaise d'or. Il ne manque pas d'allure. Il porte la *togata picta*, la toge pourpre et brochée d'or des triomphateurs.

La curie est pleine. Cependant, quelques visages connus manquent. Trebonius, l'un des conjurés, a été chargé par ses complices de retenir Marc Antoine à

---

* B. Strauss, *La Mort de César*, Paris, Albin Michel, 2018, p. 134-135 : « L'organe s'était peut-être rétracté ou bien déplacé dans la poitrine, à moins que le devin ne l'ait escamoté d'une façon ou d'une autre. [...] Spurinna a essayé d'inciter César à ne pas aller trop loin, à renoncer à devenir roi. Il était un ami de César. »

l'extérieur du bâtiment[99]. Avant même le début de la séance, César est entouré de plusieurs sénateurs. Ceux-ci se tiennent bien trop près de lui. L'un d'eux l'attrape fermement par l'épaule et l'empêche de se lever. Surpris, César s'écrie « Mais c'est de la violence ! », alors que Casca, pourtant de ses amis[100], porte le premier coup dans son dos. César, mû par son instinct de survie, parvient à lui infliger un coup en retour, mais ses assaillants sont trop nombreux. Ils l'acculent et le frappent chacun à son tour en une ronde symbolique. Ils seront tous les assassins de César. Parmi les conjurés, le dictateur aperçoit Brutus, le fils de Servilia. Il le connaît depuis l'enfance. Le voir là est un coup plus douloureux que ceux causés par les poignards. Déçu, il s'exclame en grec « toi aussi mon fils[101] ». Cette phrase semble aujourd'hui très ambiguë. Brutus n'était évidemment pas son enfant. Il pourrait s'agir d'une formule d'imprécation[102].

L'étau des conjurés se referme autour du dictateur. Dans un ultime sursaut de dignité, César ramène un pan de sa toge sur son visage pour le protéger. Il expire, percé de vingt-trois coups de couteau. La tension retombe enfin. Les conjurés se rendent compte, quelque peu incrédules, de leur propre audace. Incapables de traîner le cadavre jusqu'au Tibre, ils l'abandonnent là, dans la curie, sous le regard figé de la statue de Pompée.

La nouvelle se répand dans Rome comme une traînée de poudre. Le peuple sort dans les rues pour faire la démonstration bruyante de son affliction alors que certains conjurés – parmi lesquels Brutus et Cassius –, depuis les rostres, célèbrent dans de brillants discours la libération de la République. Pendant ce temps, des esclaves ramènent le cadavre enroulé dans sa toge purpurine à Calpurnie en pleurs. Son cauchemar est devenu réalité.

Le lendemain, les amis de César se réunissent chez Marc Antoine. Le consul, prudent, a revêtu sa cuirasse militaire. Après de longues heures, les césariens choisissent la voie de la négociation avec Brutus et Cassius. Ils vengeront César mais ne rougiront pas la capitale du sang de ses assassins. Tard dans la nuit, profitant de ses prérogatives de consul, Marc Antoine se rend chez la veuve et saisit les archives personnelles de César ainsi que sa fortune personnelle, estimée à 4 000 talents[103]. Il pense légitimement pouvoir les protéger.

Le 19 mars, le consul organise chez lui l'ouverture du testament de son général. Celui-ci était en sécurité chez les vierges vestales depuis le mois de septembre. À la lecture, Marc Antoine découvre, probablement avec stupéfaction, que son vieil ami et protecteur lègue les trois quarts de sa fortune à son petit-neveu Octave et qu'il l'adopte de manière posthume. Le jeune homme d'à peine vingt ans se trouve à Apollonia, en actuelle Albanie, où César l'a envoyé se familiariser avec les troupes stationnées en Épire en prévision d'une future campagne. Marc Antoine est donc choisi pour célébrer l'éloge funèbre de son ancien général. Il ralliera ainsi à sa cause, comme leur nouveau maître, tous les soldats de César. Le consul sait que ses amis césariens seront ses ennemis de demain. Une fois Brutus et Cassius morts, Octave, Lépide, l'ancien maître de cavalerie du dictateur, et lui se disputeront la possibilité d'un pouvoir autocratique. Qu'importe la teneur du testament, ils sont tous les trois à leur manière les héritiers de César.

Les funérailles ont lieu le 20 mars. Elles sont grandioses. L'ardeur des soutiens des césaricides se dissout dans cette démonstration contagieuse de chagrin. Brutus et Cassius comprennent qu'il est plus sage pour eux de quitter Rome. Les semaines suivantes servent à chaque protagoniste de l'agonie de la République à se préparer au choc final. Marc Antoine constitue ses légions. Octave rentre à Rome. Il est déterminé à réclamer son héritage, dans lequel il inclut le pouvoir personnel.

Pour honorer son père adoptif, le jeune homme donne des jeux en l'honneur du défunt, manière de combler son retard de popularité sur Marc Antoine. Un heureux hasard cosmique veut qu'une comète traverse alors le ciel de Rome. Le fils du dictateur prétend qu'il s'agit de l'âme de son père montant au ciel pour rejoindre les dieux[104]. Le 18 août 29 av. J.-C., il inaugurera le temple du divin César. Il aura prouvé d'ici là que le dictateur avait raison de croire en lui.

Crépuscule

Antoine claque la porte du salon derrière lui et pousse un cri de rage. César l'a trahi ! D'un violent revers de main, il jette au sol les coupes à boire et l'œnochoé d'argent ciselé posées sur une table. Le vin contenu dans la cruche éclabousse sa cuirasse et tache le cuir de ses chaussures. D'un coup de pied, il envoie le vase de service voler à travers la pièce et finir sa course contre un groupe statuaire de Dionysos et d'Ariane en terre cuite colorée. L'œnochoé retombe sur les mosaïques dans un fracas de métal, emportant dans sa chute la tête décapitée de son dieu tutélaire.

César a fait de ce sale gamin arrogant d'Octave son premier héritier. Il lui lègue les trois quarts de sa fortune et l'adopte à titre posthume[105]. Antoine a risqué sa vie plus d'une fois pour le dictateur. Il l'a accompagné dans bien des campagnes, il a soutenu ses projets politiques les plus fous et voilà sa récompense : héritier en deuxième ligne ! Il ne touchera l'héritage de César que si Octave le refuse, mais le gamin rentrera bientôt à Rome pour le réclamer. Il est inutile de songer à détruire le testament. Même si le bras droit de César a pris la précaution de le faire ouvrir chez lui, il y a trop de témoins. Il a invité beaucoup de césariens, convaincu que ce moment serait le sien. Il pensait que César lui ouvrirait la voie du pouvoir personnel. Antoine serre les poings. Le grincement de la porte le fait se retourner. Il reconnaît la silhouette longue et fine de sa femme dans l'embrasure.

Fulvie referme la porte derrière elle. Comme à son ordinaire, elle garde son sang-froid. Il sait pourtant qu'elle aussi est déçue.

— Ça ne sert à rien de te mettre dans cet état. Tes amis t'attendent dans le *tablinum*. Tu devrais aller discuter avec eux de l'éloge funèbre de César*.

Antoine émet un grognement. Il n'a pas la tête à faire de la rhétorique.

Fulvie avance d'un pas décidé, passe un doigt dans le col de sa cuirasse et l'attire à elle. Si elle avait été un homme, nul doute qu'elle aurait été un grand général**. Elle se hisse sur la pointe des pieds pour le regarder dans les yeux :

---

* B. Strauss, *La Mort de César*, *op. cit.*, p. 198. L'auteur considère que Fulvie a été l'un de ses soutiens en ces jours difficiles et l'a poussé à l'action.

** Et de fait elle participera bientôt à la guerre de Pérouse contre Octave en tant que général officieux.

— Octave est à Apollonia et les funérailles de César auront lieu demain. Tu vas monter sur les rostres et faire le discours le plus brillant de ta vie. Demain, la ville sera pleine de soldats venus de toute l'Italie pour rendre un dernier hommage à leur général et ils doivent te voir comme son seul et unique héritier militaire. L'armée de César doit devenir la tienne et Octave ne pourra rien faire contre cela.

Elle lâche le bord de la cuirasse. Antoine rajuste le foulard à la base de son cou. Sa femme a raison. L'armée de César le connaît et le respecte. Il n'a que faire du testament. Il est son héritier symbolique.

Antoine a toujours aimé les femmes déterminées. Il sent sa rage se muer en excitation en regardant le corps souple de son épouse onduler sous sa robe de soie. Brusquement, il la plaque contre un mur et l'embrasse. Fulvie cambre voluptueusement les reins pour le laisser l'enlacer plus étroitement mais se cabre finalement pour le repousser. Ce n'est pas le moment. Les césariens attendent. Elle s'élance vers la porte pour sortir, mais son pied bute contre quelque chose. Elle se penche et ramasse la petite tête de Dionysos décapité qu'elle fait rouler entre ses doigts d'un air circonspect.

— Penses-tu vraiment que c'est le moment de vexer les dieux ?

2

Auguste,
la comédie du pouvoir

« Ai-je bien joué jusqu'au bout la farce de la vie ? »

Suétone, *Auguste*, 99

Romulus... Comme il voudrait que l'on puisse l'appeler ainsi. Pourtant, il sait qu'il doit renoncer à cet honneur démesuré. Il ne lui apporterait que la haine des jaloux. On pourrait l'accuser de vouloir restaurer la royauté honnie[1]. Il a tout intérêt à ne pas accepter la motion proposée par l'opportuniste Marcus Plancus. Hier, le sénateur soutenait ses adversaires, aujourd'hui il joue les flagorneurs. Et demain ? Peu lui importe qui se rebellera désormais. Rome, telle une femme amoureuse, se pâme devant lui. Lui, Octave, est devenu le héros de la République. Du haut de ses trente-cinq ans, il a mis fin à la guerre civile. Rome ne verse plus le sang de ses fils. Il a réussi là où tant d'autres ont échoué avant lui. Tant de grands hommes : Marius, Sylla,

Pompée et même César. Voilà pourquoi il est le *primus inter pares*, le premier parmi ses égaux. Il a écrasé tous ses rivaux. Même Marc Antoine et sa putain égyptienne. Rome est à lui. Ce matin, le sénat ne cesse de l'encenser. Octave s'enivre de sa ferveur. Il a ce talent des grands manipulateurs de savoir paraître modeste alors que son cœur déborde d'orgueil.

Ce 16 janvier 27 av. J.-C. est son jour de gloire. Les sénateurs souhaitent lui offrir un nouveau surnom pour célébrer sa valeur. Si ce ne peut être Romulus, il convient de proposer quelque chose d'inédit. Auguste semble idoine. Être Auguste, c'est être plus qu'un homme[2]. C'est être sanctifié[3], grandiose, s'élever au-dessus de la masse. Voilà une place digne de lui. Octave sera désormais Auguste. Avec ce nom naît l'Empire romain.

Tel Romulus

En cette fin d'année 64 av. J.-C., Atia, la femme de Caius Octavius, se rend en litière au temple d'Apollon. La nuit est tombée depuis longtemps. Les prêtres célèbrent une cérémonie exceptionnelle ouverte aux matrones à laquelle elle tient à assister. Ses porteurs déposent la litière dans le sanctuaire où règne une atmosphère de pieux recueillement. Atia n'est pas habituée à veiller si tard. Elle s'endort, bercée par le dieu Somnus, et ne s'aperçoit pas que les autres femmes ont fini par rentrer chez elles. Elle est désormais seule dans le silence nocturne du temple clos. Un serpent profite de son sommeil pour la visiter dans sa litière et se retire après un bref instant. À son réveil, Atia est saisie du besoin de se laver comme après l'amour. Elle constate alors une tache étrange sur sa peau, une marque indélébile aux ondulations serpentines. Peu de temps après cette incubation, son époux rêve qu'elle porte en son sein les rayons du soleil. Neuf mois après cet événement, elle met au monde un petit garçon aux cheveux blonds. Le fils d'Apollon ! Le dieu l'a fécondée dans son sommeil comme Mars a ensemencé le ventre de Rhea Silvia et Zeus celui d'Olympias. Cet enfant est né pour régner sur le monde[4].

Près d'un siècle après la mort d'Auguste, Suétone découvre le récit fantaisiste de sa conception dans un ouvrage d'Asclépias de Mendès[5] dont nous ne savons plus grand-chose si ce n'est qu'il était un historien d'expression grecque du Ier siècle de notre ère. Peut-être inventé par Auguste en personne, ce mythe contribuait à sa propagande de légitimation. À part les naïfs et les amateurs de belles histoires, personne n'était dupe. Un graffiti découvert sur l'un des murs d'une riche villa de Boscotrecase, dans le golfe de Naples, témoigne du scepticisme du propriétaire : « La mère de César Auguste était une femme[6]. » Une simple femme donc, de celles qui tombent enceintes de leur mari.

Plus prosaïquement, le futur Auguste naît le 23 septembre 63 av. J.-C.[7]. Ce jour-là, le consul Cicéron dénonce avec son habituelle emphase de rhéteur la conjuration de Catilina au sénat. La Fortune espiègle a voulu que ce complot échoue, mais elle donne simultanément naissance à celui qui mettra définitivement fin à la République.

Octave est né dans une belle maison du Palatin, dans le quartier dit « des têtes de bœufs[8] ». La colline de Romulus est particulièrement prisée de l'aristocratie et le futur Auguste possède un arbre généalogique enviable. Sa mère, Atia, est la nièce de César. Elle est la fille de Julie et du sénateur Atius Balbus[9], neveu de Pompée. Le petit garçon est donc un parent des deux plus grands généraux et politiciens de la guerre civile par sa mère. Par son père, Caius Octavius, l'enfant descend d'une famille au prestige erratique. Octavius vient de la branche équestre – autrement dit de la petite noblesse – de la *gens* Octavia, une très ancienne famille de Vélitres, un village près de Rome. Tarquin l'Ancien a élevé cette famille à la noblesse, puis elle est retombée dans la plèbe pendant de longs siècles jusqu'à César. Redevenue patricienne, la famille Octavia s'épanouit dans les carrières municipales[10]. Octavius, plus ambitieux que ses aïeux, est parvenu à s'élever au rang de sénateur et s'est engagé dans une carrière des honneurs prometteuse[11].

Le futur Auguste est reconnu par son père huit jours après sa naissance. Comme le veut la coutume, il est déposé aux pieds de son géniteur. L'heureux père prend son fils dans ses bras et lui donne le même nom que lui, Caius Octave. Pour former ses *tria nomina*, les trois noms que portent les citoyens, il lui ajoute le nom d'usage Thurinus[12].

Le petit Octave grandit à Rome, et non dans la modeste demeure de Vélitres que les habitants du village vénéreront plus tard comme un lieu sacré[13]. Alors qu'il tète encore le lait de sa mère – ou plus vraisemblablement celui de sa nourrice –, son père est nommé gouverneur de la province romaine de Macédoine. À son retour à Rome, il présente sa candidature à la fonction de consul[14] mais meurt subitement avant les élections. Il laisse derrière lui sa fille née d'un premier lit, Octavie l'Aînée, son épouse Atia et leurs deux enfants, Octavie la Jeune* et Octave, seulement âgé de quatre ans[15].

Comme toutes les bonnes mères, Atia veut le meilleur pour ses enfants et sans doute envisage-t-elle très tôt une grande carrière pour son fils. Ainsi prend-elle l'importante décision de confier son enfant à sa propre mère Julie alors qu'elle-même se consacrera à sa fille. Dans la maison de son aïeule, le petit Octave jouit de la meilleure éducation possible. Il baigne en permanence dans les affaires politiques, écoute furtivement les discussions des grands hommes et s'attire même leur sympathie.

À l'école du pouvoir

Octave est bien davantage qu'un enfant sage. Il est parfait. Cette caractéristique laisse entrevoir son potentiel. En se fondant sur des fragments de textes de Nicolas de Damas, l'historien Frédéric Hurlet le dépeint comme « raisonnable, obéissant à l'égard de ses parents, pieux à l'égard des dieux, d'une grande simplicité et d'une austérité morale toute romaine[16] ». Dans la maison de sa grand-mère Julie, il croise Pompée, César et d'autres sénateurs mus par l'ambition et l'amour du pouvoir. Il entend parler des exploits de son oncle en Gaule et sans doute rêve-t-il d'être un jour l'égal de ces hommes

---

* Chaque fois qu'il sera question d'Octavie dans cette biographie sans autre précision, il s'agira d'Octavie la Jeune.

qui semblent gouverner le monde. Julie meurt alors qu'il n'a que douze ans. Ce décès lui donne l'occasion de faire ses premiers pas d'orateur en public. Il est en effet choisi par ses proches pour prononcer l'oraison funèbre de la défunte. Si l'adolescent est probablement accompagné par des adultes dans cet exercice, il y excelle assurément. Du haut des rostres, il captive sa famille, les clients de celle-ci et les badauds réunis sur le forum. La puissance de son charisme éclot alors qu'il ressent les premiers frissons de plaisir de ceux qui savent parler devant une foule avec conviction[17].

Il revient ensuite vivre avec sa mère chez son nouveau beau-père, le consulaire Lucius Marcius Philippus, dans le riche quartier des Carènes, près du forum[18]. À seize ans, il prend la toge virile. Alors que des esclaves enroulent la longue pièce de tissu autour de lui, la bande de pourpre, le laticlave, se découd et tombe au sol. Les sénateurs assistant à la scène se regardent, interdits. Serait-ce le présage que l'ordre sénatorial, dont le laticlave est l'insigne, sera un jour à ses pieds[19] ? Évidemment, cette anecdote est trop belle pour être vraie, mais il est certain que personne ne doute de la puissance de caractère du jeune homme. Il entre ensuite dans le collège des pontifes. Déjà soucieux de lancer sa carrière, il prend immédiatement une place dans la vie politique et religieuse de Rome malgré son jeune âge[20]. Quelques semaines après cet événement, il assiste en bonne place au défilé du triomphe de son grand-oncle César sur l'Afrique lors duquel il reçoit une récompense militaire symbolique car il n'a pas encore eu l'occasion de s'illustrer sur le champ de bataille[21]. Il s'agit d'un premier honneur que lui concède César pour faciliter son entrée dans le monde des grands hommes.

La nature précise du lien entre le vainqueur de la guerre des Gaules et le petit surdoué reste en partie mystérieuse. César lit certainement dans le regard vif et brillant du jeune homme une intelligence et une détermination qui lui plaisent. Octave, quant à lui, voit en son aîné un mentor. Il suit César lors de nombreux événements et apprend beaucoup en l'observant. Il le rejoint dans le sud de l'Espagne en 45 av. J.-C. pour la bataille de Munda et s'initie ainsi à l'art de la guerre auprès de l'un des plus grands stratèges de l'histoire. Il se révèle être un excellent second pour son oncle[22] mais brille surtout par ses qualités de logisticien et de diplomate. En réalité, Octave n'aime pas le champ de bataille. La boue, le sang et l'adrénaline générée par la peur de la mort ne l'excitent guère. Il préfère déambuler sur les rostres ou prendre la parole dans la curie, mais pour l'heure la politique se fait dans les camps et il l'a bien compris.

L'héritage de César

Après ses victoires en Espagne, César envoie Octave accompagné de ses deux meilleurs amis, Agrippa et Mécène, à Apollonie, en Grèce. Le jeune homme d'à peine dix-huit ans se familiarise avec les troupes basées en Épire en vue de potentielles batailles à l'Est et parfait sa culture grecque comme tous les garçons bien éduqués. Cependant, le petit-neveu du dictateur ne résiste pas à l'envie de consulter les mages locaux

– et tous lui promettent qu'il deviendra le maître du monde[23]. Peu lui importe s'il a en face de lui des charlatans obséquieux tant qu'il entend ce qu'il veut. De son côté, César envisage certainement de faire de lui son prochain maître de cavalerie lors d'une expédition contre les Daces[24]. Mais avant d'entreprendre une nouvelle guerre, il rédige son testament dans une de ses villas du Latium[25]. Octave découvrira bientôt combien son grand-oncle lui fait confiance. César appose son cachet sur ses tablettes puis les remet à la grande vestale. Le document est rangé dans le temple sacré. Les servantes de la déesse du foyer lui assurent son inviolabilité.

Octave se trouve depuis plus de six mois à Apollonie lorsqu'il reçoit un courrier d'Atia. Les ides de mars sont passées depuis une dizaine de jours. Il apprend en l'espace de quelques lignes que César a été assassiné dans la curie pompéienne par des conjurés menés par Brutus et Cassius. Son testament a été ouvert quatre jours plus tard. Octave est désormais légalement son fils adoptif et l'héritier des trois quarts de sa fortune. Bien qu'à peine sorti de l'adolescence, il comprend ce que représente cet héritage. César, le dictateur à perpétuité, lui ouvre la voie de la conquête du pouvoir personnel. Le jeune homme est désormais inscrit dans une lignée familiale emplie de consuls et de triomphateurs. Pour rappeler la grandeur de son nouveau lignage, il se fait désormais appeler *Imperator Caesar Octavianus**, soit « Octavien » pour les historiens modernes.

---

* F. Hurlet, *Auguste, les ambiguïtés du pouvoir*, Paris, Armand Colin, 2015, p. 41. Il se peut que le nom *Octavianus* ait surtout

Il imagine d'abord lever une armée pour venger son père adoptif, mais cela lui paraît trop impulsif. Prudent, il se ravise et se met en route pour Rome. Avant d'entreprendre quoi que ce soit, il doit s'emparer de son héritage[26]. Cette décision signe son entrée dans la guerre civile. Il s'engage avec une résolution inébranlable sur un chemin fait de sang et de rage qui durera quatorze ans.

Quatre mois après son retour à Rome, Octavien s'impose aux yeux du peuple comme une figure incontournable de Rome. Il organise des jeux en l'honneur[27] de César et s'affirme comme son seul héritier légitime. Les hasards cosmiques veulent qu'à cette occasion une comète brille dans le ciel pendant sept jours[28]. La foule crédule y voit le symbole de l'ascension dans les cieux du dictateur. Octavien s'empare de ce phénomène pour se présenter comme le fils d'un *diuus*, d'un homme divinisé, bien que le sénat n'accorde officiellement un culte à César qu'en 42[29].

Être le fils d'un homme élevé au rang de dieu est un outil de communication incroyable entre les mains du jeune Octavien, et il sait en faire bon usage. Il le rappelle dans chaque discours et sur les monnaies qu'il fait frapper*. C'est encore trop peu pour prendre le contrôle de Rome. Il est temps maintenant de s'allier

---

été utilisé par ses ennemis politiques, notamment Cicéron, pour rappeler ses origines municipales.

* *RRC*, 538/1 : par exemple, ce denier frappé dans un atelier itinérant sous l'autorité d'Octavien en 37 av. J.-C. À l'avers : IMP. CAESAR – DIVI.FILIVS IIIVIR ITER. R.P.C. (*Imperator Caesar divi filius Triumvir iterum Rei Publicae Constituandæ*, « Imperator César, fils divin César, Triumvir pour la seconde fois

aux césariens dont fait partie Marc Antoine pour venger le dictateur avant de s'attaquer à Brutus et à Cassius. Il est essentiel pour Octavien de donner l'impression qu'il agit pour le bien de l'État et en respectant les lois. Faire preuve d'arrogance serait une erreur dramatique.

Les deux organisateurs du meurtre de César savent que la capitale n'est plus pour eux un lieu sûr. Ils préfèrent la quitter et fuir vers l'est. Octavien et Marc Antoine en profitent pour souligner leur lâcheté et obtenir leur condamnation par contumace[30]. Le fils adoptif de César sent sa cote de popularité monter. Il en profite pour demander à remplacer le tribun de la plèbe qui vient de mourir, alors qu'il n'a ni l'âge ni le statut social requis. Cela accroîtrait sa légitimité et lui laisserait les coudées franches pour s'imposer sur la scène politique. Marc Antoine comprend immédiatement ses desseins et s'insurge[31] : il est déterminé à ne pas se laisser marcher sur les pieds par un gamin orgueilleux de vingt ans son cadet qui ne sait même pas tenir un glaive. Il se considère comme le seul véritable héritier de César, son héritier militaire[32].

La haine qu'ils se vouent amène inévitablement les deux hommes à s'affronter une première fois en septembre 44, mais les légionnaires, tous césariens, répugnent à s'entretuer. Pour l'heure, l'arène d'Octavien et de Marc Antoine est exclusivement politique. Le 3 janvier 43, le fils du dictateur obtient exceptionnellement du sénat l'*imperium* de propréteur. Cela l'autorise à diriger une armée dans le cadre de la guerre civile.

---

pour la restauration de la République »), buste tête nue à droite. Au revers : COS ITER ET TER DESIG, objets pontificaux.

Dans le même temps, Cicéron, alors proche du jeune homme qu'il pense manipuler sans difficulté, s'attaque avec acharnement à Marc Antoine dans la curie en tentant de le faire déclarer ennemi public. Ces hostilités aboutissent inévitablement à une guerre civile au printemps 43, la guerre de Modène. Le parti de Marc Antoine, retranché dans cette ville, est opposé à celui d'Octavien.

Celui-ci, plus brave au sénat que sur le champ de bataille, préfère rester à l'arrière. Cependant, il se fait remarquer en portant l'aigle de la légion à la place du porte-aigle blessé[33]. Si l'action paraît héroïque, signalons que le porte-aigle n'a pas pour vocation de se battre au corps à corps. En agissant de la sorte, Octavien s'assure surtout une bonne visibilité auprès des soldats tout en courant un minimum de risques vitaux. Les combats sont rudes. Chaque camp perd tant d'hommes qu'il est presque impossible de déterminer qui est le vainqueur. Marc Antoine, pourtant en position favorable, préfère éviter le choc d'une seconde bataille et bat en retraite vers le nord[34].

Les deux consuls césariens Hirtius et Pansa étant morts pendant le conflit, et parce qu'il est doté d'un aplomb désarmant, Octavien ose requérir le consulat alors qu'il n'a que vingt ans. Sans surprise, les sénateurs se gaussent de lui. Ils ignorent que le fils adoptif a encore moins froid aux yeux que le père et qu'il a des hommes derrière lui, des soldats capables de suivre l'élu de César au bout du monde. Déterminé, Octavien marche sur Rome et demande derechef le consulat les armes à la main. Le 19 août 43, il est élu consul[35].

Maintenant qu'il est légitime sur la scène politique, il peut aller chercher les têtes de Brutus et de Cassius.

Du triumvirat aux frères ennemis

Octavien n'est pas un guerrier dans l'âme. En revanche, il est un fin stratège politique. Il parvient à fédérer de nombreux sénateurs contre les césaricides. Cela lui permet de différer intelligemment les problèmes d'héritage mais non de prendre une place centrale à Rome. Discrètement, il entre alors en relation avec Marc Antoine et Lépide, ses ennemis de la guerre de Modène. Les trois hommes se retrouvent en novembre 43 sur la plaine du Pô. Ils concluent ensemble le second triumvirat dont la vocation est de rétablir la République. Leur alliance est scellée juridiquement par le vote de la loi Titia le 27 novembre 43, une reconnaissance qui leur donne des prérogatives extraordinaires tant dans le champ militaire que dans le champ civil pour une durée de cinq ans[36].

Aussitôt assurés de leur pouvoir, les trois magistrats rétablissent les proscriptions. Ceux qui en sont victimes, une fois nommés par un acte officiel, disposent de quelques heures pour s'enfuir ou se donner la mort, sans quoi n'importe qui peut les assassiner en toute légalité. Leur fortune est ensuite confisquée au profit de l'État. Le procédé, certes violent, est efficace : il permet de se débarrasser rapidement des opposants les plus virulents du triumvirat. Cicéron figure sur leur liste. Il est assassiné alors qu'il tentait de fuir. Marc Antoine fait accrocher sa tête et sa main droite sur la tribune aux harangues, cette même main qui avait écrit les *Philippiques*, célèbres diatribes formulées contre lui[37].

À l'issue de cette vague d'épuration, plus personne à Rome n'ose contester l'autorité des triumvirs. Ceux-ci lancent alors les hostilités contre Brutus et Cassius. Les assassins de César sont parvenus à prendre des provinces orientales parmi lesquelles la Syrie. Alors que Lépide reste à Rome pour s'assurer du contrôle de l'Italie, Octavien et Marc Antoine prennent la route vers l'est et gagnent la Macédoine où se livre la bataille de Philippes, en octobre 42. L'issue des combats est tout d'abord incertaine, car l'aile d'Octavien est défaite, mais celle menée par Marc Antoine remporte finalement la victoire. Cassius et Brutus se suicident l'un après l'autre. L'action de Marc Antoine, l'homme de terrain, a été décisive. Le jeune Octavien, quant à lui, est doté d'un sens inné de la communication : il envoie la tête de Brutus à Rome pour qu'elle soit déposée au pied de la statue de César. Il se montre ensuite impitoyable avec les principaux césaricides, les faisant mettre à mort et leur interdisant toute sépulture[38]. Sa cruauté, que l'on pourrait imputer à la fougue de la jeunesse, est en réalité mûrement réfléchie : il veut être craint.

À l'issue de la victoire de Philippes, les triumvirs se partagent les territoires romains. L'Orient, en plus de la Narbonnaise et de la Gaule chevelue déjà sous son commandement, revient à Marc Antoine. C'est la juste récompense de son génie militaire. Lépide garde la mainmise sur l'Afrique ; Octavien obtient les provinces espagnoles et les îles de la Méditerranée occidentale.

En 41, une nouvelle crise sociale secoue l'Italie. Pendant que Marc Antoine est occupé en Orient, sa femme Fulvie et son frère Lucius entrent en conflit avec Octavien. Ce dernier, assisté de son fidèle ami le valeureux Agrippa, assiège ses ennemis dans Pérouse et les vainc[39]. Si Lucius et Fulvie survivent, Octavien se montre à nouveau sans pitié pour les partisans de ses ennemis[40]. L'héritier politique et l'héritier militaire de César comprennent cependant que leur course au pouvoir nécessite une alliance au moins temporaire car les Romains détestent les guerres civiles. Aussi, ils scellent un nouvel accord de paix lors du pacte de Brindes en 40. Pour renforcer leur nouvelle alliance, Octavien offre sa sœur Octavie en mariage à Marc Antoine.

De son côté, Octavien épouse Scribonia, une femme du clan de Pompée déjà veuve de deux consulaires[41]. Cette union est censée pacifier ses rapports avec Sextus Pompée, le fils du grand général, qui prétend rejoindre le triumvirat en raison de sa mainmise sur la Méditerranée, ce que le fils de César veut éviter. Alors que Scribonia est enceinte, le plus jeune des triumvirs fait la connaissance de Livie lors d'un dîner. Elle est enceinte elle aussi de son deuxième enfant et mariée à un ancien opposant à César, Tiberius Néron. Son père est mort à la bataille de Philippes et elle-même n'a survécu que par chance aux dernières proscriptions*. Octavien tombe sous le charme de cette jeune femme au regard pénétrant et à la petite bouche délicatement ourlée. Il l'attire hors de la salle à manger et ne revient qu'après un moment les cheveux en bataille. Quelques

* Voir le chapitre sur Tibère.

semaines plus tard, une fois sa fille Julie née, Octavien divorce de Scribonia et contraint Tiberius Néron à lui céder sa femme. Après quelques démêlés juridiques et religieux, il l'épouse et, lorsqu'elle accouche trois mois plus tard, il autorise le père biologique à reconnaître son fils. Ce mariage est à la fois le fruit d'un coup de foudre sincère et d'un subtil coup politique. D'une part, Octavien rejoue la scène du mariage de Romulus avec Hersilia, seule Sabine mariée enlevée par erreur[42]. D'autre part, il rompt ses liens familiaux avec le clan des pompéiens dont Scribonia faisait partie et peut attaquer Sextus Pompée. Les deux belligérants s'affrontent pendant deux ans lors de la guerre de Sicile sur un terrain essentiellement maritime. La victoire est le fruit du génie militaire d'Agrippa. Discret, l'amiral ne s'en vante guère. Marc Antoine, en revanche, propage la rumeur selon laquelle Octavien, en mauvais militaire, s'est endormi pendant les assauts décisifs[43]. Lépide profite de ce conflit pour tenter d'intimider Octavien. Le fils adoptif de Jules César, loin de se laisser impressionner, lui prend ses troupes et le relève de sa fonction de triumvir. Il le relègue enfin dans une de ses demeures du Latium[44]. Autrement dit, Lépide est mort socialement.

En 36, Octavien et Marc Antoine se partagent le monde romain. Au premier l'Occident, au second l'Orient. Pendant les quatre années suivantes, chacun s'attelle à renforcer son prestige et sa richesse en faisant de nouvelles conquêtes pour Rome. Ils savent qu'ils devront s'affronter un jour, mais pour l'heure l'un rode ses techniques de politicien retors, l'autre développe une conception plus hellénistique du pouvoir.

Les serpents du Nil

Depuis 41, Marc Antoine passe la majeure partie de son temps en Orient et commence une liaison avec Cléopâtre. En 39, ils ont des jumeaux : Alexandre Hélios et Cléopâtre Séléné. En 36, l'épouse et l'amante du général lui donnent encore un enfant chacune. En 32, Rome est pacifiée. Marc Antoine et Octavien n'ont plus de rivaux et leur alliance politique a été bue jusqu'à la lie. Pour la rompre, Marc Antoine répudie Octavie. Aucun lien familial ne les oblige plus à se montrer solidaires.

Pendant que l'amant de Cléopâtre devient officieusement roi d'Orient, Octavien continue à s'imposer comme le seul homme fort de Rome. Il est temps pour le fils adoptif de César de lancer une offensive contre ce nouvel ennemi de la République qu'est son ancien beau-frère. Il obtient l'ouverture du testament de celui-ci conservé chez les vestales[45]. Son contenu fait l'effet d'une bombe : l'auteur y reconnaît Césarion comme le fils de César, fait de ses enfants avec Cléopâtre ses héritiers en leur léguant des terres dont il a fait la conquête pour Rome et demande à être inhumé auprès de sa reine[46]. Octavien s'appuie sur cette trahison pour le déclarer ennemi public[47]. La guerre peut désormais éclater entre les deux hommes.

Le 2 septembre 31, au large de Corfou, près d'Actium, les flottes de Marc Antoine et de Cléopâtre affrontent celle d'Octavien menée par Agrippa. Les amoureux sont mis en déroute. Quelques semaines plus tard, Octavien attaque à nouveau Marc Antoine en Égypte. Mais celui-ci, depuis Actium, n'est plus que l'ombre de lui-même, et sa défaite est inéluctable. Il se suicide et meurt dans les bras de sa reine. Cléopâtre, comprenant qu'elle ne sera plus bientôt qu'un trophée lors du prochain triomphe du fils adoptif de César, cherche à négocier avec lui pour protéger ses enfants. Elle a d'ailleurs pris soin d'envoyer Césarion, le fils qu'elle avait eu du dictateur, se réfugier en Éthiopie. Elle sait qu'il serait inutile de chercher à séduire Octavien pour s'en faire un allié – cet homme froid veut annihiler tous ses ennemis*. De dépit, elle joue la carte de la femme fragile, de la mère éplorée. Rien n'y fait. Vaincue politiquement, elle se suicide par honneur et pour échapper à l'humiliation d'être traînée sur un char, couverte de chaînes, derrière Octavien triomphant[48].

Le fils adoptif de César refuse que quiconque revendique son héritage. Il commandite l'assassinat de Césarion et celui du fils aîné de Marc Antoine afin d'éviter des représailles de leur part à moyen terme. Cependant, il confie les autres enfants du général à sa sœur Octavie pour prouver sa clémence. Celle-ci, élevée au rang de nounou impériale, éduque Iullus Antonius, le plus jeune fils de Marc Antoine et Fulvie, ainsi que les jumeaux nés de Cléopâtre et leur petit frère.

Octavien achève son œuvre égyptienne en faisant du pays une province romaine[49]. Il s'accorde ensuite un

---

* R. F. Martin, *Les Douze Césars*, *op. cit.*, p. 131. L'auteur perçoit Auguste comme un sensuel en se fondant sur les rumeurs de Suétone. C'est faire fi de la glorification romaine du mâle qui passe nécessairement par les conquêtes féminines. Certes, comme tous les hommes de pouvoir, Auguste dut connaître un certain nombre de femmes. Cependant, il avait une libido beaucoup moins exacerbée que celle que l'on pourrait imputer à César ou à Marc Antoine.

moment de recueillement dans le mausolée d'Alexandre le Grand, se fait montrer la dépouille royale et dépose sur sa tête une couronne d'or. Il témoigne ainsi de son admiration à l'un des rares hommes qu'il tient pour modèle. Alors qu'on lui propose de voir également les tombes des Ptolémées, Octavien aurait répondu « qu'il voulait voir un roi et non des morts[50] ». Il méprise cette dynastie faite de pharaons sans envergure et de femmes trop avides de pouvoir.

Lorsqu'il rentre à Rome, il n'a plus de rivaux notables. Tout au plus quelques inimitiés à surveiller. Le vainqueur d'Actium célèbre son triomphe du 13 au 15 août 29. Il lui reste une dernière conquête à faire, la plus délicate : celle du pouvoir absolu.

Être plus qu'un homme

La guerre civile s'achève en 29 av. J.-C. Pour marquer cet événement, Octavien ferme les portes du temple de Janus, un acte symbolique qui signifie que Rome et son empire sont en paix[51]. À cette date, selon Suétone, il songe à se retirer de la politique, mais la République est selon lui trop fragile pour supporter son absence[52]. Cette comédie de la modestie n'est qu'un jeu de dupes : Octavien sait pertinemment qu'il ne doit pas donner l'impression de vouloir devenir un dictateur comme César. Restaurer une fiction de république est bel et bien une priorité dès lors qu'il devient lui-même l'homme le plus important du gouvernement, celui qui garantit la pérennité d'une République prospère et indivise. En 28, il est reconnu comme *princeps* – premier citoyen – par le sénat. Il installe en douceur et avec l'assentiment des sénateurs son hégémonie politique sur la vieille institution.

Octavien est réélu consul pour la septième fois le 1er janvier 27. Le 13, il renonce à tous les pouvoirs extraordinaires dont il dispose : le gouvernement de ses provinces, le commandement de ses légions et la possibilité de promulguer des lois. À la séance suivante, le sénat décide de lui offrir le commandement des provinces de Gaule, d'Espagne, de Syrie et d'Égypte – elles deviendront bientôt des provinces impériales dont le gouverneur sera nommé par l'empereur en personne[53]. Le 16 janvier, les sénateurs débattent du nouveau surnom qu'ils donneront à Octavien pour le remercier de ses hauts faits. Le premier citoyen refuse celui de « Romulus », trop dangereusement connoté, et accepte celui d'« Auguste ». Il signifie qu'Octavien a une valeur supérieure à celle des autres hommes[54] – il a alors trente-cinq ans et, à l'instar d'Alexandre, il a conquis un empire ; il a en outre été plus précoce que César. Ce changement de nom est considéré par les historiens comme l'acte de naissance de l'Empire. *Augustus* deviendra au fil des successions l'équivalent du titre d'empereur.

Pendant les années qui suivent, le sénat et Auguste modifient conjointement les lois pas à pas pour donner toujours plus de prérogatives au *princeps*. Cela se fait le plus souvent dans le calme et sans jamais donner l'impression que celui-ci s'octroie des pouvoirs de force. Auguste sait que, sans la collaboration du sénat, sa marche vers la monarchie échouera. Il met donc en place une dyarchie de façade dont la grande majorité des sénateurs s'accommodent. Ainsi, l'Empire n'est pas une royauté, mais un principat à la tête duquel se trouve le premier citoyen.

Concomitamment à ses gains de pouvoir personnel, Auguste envisage de fonder sa dynastie. Dans les faits, son idée est plus subtile : il prépare doucement le peuple, l'armée et le sénat à accepter un successeur de son choix pour assurer la pérennité de la *pax romana*. Le procédé est brillant. Cependant, Auguste se rend compte que sa maison tient davantage du nid de vipères que d'une famille docile.

Le père de famille

Contrairement à Marc Antoine et même à César, Auguste n'a nullement la folie des grandeurs. Si sa demeure prend nécessairement une fonction palatiale[55], il essaie de conserver une vie de famille. Ce qu'on appelle la *Domus Augusta* correspond alors à sa famille élargie selon les mœurs romaines. Sa maison doit lui servir de vivier pour ses héritiers, mais Auguste est confronté à des drames sur lesquels il n'a que peu de prise : les morts prématurées de ses héritiers privilégiés et l'ambition démesurée de son entourage féminin.

Auguste n'a qu'un seul enfant, Julie, née en 39 de son mariage avec Scribonia. En épousant Livie, déjà mère de deux enfants, après la naissance de sa fille, il espère devenir père, mais leur mariage demeure stérile[56]. Il refuse cependant de la répudier et lui conserve sa vie durant un véritable attachement. Elle est une de ces solides femmes de l'ombre sur qui il peut s'appuyer, une aristocrate éduquée pour soutenir les grands hommes.

Julie, sa seule descendante, devient donc le pivot de sa politique dynastique[57]. Il la marie d'abord en 25 av. J.-C. à son cousin, le brillant Marcellus, mais le jeune homme meurt en 23 dans la fleur de l'âge. Julie, qui n'a que seize ans, n'est pas encore mère. Il l'offre donc à son fidèle Agrippa – une manière de le remercier de sa loyauté. De leur union naissent cinq enfants. Caius et Lucius, les deux aînés, sont adoptés très jeunes encore par Auguste et éduqués pour prendre sa relève[58]. Ils prennent chacun le nom de César et reçoivent le titre de « prince de la Jeunesse ». La renommée des deux garçons va bien au-delà des limites du *pomerium**, comme en témoigne la Maison carrée de Nîmes construite en leur honneur. L'empereur vieillissant croit sa succession assurée mais la Fortune versatile fait périr les deux princes en 2 et en 4 après J.-C.

Ses deux petites-filles, Julie la Jeune et Agrippine l'Ancienne, font à leur tour de beaux mariages, organisés par Auguste en fonction de sa stratégie dynastique. Agrippine épouse le petit-fils de Livie, Germanicus. Le pouvoir reste ainsi en famille. En revanche, le plus jeune de ses petits-enfants, Agrippa Postumus, né juste après le décès de son père, n'a jamais été pour lui qu'une source de déception. Il n'a pas une once d'intelligence politique et passe le plus clair de son temps à pêcher en mer quand il ne prend pas soin de sa plastique avantageuse d'Hercule. En plus d'être limité,

---

* Enceinte historique de Rome au moment de sa fondation par Romulus.

Agrippa Postumus est arrogant. Il ne manque pas une occasion d'entrer en conflit avec Livie, s'attirant ainsi sa dangereuse inimitié et le mépris d'Auguste.

Lorsque Agrippa meurt, en 12 av. J.-C., Auguste oblige Julie à se remarier avec Tibère, le fils aîné de Livie*. Sans doute cette dernière n'est-elle pas pour rien dans cette union mal assortie[59]. Julie et Tibère se haïssent, en effet, et se livrent bientôt une guerre larvée aux répercussions délétères sur la maison impériale**.

Auguste, peu soucieux des états d'âme de ses proches, organise son monde et règne en austère *pater familias* sur les siens. Les affranchis et les esclaves sont aussi des membres de sa maison et subissent de même l'intransigeance[60] de leur maître qui, en public, prétend détester se faire appeler *dominus*[61]. Pourtant, il impose son autorité tant sur ses proches que sur l'Empire.

Gérant magistralement sa vie publique et sa vie privée, Auguste œuvre désormais à remodeler le monde selon ses valeurs austères et sévères conformes au *mos maiorum*, la tradition romaine dont il se fait le gardien.

Refonder l'âge d'or

La guerre civile a engendré un relâchement des mœurs et des institutions auquel Auguste souhaite remédier. Il assainit en premier lieu le fonctionnement de la justice, augmentant le nombre de jours

* Voir le chapitre sur Tibère.

** *Ibid.*

d'ouverture des tribunaux afin que les affaires soient jugées dans les meilleurs délais. Surtout, il ne veut plus que « justice » soit un vain mot. Il refuse que des délits soient classés sans suite pour prescription des délais, augmente le nombre des juges et permet l'accès à cette fonction dès l'âge de trente ans au lieu de trente-cinq. Il donne ensuite à ceux-ci divers avantages pour rendre la carrière attractive. Puisque tout le monde ne peut pas être consul, Auguste revalorise judicieusement cette voie[62].

Par ailleurs, il montre l'exemple et exerce ponctuellement la justice – comme le feront après lui tous les empereurs. Scrupuleux dans le traitement des affaires, il est clément face aux délits mineurs ou à de sincères repentances et continue à travailler depuis sa litière quand la fatigue le saisit[63].

Auguste se veut également ambitieux pour le sénat, ce qui est encore le meilleur moyen de ne pas passer pour un tyran. Il veut que cette vieille institution retrouve sa noblesse et cela passe par l'éviction des mauvais éléments – notamment ceux qui ont connu une évolution rapide à la faveur des guerres civiles. Auguste est éminemment élitiste et souhaite conserver les membres des familles les plus prestigieuses dans la curie. Il agit avec un tact inouï, demandant à chaque sénateur de choisir un collègue digne de rester au sénat. La liste ainsi émise est soumise à Auguste et à Agrippa. Ensemble, ils élisent les sénateurs à récuser. La manœuvre est si dangereuse que pendant ces journées de remaniement le *princeps* se rend au sénat revêtu de sa cuirasse militaire sous sa toge[64]. Mais cette réforme est habilement menée à son terme, sans heurt. Le prestige du sénat est rehaussé ; ses membres se sentent privilégiés et, dans l'absolu, ils se sont cooptés et n'ont donc pas de raison majeure de se rebiffer. Cependant, ils n'hésitent pas à remettre Auguste à sa place après un excès de zèle qui ne dissimule que sa condescendance à leur égard. Il propose en effet qu'on lui donne deux collègues lorsqu'il exerce le consulat afin de permettre à davantage de magistrats d'occuper cette fonction. Les sénateurs refusent car ils ne veulent pas être des fonctionnaires de paille réduits à jouer les figurants[65].

Ensuite, pour mieux les préparer à leurs futures fonctions, il autorise les fils des sénateurs à venir écouter les séances dès la prise de la toge virile, soit généralement aux alentours de quatorze ou quinze ans – un âge auquel les adolescents romains privilégient plutôt les sorties entre amis, les premières beuveries et les amours naissantes[66]. Auguste calquait sans doute ses préoccupations d'enfant précoce sur celles de tous les adolescents et il y a fort à parier que cette mesure n'ait obtenu qu'un succès mitigé.

Pour préserver l'apparence de la République, il doit en outre faire croire que le gouvernement est participatif. Après avoir flatté les meilleurs sénateurs, il crée de nouvelles fonctions publiques, notamment municipales, pour permettre à davantage de citoyens de travailler au bénéfice de l'État[67]. Il soigne aussi les militaires en accordant de nombreux triomphes aux généraux qui le méritent. Il prend soin également d'assainir l'ordre équestre comme il l'avait fait pour l'ordre sénatorial en en faisant déchoir les mauvais éléments. Il leur redonne la fierté de leur rang en leur permettant de défiler ponctuellement à cheval dans Rome[68].

Il flatte également tous les collèges sacerdotaux. La religion est extrêmement importante à Rome et il est de bon ton d'exercer un sacerdoce. Pour faciliter l'accès aux prêtrises, il en ouvre de nouvelles et remet en vigueur quelques cultes désuets[69]. Il donne ainsi l'impression de faire revivre la vieille culture romaine. En tant que grand pontife, il est par ailleurs le premier prêtre de Rome et règne de fait seul sur les arcanes de la religion.

Auguste, pour qui le travail est une valeur, pense pousser le peuple à ne pas compter sur les aides sociales pour vivre en réduisant les distributions de blé aux citoyens. Mais cette idée provoque un tel tollé dans l'opinion publique qu'il se récrie, ce qui est passablement rare chez lui. La plèbe reçoit son annone une fois par mois et il est impensable de réduire ces distributions de céréales[70]. D'ailleurs, quand le blé vient à manquer lors d'une année de mauvaise récolte, Auguste prend la décision de favoriser les Romains de souche et oblige à ce titre les gladiateurs, les esclaves invendus et les étrangers à quitter la Ville, sauf s'ils exercent des métiers importants, tels les médecins ou les professeurs. Ce faisant, il se montre intransigeant avec ceux qu'il perçoit comme inférieurs aux vrais Romains. Peu lui importe où ils traîneront leur misère, pourvu que cela soit hors du *pomerium*. Et lorsque Tibère ou Livie le sollicitent pour protéger des amis, il reste inflexible et refuse tout passe-droit[71] : il s'agit pour lui d'une question de justice sociale !

En une dizaine d'années, Auguste a réorganisé l'État, les institutions et les ordres de la noblesse. Il lui faut maintenant redresser les individus en renforçant la morale.

La restauration des bonnes mœurs

La guerre civile avait été le terreau fertile du relâchement des mœurs, et de nombreuses femmes de la haute aristocratie avaient oublié qu'elles n'étaient que des femmes. Clodia, la sœur du tribun de la plèbe Clodius, était connue pour sa vie dissolue. Elle avait notamment été l'amante du poète Catulle qui avait abondamment parlé d'elle sous le pseudonyme de Lesbie. Fulvie, quant à elle, l'ancienne épouse de Marc Antoine, montait à cheval et prétendait mener des hommes pendant la guerre de Pérouse. Auguste ambitionne de mettre fin à ces modes de vie licencieux : la grandeur de Rome repose sur une société structurée où chacun reste à sa place et les femmes au foyer.

Il commence par exclure les enfants des événements sociaux réservés aux adultes, interdisant en particulier leur présence lors de certains spectacles. Par ailleurs, les garçons impubères n'ont plus le droit de participer à la course des Lupercales[72] au cours de laquelle des adolescents traversent la ville en tous sens et frappent les femmes avec des lanières de cuir sacré pour les rendre fécondes. La présence de jeunes enfants n'a donc symboliquement aucun sens.

Pour satisfaire le peuple et se rendre aimable, il fait donner de très nombreux spectacles sans regarder à la dépense – grâce aux nouvelles conquêtes, le Trésor semble inépuisable[73]. Il adore susciter l'émerveillement et n'hésite pas à ordonner l'exhibition d'animaux exotiques[74]. Lors des jeux, il se montre toujours disponible dans sa loge, jouissant lui-même des spectacles, sans doute par goût, mais aussi pour qu'on ne lui reproche pas de travailler pendant les loisirs du peuple comme le faisait César.

Cependant, pour Auguste, les spectacles ne doivent pas s'apparenter à des moments de chaos social. Officiellement, chaque ordre, chaque groupe a sa place attribuée dans les gradins des théâtres et du cirque, et des mesures sont prises pour que chaque spectateur respecte les placements. Dans les premiers rangs les sénateurs, puis les chevaliers et, dans les gradins du haut, le peuple. Les vestales ont leur propre loge. Les femmes de tous les rangs sont reléguées dans les places les plus hautes et n'ont pas le droit de se rendre aux spectacles avant le milieu de l'après-midi. En revanche, Auguste siège dans sa loge avec son épouse[75]. La loge impériale est l'une des scènes du pouvoir.

Il est également interdit aux délégations étrangères de prendre place dans l'orchestre, car elles incluent souvent des affranchis qui, selon Auguste, n'ont rien à faire aux places d'honneur[76]. Ces mesures ne sont pas innocentes : ces édifices dédiés aux spectacles sont des miniatures symboliques de la société et reflètent l'ordre d'un univers parfait où l'entropie est réduite à son minimum.

Auguste rêve d'un idéal d'austérité pour les Romains. Un jour, ceux-ci se plaignent de manquer de vin. Auguste les tance en leur assurant qu'il y a suffisamment d'aqueducs à Rome pour étancher leur soif. Suétone interprète ces sages paroles comme la preuve de sa volonté de faire le bien public plutôt que d'être populaire[77]. Auguste prend effectivement très à cœur son rôle de *pater patriae*[78] (« père de la patrie »), titre qu'il prendra officiellement en 2 av. J.-C. Il n'attend cependant pas cette date pour agir en père symbolique des Romains, à l'instar d'un patriarche juste et sévère.

Pour garantir la pérennité de Rome, Auguste met en place une série de lois favorisant les mariages des ordres et la natalité. L'endogamie est un moyen de préserver la pureté des élites. Auguste comprend intuitivement que conserver un entre-soi aura pour corollaire d'augmenter la fierté des membres de l'aristocratie[79]. Ceux-ci agiront alors plus volontiers en accord avec leur rang. En 18 av. J.-C., il fait promulguer la loi Julia sur le mariage des ordres[80] qui interdit les mésalliances et fait déchoir de leur rang tous ceux qui ont exercé un travail réputé infamant, c'est-à-dire tous les métiers liés au spectacle et à la prostitution, le premier procédant de la seconde. À cela s'ajoutent des pénalités financières pour les hommes et les femmes en âge de se marier qui persistent à vouloir rester célibataires, divorcés ou veufs. La loi est accueillie par de nombreuses protestations mais Auguste reste inflexible : un taux de natalité élevé et la pureté du sang des citoyens contribuent à la grandeur d'un empire. Les chevaliers réclament l'abolition de cette loi, estimant les pénalités financières pour refus de se marier et de procréer trop lourdes. En réponse, Auguste montre en exemple sa petite-fille Agrippine et son mari Germanicus, leurs enfants dans leurs bras, dans sa loge lors d'un spectacle. Le jeune couple est aussi populaire que fécond. L'empereur poursuit ses réformes morales par la création du *ius trium liberorum* instauré en 9 apr. J.-C par la loi *Papia Poppaea* : les parents de trois enfants ne souffrent plus des pénalités administratives de la loi Julia et les mères de trois enfants gagnent leur émancipation juridique. Elles ne dépendent plus d'aucun homme et ne sont plus considérées comme d'éternelles mineures[81]. Auguste, qui veut faire de Livie un modèle de matrone libre et paradoxalement soumise à sa famille, lui accorde hypocritement ce droit alors qu'elle n'a eu que deux enfants. Et de même aux vierges vestales, afin de les flatter et rendre leur exigeant sacerdoce enviable[82].

À force de patience et de rigueur, en somme, Auguste reconstruit une société romaine solide en accord avec le *mos maiorum*. Il lui reste à doter son univers d'un décor à la mesure de sa grandeur.

Une Rome marmoréenne

La phrase est célèbre. À la fin de sa vie, Auguste se vante d'avoir reçu une Rome de brique et de l'avoir laissée de marbre[83]. Embellir la Ville fait bel et bien partie de son programme. D'une part, son évergétisme généreux le place en tête des bienfaiteurs de l'État. D'autre part, Rome, maîtresse du monde, se doit d'être une ville magnifique. Comme l'atteste Suétone, l'empereur finance de nombreux bâtiments. Il construit un nouveau forum et trois nouveaux temples dédiés à Mars Vengeur, Jupiter Tonnant et Apollon, son dieu protecteur. Le temple de ce dernier s'élève dans une partie de sa demeure entourée de portiques, de bibliothèques et pourvue d'une salle pour les réunions du sénat. Façon habile de mettre les sénateurs à demeure comme s'il s'agissait d'une cour…

Plusieurs de ses constructions portent les noms de ses proches : le portique et la basilique de Caius et de Lucius, les portiques de Livie et d'Octavie et le théâtre de Marcellus. La ville semble s'emplir de monuments à la gloire de la maison impériale. L'idée d'une monarchie naissante, légitime et bienveillante s'insinue peu à peu dans les esprits[84].

En accord avec les sénateurs, Auguste fait également construire, entre 13 et 9 av. J.-C., l'*Ara Pacis*, ou autel de la Paix, sur le Champ de Mars. Le monument n'est pas de dimensions grandioses mais c'est un véritable petit bijou de propagande vantant le retour à la paix dans l'Empire – obtenue grâce à Auguste. Sur les faces nord et sud, les Romains peuvent admirer la famille d'Auguste ordonnée en procession en fonction de l'importance de ses membres. Les femmes, en tant que pourvoyeuses d'héritiers, y tiennent une bonne place. Les reliefs fourmillent de détails à la gloire de l'empereur. Ainsi, dans la partie basse du monument, peut-on voir des feuilles d'acanthe étouffer des pousses de lierre dans leurs volutes majestueuses. La plante d'Apollon asphyxie celle de Dionysos comme Auguste a anéanti Marc Antoine[85]. Il sait mâtiner son orgueil d'infinies délicatesses…

Auguste complète la restructuration de la ville en la divisant en quatorze quartiers. Ces « régions » permettaient de faciliter l'organisation de l'administration urbaine. Si Rome était de marbre, les *insulae*, les immeubles d'habitation, sont encore de bois et de briques et les incendies sont fréquents. Pour lutter contre ce fléau, Auguste ordonne la création d'une garde de nuit, l'équivalent des pompiers. À noter aussi que le Tibre est curé pour prévenir les inondations et de grands travaux de voirie entrepris pour améliorer l'état des routes[86].

Rome est le chef-d'œuvre d'Auguste. Son évergétisme généreux est l'un des plus puissants marqueurs de l'idéologie julienne. En revanche, il ne fait représenter son visage qu'avec parcimonie dans l'espace public. Une fausse modestie qui est le fruit de sa volonté de ne pas être confondu avec un tyran.

Un visage pour l'éternité

Auguste passe plus de quarante ans à la tête de l'Empire. Pourtant, aucune représentation officielle ne donne à voir sa sénescence. Il laisse à la postérité l'image d'un homme dans la force de l'âge, celle d'un trentenaire en pleine possession de ses moyens dont la beauté froide et simple ne devait jamais cesser de susciter l'admiration. Il affecte systématiquement la modestie face aux honneurs. Il refuse avec obstination qu'on lui élève un temple à Rome et fait fondre la statue en argent qu'on lui a offerte pour acheter de nouveaux trépieds d'or pour le temple d'Apollon Palatin[87].

Il ne se prive pas de faire représenter son buste sur les monnaies puisque l'usage le lui permet. La monnaie est un support très codifié et passe entre toutes les mains. C'est la solution idoine pour faire circuler son effigie sans passer pour un mégalomane.

En privé, il se donne plus de liberté et l'évolution de son sceau personnel en dit long sur sa psychologie. Jeune homme, il utilise d'abord un sphinx, sans doute pour la dimension spirituelle et mystérieuse de cet animal fantastique. Mais alors que son pouvoir croît, il l'abandonne au profit de l'effigie d'Alexandre le Grand, dont le portrait évoque un modèle à suivre. Enfin, une fois le pouvoir assumé, il se fait représenter lui-même sur son cachet[88]. Au moins cette poussée narcissique reste-t-elle discrète. Ses successeurs continueront longtemps à utiliser ce sceau perpétuant au quotidien le souvenir de son beau visage et la mémoire de cet homme à qui ils doivent leur propre pouvoir monarchique.

Suétone reconnaît qu'Auguste est d'une rare beauté, ce que semblent corroborer les statues érigées à sa gloire. Il jouit à l'évidence d'un charisme peu commun, sans quoi il n'aurait pas connu tant de succès juvéniles devant les militaires et les sénateurs. En bon Romain, Auguste n'a rien d'un homme maniéré. Sa beauté naturelle et sans apprêt est la plus appréciée chez un homme, du moins selon les standards de son temps[89].

Son visage est fin et harmonieux tout en conservant des angles virils[90]. Il a la peau légèrement mate. Ses prunelles bleues*, surmontées de sourcils joints, sont vives et brillantes. On saisit instantanément son agilité

* Pline l'Ancien, *Histoire naturelle*, XI, 54. Pline nous dit qu'Auguste avait les yeux glauques, ce qui chez les Romains évoque une couleur claire dans une nuance de bleu, voire de gris.

intellectuelle. Il a conscience que son regard perçant peut être intimidant et il en jouit. Il émane de lui une sorte d'autorité divine et rien ne l'enchante davantage que de voir son interlocuteur baisser les yeux. Son nez aquilin contribue à lui donner une allure autoritaire. À cela s'ajoute une élégance naturelle propre aux personnes ayant une haute estime d'elles-mêmes.

Ses cheveux blond foncé, qu'il se borne à porter courts, semblent avoir été dorés par les caresses d'Apollon. Il les coiffe le plus souvent d'un simple coup de main rapide. Ses boucles naturelles trouvent plus ou moins heureusement leur place sur sa tête. Aujourd'hui, les historiens de l'art s'amusent souvent à compter le nombre d'accroche-cœurs sur le front de ses statues pour en proposer une datation parfois hasardeuse. Selon ses envies, il se rase ou tond sa barbe. Aucune représentation officielle ne montre cette petite négligence stylistique[91].

Il n'est pas très grand mais son corps est parfaitement bien proportionné. Il a de nombreuses taches de rousseur ou des grains de beauté. D'aucuns disent que ces éphélides ou ces névus forment la Grande Ourse sur son ventre… perception subjective de flagorneurs. Sa beauté pâtit de quelques plaques dartreuses que Suétone impute au frottement du strigile. Aujourd'hui, nous verrions plutôt là un eczéma* dû au stress. Sa jambe droite était un peu faible, au point de lui causer parfois de la difficulté pour marcher[92]. Cela n'entamait en rien son charisme. L'*Augustus Prima*

* R. F. Martin, *Les Douze Césars*, *op. cit.*, p. 57. Une pathologie plus grave serait logiquement à exclure compte tenu de sa longévité.

Porta, ou « Auguste de la Prima Porta », quoique très idéalisé, peut donner une bonne idée de son allure générale.

Étonnamment, Auguste n'a pas une santé de fer, ce qui ne l'empêche pas de vivre longtemps. Les petits désagréments quotidiens dont il souffre, rhumes, allergies saisonnières et mauvaise digestion, n'ont rien de létal[93]. Il n'aime pas la chaleur et souffre du froid. L'hiver, il s'enroule dans des bandes de laine avant de mettre sa toge[94] et garde son index frileux dans un anneau de corne pour pouvoir écrire. Ses portraits ne rendent jamais compte de ses petites faiblesses. Il ne nous reste qu'une vision parfaite de sa simplicité sous contrôle permanent.

Un homme simple

Auguste n'a aucun goût pour les fastes et le clinquant des dorures. Son statut de premier citoyen ne modifie en rien sa préférence pour la simplicité. Il est cependant attaché aux petites marques de noblesse, aux bonnes manières et à la nécessité de tenir son rang. Dès qu'il le peut, il vit comme s'il n'était qu'un citoyen parmi d'autres. Ses goûts rustiques ne laissent pas d'étonner Suétone. Il déteste les thermes au point de vivre comme une punition les bains de mer conseillés par ses médecins. Dès qu'il peut grignoter seul, il se régale d'un rien. Un morceau de pain, du fromage et des fruits mâchonnés entre deux rendez-vous suffisent à son bonheur. Il préfère boire de l'eau aux meilleurs vins, quand il ne suce pas un concombre ou un fruit pour se désaltérer[95].

En revanche, il aime donner des dîners dans les règles. Recevoir ses amis et ses clients en respectant un protocole participe de l'art de vivre à la romaine. Auguste aurait même organisé des soirées à thème avec une poignée d'amis triés sur le volet. Chacun se parait alors des attributs d'un des douze dieux principaux de l'Olympe et Auguste présidait le repas vêtu en Apollon[96]. De telles mises en scène frôlaient l'impiété, mais ces petites frasques – peut-être fantasmées par ses ennemis – ne semblent pas incompatibles avec son caractère.

S'il a renoncé au sport dès qu'il l'a pu, autrement dit une fois la guerre terminée, Auguste adore les jeux. Lancer les dés l'amuse au plus haut point. Parfois même, faire une partie d'osselets avec un enfant le délasse. Mais il est avant tout un intellectuel passionné par le latin et le grec et prend un vif plaisir à écrire et à déclamer. Il est particulièrement fier de son style qu'il veut simple, clair et actuel. Convaincu de la supériorité de ses talents, il se moque de la prose de tous ses proches. Celle de Mécène est ampoulée ; celle de Marc Antoine sacrifie la clarté aux fulgurances. Quant à la verve de sa petite-fille adorée, Agrippine l'Ancienne, elle est obscure. Lui seul a du génie… On n'arrive pas au sommet d'un empire sans croire en soi !

Suétone a consciencieusement étudié les lettres d'Auguste dans les archives impériales. Il s'étonne de ses tics de langage et de ses locutions étranges, telles que la référence aux inexistantes calendes grecques[97] pour un événement remis *sine die*. L'historien remarque aussi qu'Auguste fait tant de fautes d'orthographe qu'il écrit le plus souvent en phonétique*. Ses discours étaient aussi brillants que ses tablettes étaient brouillonnes.

En bon *pater familias*, il veille de près à l'éducation de ses proches selon les vieilles traditions romaines. Aux filles la quenouille, aux garçons les belles-lettres. Il pense se trouver à la tête d'une famille aussi soumise à son autorité que le peuple. Il ignore encore à quel point l'ambition est atavique dans la famille Julia.

La rébellion des petits aigles

Julie est assurément la fille de son père. Elle est opiniâtre, charmeuse et avide de pouvoir. Pourvue d'un chromosome Y, elle aurait déclenché sans scrupule une guerre pour mettre Rome à ses genoux. Son troisième mariage avec Tibère a été un désastre. Le fils de Livie, pourtant habitué aux viragos grâce à sa mère, s'est installé seul à Rhodes pour fuir sa femme. Cette séparation donne l'occasion à Julie de se rapprocher de Iullus Antonius, le fils de Marc Antoine et de Fulvie qu'Auguste a épargné après la prise de l'Égypte. En 2 av. J.-C., ces Roméo et Juliette passionnés de pouvoir imaginent faire un coup d'État ensemble[98] et s'imposer comme les nouveaux souverains et les héritiers des deux hommes forts de la fin des guerres civiles. Le complot est découvert et la sanction d'Auguste impitoyable.

---

* Suétone, *Auguste*, 88. Auguste était-il dysorthographique ? Ce trouble cognitif lié à l'orthographe n'entame en rien les capacités intellectuelles d'une personne qui en souffre.

Sans surprise, le fils d'Antoine est condamné à mort et Julie exilée sur l'îlot désolé de Pandataria. Auguste ne pardonnera jamais cette trahison à sa fille unique, en dépit des supplications du peuple en faveur de sa libération.

En 4 apr. J.-C. – il a alors soixante-six ans –, Auguste doit se trouver un nouvel héritier. Caius et Lucius César sont morts et la maison impériale est pauvre en mâles. Auguste refuse de léguer son empire à Agrippa Postumus[99] et préfère le condamner à rester en résidence surveillée sur une île pour ne pas troubler ses plans dynastiques[100].

Face à l'absence de candidats valables parmi les petits-enfants de l'empereur, Livie commence une tractation dans l'ombre pour imposer son aîné, Tibère, à la succession. Auguste n'a jamais apprécié cet homme taiseux et ombrageux mais il est désormais l'aîné de sa maison. Il accepte alors de l'adopter et le force à adopter dans la foulée le populaire Germanicus. Ainsi, il fait plaisir à sa chère Livie, mais il a une arrière-pensée. Il sait que Tibère, tout en faisant un travail honnête, sera moins apprécié que lui, et cela flatte son ego. Sa mémoire n'en sera que plus glorifiée. Après Tibère, viendra Germanicus. Il fera un excellent empereur une fois son temps venu. Celui-ci cédera ensuite l'Empire à ses enfants nés d'Agrippine. Des petits descendants d'Auguste reprendront le flambeau.

En 8 apr. J.-C., Auguste croit son plan dynastique parfait. Malheureusement, sa propre maison est le théâtre d'odieux complots. Cette fois, l'instigatrice en est sa petite-fille Julie, la digne fille de sa mère.

Comme sa génitrice, elle envisage de prendre le pouvoir à Auguste pour le donner à son amant et jouer auprès de lui le rôle de première dame. Elle connaît le même échec cuisant que sa mère.

Désormais, pour Auguste, les deux Julie et Agrippa Postumus sont devenus « ses trois abcès et ses trois chancres[101] ». Leurs révolutions de bac à sable sont d'inacceptables enfantillages pour le vieil Auguste, le triomphateur des guerres civiles.

Ses problèmes familiaux réglés, Auguste fête ses soixante-dix ans convaincu d'avoir posé de solides fondements monarchiques pour ses descendants. Il ne saura jamais combien ceux-ci mettront d'énergie à s'anéantir.

La douce amertume des figues

À soixante-seize ans, Auguste voit des présages de sa mort partout[102]. Sans être devin, il sait que son temps est désormais compté. En août 14 apr. J.-C., il s'accorde quelques semaines de délassement dans le golfe de Naples et prend quelques jours de repos à Capri malgré des problèmes intestinaux persistants. Il profite de la compagnie légère des éphèbes présents sur l'île. Il s'amuse à tourmenter Thrasylle, l'astrologue de Tibère, en le taquinant toute la journée avec l'impertinence joyeuse des vieux chefs de famille[103]. Il assiste ensuite à un concours quinquennal de gymnastique à Naples en son honneur. Enfin, il accompagne Tibère jusqu'à Bénévent, en Campanie, d'où celui-ci doit rejoindre les légions d'Illyrie entre l'Albanie et la Croatie actuelle.

Épuisé par ce voyage, il fait une halte dans sa maison de Nole, en Campanie. Très affaibli, il ne consent plus qu'à se nourrir de figues fraîches cueillies sur les arbres de son jardin. Selon Dion Cassius, Livie aurait empoisonné les fruits sur l'arbre pour hâter le trépas de son époux[104]. Or, cette rumeur colportée par les mauvaises langues n'a aucun sens. Tibère est assuré de prendre la succession et personne n'est en mesure de lui disputer son héritage.

Se sentant quitter ce monde, Auguste fait revenir Tibère* à lui pour l'entretenir de quelques affaires sans doute relatives à l'État[105]. Sa succession est sa dernière préoccupation, l'achèvement de son œuvre. Bien qu'il continue à faire envoyer à Rome des nouvelles rassurantes sur sa santé, il accepte sa fin avec une théâtralité qui traduit, sinon une pointe d'espièglerie, assurément le caractère extrêmement égocentré d'Auguste. Il réclame un miroir et constate avec fatalisme que le visage renvoyé par le morceau de métal poli n'est plus celui du bel homme que les statues ont immortalisé. Ses dernières forces lui auraient servi à formuler quelques traits d'esprit. Les a-t-on inventés *a posteriori* ? Il est impossible de le savoir, mais si délectable de les savourer. Auguste aurait fait de sa mort une métaphore de la scène puisqu'il a tenu le premier rôle toute sa vie. Il demande à ses proches s'il

---

* Suétone, *Auguste*, 98. Les sources divergent sur ce point. Selon Tacite (*Annales*, I, 5) et Dion Cassius (*Histoire romaine*, LVI, 31), Tibère arriva trop tard pour avoir cette entrevue.

a bien joué la farce de la vie et de l'applaudir s'ils ont aimé la pièce[106]. Enfin, il expire dans les bras de Livie en lui murmurant des mots d'amour[107].

Son corps est transporté à Rome par un cortège de chevaliers. Pendant ce rapatriement, les Romains s'agitent en tous sens pour lui préparer les plus belles funérailles. Cette effervescence dissimule le meurtre d'Agrippa Postumus – mais personne ne saura jamais si l'ordre de l'assassiner a été la dernière décision politique d'Auguste ou la première de Tibère*.

Le 3 septembre, les sénateurs ouvrent le testament d'Auguste rédigé un an plus tôt et conservé par les vestales. L'empereur fait de son fils adoptif Tibère son premier héritier et lui lègue un peu plus de la moitié de sa fortune. Livie est sa deuxième héritière. Une clause du testament prévoit son adoption posthume. Elle prend ainsi le nom d'Augusta. Le statut d'impératrice, jusque-là parfaitement informel, se dessine. Il offre à sa veuve l'assurance qu'elle restera la première dame de l'Empire tant qu'elle vivra. Auguste a divisé une part de sa fortune entre les membres de sa proche famille : le reste doit être partagé entre le peuple de Rome et l'armée. Il exprime ainsi une dernière fois sa générosité envers cet empire dont il a fait la conquête.

Vers le 8 septembre[108], Tibère et son fils Drusus II, vêtus de sombres manteaux de deuil, prononcent l'oraison funèbre du patriarche du haut des rostres. Après de longues cérémonies, le corps est brûlé sur le Champ de Mars et les cendres déposées dans le mausolée

---

* F. Hurlet, *Auguste, les ambiguïtés du pouvoir*, *op. cit.*, p. 150. Selon l'auteur, c'était une précaution de Tibère.

d'Auguste. Le 17 septembre, les sénateurs ratifient le décret de sa divinisation. L'homme le plus puissant du siècle écoulé achève son irrésistible ascension auprès des dieux.

Crépuscule

Cela fait des heures que Livie tient le cadavre d'Auguste entre ses bras. Sa peau est devenue froide comme la glace. L'acceptation de sa mort est inéluctable. Elle ressent un impétueux besoin de solitude. Elle dépose doucement la tête de son mari sur sa couche et sort de la pièce pour s'isoler dans sa chambre ouverte sur le patio ombragé de figuiers. La vieille impératrice ne peut réprimer ses sanglots et se déteste pour ce moment de faiblesse. Elle envisageait de rester digne, conformément à l'image de dame austère et respectable qu'elle s'est forgée. Elle pensait être préparée à la mort de son mari. Mais on ne voit pas partir si facilement l'homme dont on a partagé l'existence pendant cinquante-deux ans.

Quelques coups timides frappés à sa porte la sortent de ses douloureuses pensées. Elle essuie son visage à la hâte, respire profondément et, d'une voix moins assurée qu'elle ne le souhaiterait, invite l'importun à entrer. Tibère pousse la porte. Sa mine est sombre. Ce n'est pas rare chez lui, mais il y a cependant dans son regard une dureté nouvelle. Une sorte de condescendance qu'elle ne lui connaissait pas…

— Je vais prendre les dispositions nécessaires pour annoncer la mort d'Auguste au sénat et organiser ses funérailles.

— Attends !

Livie s'avance vers son fils et caresse son visage avec une douceur feinte. Elle n'a jamais éprouvé beaucoup de tendresse pour lui, mais elle l'aime à sa manière. Elle le voit toujours comme un enfant taiseux et rétif. L'impératrice ne se rend pas compte qu'il a cinquante-cinq ans et qu'elle vient de poser sur sa joue une main ridée constellée de taches de vieillesse.

— Avant de faire quoi que ce soit, donne l'ordre aux gardes d'en finir avec Agrippa Postumus. Auguste n'aurait pas voulu prendre le risque d'une guerre de succession*.

Le visage de Tibère s'illumine d'un sourire mauvais. L'idée lui plaît, bien qu'elle lui paraisse risquée. Livie sourit chaleureusement pour encourager son fils. Elle a fait en sorte de lui obtenir la pourpre et ne laissera personne la lui ôter. Sa voix est douce, rassurante et empreinte d'une certaine fermeté.

— Écoute ta mère...

* Comme nous l'avons démontré, les sources ne permettent pas de savoir si cet assassinat a été ordonné par Auguste ou par Tibère. Livie aurait très bien pu participer à cette décision parce qu'elle connaissait les désirs d'Auguste et voulait protéger Tibère. Cela reste cependant une hypothèse que la fiction nous permet de proposer.

3

Tibère, le mélancolique de Capri

« Que les dieux et les déesses me fassent périr plus cruellement que je ne me sens périr tous les jours. »

Suétone, *Tibère*, 67

Vipsania Agrippina*… À chaque fois qu'il pense à son ex-femme, le cœur de Tibère se serre. Elle était la seule personne à l'aimer. Au moins un peu. Leur divorce a été un déchirement. La croiser le plonge invariablement dans les affres du désespoir. Livie et Auguste ont dû prendre des mesures pour éloigner la jeune femme du Palatin[1].

Il déteste sa nouvelle épouse. Julie, la fille de l'empereur, est une débauchée. Elle avait déjà entrepris de le séduire il y a bien longtemps pour le plaisir de le voir faire partie de ses

* Il s'agit de la fille aînée de Marcus Agrippa, l'amiral vainqueur d'Actium, née d'un premier lit avant son mariage avec Julie.

nombreux soupirants. Son attitude le dégoûte. Sa sensualité maladive dissimulée derrière des grands airs de sainte-nitouche l'écœure. Dès que Julie a été veuve, Auguste a voulu lui trouver un autre époux digne d'elle. Livie a insisté pour qu'il soit l'heureux élu. Selon sa mère, cette union augmente ses chances d'être un jour l'héritier de l'empereur. Foutaises ! Le *princeps* a des petits-fils, des garçons de son sang qu'il présente déjà publiquement comme ses héritiers.

Tibère a le sentiment d'étouffer à la cour. Il n'a aucune chance de devenir le protégé d'Auguste. Il n'a jamais été le favori de personne. Pas même de sa mère. Alors pourquoi s'infliger cette souffrance ? Pourquoi continuer à vivre au palais ? Sa décision est prise. Il quittera Rome pour s'installer à Rhodes. Seul.

Une enfance de proscrit

Enceinte pour la première fois à l'âge de seize ans, Livie veut savoir si elle attend une fille ou un garçon. Selon les recherches de Suétone, l'impatience la pousse à miser sur l'ooscopie : une superstition qui consiste à couver un œuf de poule. Au bout de quelques jours, un poussin mâle précocement coiffé d'une crête en sort. Elle aura donc un fils promis à un destin royal[2]. La prédiction est certes inattendue, mais réjouissante. Quelques semaines plus tard, le 16 novembre 42[3], Livie s'extasie devant son vigoureux nouveau-né.

Tibère est né dans une famille prestigieuse, même si ses ancêtres n'ont pas toujours fait les bons choix politiques. Son grand-père maternel, Livius Drusus, s'est suicidé à l'issue de la bataille de Philippes en

Macédoine[4]. Il soutenait Brutus et Cassius et a assumé son erreur en choisissant une mort digne de son rang. Il descendait de grandes lignées patriciennes, les Appius Pulcher et les *Liuii*[5], tous des *optimates* chevronnés, à l'exception de Clodius[6], le turbulent tribun de la plèbe proche des *populares**.

Le père de Tibère, Tiberius Claudius Néron, provient également d'une grande famille aristocratique. Dans un premier temps, il a rallié le parti de César et œuvré à ses côtés en Égypte et en Narbonnaise, convaincu qu'il rétablirait la République[7]. Déçu par le prolongement indéfini de la dictature, il a rejoint le parti des tyrannicides au lendemain des ides de mars. Il leur a même demandé des récompenses au sénat. L'instauration du triumvirat en 43 av. J.-C. le mécontente : fervent républicain, il se méfie des héritiers de César. Peu après la naissance de son fils, il se range du côté de Lucius Antoine et de Fulvie lors de la guerre de Pérouse en 41**. Cependant, la défaite infligée à son camp l'oblige à fuir avec sa famille[8] car Octavien fait éliminer sans scrupule tous les nobles partisans de ses ennemis. Les fuyards veulent rallier la Sicile aux mains de Sextus Pompée, un opposant à Octavien.

Commence alors pour Tibère et ses parents une angoissante existence de bêtes traquées. Lorsqu'ils doivent se cacher, Livie impose le silence à son bébé, de

---

* Voir le chapitre sur César. Clodius était un fanatique du parti populaire aux méthodes de voyou. Il avait obtenu de haute lutte de déchoir de son rang sénatorial pour se montrer plus proche du peuple et faciliter sa carrière politique.

** Voir le chapitre sur Auguste.

peur que ses vagissements n'alertent les sbires de l'héritier de César. En Sicile, l'accueil de Sextus Pompée n'est pas à la hauteur des espérances de Tiberius Néron. Celui-ci n'a que faire des cadeaux de la sœur du général qui, en hôtesse polie, offre au petit Tibère une chlamyde, une agrafe et une bulle d'or. Mais le républicain n'a pas quitté le continent pour faire des mondanités. Il décide de poursuivre leur fugue jusqu'en Achaïe pour rejoindre Marc Antoine. Le périple est dangereux. En traversant la cité de Lacédémone, l'antique Sparte, la famille est prise dans un incendie. Les flammes voraces lèchent les vêtements de Livie et embrasent quelques mèches de ses cheveux. Elle n'en réchappe que par miracle. L'errance de la famille ne prend fin qu'avec l'annulation des proscriptions. Un retour à Rome en toute sécurité est désormais possible[9]. Ces années de terreur ont probablement laissé une empreinte dans l'esprit immature du petit Tibère. Elles sont peut-être l'une des causes de son caractère ombrageux[10].

Après son retour dans l'*Vrbs*, le petit garçon devient le légataire de Marcus Gallus. Ce sénateur anticésarien n'avait probablement pas d'enfant et appréciait Tiberius Néron. Grâce à lui, le petit hérite d'un joli capital pour bien commencer dans la vie. Hélas, sa famille sera bientôt déchirée. Octavien souhaite en effet se réconcilier avec ses ennemis d'hier et invite les parents de Tibère à participer à un banquet. Livie, alors enceinte, est resplendissante. Octavien en tombe fou amoureux et l'arrache à son mari – comme Romulus l'avait fait avec Hersilia, une femme mariée ravie par erreur avec les vierges lors du célèbre épisode de l'enlèvement des

Sabines. Tiberius Néron n'a pas les moyens de s'opposer au jeune fils adoptif de César, qui s'arrange avec les autorités religieuses et les textes de lois pour épouser la jeune femme grosse d'un autre[11]. Livie accouche trois mois après ses secondes noces et Octavien restitue l'enfant nommé Drusus à son père. Le divorcé s'efforce d'offrir la meilleure éducation possible à ses fils. L'apprentissage du calcul, de la lecture et des idéaux républicains font le quotidien des deux garçonnets[12], mais cette enfance choyée dans le giron paternel prend brusquement fin.

Une ombre dans la Domus Augusta

Tibère perd son géniteur à l'âge de neuf ans. Le petit garçon monte sur les rostres pour la première fois afin de déclamer son éloge funèbre[13]. L'art de bien s'exprimer en public fait partie de la formation intellectuelle d'un écolier, mais il est encore bien jeune pour un exercice aussi impressionnant. Dans le public se trouvent certainement sa mère, Octavien, les amis de la famille et les Romains curieux, toujours avides de nouveaux spectacles. Ces journées de deuil marquent une transition dans la vie du petit garçon et de son frère. Une fois leur père incinéré, ils s'installent auprès de leur mère et passent juridiquement sous la tutelle de son puissant mari[14].

Tibère et Drusus sont éduqués avec Julie, la fille d'Octavien. Ce dernier veille à leur dispenser une éducation traditionnelle. Julie apprend même à filer la laine comme une petite Sabine. Le fils aîné de Livie peine à trouver sa place dans sa nouvelle maison. Il se met souvent en colère et se montre parfois si violent que son propre précepteur le surnomme « boue pétrie de sang[15] » – c'est dire l'affection qu'il porte à son élève. Tibère aime pourtant l'étude et développe un amour inconditionnel pour le latin[16], au point de dédaigner le grec, même s'il le maîtrise à la perfection[17]. Il semblerait qu'il ait été particulièrement touché par le style précieux et même quelque peu ampoulé du célèbre Mécène, l'habile « conseiller en communication » d'Auguste. L'historien Robert Turcan pense en effet déceler l'influence de celui-ci dans les expressions de Tibère[18]. Auguste, convaincu de son propre génie, ne manque pas de faire des commentaires sur les archaïsmes caractéristiques de la plume de son pupille. Tibère en est meurtri. Il ne sait pas plus se faire aimer de son beau-père que de sa mère.

Livie préfère à l'évidence Drusus, qu'Auguste traite avec l'affection qu'il aurait souhaité donner à son propre fils. Tibère se sent rejeté, bien qu'il jouisse de certains privilèges. Il se voit notamment offrir la possibilité de défiler à cheval auprès d'Auguste lors de la célébration de son triomphe. Marcellus, le neveu de son beau-père envisagé comme son héritier politique, cavale à sa droite. Tibère, lui, chevauche à sa gauche. Ce côté, la *sinistra*, est symboliquement moins important que la droite. Il occupe en quelque sorte le second rôle. Néanmoins, le triomphateur introduit Tibère dans la sphère publique comme l'un de ses proches parce qu'il est le fils aîné de sa femme[19]. Résonnent alors dans la tête de celui-ci les propos sibyllins de l'astrologue Scribonius : il régnerait sans les insignes de la royauté[20]. Cette phrase doit lui sembler dénuée de sens. Sur quoi pourrait-il bien régner ? Le sang des Jules ne coule pas en lui.

À quinze ans, Tibère fait officiellement son entrée dans la vie civique en prenant la toge virile[21]. L'année suivante, il commence sa carrière comme tribun militaire lors des expéditions en Espagne de celui qu'on appelle désormais Auguste. Pour apparaître aux yeux du peuple comme une nouvelle personnalité incontournable de la *Domus Augusta*, il donne des combats de gladiateurs en l'honneur de son père et de son grand-père Livius Drusus[22]. Selon Suétone, l'adolescent fait déjà à cette occasion la démonstration de son avarice proverbiale, laissant sa mère et son beau-père se charger du financement des jeux.

À la même époque, aux alentours de 19 av. J.-C., on lui désigne pour épouse Vipsania Agrippina, la fille aînée d'Agrippa, le fidèle bras armé d'Auguste. Cette union est particulièrement honorifique pour la jeune femme, dont l'ascendance n'est pas aussi prestigieuse que celle de son mari. Tibère, quant à lui, est admis dans le cercle des soutiens politiques d'Auguste exclus de la succession. Ses héritiers seront nécessairement ses descendants en ligne directe par sa fille Julie.

Par un heureux hasard, Tibère et Vipsania Agrippina se prennent d'affection l'un pour l'autre. Il a environ vingt-trois ans et elle dix-sept. Ils s'aiment avec la douce candeur de la jeunesse[23]. Ensemble, ils ont un garçon, Drusus II. À cette vie de famille harmonieuse s'ajoute une carrière des honneurs poursuivie avec application. Tibère se montre rigoureux, tant dans ses fonctions militaires que civiles[24]. Il a beau occuper de hautes magistratures à un âge précoce et recevoir les insignes du triomphe lors d'une ovation publique[25], il est cependant incapable de s'attirer l'estime de son entourage et celle du peuple. C'est une constante dans son existence. La qualité de ses travaux est incontestable mais il suscite d'emblée l'antipathie.

L'exilé de Rhodes

Après la mort prématurée de son neveu favori Marcellus, Auguste révise ses plans de succession. En 17 av. J.-C., il adopte ses deux petits-fils nés de Julie et d'Agrippa, Caius et Lucius César. Tout Rome perçoit déjà les deux bambins comme ses héritiers. Cinq ans plus tard, Agrippa décède à son tour. Il est inconcevable de laisser Julie veuve alors qu'elle est encore féconde : la princesse – elle le sait – est en effet la pierre angulaire de la politique dynastique de son père[26]. Son nouveau mari entrera dans le cercle très restreint des héritiers présomptifs d'Auguste s'il devait arriver malheur à Caius et à Lucius. Livie en a une conscience aiguë. Elle ne s'entend pas le moins du monde avec sa belle-fille et veut sécuriser sa place au Palatin. Si Auguste mourait, Julie, au demeurant très populaire, s'imposerait comme régente, offrant la pourpre à un empereur intérimaire de son choix, probablement un de ces jeunes aristocrates sulfureux dont elle s'entoure. Pour éviter cette situation, Livie fait longuement pression sur son époux[27] pour que Tibère épouse Julie. L'empereur finit par y consentir, sans grand enthousiasme. La célébration de cette nouvelle union passe par un divorce déchirant : Tibère est obligé de se séparer de sa douce Vipsania Agrippina pour partager la couche de Julie. Comble du cynisme, le couple impérial lui interdit de revoir son ex-femme car il est dévoré par le chagrin à chaque fois qu'il la croise[28]. Tibère se rend vite compte que son nouveau mariage sert avant tout les intérêts personnels de sa mère et que lui-même est l'objet de ses ambitions et non de son amour. Il la déteste sans doute pour cela mais continue à redouter son autorité. Seule Julie ose défier cette froide madone.

Au début, le jeune couple fait quelques efforts pour s'entendre et répondre aux attentes de ses parents. Julie ne manque pas de goût pour Tibère, mais il est lui-même quelque peu horrifié par la libido de cette femme assumée[29]. Consciencieux, il lui fait malgré tout un fils, dont le décès prématuré[30] met fin à leur fragile concorde*. Le gendre de l'empereur refuse désormais de partager le lit de son épouse. La jeune femme s'en accommode. Elle le trouve terne et trop peu charismatique pour prétendre goûter au pouvoir.

En 9 av. J.-C., Drusus I meurt en Germanie. Tibère escorte le convoi mortuaire de son petit frère à Rome, un bel acte de piété familiale occulté par l'aura du défunt. Le célèbre poète Ovide écrit une *Consolation à Livie* dont les premiers vers laissent prophétiquement entendre que l'impératrice reportera ses ambitions

* La *concordia* était l'idéal d'un couple romain. Les époux devaient vivre non dans l'amour passionnel, sentiment précaire, mais dans une entente harmonieuse et tendre.

maternelles sur son aîné*. Pourtant, Tibère a toujours le sentiment d'être une pièce rapportée dans la *Domus Augusta*. La pression de Livie, la cour masculine de Julie et le mépris d'Auguste l'acculent émotionnellement. Rome lui devient insupportable. Il annonce sa décision de s'installer à Rhodes. Sa mère s'y oppose et le culpabilise. Tibère lui explique être fatigué. En outre, Caius et Lucius sont grands : il convient de leur laisser les coudées franches dans l'espace public[31]. Comment s'opposer à un tel argument ? Selon Suétone, le fils de l'impératrice commence son périple en bateau en longeant les côtes campaniennes. Un messager venu des terres l'aurait alors averti qu'Auguste venait de tomber malade. Par conscience familiale et professionnelle, l'exilé volontaire réduit la cadence de ses rameurs au cas où il devrait retourner à Rome en urgence. Mais la valse des messagers entre son navire et les côtes lui rapporte la rumeur selon laquelle il flânerait dans le golfe de Naples en attendant la pourpre. Dégoûté par ces médisances, Tibère prend le large et rejoint promptement son île où il vit presque en simple particulier, loin de la meute de loups et de louves assoiffés de pouvoir de la *Domus Augusta*.

Dans son refuge égéen, il passe son temps à écouter des conférences (Rhodes est en effet réputée pour

---

* Ovide, *Consolation à Livie*, 1-5 : « Toi que longtemps on crut heureuse, toi que, naguère encore, on appelait la mère des deux Néron, il ne te reste aujourd'hui que la moitié de ce titre ! Tu lis maintenant, ô Livie !, des vers funèbres sur la mort de Drusus, et tu n'as plus qu'un fils pour te dire : "Ma mère !" Déjà ta tendresse n'a plus à se répartir entre deux enfants. »

la qualité de ses enseignements). La concentration que nécessitent les études calme ses nerfs éprouvés. Un jour, rapporte Suétone, il prend part à un débat philosophique enflammé. L'un de ses contradicteurs l'agonit d'injures. Au lieu de répondre, Tibère encaisse les saillies sans ciller ni révéler son identité. À l'issue des débats, il sort discrètement de l'école et revient un moment plus tard accompagné de gardes. Son opposant découvre, éberlué, qu'il a insulté un magistrat romain revêtu de la puissance tribunicienne – ce qui est criminel, car sa personne est sacro-sainte*. Avec l'aide de ses hommes de main, Tibère fait jeter le colérique en prison après un jugement expéditif [32].

Cette anecdote en dit long sur sa psychologie : Tibère est incapable de garder seul la tête haute dans un conflit frontal. Il a besoin des attributs du pouvoir pour se défendre ou se protéger. L'autorité cruelle du magistrat n'est que le corollaire de la veulerie de l'homme.

Cette malheureuse aventure n'entame en rien le goût pour les études de Tibère, que sa curiosité pousse à s'intéresser à l'astrologie. En recherchant un devin valable sur son île, il fait la connaissance de Thrasylle. Ce philosophe platonicien est un intellectuel de haut vol versé dans le pythagorisme** et la divination[33]. Les deux hommes tissent une solide amitié et ne se quitteront

* *Sacrosanctus, a, um* : désigne la dimension sacrée de la puissance des tribuns.

** L'école pythagoricienne est née en Grèce au VIe siècle av. J.-C. Selon cette doctrine dont on ne sait plus grand-chose, les mystères de l'univers peuvent être percés grâce aux mathématiques. À cette façon de comprendre le monde s'ajoutent des règles morales fondées sur des mœurs austères et rigides, une philosophie semblant

plus. Si Tibère accorde rarement sa confiance, la vision d'un avenir maîtrisé grâce aux prédictions du mage le rassure.

Julie ou la haine aux deux visages

Alors que Tibère se croit protégé des intrigues de la *Domus Augusta* par la distance, Julie s'emploie à se débarrasser de lui. Cette ambitieuse invétérée, digne fille de son père, supporte mal son statut de « matrone sans emploi », pour reprendre l'expression de l'historien Jérôme Carcopino[34]. Elle rêve de passer du statut de fille d'empereur à celui d'épouse d'empereur. À ses yeux, le fils de sa marâtre n'est pas l'homme idoine pour réaliser ses desseins. Avec l'aide de son ami Sempronius Gracchus, un descendant des célèbres Gracques, elle écrit une lettre diffamatoire au sujet de Tibère et la fait parvenir à son père[35]. Ces intrigues mesquines déplaisent à Auguste. D'une part, il n'apprécie pas de voir sa fille entourée d'hommes en permanence, aussi nobles soient-ils. D'autre part, en tant que femme, Julie n'est rien censée faire d'autre que porter et élever ses enfants. Alors, déçue par l'échec de son plan, celle-ci organise une conjuration contre son propre géniteur avec la complicité de son amant, Iullus Antonius, le fils de Marc Antoine. C'est un nouveau fiasco, qui lui vaut cette fois d'être exilée – et à plusieurs membres de sa cour masculine d'être exécutés[36].

---

parfaitement convenir à la psychologie de Tibère pour qui un cadre établi était rassurant.

Depuis son île, Tibère découvre que son divorce a été prononcé en son absence suite à l'adultère, à la tentative de putsch et à l'exil de son épouse. Il aurait pu se sentir soulagé, mais l'hostilité de Julie à son égard nourrit sa propre haine. Il lui fera payer son comportement quand, une fois empereur, il durcira les conditions de son exil, la laissant mourir dans le plus complet dénuement[37]. Mais la vengeance n'est qu'un baume aux effets temporaires sur les plaies de l'âme. Après un premier soulagement, la rumination et la souffrance se font encore plus violentes[38].

La chute de Julie réjouit secrètement Livie. Elle espère que son fils rentrera bientôt après sept années loin de la capitale. De son côté, Tibère apprend de diverses sources qu'il est toujours honni à Rome. Son absence envenime la situation. Dans les dîners, il est surnommé « l'exilé » et les mondains cyniques se demandent joyeusement qui rapportera sa tête. Angoissé par ces plaisanteries, il demande à Auguste d'augmenter le nombre de ses gardes. Face au refus de l'empereur, il sollicite l'autorisation de réintégrer la capitale. Soucieux de rappeler à son beau-fils qu'il est parti sans son assentiment, Auguste se fait prier, contraignant Livie à intercéder en sa faveur. Tibère obtient la permission de revenir à condition de renoncer à la poursuite de sa carrière des honneurs : Caius et Lucius César doivent désormais occuper seuls le devant de la scène politique. Plus que jamais, le fils de Livie est de trop dans sa famille. Il accepte cependant les conditions de l'empereur et emménage dans les anciens jardins de Mécène sur les Esquilies où il se laisse aller à une douce vie oisive[39].

Mais la Fortune, toujours versatile, bouscule encore l'ordre de succession. Quelques mois après le retour à Rome de Tibère, en 2 apr. J.-C., Lucius César meurt, suivi par Caius César deux ans plus tard. Le jeu du trône recommence alors qu'Auguste a soixante-six ans. Le jeune Germanicus, le fils de Drusus I, semble être l'héritier idéal : le peuple l'adore et il est marié à Agrippine l'Ancienne, la petite-fille préférée d'Auguste. Pour autant, évincer Tibère alors qu'il est son oncle et l'aîné de la *Domus Augusta* est inconcevable. Dans l'ombre, Livie fait plus que jamais pression sur son époux[40]. Elle n'apprécie guère Germanicus et déteste au plus haut point la fille de Julie. Si elle survit à Auguste, le seul moyen pour elle de rester première dame est de devenir l'impératrice mère. Après quelques mois de tergiversations, Auguste tranche ses dilemmes successoraux : les 26 et 27 juin 4 apr. J.-C. le *princeps* adopte Tibère et contraint celui-ci à faire de même avec Germanicus. La succession est ainsi réglée sur plusieurs générations par ordre de primogéniture masculine. Des descendants d'Auguste restent dans la lignée grâce à Agrippine et le destin de l'Empire est assuré[41]. Tibère est devenu contre toute attente l'héritier d'Auguste. Les prédictions concernant son destin grandiose semblent s'accomplir.

Tibère a conscience que sa mère a participé à cette ascension fulgurante[42]. Il peut désormais poursuivre sa carrière des honneurs et reprendre la direction de campagnes militaires. Il obtient notamment de beaux succès sur le Danube[43]. Pendant son absence, les enfants de Julie se liguent contre lui. Agrippa Postumus, le benjamin, estime qu'il a été déshérité. Auguste méprise cet orgueilleux. Il sait qu'il est impossible de confier les rênes de son empire à un imbécile uniquement préoccupé par sa musculature. Par mesure de précaution, et sous un prétexte fallacieux, il le relègue en 7 apr. J.-C. à Sorrente, puis sur l'île de Pianosa, au large de la Toscane*. L'année suivante, Julie la Jeune, marchant sur les traces de sa mère, trame une conspiration contre son grand-père pour offrir la couronne de laurier à son amant. Elle est en partie motivée par sa haine de Tibère. Tous les petits-enfants d'Auguste estiment en effet le fils de Livie illégitime. Mais la jeune femme échoue aussi dramatiquement que sa génitrice. Seule Agrippine suit docilement les ordres de son grand-père car son mari et ses fils sont dans la lignée successorale. Pourquoi se rebellerait-elle ? Sa patience sera récompensée le moment venu. Du moins le croit-elle…

Tibère se sent terriblement haï au palais. Même Auguste se montre rude avec lui. Il a pourtant prouvé ses qualités militaires sur le Danube. Malgré ses mérites, l'empereur interdit aux sénateurs de lui décerner un surnom honorifique[44]. Tibère le perçoit comme un acte de malveillance. Son sentiment d'injustice nourrit la part la plus sombre de sa personnalité.

Les lauriers de Livie

À l'été 14, Tibère s'apprête à reprendre son poste de général dans les camps aux frontières de l'Illyrie. Peu après son départ de Nole, un émissaire lui demande

* Voir le chapitre sur Auguste.

de s'en retourner à la villa impériale campanienne. Auguste est mourant. Il veut lui donner d'ultimes recommandations. Selon Suétone, les deux hommes passent une journée à s'entretenir des affaires de l'État[45]. L'empereur n'ignore rien du caractère psycho-rigide de son fils adoptif. Il l'aurait donc incité à gouverner avec souplesse[46]. À l'issue de leur discussion, le vieillard aurait soupiré : « Je plains le peuple romain qui va tomber sur des mâchoires aussi lentes[47] ! » Selon l'historien Robert Turcan, le *princeps* compare son successeur à un fauve pervers toujours prêt à se repaître de la longue agonie de sa proie[48]. La tempérance n'est pas vraiment la qualité première de ce quinquagénaire solitaire. Auguste, devenu espiègle avec les ans, avait même pris l'habitude de cesser de plaisanter lorsque Tibère était auprès de lui. L'idée d'avoir contribué à créer cet être cruel en lui laissant ressentir ouvertement son mépris ne l'effleurait pourtant pas.

Le 19 août 14, Auguste meurt dans les bras de sa chère Livie. La première affaire d'État à régler est le cas d'Agrippa Postumus, toujours relégué sur l'île de Pianosa. Le tuer est encore la meilleure décision à prendre pour s'assurer une transition de pouvoir sans heurt. Qui donne l'ordre de l'exécuter ? Auguste ? Livie, au nom de son mari ? Tibère ? Nul ne le saura jamais. Suétone laisse toutes les hypothèses ouvertes[49]. Quel que soit le décisionnaire, Agrippa Postumus est assassiné avant l'annonce officielle de la mort d'Auguste. Tibère, élevé par son père dans l'amour de la République, sait que le principat est une monarchie parée des atours d'une dyarchie. Il entre de plain-pied dans les ambiguïtés du pouvoir à cinquante-cinq ans. Lui, le mal-aimé, devient le maître du monde.

Rigoureux et appliqué, il veut essayer d'être un bon empereur. Aussi son premier acte officiel est-il de réunir le sénat. Tibère fait son entrée dans la curie, bouleversé par l'émotion. Il est probablement pris dans un maelström de sensations violentes où se mêlent la joie, la peur, le soulagement, l'omnipotence, l'envie de reconnaissance et bien d'autres sentiments encore. Cette démonstration d'affliction, peut-être un peu instrumentalisée malgré tout, passe pour de la modestie teintée de piété filiale. Incapable de parler, l'héritier d'Auguste demande à son fils Drusus II de lire son discours. Le sénat procède ensuite à l'ouverture du testament du défunt. Tibère est désigné, sans surprise, comme son successeur. Livie, quant à elle, est adoptée à titre posthume. Elle est la première femme à bénéficier du surnom d'Augusta et jouira jusqu'à la fin de ses jours de son statut d'impératrice. Tibère n'en a donc pas fini avec sa mère… Elle attendra de lui une éternelle gratitude pour avoir posé sur sa tête les lauriers impériaux.

Après la lecture publique du testament commence la comédie de la modestie. Imitant les hésitations d'Auguste dans les mêmes circonstances, Tibère affecte de refuser le pouvoir que le sénat lui offre. Ses tergiversations trop longues agacent certains sénateurs. L'un d'eux s'écrie : « Qu'il accepte ou se désiste[50] ! » Le taiseux accepte alors son héritage mais négocie quelque peu la durée de son principat. Comme l'explique l'historien Régis F. Martin, le nouvel empereur se sent vulnérable tant par son âge déjà avancé que par son incapacité à trouver sa place dans la *Domus Augusta*[51]. Il s'aménage donc une porte de sortie. Il sera Auguste : « Jusqu'à ce qu['il] parvienne au moment où [le sénat] pourra légitimement accorder quelque repos à [sa] vieillesse[52]. » Mais quiconque goûte au pouvoir ne revient pas en arrière.

Fidèle à ses valeurs républicaines, Tibère commence son principat dans la plus grande simplicité. Il refuse les honneurs et s'oppose à ce qu'on lui élève des temples ou des statues. Il décline modestement le titre de « père de la Patrie » et celui d'*imperator* auquel il peut légitimement prétendre par son adoption. D'ailleurs, il n'use du nom d'Auguste que dans les documents officiels[53]. Mais surtout, Tibère prend conscience qu'il peut s'opposer à sa toute-puissante génitrice. Ainsi, il interdit au sénat d'offrir à Livie le titre de « mère de la Patrie ». Ce serait lui donner bien trop d'importance politique – elle est déjà suffisamment à l'aise dans son rôle d'impératrice mère. Elle écrit en son nom propre aux diplomates et possède une gigantesque clientèle. Dans les faits, elle agit déjà en véritable *mater patriae*.

Habitué à l'hostilité de ses proches, Tibère ressent une vive aversion pour les flagorneurs. Il se sent même agressé par les comportements trop déférents[54]. En revanche, il ne s'offusque guère des vers satiriques dont il fait l'objet ou des injures de ses détracteurs. Il se veut magnanime et, en bon fils de républicain, il aime à déclarer que dans un « État libre, la parole et la pensée d[oivent] être libres ». Mais sous le vernis de dignité, un sentiment d'insécurité rampant l'envahit[55]. Ses plus redoutables opposants ne sont pas sur les tréteaux des théâtres ou dans les banquets mondains. Ses ennemis vivent tous sur le mont Palatin. Ils forment la plus terrible des engeances : sa famille.

L'empereur qui voulait être Priam

Même si Tibère diffuse son image avec parcimonie dans l'Empire, des monnaies à son effigie sont frappées et des statues sculptées dès son avènement. Elles donnent, en les croisant avec les sources textuelles, une vision précise de l'apparence du nouvel empereur. Son visage un peu mélancolique est empreint de cette sévérité chère aux Romains. Sa haute taille lui confère un certain charisme. D'aucuns le considèrent comme un bel homme[56]. En vieillissant, il prend irrémédiablement de l'embonpoint. L'iconographie officielle fait naturellement l'impasse sur les flétrissures du temps. Sa silhouette massive dégage une impression de robustesse. Sa poigne passe pour particulièrement puissante. Il est capable de faire éclater une pomme dans son poing, ce qui ne manque pas de faire son petit effet. Son teint est clair, sa peau souvent constellée de boutons[57]. Cela n'altère nullement la noblesse de ses traits illuminés par de grands yeux sans doute hérités de sa mère. Il bouge avec une certaine nonchalance et parle peu. Rien en lui n'attire spontanément la sympathie, au point que, dans sa jeunesse, Auguste s'en excusait pour lui devant le sénat[58]. Il ne pouvait évidemment pas répondre aux plaisanteries vexantes de l'empereur, même s'il avait un bon sens de la repartie[59]. En réalité, Tibère aime vivre hors du tumulte. Boire et manger avec quelques amis suffit à son bonheur pourvu que le vin soit abondant[60].

Avant d'être empereur, il pouvait encore s'offrir le luxe de choisir ses amis. Le principat l'oblige à frayer avec sa propre famille. Il est désormais le *pater familias* de la *Domus Augusta*. Il n'y a plus d'échappatoire. Alors, Tibère se met à célébrer publiquement le bonheur de Priam. Il envie le légendaire roi de Troie pour avoir survécu aux siens[61]. Doué d'une grande sagesse, le Troyen refusa de faire peser la responsabilité de la guerre sur les frêles épaules d'Hélène. Il gouverna avec rigueur jusqu'à la destruction de sa ville, conservant son sens aigu de la justice. Tibère se perçoit en homme sage et juste, à l'instar du vieux Priam. Il aurait aussi voulu être comme lui, parfaitement orphelin. Comme Rome ne risque pas d'être réduite en cendres, il ne peut que se réjouir en pensant à la mort des membres de sa famille, quitte à la hâter un peu s'il le faut.

L'empereur est désespérément seul dans sa propre maison. Il se dit secrètement qu'une épouse l'aiderait à supporter le fardeau du pouvoir. Mallonia, une noble et austère matrone, semble correspondre à ses *desiderata*. Il ressent pour elle une vive attirance. Hélas, la dame ne partage pas ses tendres sentiments et l'éconduit. Maintenant qu'il est empereur, Tibère supporte mal d'être repoussé. L'émotion prend le dessus sur son habituelle rigueur. Il a besoin de se venger, de la briser. Pour la punir, il l'attaque en justice sous un prétexte fallacieux. Pendant l'audience, il interrompt incessamment les juges pour lui poser la même question :

se repent-elle ? À chaque fois, la requête est un cri désespéré. Se repent-elle de l'avoir repoussé ? Il quémande son amour. Mais comment l'héroïne tragique de cette farce juridique pourrait-elle comprendre qu'il la supplie de l'aimer au travers de ses mots haineux ? Mallonia est épouvantée. À la fin de la séance, elle quitte le tribunal, humiliée. Sa dignité bafouée, elle se répand en injures et en imprécations contre « ce vieillard ignoble et répugnant[62]* » en pleine rue. Incapable de se remettre de cet affront, elle se suicide. Mourir plutôt que d'être avec lui. Tibère se rend compte combien il doit être haïssable pour qu'elle en arrive là. Il ne comprend pas qu'il est impossible d'obtenir de la tendresse par la violence. Personne ne l'aimera jamais, il en est convaincu. Il renonce à l'idée d'un nouveau mariage. Il restera seul.

Les mois passant, la nature profonde de Tibère reprend le dessus. Assurer le spectacle permanent du pouvoir, depuis les salutations matinales jusqu'aux interminables banquets en passant par les séances du sénat, l'épuise. Progressivement, il se désintéresse des affaires militaires et de la diplomatie. Il ne mène aucune guerre de conquête ou de défense. Il laisse les armées des frontières faire leur travail sans directives particulières[63]. Au début, il est incapable de quitter Rome – il a tant voyagé pendant sa jeunesse. Le pouvoir l'enchaîne à l'Italie. Mais au bout d'un moment, il se prend à rêver de vacances sur une île, comme à Rhodes. Cette île serait presque exclusivement sa propriété. Elle serait proche de l'Italie tout en étant

* Suétone, *Tibère*, 45.

difficile d'accès. Tibère se met à observer avec envie les falaises de Capri. Une forteresse minérale sur fond céruléen.

Le règne de la tristesse

Conformément à ses valeurs républicaines, Tibère s'efforce d'avoir des relations respectueuses avec le sénat[64]. Néanmoins, sa rigidité intellectuelle influence ses décisions politiques. Il aime l'ordre. De fait, il multiplie les postes militaires en Italie pour veiller à la sécurité de chacun en limitant le vol, le brigandage ou les tentatives d'émeute. Afin que personne ne puisse échapper à la justice, il abolit l'usage et les lieux d'asile. À Rome, il fait construire une caserne pour la garde prétorienne au sommet de la colline du Viminal, sur le plateau des Esquilies[65]. Il souhaite avoir une garde personnelle bien structurée et proche du palais. Il poursuit également le travail d'assainissement des mœurs impulsé par les réformes augustéennes. Il invite les familles des femmes vendant leurs charmes à les châtier dans le cadre privé. Il frappe d'une flétrissure judiciaire les libertins, hommes et femmes, déclarés officiellement comme prostitués pour pouvoir s'adonner aux métiers de la scène interdits aux aristocrates[66]. La mesure se veut dissuasive : il s'agit d'empêcher les honnêtes gens de céder à la tentation de la vie de bohème. Il se montre aussi sévère face aux cultes étrangers. Il interdit les religions dont les pratiques contreviennent à l'ordre public ou aux bonnes mœurs. Les adeptes des dieux égyptiens et les juifs sont les premiers visés. L'empereur voit en eux des membres d'associations capables de former des réseaux d'influence et de déstabiliser son pouvoir.

En tant que premier citoyen, Tibère jouit de prérogatives judiciaires. Il peut même enquêter sur une affaire. Dans les faits, aucun empereur ne joue les lieutenants de police criminelle, sauf lui. Il aime l'idée de pouvoir utiliser ses compétences intellectuelles pour résoudre un meurtre, surtout s'il a eu lieu chez un sénateur. Tacite raconte comment il examine avec minutie une scène de crime maquillé en suicide. Le préteur Plautius Silvanus prétend que sa femme Apronia s'est défenestrée. Tibère se rend chez le couple et observe le désordre dans leur appartement. Les traces de lutte sont évidentes. Le préteur a été griffé. Il a assurément précipité sa femme dans le vide, mais elle ne s'est pas laissé faire sans se débattre. L'empereur détective fait son rapport au sénat. Le meurtrier doit répondre de ses actes devant les juges. Confondu par la perspicacité de Tibère, Plautius Silvanus fait le choix de l'honneur : il se suicide avant son procès[67]. Cette anecdote prouve l'investissement du successeur d'Auguste dans les tâches administratives. Il les préfère de loin aux grandes démonstrations publiques.

Évidemment, son sérieux ne l'incite pas à dépenser des sommes folles pour payer des jeux ni pour embellir la ville, et son avarice dessert sa popularité. Irrité par les dépenses somptuaires, il fixe un plafond revu annuellement sur les prix des denrées et artefacts de luxe. C'est un moyen pour lui de mettre un frein aux lubies des plus riches. Par exemple, la valeur des surmulets frôle le délire : certains poissons de roche trouvent preneur jusqu'à 10 000 sesterces la pièce*. En sachant que la solde annuelle d'un fantassin est de 900 sesterces, dire que les rougets sont un produit de luxe est un doux euphémisme.

La plupart du temps, Tibère semble agir en faveur du bien public, mais l'austérité ne se révèle jamais être une politique appréciée. Ainsi, selon Suétone, de Romain sévère il se meut progressivement en tyran. Et très vite lui vient l'envie d'expérimenter l'étendue de son autorité sur ses proches. Germanicus fera le premier les frais de sa haine.

Le goût amer de la vengeance

En dépit de son travail rigoureux, conforme aux traditions romaines, Tibère doute de sa légitimité. Sa mère lui rappelle régulièrement qu'il lui doit tout. Elle n'hésite pas à brandir sous son nez de vieilles lettres d'Auguste incriminant son caractère farouche dès qu'elle le trouve ingrat[68]. Sans elle, son mari aurait choisi Germanicus comme héritier. Propos qui ne font qu'exciter la haine du taiseux contre son neveu. Le jeune général Germanicus jouit de la sympathie du peuple comme son père Drusus I avant lui. Tibère, pour sa part, a beau œuvrer pour le bien public, il est mal

* Suétone, *Tibère*, 34 ; D. Tilloi d'Ambrosi, *L'Empire romain... par le menu*, Paris, Arkhê, 2017, p. 53 : dans l'Empire romain, le poisson est perçu comme un mets de luxe. De nombreuses sources évoquent les fortunes que l'on était capable de dépenser pour du poisson.

aimé. Rien n'y fait. Face à cette injustice, il ressent une profonde frustration et de la jalousie.

Pour apaiser ses noirs sentiments, il se venge en écornant l'image parfaite de son frère décédé. Tibère fait publier une vieille lettre de son cadet Drusus où celui-ci expliquait vouloir contraindre Auguste à rendre le pouvoir au sénat[69]. Il veut démontrer que son frère était prêt à déclencher une guerre civile alors que lui protège l'État et la paix. Mais cette manœuvre malhabile le fait passer pour un jaloux et les Romains le méprisent davantage pour s'en être pris à la mémoire d'un mort.

Sur la frontière du Rhin, juste après l'avènement de Tibère, Germanicus, tout aussi populaire que Drusus, a eu la possibilité de prendre le pouvoir de force. Ses légions voulaient l'acclamer empereur. Loyal, le général a refusé. Pourtant, ce signe d'allégeance ne rassure pas le *princeps*. La femme de Germanicus, Agrippine l'Ancienne, dispose elle aussi d'une puissante autorité sur les troupes car elle est la petite-fille d'Auguste. Tibère redoute donc le jeune couple. Pour faire revenir Germanicus à Rome, il organise son triomphe puis l'envoie en mission diplomatique et militaire en Orient. La zone syrienne est une poudrière et l'empereur espère que son neveu y subira quelques déconvenues. Mais le général ne reviendra jamais d'Orient. Il meurt prématurément à Antioche le 10 octobre 19 apr. J.-C. Bien vite, un bruit court selon lequel Tibère a orchestré son assassinat par l'entremise de Pison, son gouverneur de Syrie.

La rumeur enfle lors des funérailles publiques de Germanicus à Rome car Tibère et Livie restent reclus au palais et le peuple les accuse de se réjouir de sa disparition. Pour faire taire les adeptes de la théorie du complot, Pison et sa femme Plancine sont assignés en justice par Tibère. Si aucune preuve tangible ne permet de prouver leur culpabilité, l'empereur se désolidarise pourtant du gouverneur alors que Livie intrigue pour faire acquitter sa vieille amie Plancine. Pison, déshonoré, préfère se suicider[70].

Il est peu probable que Tibère ait commandité le meurtre de Germanicus. Cependant, cet événement tragique sonne l'hallali pour sa maison. Un lourd climat de suspicion règne entre l'empereur et les proches d'Agrippine l'Ancienne. Celle-ci a fédéré autour d'elle les amis de Germanicus. Des aristocrates puissants. Ils forment déjà la cour de Nero et de Drusus III, les fils aînés du couple. La petite-fille d'Auguste fait tout pour les préparer à prendre la succession de Tibère. Lorsqu'elle lui demande l'autorisation de se remarier, Tibère refuse immédiatement. Il la préfère veuve. La laisser s'unir à un sénateur est politiquement trop dangereux.

Lors des dîners de famille, la tension est palpable. Un soir, Tibère tend un fruit à Agrippine. Elle le refuse poliment. Tibère se met en colère et l'accuse publiquement de craindre d'être empoisonnée[71]. La haine est à son comble mais les attaques du *princeps* sont freinées par la présence de sa mère. L'impératrice tient à préserver l'unité de façade de la *Domus Augusta*.

Lorsqu'elle meurt, en 29 après J.-C., à quatre-vingt-sept ans, Tibère laisse éclater sa rancœur en un acte symboliquement retentissant. Comme il est en villégiature à Capri, il demande à différer plusieurs fois les funérailles. Il met un temps infini à regagner la capitale, si bien que le cadavre maternel se putréfie. Les parfums ne dissimulent plus son état lorsqu'on procède enfin à la crémation. Il s'agit là de sa façon sournoise de se venger, d'humilier cette mère dont l'emprise psychique pèse trop lourd sur ses épaules de fils redevable. Il laisse le jeune Caligula, le fils de Germanicus et Agrippine, encore en toge prétexte*, faire son éloge funèbre[72]. Enfin, il refuse que le sénat l'élève au rang de déesse. Livie n'est désormais plus qu'une poignée de cendres dans un vase, incapable de lui nuire.

Quelques jours après le décès de la matriarche, une lettre accusant Nero de dévoyer des jeunes gens en les traitant en filles parvient au sénat[73]. Personne ne doute que Tibère et Séjan, son préfet du prétoire**, sont derrière cette accusation. Se rendre coupable de stupre est grave pour un prince[74]. Les Romains n'apprécient guère les amours à la grecque entre citoyens : un homme, un vrai, ne peut pas se conduire en femme. Nero est déclaré ennemi public et meurt en exil sur l'île de Pontia. Agrippine l'Ancienne suit promptement le chemin de son aîné sous un prétexte fallacieux. Des délateurs à la solde de Tibère l'accusent de fomenter

---

* Il s'agit de la toge portée par les petits garçons nés libres. Ce vêtement signifie qu'ils ne sont pas encore entrés dans la vie civique. Ils ne deviennent des citoyens qu'après la prise de la toge virile lors d'une cérémonie.

** Le préfet du prétoire est le commandant de la garde prétorienne, un corps d'armée d'élite basé à Rome dont l'une des fonctions est d'assurer la sécurité de l'empereur. Ce poste, traditionnellement réservé à un chevalier, est le sommet de la carrière équestre.

un coup d'État. Elle meurt en 33 apr. J.-C., trois ans après sa déportation, dans le plus grand dénuement, sur de l'île de Pandataria en mer Tyrrhénienne. Drusus III subit lui aussi l'ire de Tibère : déclaré ennemi public, il est jeté dans une prison du Palatin et y meurt de faim après avoir néanmoins tenté de se nourrir de la bourre de son matelas. La maison de Germanicus n'est plus qu'une ruine dans laquelle se tiennent encore trois filles, Agrippine la Jeune, Drusilla et Livilla, et un dernier fils, Caligula.

Séjan, pantin malgré lui

Pendant que Tibère détruit avec une délectation morbide la maison de Germanicus, la sienne s'effondre lentement, rongée de l'intérieur par l'ambition, la luxure et l'avarice.

Le taiseux a probablement rencontré Séjan en Pannonie bien avant de devenir empereur[75]. Il s'est laissé séduire par ce manipulateur éperdu de pouvoir issu de l'ordre équestre et lui a offert le prestigieux poste de préfet du prétoire. Le chevalier est devenu son bras droit, pour ne pas dire son âme damnée. Tibère peut lui exposer ses plus noirs desseins. Cet homme roué imagine avec lui les solutions les plus radicales pour servir son besoin de revanche[76]. Pour gagner l'estime et la confiance de son empereur, Séjan devient l'agent de la destruction des descendants d'Auguste.

Si la maison de Germanicus disparaît, Tibère pourra offrir l'Empire en héritage à son fils Drusus II sans donner l'impression de bafouer les volontés de son prédécesseur. Mais le jeune homme meurt de maladie en 23 apr. J.-C. Face à ce deuil tragique, Tibère semble rester de marbre. Pour lui, rien ne doit altérer la marche de l'Empire, pas même la mort de son unique enfant[77]. Il ne découvrira la vérité sur les circonstances de son décès que huit ans plus tard.

Le 17 octobre 31 apr. J.-C., Antonia, la mère de Germanicus, prévient Tibère par une lettre que Séjan s'apprête à lui ravir la pourpre. Le vieil empereur laisse le chevalier être ses yeux et sa bouche à Rome depuis qu'il est installé à Capri, mais le préfet du prétoire ne se satisfait plus de l'intérim du pouvoir. Moins de vingt-quatre heures après la réception de ce courrier, Tibère ordonne l'arrestation et l'exécution immédiate de Séjan. Son cadavre est voué aux Gémonies* où on le laisse pourrir à la vue des curieux et des charognards[78]. Ses deux enfants, bien que tout jeunes encore, sont condamnés avec leur père par précaution.

Le scandale survient par Apicata, l'ex-femme de Séjan. La mort de ses enfants lui est insupportable. Elle doit se venger de la famille impériale. Aussi écrit-elle une lettre d'aveux avant de se suicider. Elle y raconte comment Livilla et Séjan ont empoisonné Drusus II. Tibère découvre que son préfet du prétoire préparait sa prise de pouvoir depuis des années[79]. En fin stratège, il avait imaginé un plan en trois étapes. La première consistait à séduire Livilla, la femme de Drusus II. Celle-ci était aussi la sœur de Germanicus. Laide dans

* Il s'agit d'un escalier à la pente très raide sur les hauteurs de Rome où on laissait pourrir les corps de ceux que l'on avait condamnés à mort pour une quelconque indignité.

son enfance, elle était devenue très belle à l'âge adulte. Ses vieux complexes en avaient fait une coquette trop heureuse de croire aux mots d'amour du premier venu. Le chevalier lui avait promis le mariage et le trône si elle l'aidait à assassiner son mari. L'amoureuse, abêtie par ses sentiments, avait cédé[80]. Avec la complicité d'un esclave, elle avait empoisonné son époux jour après jour. Drusus II s'était étiolé pendant des semaines avant de mourir fauché par une étrange maladie.

Tibère comprend alors que la demande en mariage de Livilla par Séjan juste après la mort de Drusus était la deuxième étape de son plan. À l'époque, l'empereur avait été bien avisé de refuser cette mésalliance. Il en avait ri. Comment un chevalier pouvait-il prétendre épouser la belle-fille du *princeps* ? L'étape trois consistait à devenir son héritier présomptif après le mariage. La voie de la ruse avait échoué. Il avait donc envisagé une conjuration dénoncée par Antonia. La mère de Germanicus était trop heureuse de faire chuter l'homme qui avait le sang de ses petits-fils sur les mains.

À la réception des révélations d'Apicata, Tibère laisse éclater sa colère vengeresse. Il a été trahi par un homme qu'il croyait maîtriser. Son courroux n'en est que plus violent. Les amis de Séjan dénoncés par son ex-femme sont torturés et condamnés à mort. Livilla, elle, est remise à sa mère, Antonia. La respectable romaine n'a pas le cœur au pardon. Sa fille s'est deux fois souillée en assassinant son mari et en se rendant coupable d'adultère avec un petit nobliau inférieur à elle. La vieille dame fait enfermer sa cadette dans une des chambres de sa demeure et la laisse mourir d'inanition sans tenir compte ni de ses cris ni de ses supplications[81].

Ces drames familiaux ont brisé Tibère. La haine le consume plus sûrement qu'un lent et douloureux poison. Il refuse désormais de quitter Capri où il s'est retiré. Comme à Rhodes, il se sent protégé au milieu des flots, loin du tumulte de la capitale. Dans les jardins de sa forteresse suspendue au sommet d'un à-pic, il retrouve un semblant de quiétude, celle d'un particulier aspirant aux joies de la retraite.

Le satyre de Capri

Oppressé par l'ambiance de la capitale, démoralisé par son impopularité croissante en dépit de ses efforts, Tibère s'isole progressivement. Ses séjours à la villa de Sperlonga avec sa grotte aménagée en triclinium d'été sont la première étape de l'éloignement de la capitale. La cavité à fleur d'eau assure à ses hôtes une agréable fraîcheur même aux heures les plus chaudes de l'été. Ce petit palais chtonien est décoré de plusieurs statues parmi lesquelles un groupe figurant le bateau d'Ulysse aux prises avec le monstre Scylla[82]. Mais on ne s'aventure pas sans risque aux portes des entrailles de la terre. Un soir, alors que Tibère dînait avec ses amis, les roches instables du plafond s'effondrent sur les lits de table, tuant sur le coup plusieurs invités et des serviteurs[83]. L'empereur ne survit que par chance. Les bons réflexes de Séjan l'ont protégé de la chute des pierres[84]. Le préfet du prétoire n'a certes pas intérêt à ce que le *princeps* meure trop tôt, mais laissons-lui malgré tout le bénéfice du doute et reconnaissons là un acte héroïque. Après cet épisode, Tibère préférera vivre à Capri autant que possible.

Là, il achève un chantier commencé plusieurs années plus tôt. Sa nouvelle villa impériale n'a rien de l'élégance d'un palais d'été : il s'agit d'une sorte de bâtisse très massive accrochée au sommet le plus élevé de l'île et accessible par un seul chemin. Les falaises abruptes rendent les clôtures des jardins inutiles. La villa Jovis est un univers clos, une enclave dans le monde.

Le taiseux se sent enfin délivré du poids du pouvoir et de la haine de ses ennemis. Il prend le temps de se promener seul. Un luxe. Pourtant, un jour, sa quiétude est troublée par un pêcheur. L'homme, sans doute habitué à jeter ses filets autour de l'île, en connaît tous les chemins. Un matin, le marin prend un surmulet. Il se dit, tout heureux, qu'il ne pourra pas trouver meilleur acquéreur pour son poisson de grande valeur que l'empereur en personne. Aussi s'engage-t-il sur un sentier escarpé connu de lui seul et s'introduit sans difficulté sur le domaine de Tibère. Le pêcheur le surprend lors d'une de ses promenades et lui propose son poisson avec enthousiasme. Loin d'être touché par ce geste, l'empereur est terrifié. On peut donc arriver jusqu'à lui par un à-pic qu'il pensait infranchissable ? Dans un élan de rage, il appelle sa garde et ordonne qu'on frappe l'impudent avec son surmulet pour lui donner une bonne leçon. Les rudes barbillons lacèrent le visage du pêcheur, le laissant en sang. Sottement bravache, le malheureux se félicite de ne pas lui avoir offert le homard dans sa nasse. Pour le faire taire une bonne fois, les gardes achèvent de le défigurer avec les pinces de son crustacé[85]. Tibère perd le sens de la mesure. Il punit un simplet comme un véritable criminel. Il devient paranoïaque et veut annihiler tout ce qui lui fait peur, tout ce qu'il ne peut pas contrôler.

Capri est son jardin des Hespérides. Le lieu secret où il retrouve presque la vie qu'il menait à Rhodes, en plus solitaire cependant. Dans son palais, il laisse libre cours à son amour pour l'art et développe un goût prononcé pour l'art érotique. Il collectionne les statues et les peintures aux sujets lascifs. Il accroche dans sa chambre un tableau du grand peintre grec Parrhasios où Atalante prête complaisamment sa bouche à Méléagre. Par ailleurs, il invite dans son repaire insulaire des jeunes gens et des jeunes filles débauchés surnommés *spintries*. Ceux-ci ont pour ordre de courir les bosquets déguisés en nymphes et satyres pour le plaisir de ses yeux. Observer leurs ébats fougueux et la beauté de leurs jeunes corps réchauffe son cœur et lui rend un peu de sa vigueur défaillante[86]. Pour ses détracteurs, ses yeux sont souillés par son voyeurisme pervers. En outre, ses regards emplis de désir écorchent la dignité des exhibitionnistes. Tibère s'accorde peut-être des récréations érotiques, mais le thème littéraire de l'empereur impuissant n'a rien d'anodin. Pour les Romains, la virilité passe par la capacité à avoir une érection. Si le premier citoyen manque d'allant, il n'est symboliquement plus en mesure de gouverner. L'impuissance physique se fait toujours l'écho de l'impuissance politique. Par ailleurs, son goût pour les jeux sexuels sauvages inspirés du thiase bachique l'exclut de l'humanité[87]. La légende d'un Tibère monstrueux se dessine alors à l'horizon de Capri.

Comme si ses turpitudes faunesques ne suffisaient pas, la rumeur – jamais à court d'idées – prétend que Tibère aime se faire téter les parties intimes par des bébés non sevrés qu'il appelle ses petits poissons… Si les Romains n'ont pas conceptualisé la pédophilie, une sexualité tournée vers des nouveau-nés passe tout de même pour ignominieuse[88]. Il s'agit évidemment d'une calomnie ! Suétone prend lui-même de la distance par rapport à ce vilain potin en le restituant. Il écrit « on lui prête » ou « on dit même que », le tout saupoudré de l'usage prudent du conditionnel. À Rome, on détruit une réputation en prêtant à sa victime une vie sexuelle perverse. Ses ennemis ont tout intérêt à lui fabriquer une réputation de satyre pour mieux l'assimiler à un tyran. Le taiseux a fui Rome pour se protéger émotionnellement, sans se douter qu'il ouvrirait lui-même la voie aux plus terribles médisances. Les absents ont toujours tort, encore plus s'ils sont empereurs.

Fatalité

Tibère est un passionné d'astrologie. Il est convaincu de tout savoir de son destin[89] : la grandeur, la déchéance, la haine qui jalonneraient inéluctablement son existence, rien ne lui paraît résister à cette science magique. Depuis plusieurs années, l'empereur vieillissant a l'avant-goût de la mort sur les lèvres. Convaincu d'avoir une fin tragique, le mélancolique de Capri répète à l'envi : « Que les dieux et les déesses me fassent périr plus cruellement que je ne me sens périr tous les jours[90]. » Il sait que Caligula, son seul héritier légitime, attend son tour avec impatience.

Pour mieux le surveiller, il l'a fait venir sur son île dès le début des années 30. Se repent-il d'avoir exterminé une bonne partie de sa famille ? S'attend-il à voir de la terreur dans ses yeux ? Contre toute attente, Caligula, âgé d'environ dix-sept ans, ne fait étalage d'aucune souffrance. Les deux hommes dissimulent leur hostilité derrière des masques impénétrables d'affabilité et de déférentes politesses. Pourtant Tibère sait que Caligula essaiera tôt ou tard de le tuer*. Il pressent le caractère violent de l'adolescent, mais il s'est tellement habitué à la haine qu'il ne peut plus vivre sans. Il en éprouve peut-être même un plaisir masochiste.

Vers la fin de sa vie, le vieux prince tente par deux fois de revenir à Rome pour se rendre aux séances du sénat. En prévision de son premier voyage, il a demandé à sa garde d'éloigner les badauds venus à sa rencontre. L'angoisse de se retrouver dans la foule lui fait pourtant rebrousser chemin[91]. La vieillesse n'arrange rien à ses angoisses : l'habitude de l'isolement à Capri l'a rendu agoraphobe. Il fait cependant une seconde tentative. Alors qu'il voyage confortablement en litière, il décide de nourrir son serpent dragon** dont il a emporté le terrarium avec lui. En ouvrant la boîte, il découvre l'animal mort rongé par les fourmis. Le présage est clair. La foule s'en prendra au maître. Bien qu'arrivé aux portes de Rome, Tibère ordonne

---

* Voir le chapitre sur Caligula.

** Même à Rome, élever un serpent était une excentricité. Cette anecdote est donc sans doute trop fantaisiste pour être vraie.

à sa garde de faire demi-tour. Il n'a plus le courage de lutter.

À soixante-dix-huit ans, ses forces l'abandonnent. Néanmoins, il refuse d'avouer publiquement sa faiblesse et, pour mieux la dissimuler, assiste sur le chemin du retour vers la Campanie à des jeux militaires. Cet effort le vide de son énergie. Ses proches décident de l'emmener dans sa villa de Misène pour attendre sa fin. Un retour à Capri est inenvisageable[92]. Tibère est au plus mal mais il puise d'incroyables ressources dans sa capacité à dissimuler ses sentiments. L'idée que l'on se réjouisse de sa mort prochaine l'aide à s'accrocher à la vie. Il perd de plus en plus souvent conscience. Lors de ses éveils intermittents, il réclame cependant de la nourriture. Caligula et Macron, le remplaçant de Séjan à la préfecture du prétoire, lassés d'attendre, communiquent déjà sur sa mort avec Rome, mais Tibère respire toujours. La troisième Parque, Morta, hésite longuement à couper le fil de sa vie*...

Le vieillard tire un dernier plaisir à regarder les yeux de Caligula s'agrandir de désir alors qu'il joue avec l'anneau impérial, celui que son successeur lui arrachera juste après son dernier soupir. Dans une ultime délectation perverse, Tibère ôte sa bague puis la remet à son doigt. C'est sa manière de torturer une dernière fois le fils de Germanicus. Qui s'impatiente. Ce qui

* Dans la mythologie, les Parques étaient au nombre de trois. Ces trois sœurs avaient à charge la destinée de chaque humain. La première, Nona, fabrique le fil de la vie. La deuxième, Decima, enroule le fil sur un fuseau pour en maîtriser la longueur. La troisième, Morta, coupe le fil et donne la mort par ce geste symbolique.

se passe ensuite est sujet à caution. Il semblerait que Macron, pour plaire à son nouveau maître, l'aide à étouffer le moribond sous un coussin[93]. Tibère expire dans la rage de son Phaéton* et meurt comme il a vécu : dans la haine. L'empereur mal aimé s'enivre une dernière fois du poison qui lui a putréfié le cœur.

À Rome, la nouvelle de sa mort donne lieu à une démonstration d'allégresse publique. Les plus vindicatifs crient : « Tibère au Tibre ! » D'autres veulent traîner son cadavre jusqu'aux Gémonies. Politiquement, Caligula ne peut pas commencer son principat en cédant à la haine collective. Il orchestre une belle démonstration de piété filiale en organisant les funérailles publiques de son prédécesseur à Rome[94]. Tibère a expiré avec l'intime conviction d'offrir l'Empire en héritage à un monstre. Il ressentait le potentiel sadique de Caligula et ne s'est pas trompé. En lui attribuant par testament et pour collègue son petit-fils Gemellus[95], adolescent fluet et sans envergure, il l'invitait à commettre un premier meurtre pour se débarrasser d'un rival. Tibère n'était pas un tyran sur le plan politique. Cependant, il a géré sa succession d'une manière extrêmement malsaine. Tout son génie despotique se concentre dans son héritage.

---

* Suétone, *Caligula*, 11. Tibère aurait dit au sujet de Caligula qu'il « élevait un Phaéton pour l'Univers ». Dans le mythe, Phaéton, fils d'Hélios, vole le char portant le soleil de son père et manque d'embraser le monde en le renversant. Voir le chapitre sur Caligula.

— Mais, enfin… Laisse-moi passer. Je suis attendue !

— Ah non, *Domina**, les ordres sont les ordres.

Le prétorien regarde Antonia d'un air goguenard. Cet imbécile est manifestement fier de lui. Un frémissement de mépris arque les lèvres fines de la vieille dame. Elle lisse son sautoir en perles de ses doigts noueux pour se donner une contenance et reprend sur un ton calme et ferme :

— Sais-tu qui je suis, soldat ?

Le prétorien fait mine d'étouffer un rire gras.

— Oh oui, je sais qui tu es, *Domina*. Tu es la grand-mère de l'empereur.

Outrée, Antonia intime au colosse l'ordre de la laisser passer dans les appartements de son petit-fils.

— Non, *Domina*, le *princeps* a exigé de ne laisser entrer personne. Pas même les membres de sa famille. Tu peux attendre là, dit-il en désignant une banquette de l'antichambre garnie de coussins rouges.

Antonia tourne les talons et s'assoit, la tête haute, les mâchoires crispées par la colère. Elle se promet d'obtenir la crucifixion de cet outrecuidant personnage. Les minutes passent. Trop longues. Antonia perd patience. Comment son petit-fils ose-t-il la faire attendre comme une simple cliente ? Elle a toujours su qu'elle ne pouvait pas lui faire confiance. L'étrange fixité de son regard l'a toujours inquiétée[96]. Lui avoir confié les rênes du pouvoir est une folie. Elle a bien l'intention de le tancer. Au lieu de s'entourer d'hommes de valeur, il a élevé Claude au consulat. Un enfant et une caricature d'homme[97] à la tête de Rome ! L'Empire court à sa perte.

Les portes des appartements de Caligula s'ouvrent enfin. Il apparaît dans l'embrasure, devisant gaiement avec

---

* *Domina*, *ae*, f. : maîtresse, madame.

Macron, son préfet du prétoire. Lorsqu'il la voit assise sur la banquette, le jeune homme lui ouvre les bras, un sourire radieux sur le visage :

— *Avia** ! Pourquoi n'es-tu pas entrée ?

Antonia explique avec irritation que le prétorien l'en a empêchée. Caligula rit et se tourne vers lui :

— Brutus, il fallait laisser passer *avia*. Si elle n'est pas gentille avec moi, Macron me défendra, ne t'en fais pas.

Il éclate d'un rire enfantin curieusement dérangeant. Ses prunelles s'animent d'une lueur terrifiante en parfaite contradiction avec son expression joviale. Antonia jette un regard soucieux au préfet du prétoire. Celui-ci l'observe, un sourire carnassier aux lèvres.

* *Avia*, *ae*, f. : grand-mère.

4

Caligula, la solitude du tyran

« Qu'ils me haïssent, pourvu qu'ils me craignent. »

Suétone, *Caligula*, 30

En ce vingt-sixième jour du mois de mars de l'année 37 apr. J.-C.[1], Caligula, âgé de seulement vingt-cinq ans, quitte l'ancienne villa de Lucullus accrochée au promontoire de Misène, dans le golfe de Naples[2]. Son grand-père adoptif, Tibère, vient d'y mourir. Ses traits juvéniles ne sont nullement altérés par la tristesse de cette perte. Au contraire. Ce moment, il l'attendait depuis longtemps. Une joie triomphale a dissipé son impatience[3]. Si sa mère avait pu le voir, elle aurait été si fière de lui.

Pour prouver sa déférence toute feinte envers le défunt, Caligula a revêtu des vêtements de deuil. Cela ne modère en rien l'alacrité de la foule. Sur les cent cinquante kilomètres qui le séparent de Rome, on célèbre partout sur son passage des sacrifices en son honneur. Il entend des cris d'amour venus de toutes parts. On l'appelle « mon astre », « mon petit » ou encore « mon poupon[4] ». Un sentiment jouissif de toute-puissance l'envahit. Encore quelques heures et il sera acclamé empereur. Encore quelques heures et il sera le maître de l'Empire. Le peuple, le sénat et l'armée ont foi en ce jeune homme dans les veines duquel coule le sang d'Auguste. Bientôt, ils s'en repentiront.

Le petit général

Caius, dit Caligula, naît à Antium, une cité balnéaire près de Rome, le 31 août 12 apr. J.-C. sous le consulat de son père Germanicus[5]. Il est le cinquième ou le sixième enfant de ses parents. Son père est le petit-fils de Marc Antoine et sa mère la petite-fille d'Auguste. Il provient des plus nobles lignées romaines de la fin de la République.

Certains auteurs antiques, en s'appuyant sur ces vers populaires : « né dans les camps, élevé parmi les troupes de son père, dès ce moment il s'annonçait comme destiné à l'Empire[6] », prétendent qu'il a vu le jour en Germanie. Selon Tacite, il serait même « né sous la tente[7] ». Évidemment, c'est une figure de style. Pline l'Ancien, quant à lui, argue que Caligula est né chez les Trévires, un peuple celte sis en Gaule belgique. Selon Suétone, l'encyclopédiste confond manifestement son lieu de naissance avec celui de Drusilla, l'une de ses sœurs cadettes. Dans cet exercice de comparaison des sources, le secrétaire impérial est le seul à faire preuve d'une véritable rigueur intellectuelle et d'un esprit critique[8]. Germanicus ne rallie en effet la province rhénane qu'un an après la naissance de Caligula. Sa femme et son fils le rejoignent au printemps 14, comme l'atteste une lettre d'Auguste à sa petite-fille préférée, Agrippine l'Ancienne[9].

À vingt-neuf ans, Germanicus est depuis peu le seul maître du plus gros contingent armé du *limes*, la frontière de l'Empire. Il est l'un des hommes les plus puissants de son temps. Auguste a obligé Tibère, son successeur officiel, à l'adopter, ce qui le place en seconde position sur la liste des héritiers présomptifs. Très amoureux de sa femme, il l'invite à séjourner dans les camps auprès de lui, même si elle doit résider le plus souvent dans une belle demeure de Cologne[10]. Ensemble, ils incarnent l'image du couple idéal : heureux et fécond*.

Agrippine, telle Cornélie, la mère des Gracques, a une ambition sans limites pour ses enfants. Elle a donc choisi de laisser ses aînés Nero** et Drusus III à Rome. Ces derniers recevront une éducation digne de futurs héritiers dans la capitale. En revanche, elle espère une carrière militaire pour son troisième fils : elle veut que l'enfant soit reconnu par les soldats des huit légions rhénanes comme leur chef héréditaire. Que le respect qu'il leur inspirera un jour soit mêlé

---

* Tacite, *Annales*, I, 33. Tacite évoque ici la tendresse que portait Agrippine à son époux. Il la mettait cependant en garde contre son tempérament autoritaire qui pouvait agacer certains membres de leur famille.

** Pour éviter la confusion avec l'empereur du même nom, nous prenons le parti de nommer le grand frère de Caligula Nero (en latin) et non Néron (en français).

et même précédé d'amour. Pour atteindre son but, la mère arpente les allées des camps avec son rejeton déguisé en général miniature. Caius est une petite copie de son père ; il est paré d'une cuirasse semblable à la sienne et de *caligae*, ces sandales de soldat qui lui valent le surnom de « Caligula[11] ». Son costume de petit militaire le caractérise si bien qu'il est représenté dans cette tenue sur un portrait de famille probablement commandé par sa grand-mère Antonia[12]. Il apparaît à gauche du registre médian du Grand Camée conservé au Cabinet des médailles de la Bibliothèque nationale de France : debout au côté de sa mère, il foule de ses petits pieds des dépouilles ennemies.

La propagande d'Agrippine fonctionne à merveille. Elle sait comment attendrir le cœur dur des soldats en dépit de leurs terribles conditions de vie. Ces derniers ont fait du petit prince leur mascotte et lui portent une sincère affection.

Un enfant tout-puissant

Le 19 août 14, Auguste passe de vie à trépas à Nole, dans le golfe de Naples ; Tibère devient officiellement le maître de l'Empire. La nouvelle parvient dans les camps quelques jours plus tard. Nombre de soldats profitent du trouble inhérent à cette transition pour se mutiner. Ils réclament une solde plus élevée, de meilleurs traitements et des facilités pour prendre leur retraite. Les mécontents pensent convaincre leur chef en lui offrant l'Empire par la force s'il accède à leurs requêtes. Or, nul n'est plus loyal que Germanicus.

En outre, il sait qu'accepter un tel chantage déclencherait une nouvelle guerre civile[13]. Prétendant vouloir se suicider plutôt que d'accepter une pourpre arrachée de force à son père adoptif[14], il sort son glaive de son fourreau en un geste aussi théâtral que pathétique. Son manque évident de détermination[15] ne manque pas de susciter des railleries chez les mutins.

Les jours suivants, la révolte se durcit. Les âpres négociations laissent place à la violence. Germanicus se retrouve prisonnier dans son propre camp. Craignant pour la vie de son épouse alors enceinte et de son fils, il se décide à les faire exfiltrer chez les Trévires : les aristocrates de la Gaule belgique sont leurs amis et naturellement disposés à héberger la petite-fille d'Auguste si elle est en danger. La vue d'Agrippine et du petit Caligula fuyant les hommes censés garantir leur sécurité sidère les séditieux[16]. Suétone écrit que la seule vue de l'enfant « calma les troupes emportées jusqu'à la démence* ». Du haut de ses deux ans et demi, le petit Caligula ne saisit assurément pas le drame qui se joue autour de lui. En revanche, il expérimente son pouvoir, sa prétendue autorité naturelle, sans aucun moyen psychologique pour prendre du recul face à la situation. Cet épisode est tellement présent dans les récits historiques antiques qu'on a dû lui en rebattre les oreilles pendant toute son enfance. Ainsi valorisé comme un héros en ptéryges courtes, le petit Caligula

* Suétone, *Caligula*, 9 ; Y. Rivière, *Germanicus*, Paris, Perrin, 2016, p. 183 : selon l'auteur, on dut effectivement faire quitter les lieux à Agrippine et à Caligula afin que Germanicus pût finir de mater la révolte sans faire courir de risques à sa famille.

se trouve dangereusement survalorisé, ce qui n'augure rien de bon dans le développement d'un enfant[17].

Ce sentiment précoce de supériorité se renforce encore lors du triomphe de Germanicus à Rome, le 26 mai 17. Caligula défile dans le char de son père avec ses deux frères aînés et ses deux petites sœurs[18]. Encore une fois, il se trouve au centre de l'attention à côté de ce père charismatique vêtu comme Jupiter, le visage couvert de minium, ce pigment rouge tiré de l'oxyde de plomb, comme le veut la tradition triomphale.

À ces scènes grandioses s'ajoute le sentiment d'être l'enfant préféré de ses parents. Cela n'est pas improbable, dans la mesure où il est le seul de sa fratrie à demeurer en permanence avec eux. Quelques mois après son retour à Rome, Germanicus est envoyé en mission en Orient par Tibère. La région est une poudrière. Des troubles diplomatiques, militaires et fiscaux embrasent les provinces situées entre l'actuelle Turquie et la Syrie. Certes, la présence d'un membre de la famille impériale muni d'une autorité reconnue par le sénat pour pacifier la région se révèle nécessaire[19]. Mais en réalité cette mission arrange bien Tibère. La présence solaire de Germanicus dans la capitale l'incommode. Face au jeune homme, il n'est qu'un astre pâle en déliquescence, un empereur choisi par défaut par Auguste grâce à l'opiniâtreté de sa mère, l'impératrice Livie*.

Seul Caligula suit ses parents dans cette expédition exotique[20]. Les autres enfants restent à Rome. Agrippine escompte probablement rejouer la carte de la mascotte

---

* Voir le chapitre sur Tibère.

du camp auprès des légions stationnées sur la frontière orientale. Le voyage dure deux années pendant lesquelles le petit prince choyé et respecté découvre l'Empire de ses yeux émerveillés. Certes, son jeune âge ne lui permet pas de conserver des souvenirs précis de son périple, pourtant il doit lui rester des souvenirs un peu vagues de son père l'emmenant sur le site d'Actium où Agrippa avait vaincu pour Auguste la flotte de Marc Antoine et de Cléopâtre. Puis la famille visite Athènes, les îles grecques – dont Lesbos où naît Livilla[21], la plus jeune sœur de Caligula –, puis Byzance, Samothrace, Colophon et enfin la Syrie[22].

À la fin de l'été 19, les tensions sont palpables entre le général et le gouverneur de Syrie, Pison, dont l'épouse, Plancine, est une amie de Livie. Par ailleurs, la santé de Germanicus se détériore rapidement. Il semble rongé par un mal dont on ignore la cause. Selon la rumeur, Pison l'empoisonnerait[23]. Le père de Caligula rend son dernier soupir le 10 octobre 19, à l'âge de trente-quatre ans. Son décès est nimbé de mystère. Alors qu'on expose son corps à Antioche, Agrippine se drape dans une digne affliction et Rome tremble d'effroi. À l'annonce officielle de la mort du général, les Romains entrent dans une violente colère. Ils lancent des pierres contre les murs des temples et renversent les autels dans une démonstration excessive de componction. En hommage à cet homme dont le nom est connu par-delà le *limes*, les peuples barbares consentent à une trêve. Les roitelets vassaux de Rome manifestent des signes de deuil et même le roi des rois, Artaban III, le plus redoutable ennemi de Rome, le maître de l'antique Perse, suspend les affaires courantes pour une journée[24]. L'Empire et ses voisins sont en deuil. Le petit Caligula apparaît publiquement au côté de sa mère revêtu d'une tunique couleur de cendre. Agrippine, volontiers démonstrative, met en scène son veuvage récent en dénouant ses cheveux. Ses longues mèches flottant librement sur ses épaules confèrent une beauté trouble à son chagrin. Cet événement tragique sonne la fin du voyage.

L'héritage des cendres

Agrippine, en politicienne consommée, scénarise le retour à Rome de l'urne cinéraire de son mari[25]. Elle favorise sans doute la propagation de la rumeur selon laquelle Tibère a secrètement orchestré le meurtre de son époux par l'intermédiaire de Pison. Son arrivée à Brindes est spectaculaire. Elle descend de son bateau dans une robe sombre, un voile foncé jeté pudiquement sur sa tête cachant partiellement ses cheveux dénoués. La veuve serre sur son cœur le vase contenant ses chères cendres. Caligula se tient près d'elle. Non loin d'eux, une nourrice porte certainement la petite Livilla. À peine ont-ils mis pied à terre que les frères et les sœurs de Caligula courent les rejoindre. Le tableau est poignant. La foule venue se repaître du malheur de cette famille s'émeut. Encore une fois, le petit garçon aux sandales de soldat croit être au centre de l'attention du peuple. Sa vie est un spectacle.

À sept ans, Caligula s'installe durablement à Rome pour la première fois. Après les funérailles de son père, il découvre le quotidien d'une famille aristocratique normale – les occasions de se montrer en public se font plus rares. Mais le changement fondamental est ailleurs : sa mère le délaisse pendant les dix années suivantes pour se concentrer sur ses deux aînés, Nero et Drusus III. Elle ambitionne d'en faire des hommes politiques comme elle a voulu faire de son benjamin un futur général et s'échine à les imposer dans l'opinion publique comme les seuls héritiers de Tibère au détriment du fils de celui-ci, Drusus II. Porter les arrière-petits-fils d'Auguste – ses fils – au pouvoir est son obsession. Ce combat légitime toutes ses hardiesses.

Son opiniâtreté attise la haine de Tibère. Aidé de son âme damnée, le préfet du prétoire Séjan, l'empereur s'emploie à la détruire. Il assigne les amis et les soutiens d'Agrippine en justice sous des prétextes mensongers ; il alimente des rumeurs sur son compte et accuse son aîné de complot contre lui[26]. L'empereur brise son entourage pour mieux l'isoler avant de la placer en résidence surveillée en Campanie[27].

Agrippine n'a plus le droit de voir ses enfants. Et si Nero et Drusus III sont déjà mariés et possèdent leur propre foyer, ce n'est pas le cas des plus jeunes, Caligula et ses trois sœurs, Agrippine la Jeune, Drusilla et Livilla, qui sont alors placés chez Livie, leur arrière-grand-mère. L'impératrice mère est une femme austère et autoritaire de quatre-vingt-six ans. Elle meurt en 29, quelques mois seulement après avoir accueilli les enfants chez elle. Tibère est retiré à Capri lorsqu'il apprend le décès de sa génitrice. Pour lui, revenir dans l'*Vrbs* à l'occasion des funérailles est un supplice. Il diffère sans cesse son retour. Il faut dire que la perspective d'humilier une dernière fois sa mère en laissant pourrir son cadavre lui plaît. Lâche vengeance d'un fils mal aimé.

Le cadavre se putréfie irrémédiablement en dépit des parfums et des onguents. Après plusieurs jours de tergiversations, l'empereur consent enfin à faire brûler la dépouille malodorante. Les célébrations sont modestes, très en deçà de ce qu'une femme de son rang mérite. Comme Drusus II, son fils, est déjà mort à cette date, et que Nero a été relégué, Tibère confie le soin de faire l'éloge funèbre de la douairière à Caligula[28]. Il s'agit d'une manière sournoise de signifier à Drusus III qu'il l'exclut de sa succession[29]. Mettre son cadet en avant est un camouflet évident. Caligula, âgé de seize ans, revient pour la première fois dans la lumière depuis son enfance. Lorsqu'il s'avance sur les rostres, le peuple constate que le fils de Germanicus ressemble à un vieux petit garçon. Personne n'a jugé bon de célébrer sa cérémonie de passage à l'âge adulte. Ses joues sont recouvertes d'un duvet encore jamais rasé. Il porte toujours la toge prétexte bordée d'une fine bande de pourpre et sa *bulla* autour du cou, un pendentif sphérique en or contenant des amulettes prophylactiques[30]. Bien que son apparence soit un peu ridicule, il n'en est pas moins éloquent. Il excelle en effet dans l'art oratoire : son amour de la lumière lui inspire des traits de génie. Le fils de Germanicus sait si bien placer sa voix qu'on l'entend jusqu'au bout du forum sans le secours des hérauts. Une fois empereur, il laissera libre cours à son goût des joutes verbales en plaidant lors de procès. Défendre l'une ou l'autre des parties ne lui importera guère : la joie de cabotiner, surtout devant un public servile, lui suffira. Il a d'ailleurs un style brillant et accessible qu'il estime très supérieur à celui des rhéteurs les plus reconnus tels que Sénèque, qu'il accuse d'écrire des tirades de théâtre[31].

Après la mort de la matriarche de la *Domus Augusta*, Agrippine la Jeune est mariée et Caligula et ses deux petites sœurs placés chez leur grand-mère Antonia*. L'adolescent est particulièrement proche de Drusilla, une affection mutuelle qui prend cependant un tour bien trop intime. Et Suétone de raconter que la sévère matrone surprend l'adolescente, âgée d'environ treize ans, dans les bras de son frère, qui en a dix-sept. L'inceste répugnant aux Romains, il faut toujours être prudent face à de si graves accusations. Les historiographes qui voudront fabriquer la légende noire de Caligula auront en effet tout intérêt à ajouter l'inceste à la liste de ses crimes. Cependant, force est d'admettre qu'il a eu toute sa vie une préférence marquée pour Drusilla. Une fois empereur, il la fera promptement divorcer de son mari Lucius Cassius Longinus[32] pour lui faire épouser un de ses proches, Lepidus. Ce dernier passait pour être son mignon. Ce mariage ne sera ainsi qu'une façade, tant Caligula traitera la jeune femme comme son épouse.

* P. Grimal, *Sénèque ou la Conscience de l'Empire*, Paris, Les Belles Lettres, 1978, p. 88 : Caligula dut être sensibilisé au souvenir de Marc Antoine chez sa grand-mère. Il y puisa la dimension dionysiaque de son régime.

Capri, paradis infernal

Pour l'éloigner de sa sœur et le préparer à une éventuelle succession car il est désormais le seul héritier réellement en lice, Caligula est envoyé à Capri en 31. Son frère aîné, Nero, vient de mourir, reclus sur une île de la mer Tyrrhénienne. Drusus III est emprisonné, sa mère exilée. Le petit prince, quant à lui, est désormais gardé à vue par le vieil empereur sur son rocher au large du golfe de Naples. La villa Jovis, bâtie sur un éperon rocheux à 334 mètres au-dessus du niveau de la mer, semble suspendue dans le vide, flottant entre l'azur des cieux et celui des flots. Là, à presque dix-huit ans, Caligula prend enfin la toge virile sans qu'aucun honneur particulier lui soit décerné[33], comme s'il s'agissait d'un non-événement. Selon l'historien Dion Cassius, Tibère ne tient pas à stimuler l'arrogance naturelle de celui qui était devenu, faute de mieux, son héritier présomptif [34]. Le prestige de son illustre ascendance disqualifie d'emblée le frêle Gemellus, l'unique petit-fils qu'il reste à Tibère.

L'empereur, à soixante-huit ans, n'est cependant pas pressé d'officialiser le nom de son successeur. Pourtant il sait que le peuple veut un descendant d'Auguste. L'armée réclame le fils de Germanicus ; le sénat espère un empereur sans velléités totalitaires… Avant même d'être intronisé, le jeune cabotin s'est mué en un rival dont la jeunesse et la popularité constituent un camouflet quotidien pour Tibère.

L'empereur déteste Caligula. Il allègue « que Caius vi[t] pour sa propre perte et pour celle de tous, qu'il élèv[e] une hydre pour le peuple romain, un Phaéton pour l'univers[35] ». La métaphore mythologique n'a rien d'anodin. Phaéton, fils d'Hélios, avait failli embraser la terre entière en conduisant sans le maîtriser le char paternel. Pressentait-il le caractère excessif de ce jeune homme ? Sentait-il qu'il conduirait déraisonnablement l'Empire à sa perte ? Lui qui se révèle incapable de s'apitoyer sur la mort de ses frères et de sa mère[36] peut-il seulement gouverner avec mansuétude ? Il est vrai que Caligula semble dénué d'empathie. Il ne bronche même pas quand Tibère vitupère la mémoire de sa mère en racontant qu'elle s'est laissée mourir de chagrin après le décès de son amant Asinius Gallus*. Au grand dam du taiseux, le petit prince n'est pas du genre à se laisser perturber par ses émotions. Il préfère séduire son entourage pour mieux le manipuler[37]. Paraître soumis à son grand-père adoptif est l'assurance de sa survie. Il se montre donc docile, en apparence… Il ne lâche prise que dans les gradins des arènes où il se délecte du martyre des condamnés à mort. Ces spectacles sont pour lui éminemment cathartiques – à moins qu'il ne s'agisse d'un débouché pour ses pulsions sadiques[38] ? Il sort aussi

* À Rome, une veuve n'était pas libre de sa sexualité. Certes, Agrippine avait voulu se remarier à son ami Asinius Gallus et Tibère le lui avait refusé. Agrippine cherchait plus un homme pour protéger sa maison qu'un amant. À son propos, Tacite a cette phrase, comble de l'éloge sexiste : « En prenant les passions des hommes, [Agrippine] avait dépouillé les vices des femmes » (*Annales*, VI, 25).

le soir s'encanailler dans les tavernes, grimé pour ne pas être reconnu. Cela dit, ce loisir est commun à tous les garçons de bonne famille[39].

En 33, Caligula épouse Junia Claudilla, membre de la grande famille aristocratique des *Silani**. Leur mariage est de courte durée car elle meurt trois ans plus tard en couches[40]. Alors que Tibère lui accorde enfin d'entrer à pas mesurés dans la vie publique et lui octroie de menus sacerdoces, Caligula entreprend de se faire des alliés dans sa prison cernée d'azur. Il se rapproche du préfet du prétoire, Macron, le remplaçant de Séjan, et de sa femme Ennia Naevia, dont il partage subrepticement la couche en lui laissant entendre qu'il fera d'elle une impératrice s'il obtient le soutien de son mari[41]. Macron accepte de bonne grâce l'adultère de sa femme tant qu'il augure d'un bénéfice secondaire**. Il escompte bien rester préfet du prétoire sous le principat de Caligula. Tous trois y trouvent donc leur compte – certains pactes se scellent mieux dans le secret d'une alcôve***. Tibère n'est pas

* Les *Silani* descendent en ligne directe d'Auguste par le mariage d'Aemilia Lepida, la fille de Julie la Jeune avec Marcus Junius Silanus.

** R. F. Martin, *Les Douze Césars*, *op. cit.*, p. 134 ; Tacite, *Annales*, VI, 45 : selon Tacite, c'est Macron qui poussa Ennia dans les bras de Caligula et non Caligula qui la séduisit. Le résultat est identique. Le couple et le prince se sont alliés en vue d'en finir avec Tibère et leur intimité partagée raffermissait leurs liens.

*** J.-N. Castorio, *Caligula*, Paris, Ellipses, 2017, p. 126 : l'auteur ignore si cet adultère relève de la rumeur. Quoi qu'il en soit, cette anecdote permettait de jeter l'opprobre sur les uns comme sur les autres, ce qui était bien pratique tant pour les nombreux détracteurs de Caligula que pour ceux de Macron.

dupe. Il glisse malicieusement à son préfet qu'il ne lui en veut pas de quitter le ponant pour se rapprocher du levant*[42]…

Le 16 mars 37, le vieil empereur n'en finit plus de s'éteindre. Il s'est alité dans sa villa de Misène. Son état ne lui permet pas de prendre la mer pour se rendre dans sa retraite insulaire, mais il tient à sauvegarder les apparences. Il a une maîtrise de lui-même hors du commun et se méfie des médecins[43]. Chariclès, en charge de sa santé, doit feindre de le saluer pour prendre son pouls à la sauvette[44]… Caligula trépigne depuis deux jours. Il a déjà fait envoyer des courriers dans les provinces pour annoncer la mort de l'empereur mais le vieillard tient bon. Après avoir passé quelques heures dans un état comateux, Tibère s'éveille et réclame de la nourriture. Pour l'héritier qui a déjà reçu les félicitations de tous les courtisans présents dans la villa, c'en est trop. Le taiseux doit mourir, là, maintenant.

Les dernières minutes de Tibère sont floues. Caligula ordonne-t-il de faire étouffer le vieillard qu'il rêve d'occire depuis longtemps ? Suétone raconte que plus d'une fois depuis qu'il est arrivé à Capri en 31, il est entré dans la chambre de l'empereur un poignard à la main, sans oser aller au bout de son acte. A-t-il enfin trouvé les ressources nécessaires pour tuer cet homme qui a exterminé sa famille avant de le soumettre à une pression insupportable[45] ? D'aucuns murmurent qu'un affranchi aurait surpris Caligula serrant

* Tibère signifie par ces mots qu'il représente le soleil couchant (il est vieux) alors que Caligula est le levant, l'empereur en devenir.

ses doigts autour de la gorge du vieillard. Pour avoir aperçu ce crime impie, il aurait fini en croix ! Dans la version de Tacite, tout aussi plausible, Macron prend la décision d'étouffer le moribond pour plaire à son nouveau maître[46].

Dans sa biographie de Caligula, Suétone accrédite la version du meurtre en s'appuyant sur certaines rumeurs, mais fait état d'autres hypothèses dans sa *Vie de Tibère*[47]. Pour métamorphoser l'enfant terrible en un futur monstre, le secrétaire d'Hadrien était bien obligé de faire commencer son principat par un parricide.

La beauté des monstres

Caligula fait son entrée à Rome le 28 mars 37[48]. Macron l'a précédé auprès du sénat pour préparer son avènement. Depuis la villa de Lucullus à Misène jusqu'à la capitale, le nouvel empereur fend une foule en liesse. Cette situation jubilatoire fait écho à quelques moments forts de son enfance, mais son père n'est plus à ses côtés. Le peuple n'ovationne que lui. Il est désormais le seul maître de l'Empire et, partant, le maître de l'Univers.

Le peuple, heureux d'être débarrassé du mélancolique de Capri, appelle le fils de Germanicus son « astre », son « petit », son « poupon »[49]. Caligula incarne un renouveau politique. En l'honneur de son avènement, des dizaines d'animaux sont immolés pour lui concilier les dieux. Le peuple fait de cet événement les nouvelles *Parilia*, comme si l'enfant terrible avait refondé Rome[50]. Les turbulents voisins de l'Empire ne sont pas en reste : le roi des Parthes, Artaban, offre diplomatiquement son amitié au nouvel empereur[51]. De leur côté, les sénateurs, sur les instances de Macron, cassent le testament de Tibère. Ce dernier adjoignait son petit-fils Gemellus à Caligula. Or, qui veut de cet adolescent malingre encore en toge prétexte au pouvoir[52] ? Caligula se montrera d'abord magnanime envers lui en l'adoptant et en lui donnant le titre de « prince de la jeunesse », comme Auguste l'avait fait pour Caius et Lucius César[53], mais il s'en débarrassera quelque temps plus tard en le faisant accuser de complot[54]. Il ne voulait pas subir l'hypothétique révolte d'un rival légitime*.

Pendant que son destin échappe à Gemellus, Caligula achève de gagner les cœurs. Affable et généreux, il montre un visage souriant au peuple. Un visage que, par procédé littéraire d'exagération[55], Suétone décrit comme « terrifiant » : les yeux enfoncés, les tempes larges, le crâne dégarni**. Ses bustes officiels témoignent effectivement de la sécheresse

* P. Renucci, *Caligula, l'impudent*, Paris, Perrin, 1986, p. 174 : « Il ne s'agit pourtant pas d'un acte gratuit de cruauté. Il faut plutôt y voir la conséquence de l'absence de règle précise de dévolution du pouvoir dont souffrait le système du principat. Ce n'était d'ailleurs pas la première fois qu'un concurrent se trouvait éliminé physiquement. Auguste s'était débarrassé de Césarion. »

** Suétone, *Caligula*, 50 : Suétone s'est manifestement inspiré du portrait de Caligula par Sénèque pour écrire le sien. Sénèque, *Sur la constance du sage*, 18, 1 : « Il prenait une joie extraordinaire à stigmatiser les gens quoiqu'il offrît lui-même la plus riche matière aux sarcasmes : un teint blême et hideux qui décelait la folie, des yeux torves embusqués sous un front de vieille femme, un crâne petit semé de quelques cheveux mal plantés. Ajoutez-y

de ses traits, bien qu'il ne soit pas laid. Sa bouche fine semble figée en un rictus un peu dur. La ligne des sourcils est légèrement basse, le nez un brin fort pour le visage. Il est probablement châtain (les Julio-Claudiens ne sont pas particulièrement bruns[56]). En outre, il a le teint très clair. Son expression est peu avenante. Ses portraits officiels ne dégagent aucun charme, même s'il a la beauté classique de la *gens* Julia*. Les restes de polychromie sur le buste de la Ny Carlsberg Glyptotek de Copenhague ont conservé du jeune empereur une allure troublante. Son regard pénétrant nous mettrait presque mal à l'aise et tendrait à cautionner la rumeur selon laquelle il s'exerçait devant son miroir à prendre des mines effrayantes[57]. Plusieurs sources évoquent en effet la fixité dérangeante de son regard**.

Avec ses expressions étranges, Caligula ne suscite pas la sympathie d'emblée. Par ailleurs, il est grand et mince. Ses jambes sont grêles. Sa silhouette n'est pas des plus viriles. Sa façon surprenante de s'habiller achève de lui conférer un air dérangeant. Suétone prête à sourire quand il écrit, non sans excès : « Ses vêtements, sa chaussure et sa tenue en

---

une nuque embroussaillée, la maigreur de ses jambes et l'énormité de ses pieds. »

* R. F. Martin, *Les Douze Césars*, *op. cit.*, p. 68. Les portraits officiels ne sont pas purement naturalistes mais ceux de cette période ne se veulent pas trop idéalisés. Sur les portraits, Caligula ressemble beaucoup à sa mère, Agrippine l'Ancienne.

** Pline l'Ancien, *Histoire naturelle*, XI, 54. Caligula clignait très peu des yeux. Son regard était si fixe que le soutenir confinait à la torture (Sénèque, *Sur la colère*, III, 19).

général ne furent jamais dignes d'un Romain, ni d'un citoyen, ni même de son sexe, ni pour tout dire, d'un être humain. » Peu de temps après son avènement, Caligula s'autorise mille excentricités vestimentaires. Évidemment, ni Auguste, le conservateur, ni Tibère, le triste sire, ne s'étaient permis de telles fantaisies. Ses manteaux couverts de pierreries et ses tuniques de soie légère sont manifestement inspirés par les modes orientales. Les rois étrangers assument pleinement le caractère autocratique de leurs régimes et Caligula rêve de s'octroyer la même démesure à Rome. Ainsi, sa collection de chaussures fait fi des convenances. Qu'un soulier ait été conçu pour une femme, pour un ordre ou un type de métier l'indiffère au plus haut point pourvu qu'il ait envie de le porter. Il se promène tantôt avec des brodequins de femme, des sandales, des cothurnes d'acteur ou des bottines de courrier. À cela s'ajoutent de riches bijoux et de la poudre d'or sur sa barbe quand l'envie lui prend de la laisser pousser[58]. Il porte même de temps à autre le foudre de Jupiter, le trident de Neptune ou le caducée de Mercure, quand il ne paraît pas dans une robe diaphane digne de Vénus laissant apercevoir sa peau velue. Parfois, il pousse l'excentricité jusqu'à l'aberration en arborant la cuirasse d'Alexandre le Grand qu'il a fait prélever dans son tombeau[59]. Il s'imagine alors grand conquérant, sans se soucier le moins du monde de laisser un cadavre nu.

Dans les premiers temps, pourtant, Caligula se contient. Il s'efforce de bien agir en public alors qu'il est convaincu de sa supériorité sur le reste du genre humain. Dès son enfance, sa mère l'a encouragé dans son sentiment d'appartenance à la plus haute noblesse, à tel point qu'une fois devenu empereur, il renie son grand-père Agrippa : il préfère raconter que sa mère est née des amours d'Auguste avec sa propre fille, Julie, plutôt que de l'amiral vainqueur d'Actium qui n'était que chevalier[60]. Aux yeux des Romains, de telles billevesées émanent nécessairement d'un esprit malade. Pourtant, ses déclarations relèvent d'une logique implacable*. Caligula exalte la pureté de sa dynastie pour rompre avec la dyarchie de façade imposée par Auguste. Il ne voulait pas être *princeps*, il entendait être un roi ou, mieux, un dieu.

Un sentiment dynastique assumé

À vingt-cinq ans, Caligula est le maître du monde. Un accès si jeune aux plus hautes sphères du pouvoir étourdirait n'importe qui. Les premières semaines de son principat sont pourtant exemplaires. Il commence raisonnablement par rendre hommage à sa famille pour affirmer sa légitimité en glorifiant ses ancêtres de la *gens* Julia. Il s'enorgueillit particulièrement d'être un descendant d'Auguste, comme sa mère le lui a appris. Sa lignée est selon lui la seule à pouvoir diriger Rome.

* P. Renucci, *Caligula, l'impudent*, *op. cit.*, p. 216 : « En réalité, dans l'esprit de Caligula, l'inceste n'était pas une faute, il ne pouvait être une faute, puisque précisément, s'il est interdit aux humains, il est au contraire naturel et courant chez les dieux ou chez ceux qui sont appelés à le devenir. »

Pour prouver sa piété filiale, vertu majeure pour les Romains, il organise de somptueuses funérailles pour Tibère. Il en profite pour prononcer une vibrante oraison[61]. Il ne pleure pas la mort du vieux taiseux : il se grise de se donner en spectacle. Il boit ses propres paroles jusqu'à l'ivresse, glorifiant au passage davantage Auguste et Germanicus que le défunt[62], façon sournoise de signifier son mépris pour lui. Ses larmes abondantes le font passer aux yeux de l'auditoire pour une victime* résiliente de la cruauté du satyre de Capri. Il suscite ainsi l'empathie émue d'un peuple qui le chérit. Expert en manipulation, il ose demander l'apothéose de Tibère… laissant le soin au sénat de la lui refuser.

Après avoir rendu hommage à son prédécesseur, il rappelle insidieusement sa cruauté envers sa famille en allant chercher les cendres de Nero et de sa mère sur les îles de Pontia et de Pandataria. Et de prendre un bateau portant un pavillon de pourpre par gros temps pour ajouter à la dimension dramatique de son voyage[63]. Caligula possède un sens consommé de la mise en scène. Il recueille lui-même les cendres fraternelles et maternelles pour les placer dans des urnes qu'il porte dans ses bras jusqu'au port de Rome, comme sa mère, naguère, a porté les cendres de son mari. Il parvient à la capitale dans le milieu de l'après-midi. Une foule de badauds contemple avec compassion la démonstration de piété filiale du nouveau César. Les cendres

* D. Pleux, *De l'enfant roi à l'enfant tyran*, Paris, Odile Jacob, 2002, p. 18. Se faire passer pour une victime est l'une des armes du tyran naissant.

sont placées sur des civières que des chevaliers portent jusqu'au mausolée d'Auguste, leur dernière demeure. En mettant en scène ce retour des cendres, Caligula semble réinterpréter le retour de celles de son père, probablement vécu comme un souvenir traumatique complexe où se mêlaient la peine du deuil et l'apprentissage d'un exercice politique de démonstration publique de ses émotions. Il instrumentalise consciemment un conflit interne en répétant un schéma traumatique ancien, preuve que la psyché du jeune prince était déjà marbrée de profondes fêlures. Une volupté masochiste le poussera bientôt à répéter une troisième fois cette situation[64].

Enfin, il institue un sacrifice annuel en l'honneur de sa mère accompagné de jeux du cirque au début desquels on exhibera son image en parade[65]. Ces mesures sont assorties de la frappe de monnaies d'or et d'argent représentant Caligula à l'avers et Agrippine l'Ancienne au revers avec la mention « mère de Caius César Auguste » dans la légende[66]. Aucun empereur avant lui ne s'est autorisé à représenter des femmes de la *Domus Augusta* sur les monnaies impériales, d'une part parce que les Romains sont profondément misogynes et excluent les femmes de l'espace public[67], d'autre part parce que donner une visibilité dynastique aux princesses prouve que le principat est un système monarchique tenu par une famille et non par le premier citoyen. Derrière l'hommage à la mère se cache donc une vraie subversion.

Pour parachever ses hommages aux défunts, Caligula célèbre son père en faisant frapper en son honneur quantité de monnaies rappelant ses exploits[68] : la récupération des aigles des légions vaincues de Varus*, après avoir mis les Germains à genoux, la supervision du couronnement du roi d'Arménie et, bien sûr, son triomphe à Rome[69]. Pour représenter les gloires paternelles, Caligula a choisi des monnaies de bronze d'usage courant, les *dupondii.* Cette subdivision du sesterce circule aisément entre toutes les mains, dans les tavernes, sur les marchés, rappelant subrepticement au peuple le souvenir de Germanicus. Il fait également ériger de nombreuses statues en son honneur à travers tout l'Empire et rebaptise le mois de septembre à son nom[70].

Il démontre ensuite sa piété filiale envers sa grand-mère paternelle Antonia. Fille de Marc Antoine, elle était aussi la nièce d'Auguste. Dans sa quête effrénée de légitimité, tout ce qui le rattache à son illustre bisaïeul compte. Il lui décerne tous les privilèges de Livie[71]. Ainsi la vieille Antonia devint-elle Augusta, c'est-à-dire l'impératrice officielle, mais une impératrice douairière mise à la retraite de force. En privé, pourtant, Caligula ne manifeste nulle affection envers l'honorable vieille dame. Il ne la reçoit qu'en présence de Macron, comme pour l'intimider. Il multiplie à son

* En 9 apr. J.-C., les légions de Varus subissent l'une des plus terribles défaites de l'histoire de l'armée romaine. Prises par surprise par les Germains emmenés par Arminius, le général romain perd plus de 20 000 hommes et des aigles, les symboles de ses légions. Six ans plus tard, Germanicus passe sur les lieux du drame et rend les derniers honneurs à ses frères d'armes. Il remporte ensuite des victoires décisives sur les Germains et retrouve les aigles disparues, relevant ainsi l'honneur de Rome. Voir à ce sujet : Y. Rivière, *Germanicus*, *op. cit.*, p. 197 et *sq*.

encontre les petits gestes méprisants[72]. Veut-il lui faire payer son exil à Capri ? La distance instaurée avec Drusilla ? Ou refuse-t-il tout simplement qu'un de ses aînés lui donne des conseils, pour ne pas dire des ordres ? En effet, quand Antonia se montre autoritaire, il lui répond sèchement : « Souvenez-vous que j'ai tout pouvoir et sur tout le monde[73]. » Le 1er mai, cette dernière a le bon goût de mourir. D'aucuns pensent trouver dans cette disparition soudaine la preuve d'un meurtre par le poison, mais l'hypothèse d'une mort naturelle n'est cependant pas à exclure pour une femme de soixante-treize ans. Caligula lui renouvelle son sincère désamour en ne lui offrant que de modestes funérailles auxquelles, du reste, il refuse de participer[74].

Il montre par ailleurs quelques égards pour le benêt de la famille, l'oncle Claude, baveux et boiteux, qu'Auguste et Livie ont préféré oublier, et dont Antonia, sa propre mère, avait honte. Il l'élève au rang de sénateur, lui qui n'a été jusque-là que chevalier, et en fait son collègue au consulat. Une pareille ascension est aussi remarquable qu'inattendue compte tenu de sa triste réputation[75] – personne ne peut dire que Caligula n'honore pas sa famille. Cette mise en avant d'un infirme qu'il traite publiquement comme son bouffon n'est que le paravent de sa méfiance. Il craint en effet qu'un ambitieux de la haute aristocratie ne lui dispute le pouvoir. Pour apaiser son angoisse, il décime à titre préventif et sans états d'âme tous les hommes de valeur susceptibles de menacer son pouvoir, *a fortiori* si ceux-ci avaient des liens de parenté avec Auguste. Après Gemellus vient le tour du père de sa défunte femme, Silanus. Caligula l'accuse de vouloir profiter d'un de ses voyages hors de la Ville pour s'en rendre maître[76]. Son véritable mobile est indicible : Silanus appartient aussi à la *gens* Julia par les femmes. Il peut prétendre à la pourpre si l'envie lui en prend. Suétone, friand de détails scabreux, ajoute que Caligula l'aurait forcé à se trancher la gorge avec un rasoir, ce qui est assez peu plausible dans la mesure où les plus dignes des Romains, ainsi acculés, s'ôtent eux-mêmes la vie en se tranchant les veines sans qu'on leur explique comment s'y prendre. Ptolémée, roi de Maurétanie, descendant de Marc Antoine par sa mère Cléopâtre Séléné, est également assassiné en prévention d'une hypothétique rébellion[77]. Caligula le trouve trop populaire[78]. Avant la fin de l'année 38, Macron et Ennia sont sommés eux aussi de quitter le monde des vivants[79]. Il est possible que le puissant préfet du prétoire ait désapprouvé les velléités monarchiques du jeune prince et l'ait fait sentir[80]. Avait-il commis l'imprudence de se prendre pour le directeur de conscience du petit prince[81] qu'il avait contribué à élever à la pourpre ? Une pourpre rouge sang…

Les jours heureux

Mais en ce printemps 38, il est encore trop tôt pour parler d'un « monstre[82] ». Caligula est toujours le poupon chéri des Romains. Le sénat lui a décerné une collection de titres honorifiques ronflants : « le Pieux, le fils des camps, le père des armées, le meilleur et le plus grand des Césars[83] ». Il a même accepté – à la seconde invitation du sénat – de devenir le « père de la

Patrie », comme ses prédécesseurs. Ce titre est pourtant passablement ridicule, eu égard à son jeune âge.

Une fois César légitime et reconnu, il ne lui reste plus qu'à resserrer son cercle dynastique au plus proche, à l'instar des dynasties pharaoniques qu'il admire sans doute pour leur essence divine et leur politique de stricte endogamie. Le pouvoir appartient désormais à la jeunesse : il est le jeune roi entouré de ses nobles sœurs. Pour leur rendre grâce, il prescrit d'ajouter aux formules de serment : « Je ne serai pas plus attaché à moi-même ni à mes enfants que je ne le suis à Caius et immédiatement après lui à ses sœurs[84] » ! En outre, il fait frapper des sesterces sur lesquels son effigie apparaît à l'avers et les portraits de ses trois sœurs au revers avec leurs noms[85]. Elles représentent trois concepts divinisés : *Securitas*, *Concordia* et *Fortuna.* Le message est clair : les enfants de Germanicus et d'Agrippine assurent ensemble le bonheur et la pérennité de Rome[86].

Caligula prend également soin de se rendre aimable au peuple en réhabilitant et en rappelant tous ceux qui ont été condamnés et exilés par Tibère[87]. Ce geste de générosité calculée vise à démontrer que son gouvernement n'est pas inique. Contre toute attente, il fait même preuve de grandeur d'âme envers ceux qui ont participé à la chute de sa mère et de ses frères par d'injustes délations. Il réunit tous les dossiers afférents à leur disgrâce sur le forum et y met le feu. La mansuétude du jeune empereur semble sans bornes.

Il témoigne en outre son respect aux magistrats en leur laissant le soin de rendre des jugements sans lui en référer et dégrade les chevaliers aux mœurs dissolues pour flatter les plus vertueux. Le jeune homme témoigne plus d'intérêt à cet ordre qu'à celui des sénateurs car les chevaliers ne sont pas en mesure de concurrencer son pouvoir[88]. Il rétablit aussi l'usage des comices afin que le peuple participe aux élections, comme au temps de la République[89]. Il paie les legs de Tibère et de Livie en dépit du fait que leur testament a été cassé. Surtout, il exempte l'Italie de certains impôts, manière imparable de se faire aimer. Enfin, le prince parfait tisse des liens chaleureux avec les rois vassaux de Rome[90].

À cela s'ajoute une prodigalité appréciée. Il offre par exemple à deux reprises des largesses de 300 sesterces à chaque citoyen, somme qui équivaut à plus de trois mois de salaire pour un soldat. Par ailleurs, le jeune empereur donne de somptueux festins aux sénateurs, aux chevaliers et à leurs familles. Périodiquement, il fait aussi donner des paniers garnis au peuple. Au pain, il convient d'ajouter les jeux* !

Caligula, lui-même grand amateur des arts de la scène auxquels il s'adonne régulièrement, n'est pas avare de spectacles. Il fait organiser de nombreux combats de gladiateurs, des jeux du cirque et des représentations théâtrales, pour le plus grand plaisir du peuple de Rome et des provinces[91]. À Lyon, il fait même l'ouverture d'un concours d'éloquence où les vaincus sont tenus de composer les panégyriques des vainqueurs. Les plus mauvais, quant à eux, ont le choix entre effacer leur prose sur leurs tablettes avec une éponge ou leur

---

* *Panem et circenses*, ou la recette d'un peuple heureux et docile. Juvénal n'écrirait cette maxime célèbre qu'environ quatre-vingts ans plus tard.

langue – à moins qu'ils ne préfèrent être jetés dans le Rhône. L'anecdote n'est peut-être pas authentique, comme le concède Suétone, mais elle permet de goûter l'esprit facétieux et quelque peu sadique du *princeps*. Caligula n'hésite pas non plus à se faire metteur en scène. Original et dépensier, il couvre parfois la piste du cirque à Rome de vermillon ou de malachite pour rendre l'arène rouge sang ou vert iridescent[92]. Déjà ses excentricités artistiques laissaient pressentir sa mégalomanie.

Le golfe de Naples devient la scène de son plus grand spectacle. Après avoir fait aligner des bateaux de guerre entre les débarcadères de Pouzzoles et de Baïes sur une distance de plus de cinq kilomètres, il ordonne de recouvrir les ponts de terre et de pierres pour leur donner l'apparence de la voie Appienne. Puis il passe un jour à sillonner cette route éphémère monté sur un cheval richement paré, vêtu en général : couronne de chêne, chlamyde d'or et glaive au poing. Le lendemain, il recommence son exploit déguisé en aurige*, conduisant un quadrige à un train d'enfer. Il traîne dans son sillage le jeune Darius, un otage parthe de sang royal, pour montrer sa domination sur l'ennemi héréditaire. On s'interroge sur les raisons d'une mise en scène aussi grandiose qu'inutile. D'aucuns pensent que Caligula a voulu surpasser le pont jeté par Xerxès sur l'Hellespont, d'autres qu'il cherchait à impressionner les Barbares en montrant que sa volonté pouvait transformer la mer en terre. Mais Suétone avance une autre raison à cette fantaisie : « Durant mon enfance,

* Conducteur de char de course.

j'entendais raconter par mon grand-père que, d'après les confidences de personnes mêlées aux secrets de la cour, la raison de cette entreprise fut la déclaration suivante de l'astrologue Thrasylle à Tibère qui se tourmentait à propos de son successeur et penchait pour son propre petit-fils : "Caius n'a pas plus de chances d'être empereur que de traverser à cheval la baie de Baïes."[93] » Le grand-père de Suétone était contemporain des faits et Caligula était bien capable de relever un défi aussi loufoque. Cette explication, aussi alambiquée soit-elle, a donc notre préférence.

Le jeune homme apporte aussi sa touche à l'embellissement de la Ville éternelle, finançant la fin des travaux de construction du temple d'Auguste et du théâtre de Pompée. Le premier monument glorifie son aïeul en servant son culte, le second assure la distraction du peuple. Il paie aussi un nouvel aqueduc et divers monuments dans les provinces[94]. Les débuts du principat sont donc idylliques. Mais bien vite l'ivresse du pouvoir métamorphose le petit prince idéal en tyran assumé.

À l'égal des dieux

Le glissement s'opère quelques mois après le début du principat. Suétone cherche un élément déclencheur aux aspirations absolutistes de Caligula. Une telle lubie ne peut être en effet qu'une folie dans un « empire » où les sénateurs veulent continuer à participer au gouvernement. À la fin de l'année 37, le jeune empereur tombe gravement malade. Convaincu qu'il va mourir, il envisage de laisser l'Empire à sa sœur favorite

Drusilla, comme s'il était possible de faire ce legs à une femme. Selon l'historien Régis F. Martin, il est victime d'une maladie probablement d'origine psychosomatique due au stress intense généré par sa prise de pouvoir[95]. Si l'étiologie de son mal est incertaine, avoir frôlé la mort modifie drastiquement son comportement. Il refuse désormais de prendre des pincettes avec qui que ce soit.

De nombreuses personnes avaient émis des vœux parfois farfelus pour sa guérison : certains ont juré de combattre contre des gladiateurs s'il se rétablissait, d'autres de mourir à sa place[96]. Ces promesses étaient certes démesurées, mais typiques de la pensée romaine* : le don de sa vie aux dieux pour en sauver une autre était perçu comme un acte ultime d'amour et de dévouement, au moins sur un plan métaphorique[97]. Une fois sur pied, Caligula oblige les flagorneurs à s'exécuter pour ne pas outrager les dieux. Celui qui a promis de se battre contre un gladiateur doit défendre rageusement sa vie à l'aide d'un glaive face à un professionnel de la mort scénarisée. Le malheureux qui a promis de mourir si le prince vivait est invité à tenir son engagement sous les yeux de témoins. Caligula envoie des enfants le chercher chez lui. Les petits émissaires posent une couronne de verveine ornée de bandelettes sur la tête de leur victime expiatoire et l'exhibent dans toute la ville avant de l'obliger à se jeter dans le vide

* D. Nony, *Caligula*, Paris, Fayard, 1986, p. 254 : « Ces épisodes relèvent manifestement des rites religieux de substitution ou de purification. La santé du prince était bien trop précieuse pour que l'on négligeât d'accomplir les vœux. »

du haut de la roche Tarpéienne[98]. Caligula, comme les hommes de son temps, est superstitieux. Il avait déjà délivré tous les hommes qu'il avait bannis au motif qu'une personne exilée par son prédécesseur lui avait confié prier pour que Tibère meure et que Caligula hérite de la pourpre. Le jeune empereur voulait être certain que personne n'attiserait le courroux des dieux contre lui[99]. De surcroît, le prince ne se conçoit pas comme un homme égal aux autres. Il ressent en lui une part de divin qui justifie sa place au sommet du monde. Pour donner corps à sa propre dimension divine, rendre celle-ci tangible au peuple, il fait placer sa tête sur de nombreuses statues de dieux à travers tout l'Empire. Ensuite, il siège lui-même dans le temple de Castor et Pollux pour se faire adorer des dévots. Enfin, il consacre un sanctuaire à sa propre divinité et constitue un collège sacerdotal pour honorer sa statue en or[100]. Pour signifier publiquement son appartenance au cercle des dieux, il se laisse surprendre en grande conversation avec… Jupiter. Fou ? Certainement pas, ou du moins pas encore. Facétieux ? Terriblement !

Ce passage du stade de premier citoyen de la plus haute noblesse à celui de divinité est symptomatique du glissement vers la tyrannie. Son sentiment accru de posséder « le » pouvoir, pour ne pas dire une réelle toute-puissance, lui fait perdre tout contact avec la réalité. Ses petites saillies verbales sont à l'image de ce sentiment exaltant : « N'ayons qu'un seul chef, qu'un seul roi[101] », ou encore le célèbre « Qu'ils me haïssent pourvu qu'ils me craignent[102]. » Certes, il ne les a peut-être pas prononcées mot pour mot, mais elles concordent avec ses actes de manière générale. On a longtemps cherché la cause des excès de Caligula du côté des pathologies mentales, mais les neurosciences tendent à prouver que les hommes de pouvoir manquent cruellement d'empathie. Les « puissants » se perçoivent ainsi métaphoriquement comme les égaux des dieux. Caligula, à son époque, pouvait mettre son *hybris* en pratique, d'où ses dérives narcissico-religieuses, aggravées par la formation d'une petite cour rendue toujours plus servile par la peur de lui déplaire.

À l'automne 37, un nouvel événement tragique le fait franchement basculer dans une tyrannie confinant à la folie : Drusilla décède sans que nous puissions en établir la cause. Sa disparition plonge d'abord Caligula dans un deuil inconsolable[103]. Après une retraite éplorée à Syracuse, il la fait élever au rang des dieux le 23 septembre 38, tant pour lui prouver son amour que par souci de montrer la supériorité des membres de la *gens* impériale en s'inspirant de la politique familiale et religieuse des Ptolémées[104]. D'ailleurs, *Diua Drusilla* porte le surnom de « Panthéa[105] », celle qui a les qualités de toutes les déesses. Pouvait-on être plus divine ? De tels honneurs accordés à une femme, quand bien même elle était la sœur de l'empereur, durent faire grincer des dents les sénateurs[106].

Soumettre par plaisir

Comme l'écrira George Orwell deux mille ans plus tard dans *1984*, on est certain d'avoir du pouvoir sur les gens quand on peut les faire souffrir. Caligula avait, à l'évidence, intériorisé ce principe. Dès 38, quelques mois après la mort de sa sœur et le meurtre de Macron, son soutien de la première heure, il se montre inique pour le simple plaisir de ressentir l'étendue de son autorité. Il n'y a plus personne pour réfréner ses plus bas instincts. Ainsi un acteur est-il brûlé dans l'amphithéâtre pour avoir osé déclamer un vers satirique à son sujet[107]. Parfois, la lubie lui vient de faire replier le *velum* du cirque par grand soleil en interdisant à quiconque de quitter les gradins. Il aime aussi à vexer les chevaliers en autorisant la plèbe à occuper leurs places assignées dans les édifices de spectacle[108].

C'est cependant envers les sénateurs qu'il se montre le plus violent. D'une part, il tient à humilier cette élite qui prétend participer au gouvernement de l'Empire ; d'autre part, il entend désormais se venger de tous ceux qui ont soutenu de près ou de loin les exactions contre sa famille en dépit des promesses de pardon qu'il avait faites lors de son avènement[109].

Il multiplie les actes de cruauté envers les membres de cet ordre. Un jour, il oblige l'un d'eux à venir voir la mise à mort de son fils, puis l'invite cyniquement à dîner en faisant tout son possible pour le divertir[110]. Peut-être est-ce là une forme de réminiscence de sa vie à Capri, alors que Tibère s'acharnait sur les siens.

Son train de vie dispendieux et ses prodigalités contraignent Caligula à augmenter drastiquement les impôts[111]. Comme cela ne suffit pas, il entreprend une grande campagne militaire en Germanie, là où son père a rencontré tant de succès. Mais au-delà des frontières rhénanes, les Germains se tiennent tranquilles. La campagne tourne donc à la bouffonnerie puisque le jeune empereur n'a pas d'ennemi à combattre. Il imagine malgré tout d'organiser un triomphe avec de nobles et grands Gaulois réquisitionnés pour l'occasion, mais le ridicule de la situation met fin à ses lubies[112]. Il n'aura finalement qu'une ovation à son retour dans la capitale[113].

Avant de quitter les provinces germaines, Caligula, nous dit Suétone, eut l'idée de massacrer les légions qui s'étaient révoltées contre son père lorsqu'il était enfant. Vingt-cinq ans après ces événements, nombre des soldats impliqués devaient déjà être morts ou à la retraite, puisque le service durait une trentaine d'années. Cette décision injuste n'a aucun sens et son entourage tente de l'en dissuader. Se pensant clément, il ordonne une décimation en règle. Comme les soldats se montrent prêts à se battre contre les officiers mandatés par l'empereur, il décide, toute honte bue, de quitter la région de sa petite enfance sans se retourner[114].

La farce se poursuit au camp de Boulogne-sur-Mer. Suétone raconte que, pour terminer la guerre, Caligula veut un ultime trophée : celui de l'océan. Il aurait fait disposer des machines de guerre sur la plage, comme prêt à affronter un ennemi qui surgirait des flots, avant de demander aux soldats de remplir leurs casques de coquillages, comme s'il s'était agi des dépouilles de la mer[115]. Ne voyons là que des médisances dont l'écho se propageait de salon en salon dans la capitale. On imagine mal des légions formées d'hommes surentraînés s'ébrouant sur la plage en chassant la palourde et le bigorneau, ou laisser s'enliser dans le sable meuble de lourdes armes de jet aussi précises que coûteuses.

Pendant ce périple hors de Rome, Caligula se confronte à l'unique trahison qui le blesse au cœur : à l'automne 39, l'aînée de ses sœurs, Agrippine la Jeune, qui a déjà pressenti que les excès de son frère finiront par un coup d'État, choisit de devancer le pire et se lie au veuf de Drusilla, Lepidus. Tous deux fomentent un complot pour faire assassiner l'empereur, sans doute dans le but de s'imposer au pouvoir ensemble et de favoriser l'avènement du petit Néron[116]. Agrippine est alors déjà mère du dernier descendant en ligne directe d'Auguste et entend bien lui offrir la pourpre comme Livie l'avait fait pour Tibère.

Caligula découvre le complot avec horreur alors qu'il se trouve à Lugdunum*. Il fait condamner à mort Lepidus et oblige sa sœur à retourner à Rome en répétant encore la tragédie de la procession des cendres** – la fière jeune femme doit porter l'urne cinéraire de son amant avant d'être exilée sur Pandataria avec sa petite sœur Livilla, impliquée elle aussi***. Caligula refuse de faire couler le sang de ses sœurs, ne pouvant se résoudre à assassiner ce qu'il reste de sa fratrie décimée par Tibère. Désormais totalement seul[117], il envisage pour la première fois de fonder sa propre famille.

---

* Lyon est alors la capitale des Gaules.

** Y. Rivière, *Germanicus*, *op. cit.*, p. 428 : pour l'auteur, la scène est une parodie du retour des cendres de Germanicus.

*** Dion Cassius, *Histoire romaine*, LIX, 22 ; I. Cogitore, *La Légitimité dynastique d'Auguste à Néron à l'épreuve des conspirations*, Rome, École française de Rome, 2002, p. 197 : Caligula avait choisi pour ses sœurs coupables de complot la même sanction qu'Auguste avait appliquée à sa fille Julie. Il ne se montra ni plus cruel ni plus féroce, et même plutôt clément en l'espèce.

Vaines amours

Le paradoxe de la vision dynastique de Caligula réside dans le fait qu'il renforce son pouvoir en magnifiant ses aïeux sans jamais mettre en place sa succession. Sa jeunesse le dissuada-t-elle de s'occuper de cet aspect pourtant crucial de son principat ? Il est vrai qu'Auguste et Tibère avaient eu de longues vies et beaucoup de temps pour choisir leurs héritiers présomptifs.

Caligula était déjà veuf lors de son avènement. Il contracte cependant plusieurs courts mariages sur des coups de tête. Invité aux noces de Caius Pison et de Livia Orestilla, il se met à taquiner le marié en lui disant qu'il se tient trop près de sa femme, puis décide de l'épouser lui-même. Il prétend ainsi dans un décret au sénat imiter officiellement l'exemple de Romulus et d'Auguste qui tous deux avaient enlevé leur épouse à leurs compagnons*. L'empereur s'amuse surtout à humilier un homme en lui volant sa femme, car Romulus et Auguste, eux, n'ont pas répudié leurs conquêtes quelques mois après leur union… Pour autant, il ne supporte pas que la jeune femme reprenne sa vie commune avec Caius Pison et l'exile pour cette raison. Il se pique ensuite d'épouser Lollia Paulina pour sa grande beauté – et sans doute plus encore pour ses millions de sesterces – en obligeant son mari à la lui céder. Là encore, les épousailles sont éphémères et Caligula la renvoie dans ses pénates en lui interdisant de se remarier[118].

---

* Voir le chapitre sur Auguste.

Seule Milonia Caesonia parvient à rendre captifs ses sentiments volages. Plus âgée que Caligula et déjà mère de trois enfants, cette femme aux mœurs dissolues offre une fille à l'empereur. Il ne l'épouse d'ailleurs qu'au jour de la naissance de leur enfant, nommée Julia Drusilla. Leur idylle, perçue comme une mésalliance, fait jaser : les mauvaises langues accusent Caesonia d'avoir fait boire à Caligula un philtre qui a achevé de lui ôter le peu de raison qu'il lui restait[119]. Il se raconte en outre que le tyran exposait sa compagne nue à ses amis pour leur faire admirer sa beauté*. Il est vrai que Caesonia partage les soirées orgiaques de son époux, ce qui n'est pas pour lui déplaire. Mais Caligula l'a élevée au rang d'épouse car elle est la mère de sa fille. Cela méritait bien un privilège.

Pendant ses folles nuits de débauche, Caligula aurait eu toute une série d'amants et de maîtresses. Il aurait couché avec un nombre incalculable de matrones conviées à sa table et, la plupart du temps, sans leur accord ; il aurait eu par ailleurs une passion pour la célèbre courtisane Pyrallis, une demi-mondaine alors en vogue dans l'aristocratie[120]. On l'accuse aussi d'inceste avec ses trois sœurs[121]. Si la rumeur est peut-être fondée pour Drusilla, elle ne l'est pas pour les autres.

---

* Il s'agit d'une reprise du célèbre mythe du roi Candaule connu à travers le récit d'Hérodote, *Histoires*, I, 7-14. C'est en montrant sa femme nue à Gygès, son général, qu'il perdit sa couronne. Nyssia imposa au général de se suicider ou d'assassiner Candaule et de l'épouser pour réparer l'outrage qu'il lui avait fait en admirant son corps dénudé. Le choix fut vite fait. L'anecdote comparant Caligula à Candaule a notamment pour objet d'établir la preuve de sa décadence.

Il aurait également forcé son beau-frère Lepidus à endurer ses assauts, ainsi qu'un jeune noble nommé Valerius Catullus. Celui-ci s'est d'ailleurs plaint amèrement à qui voulait l'entendre d'avoir été souillé par l'empereur. Le *princeps* s'éprend également du grand mime Mnester, qu'il adore mettre dans son lit après l'avoir applaudi sur scène[122]. Certes, le pouvoir est éminemment aphrodisiaque, mais détruire une réputation à coups de dénonciations d'actes réprouvés est très courant dans les mœurs romaines[123]. Aussi faut-il prendre de la distance et lire Suétone comme les autres historiographes antiques avec circonspection – ils glorifiaient leurs maîtres en mettant en scène les déviances de leurs prédécesseurs.

Après une première année au pouvoir, Caligula s'est davantage comporté comme un monstre qu'en parangon de vertu, c'est un fait. Son ego démesuré, écorché par les traumatismes de sa jeunesse, l'a conduit à faire de son pouvoir un instrument de domination de plus en plus violent sur le peuple, l'aristocratie et l'armée. Albert Camus a sans doute bien cerné la déraison de l'empereur à qui il fait dire dans sa célèbre pièce *Caligula* : « Il n'y a qu'une façon de s'égaler aux dieux : il suffit d'être aussi cruel qu'eux. » Et le jeune prince excelle de plus en plus en matière de cruauté. Sans doute trop jeune, inexpérimenté et mal entouré, il est incapable d'imposer une limite à son *hybris*. Il en paiera le prix.

La fin d'un tyran

En 14 apr. J.-C., Cassius Chaerea servait sous les ordres de Germanicus dans les camps du Rhin, et lors de l'insurrection consécutive à la mort d'Auguste, il lui était resté fidèle et avait failli mourir pour cela. Il aurait donné sa vie pour l'enfant aux sandales de soldat[124]. En 39, il fait partie de la garde personnelle du bambin devenu empereur. À sa grande fierté, il est l'un des tribuns des cohortes prétoriennes. Ce militaire d'âge mûr pétri de vieilles valeurs est un modèle vivant d'homme romain viril, sérieux et courageux.

Son service au Palatin lui donne l'occasion d'assister aux frasques de Caligula dont il devient le témoin du délabrement mental. Il en conçoit un vif écœurement. Il n'est pas le seul, toutefois, à s'être lassé du petit prince : le peuple est mécontenté par la pression fiscale* et les sénateurs horrifiés par cet empereur qui a voulu faire de son cheval Incitatus un consul pour le plaisir d'injurier cette haute magistrature…

Cassius Chaerea, comme beaucoup de Romains, a le sentiment que l'Empire est aux mains d'un enfant capricieux, sadique et fantasque. À chaque fois que le

* P. Renucci, *Caligula, l'impudent*, *op. cit.*, p. 292 : selon l'auteur, le problème n'était pas tant les lourds impôts que la manière dont Caligula les imposait sans publication préalable. En outre, le peuple était habitué à recevoir de quoi manger et à aller au spectacle sans payer. La pression fiscale de cet État jusqu'alors providentiel n'en était que plus choquante à ses yeux.

tribun lui demande un mot de passe pour les tours de garde au palais, le jeune homme l'insulte et le qualifie de « femmelette ». Pour l'humilier davantage, il lui propose des mots de passe dignes d'une réunion de matrones tels que « Cupidon » ou « Vénus »[125], quand ce n'est pas « Priape ». Le vieux militaire, insulté, raillé, serre les dents en imaginant plonger son glaive dans le ventre de cet impudent qui lui tend sa main à baiser en lui imprimant un petit mouvement obscène*. À bout de nerfs, le tribun fédère autour de lui d'autres prétoriens. Ils assassineront l'empereur et sa famille. Aucun d'entre eux ne songe à la succession : ils veulent seulement libérer Rome de cette engeance. Leur plan s'arrête là.

À travers tout l'Empire, d'étranges signes semblent annoncer un drame imminent. Selon Suétone, la statue de Zeus à Olympie aurait eu un éclat de rire tonitruant ; la foudre frappe le capitole de Capoue et le sanctuaire d'Apollon Palatin à Rome ; Caligula est éclaboussé par le sang d'une victime lors d'un sacrifice. Même Sylla, son astrologue, prédit sa fin prochaine. Suétone ajoute que deux sœurs surnommées les « Infaillibles », oracles à Antium, invitent Caligula à se méfier de Cassius. Comme tous les oracles, elles ne délivrent qu'une information partielle que l'on peut interpréter de mille manières. Prudent, l'empereur fait assassiner le premier Cassius qui lui vient à l'esprit : le gouverneur d'Asie, Cassius Longinus. Pourtant les signes défavorables continuent

---

* Suétone, *Caligula*, 56. Le chroniqueur ne précise pas la nature de ce mouvement.

à se multiplier. La veille de sa mort, Caligula rêve qu'il monte au ciel et que Jupiter, gigantesque sur son trône, le repousse du pied[126].

Le 24 janvier 41, le jour des jeux palatins, Caligula se trouve avec quelques amis au théâtre. Un groupe d'enfants venus d'Asie doit se produire sur scène. Alors que l'empereur, du haut de ses vingt-neuf ans, exhorte les petits choristes à s'appliquer, Cassius Chaerea lui porte le premier coup. Le fait-il par surprise ou donne-t-il à son acte une dimension théâtrale en demandant quel est le mot de passe pour la ronde armée du jour ? Si cette question banale a été posée par le tribun, Caligula aurait répondu « Jupiter » avant d'être frappé. Triomphant, le prétorien aurait répondu avec rage : « Sois exaucé ! » Un deuxième coup asséné au visage lui fracasse la mâchoire. Caligula s'écroule au sol en position fœtale. Pour résister à l'agression, son corps a sûrement sécrété d'importantes quantités d'adrénaline qui lui permettent, malgré le choc, de formuler l'incroyable bravade « Je suis encore vivant* ! ». Même dans un moment aussi tragique, Caligula reste un effronté – et il en est fier**. Il demeure fidèle à lui-même jusqu'à son dernier instant.

---

* Suétone, *Caligula*, 58 ; J. Schmidt, *La Mort des Césars*, Paris, Perrin, 2016, p. 55 : selon l'auteur, Caligula aurait prononcé ces mots parce qu'il se croyait immortel. Cette hypothèse nous semble quelque peu simpliste dans la mesure où elle fait fi du choc psychologique induit par une agression mortelle.

** Suétone, *Caligula*, 29 : « Ce qu'il admirait et prisait dans son propre caractère, disait-il, c'était, pour me servir de sa propre expression, son *adriatrepsia* (son effronterie). »

Cassius Chaerea et les autres conjurés qui l'ont rejoint percent le corps de Caligula d'une trentaine de coups, n'épargnant pas son sexe, l'organe symbolique de ses débauches. Les séditieux infligent une mort similaire à Caesonia. Un prétorien se charge de leur fille à peine assez âgée pour se tenir debout toute seule. Il l'attrape par les pieds, la soulève d'un geste leste et fracasse son petit crâne contre un mur[127]. Ils abandonnent les cadavres sur place et arpentent le palais jusqu'à ce que l'un d'eux découvre par hasard l'oncle Claude caché derrière un rideau et le traîne au camp des prétoriens où il est acclamé empereur…

Dans les heures suivantes, des âmes charitables emportent le cadavre sanglant du *princeps* dans les jardins de Lamia. Le corps est incinéré à la hâte sans laisser le temps aux os les plus gros de se consumer. Ses restes sont enterrés sous une fine couche de terre. Depuis lors, les gardiens du jardin redoutent le secteur de la sépulture improvisée. Le fantôme de Caligula, furieux, hanterait les lieux.

Le jeune prince a commis l'erreur de se croire l'égal des dieux. Son effronterie lui a coûté la vie mais lui a permis d'accéder au rang de mythe. Après tout, cela lui aurait peut-être plu. Il reste dans l'imaginaire collectif l'archétype du tyran décadent, l'incarnation fantasmagorique de la folie du pouvoir.

Crépuscule

Agrippine regarde ses mains maculées de terre et des cendres de son frère. À peine rentrée à Rome après un an et demi d'exil, elle ne pensait pas s'occuper elle-même de la sépulture de Caligula. Il faut bien s'acquitter de ses devoirs familiaux*. Elle constate qu'elle s'est cassé un ongle en grattant la couche d'humus sous laquelle se trouvaient les reliques du tyran enterrées à la hâte. Cette petite imperfection la contrarie. Ce n'est pas en ressemblant à une Béotienne qu'elle va se trouver un nouveau mari pour l'aider à protéger et éduquer son fils. Elle soupire, frotte ses mains sur sa robe pour se débarrasser des poussières fraternelles coincées entre ses phalanges et regarde les flammes du bûcher consumer lentement ce qu'il reste du squelette.

— Veux-tu que nous déposions les cendres au mausolée d'Auguste ?

Agrippine regarde sa jeune sœur, stupéfiée par la naïveté de sa question. Livilla a de la chance d'être vraiment belle, se dit-elle, car sa bêtise est confondante. Elle attrape une urne de verre aux reflets irisés posée au pied du bûcher. Un vase tout simple pour des défunts sans grands moyens.

— Il est hors de question de troubler le repos de notre mère en déposant Caligula dans le mausolée familial. Ce monument a été érigé à la gloire des nôtres et notre frère nous a fait honte. Nous allons le mettre là-dedans et l'enterrer dans un coin de la nécropole le long de la voie Appienne.

La princesse tend l'urne cinéraire à sa jeune sœur. Livilla la saisit et laisse courir ses doigts sur la panse arrondie. Le dégoût froisse les traits de son joli minois. Elle trouve cette urne laide, indigne de leur famille. Agrippine comprend la teneur des pensées de sa sœur en voyant son expression.

---

* Suétone, *Caligula*, 59. Rappelées d'exil par Claude à peine arrivé au pouvoir, les deux sœurs se sont acquittées de leur devoir envers leur frère défunt en lui donnant en toute discrétion une sépulture décente.

Consternée par sa superficialité, elle préfère regarder la danse hypnotique des flammes et s'abîmer dans ses réflexions. L'oncle Claude est désormais au pouvoir et elle est la mère du dernier descendant en ligne directe d'Auguste. Son fils mérite la pourpre. Elle se promet de tout faire pour la lui offrir. Soudain, un violent coup de vent attise le feu du bûcher. Agrippine sent la chaleur d'une flammèche lui lécher le visage. Elle recule d'un bond pour ne pas risquer d'être brûlée. Un superstitieux verrait là un mauvais présage...

5

Claude, la revanche de l'avorton

« Babillez mais ne touchez pas ! »

Suétone, *Claude*, 40

Un brouhaha indistinct envahit les couloirs. Claude fronce les sourcils et tâche de se reconcentrer sur ses rouleaux de papyrus et ses tablettes. D'ordinaire, s'il y a bien un endroit tranquille au palais, c'est l'*hermaeum*. Ce petit cabinet d'étude placé sous la tutelle du dieu Hermès n'est guère fréquenté par Caligula ou sa cour de saltimbanques et de débauchés. Au-dehors, une rumeur enfle. Agacé, l'oncle de l'empereur enfonce plus fort la pointe de son stylet dans la cire. Les lettres lourdement tracées sont presque illisibles. Il grogne et lisse nerveusement la surface molle avec le côté plat du stylet pour réécrire ses notes. Soudain, des injures vociférées juste devant la porte du bureau le font sursauter : « Ce sale chien de Caligula est mort ! » Sa main heurte un flacon.

De l'encre noire se répand sur un papyrus déroulé sur la table. Son neveu s'est fait tuer ! Cela devait finir par arriver à force d'épouvanter tout le monde avec ses humiliations. Claude regarde la porte de l'*hermaeum*, les yeux arrondis de terreur. Et si on le trouve, lui, on le tuera aussi, c'est certain ! C'est un complot, toute la famille y passera. Engoncé dans sa toge, le boiteux se lève maladroitement. Ses jambes faibles[1] se dérobent sous lui. Il se rattrape au bord de sa table et s'élance à quatre pattes* vers la terrasse par laquelle entre la pâle lumière de janvier. Il n'y a pas d'issue par cette voie. Mieux vaut se cacher. Mais où ? Claude regarde désespérément autour de lui. Il entend des bruits se rapprocher, des pas empressés, le cliquetis métallique des armes. Son cœur bat à se rompre. Il n'a pas survécu à tous ces idiots qui l'ont pris pour un demeuré** pour finir comme ça. Le rideau de la terrasse fera l'affaire. Ses doigts se crispent sur l'étoffe moelleuse. Il se dissimule tant bien que mal, tirant les longs plis empilés de sa toge qui menacent de dégringoler. La porte du cabinet s'ouvre avec fracas. Il cesse de respirer. Précaution dérisoire. Il ne se rend pas compte que le bout de ses souliers dépasse du rideau. Quelqu'un tire d'un coup le tissu, le sortant de sa misérable cachette. C'est un prétorien. Claude bégaie, les mots s'étranglent dans sa gorge, un filet de bave coule le long de son menton. Il étend les bras pour supplier le soldat de lui laisser la vie sauve, mais l'homme se raidit et le salue comme le nouvel empereur[2]. Claude est sidéré. S'il accepte cette acclamation inattendue, il a de bonnes chances de survivre et

* Suétone, *Claude*, 10 : pour Suétone, Claude rampe jusqu'à sa cachette.

** Suétone, *Claude*, 38 : Claude dira plus tard qu'il avait simulé sa stupidité pour le principat de Caligula.

même de régner... Capricieuse Fortuna* ! Elle reconnaît enfin sa valeur.

À peine ébauché par la nature

Claude voit le jour à Lugdunum** le 1er août 10 av. J.-C.[3], probablement dans le *praetorium* situé au sommet de la colline de Fourvière. Son père, Drusus I, issu de la prestigieuse famille Claudia, est le fils cadet de Livie et de son premier mari, Tiberius Néron. Il est déjà couvert de prestige militaire, jouit de l'affection d'Auguste et de la faveur du peuple en ce jour où il consacre un autel à l'empereur dans la capitale des Gaules[4]. Pendant que le père officie auprès des notables provinciaux, la mère, Antonia la Jeune, s'échine à pousser hors d'elle le fardeau de ses entrailles. Cette fille de Marc Antoine et nièce d'Auguste par sa mère Octavie est une femme dure, intelligente et cultivée aux mœurs austères. Sa beauté froide est dépourvue de charme. Elle accomplit avec le plus grand sérieux son rôle de matrone et s'efforce de donner de beaux enfants à son mari. Elle souffre cependant d'en avoir déjà perdu plusieurs. Pour supporter la douleur des contractions, la parturiente se raccroche à l'espoir d'avoir un autre fils comme son aîné Germanicus. Ce bambin est beau comme son père, contrairement

---

* La déesse Fortuna est l'abstraction divinisée de la Chance. Elle est connue pour être particulièrement versatile et se montre favorable ou défavorable à ceux qui la prient sans raison apparente.

** Aujourd'hui, Lyon.

à sa fille cadette, Livilla, dont le visage, hélas, est quelque peu ingrat*.

L'accouchement est difficile. Prématuré peut-être. Après de longues heures de travail, l'enfant naît enfin. C'est un garçon ! Heureuse nouvelle. Le bébé pleure pendant que les sages-femmes décapent le vernix au gros sel. Il est vivant et cette idée soulage Antonia. Mais bien vite, celui qu'on appelle Tiberius Claudius Drusus déçoit sa mère. Cette fois, la joliesse du visage n'est pas en cause, car on ne peut pas reprocher au petit garçon d'être laid. Il a bien d'autres tares, de celles qui obscurcissent le jugement d'une mère trop orgueilleuse des fruits de son utérus. Dès la petite enfance, en effet, les jambes de Claude se révèlent faibles, au point que souvent elles se dérobent. Il se déplace en claudiquant quand ses jarrets daignent le porter. Ses mots se forment avec peine dans sa bouche et, lorsqu'ils en sortent, le son de sa voix blesse les oreilles. Le petit garçon bégaie et bave. Il a souvent de l'écume aux coins des lèvres, détail scabreux dont l'impitoyable Juvénal fera bien plus tard ses délices de satiriste**. À cette apparence déjà ridicule s'ajoutent des tics nerveux. Sa tête, propulsée par des spasmes irrépressibles sur le côté, semble mener une vie propre. Le stress accroît ses symptômes[5]. Face à sa famille, il paraît plus débile que jamais. De surcroît, sa santé fragile achève de le rendre haïssable[6]. La fièvre le

* La fillette une fois adulte deviendra d'une rare beauté et, de fait, très orgueilleuse : Tacite, *Annales*, IV, 3.

** Juvénal, *Satire*, VI, 622-223 : « Cette tête bringuebalante, ces lèvres d'où la salive s'écoulait à longs jets. »

ronge régulièrement* ; les douleurs intestinales le torturent. Les historiens considèrent aujourd'hui que Claude souffrait d'une pathologie neurologique – la maladie de Little est celle qui correspondrait le mieux à son tableau clinique. Des lésions cérébrales dues à un accouchement difficile sont probablement à l'origine de ces problèmes moteurs. Les troubles occasionnés par cette encéphalopathie apparaissent dans les premiers mois de la vie. Si les sujets atteints ont l'aspect et le maintien de personnes que l'on qualifierait volontiers de malades mentaux, leur intelligence n'est que rarement affectée[7]. Or Claude est doué d'une intelligence normale, voire supérieure, mais son apparence suscite les *a priori* dans une société où les anomalies physiques sont la preuve de la vindicte des dieux. Il a beau exceller dans les études, pour l'exigeante Antonia il est « une caricature d'homme, un avorton à peine ébauché par la nature[8] ».

Claude grandit en portant sur ses frêles épaules le poids de la honte de sa mère. Elle, la matrone parfaite, a fait un enfant imparfait, une créature qui égratigne douloureusement sa fierté. Faut-il que quelque chose en elle soit corrompu pour qu'elle accouche d'un fruit pourri ? Elle se hait peut-être de l'avoir engendré, alors elle l'insulte à l'envi sans reconnaître ses qualités. Elle critique sa stupidité apparente et ne craint pas de dire qu'une personne « est plus bête que son fils Claude[9] » quand elle agit sottement. Devenue veuve

* Au point que Sénèque a fait de l'abstraction divinisée de la Fièvre la compagne de Claude lors de sa descente aux Enfers dans *L'Apocoloquintose du divin Claude*, 6.

un an après la naissance de son benjamin, Antonia n'a pas le courage de solliciter un tuteur parmi ses proches pour son poupon défectueux*. Elle le place sous la tutelle d'un précepteur, un ancien inspecteur des haras. L'homme est violent. Il rudoie son pupille et le bat souvent pour le châtier d'être différent. Ainsi grandit le petit Claude. Dans la faiblesse de son corps et le dégoût que sa vue procure aux autres. Livie, sa grand-mère, le déteste ; Auguste le méprise. Les autres membres de la *Domus Augusta* l'ignorent superbement.

La bibliothèque est le seul refuge du petit boiteux. Là, il se soustrait aux regards des autres. Il sait que sa famille n'aime pas qu'on le voie. La célébration de sa prise de la toge virile a même lieu en pleine nuit pour que personne ne rie de ses expressions d'attardé mental. Un cas inédit. Malgré ces mauvais traitements, l'adolescent de quinze ans, désormais citoyen, rêve de participer à la vie publique.

Le vilain petit canard de la Domus Augusta

Jeune homme, Claude ne trouve de soutien ni en son frère ni en sa sœur. Livilla, qui embellit avec l'adolescence, se mue en une jeune coquette arrogante. Le beau Germanicus, son frère aîné, est tout ce que Claude n'est pas. Charismatique et courageux, il est

* L'usage voulait que les orphelins eussent un tuteur. Au lieu de choisir un membre de la famille impériale, Antonia choisi une sorte de pédagogue violent aux origines barbares.

apprécié de tous. Du haut de son piédestal, il ne ressent pas le besoin d'écraser son benjamin, mais il ne fait rien non plus pour le tirer dans la lumière. Tous deux adolescents, ils donnent des jeux à la mémoire de leur père. L'aîné rayonne dans la tribune d'honneur alors qu'on fait pression sur Claude pour qu'il dissimule son visage sous un capuchon[10] : la famille impériale ne veut donner aucune prise aux quolibets du peuple. Auguste prend donc une décision drastique : lui interdire l'accès à la loge impériale pendant les jeux – à Rome, le ridicule tue plus sûrement qu'un glaive. Pourtant, en privé, l'empereur montre de l'empathie pour le vilain petit canard. Il l'invite à dîner tous les soirs à sa table pour qu'il ne reste pas seul avec des affranchis complaisants dont l'amitié se monnaie au poids de la sportule*. Auguste ressent « la noblesse de son âme[11] » mais déplore la confusion permanente dans laquelle il semble vivre. Il faut admettre qu'il n'a guère de repères ni de tendresse. Cela ne l'aide pas à se structurer.

Livie, en privé, n'a pas la mansuétude de son époux. Cette grande dame très occupée ne baisse guère les yeux sur Claude. Elle voit la maison d'Auguste comme un échiquier politique où elle est la reine, et son petit-fils boiteux n'est à ses yeux ni le fou ni même un pion. Un cancrelat égaré dans son univers, tout au plus. Si elle doit lui adresser un message, elle préfère passer par un intermédiaire ou

* Somme d'argent ou cadeaux en nature qu'un patron donne régulièrement à ses clients. Les affranchis deviennent naturellement les clients de leur ancien maître.

lui écrire des billets brefs, sans aucun mot tendre, comme on serait pourtant en droit d'en espérer d'une grand-mère.

À l'heure où la nouvelle génération des princes fait son entrée en politique, Auguste s'interroge sur le sort à réserver à Claude. Une décision définitive s'impose : il est impossible de continuer à le laisser paraître en public en lui cachant le visage. Faut-il lui permettre de briguer une charge, à l'instar de son frère, ou l'écarter du pouvoir ? Suétone a retrouvé dans les archives du palais la lettre d'Auguste à ce sujet : « Comme vous me l'avez demandé, ma chère Livie, je me suis entretenu avec Tibère de ce que devait faire votre petit-fils Claude pour les jeux de Mars. Nous sommes tous deux d'accord sur la nécessité de décider une fois pour toutes quelle conduite nous devons suivre vis-à-vis de lui car s'il est normal, passez-moi l'expression, dans toutes les règles, pour quel motif hésiterions-nous à l'élever en lui faisant franchir les mêmes échelons et les mêmes étapes qu'à son frère ? Si, au contraire, nous jugeons qu'il lui manque quelque chose, qu'il ne possède pas toutes ses facultés, soit au point de vue physique, soit au point de vue mental, nous ne devons pas nous exposer en même temps que lui aux railleries des gens habitués à ricaner et à se moquer des choses pareilles, car nous flotterons toujours si nous délibérons à propos de chaque circonstance sans avoir par avance établi si nous le jugeons capable ou non d'exercer les magistratures[12]. »

Les questions soulevées par Auguste sont d'une extrême gravité. Claude est-il normal ? La réponse à cette interrogation est lourde de sens dans une Rome quelque peu eugéniste où les bébés handicapés sont abandonnés peu après leur naissance. Le doute persistant au sujet de Claude étonne et permet de parvenir à cette conclusion : en dépit de son apparence, le boiteux n'a pas de problèmes mentaux. Auguste et Livie sont gênés par son apparence et ses maladresses dans ses interactions sociales et décident de le soumettre à un ultime test avant de l'inclure ou de l'exclure définitivement de la vie politique. L'adolescent est autorisé à donner un festin pour les prêtres lors des jeux de Mars en tant que représentant de la *Domus Augusta*, mais il sera alors placé sous la surveillance d'un cousin, Silvanus, dont le rôle sera de lui éviter tout faux pas. Susciter la moquerie. Telle est la hantise d'Auguste. Si on rit du petit prince, on rit de lui.

Antonia, de son côté, est tenue au courant des échanges épistolaires du couple impérial au sujet de son benjamin, mais elle n'a pas son mot à dire[13].

Idiot ou érudit ?

Les tests mondains passés par Claude sont peu probants. Comment ne pas rire lorsqu'on le voit claudiquer, baver, bégayer ? s'évertuer à bien faire alors qu'une maladresse congénitale le condamne au ridicule ? Même les prêtres ne peuvent s'empêcher de pouffer au festin des fêtes de Mars qu'il organise. Il faut dire qu'à Rome le rire a une dimension prophylactique. On rit par cruauté mais aussi pour se protéger, repousser la malédiction responsable de la maladie ou du mauvais œil. On rit pour ne pas être comme lui.

Claude continue de tromper sa solitude à la bibliothèque. Il acquiert une solide culture générale et peut même se targuer d'être un érudit en étruscologie. Sur les conseils du grand historien Tite-Live, il écrit des livres d'histoire*, s'essaie à une apologie de Cicéron et ajoute trois lettres supplémentaires à l'alphabet**. Il sait cependant que son apparence dissimule la réelle finesse de son esprit. À Rome, on ne voit bien qu'avec les yeux, le cœur est aveugle. Lorsqu'il fait des lectures publiques de ses œuvres***, les gens s'esclaffent****. Livie et Antonia, quant à elles, n'hésitent pas à le censurer s'il raconte les coulisses du palais. Il lui faudra attendre un âge avancé pour écrire son

---

* Sénèque, *L'Apocoloquintose du divin Claude*, 5 : le philosophe ne manquera pas de se moquer méchamment de son travail après sa mort.

** Suétone, *Claude*, 41 : selon le biographe, Claude imposa l'usage de ces trois lettres pendant son principat. Elles tombèrent vite en désuétude après sa disparition. Ces lettres sont l'*antisigma* (un C à l'envers) pour remplacer le groupe ps ou bs ; le *digamma inversum* (un F culbuté) pour le v minuscule jusque-là noté u ; une lettre en forme de H sans la dernière barre verticale pour noter le son i dans les mots grecs.

*** Faire des lectures publiques de ses vers ou de ses travaux était parfaitement normal pour les intellectuels de l'aristocratie.

**** Suétone, *Claude*, 41 : à la décharge de Claude, l'une de ses lectures publiques fut interrompue par un banc qui s'était écroulé sous le poids d'un invité trop lourd. Les fous rires avaient émaillé toute la lecture jusqu'au découragement le plus total de l'historien en herbe.

autobiographie*. Mais le jeune Claude a indéniablement du style. Auguste se surprend même à admirer son éloquence : « Ma chère Livie, écrit-il dans une lettre à son épouse, j'ai pu écouter avec plaisir votre petit-fils prononcer un discours et je veux mourir si je reviens de ma stupeur, car je ne vois pas comment il peut, lui qui s'exprime avec tant de confusion, dire nettement ce qu'il faut lorsqu'il parle en public[14] ! » Mais Suétone constate que ce discours brillant n'a pas convaincu Auguste de lui laisser une place en politique : « Il le tint à l'écart de toute charge, sauf le sacerdoce augural, et même ne l'institua pas héritier, si ce n'est en troisième ligne, presque comme un étranger[15]. »

En lui permettant l'accès à un collège de prêtres, Auguste autorise au moins le jeune Claude à tenir socialement son rang. Pour autant, il reste à l'écart des affaires politiques. On lui interdit la carrière des honneurs en lui refusant l'entrée dans la classe sénatoriale alors même que son père a été consul. Il ne sera jamais sur la liste des successeurs.

Âgé d'un peu plus de vingt ans, Claude s'accommode peut-être de cette situation. La *Domus Augusta* est en effet un nid de vipères. Exclu des amitiés intéressées, préservé de la jalousie des ambitieux, il dispose alors d'un certain recul pour observer cette comédie écrite, semble-t-il, par le plus retors des dramaturges.

---

* Cette autobiographie est le point de départ de l'excellent roman historique *I, Claudius*, de Robert Graves, adapté en série télévisée par la BBC2 en 1976 avec Derek Jacobi dans le rôle de Claude.

Auguste vieillissant gère sa maison d'une main de fer dans un gant de velours. Livie tire les ficelles en coulisse. Autour d'eux, tous rêvent de pouvoir, les hommes comme les femmes. Claude a vu les héritiers favoris d'Auguste mourir… bien trop opportunément peut-être. Il a vu les complots ratés des deux Julie et de leurs amants, et Tibère s'exiler de lui-même puis revenir en suppliant le *pater familias* de lui accorder sa grâce. La maison d'Auguste est rongée par la haine et l'orgueil. Seuls les loups au visage d'agneau s'y font une place, et lui n'a rien d'un loup. Ses ambitions se dissolvent face à l'agressivité de la meute hostile. Ne pas susciter la jalousie des autres lui apparaît comme un bon moyen de ne pas risquer sa vie. Mis sur la touche par Auguste, il cultive son image de benêt, rôle de composition dont il porte très bien le costume. À chaque fois que les tensions grandiront au palais, comme plus tard sous le principat de Caligula, il accentuera son apparente faiblesse pour paraître inoffensif tout en faisant évoluer sa carrière. Personne, hélas, ne croira à cette stratégie. S'il a l'air bête, c'est qu'il est bête ! Une fois empereur, il fera même l'objet d'un pamphlet intitulé *La Résurrection des imbéciles*, dans lequel ses détracteurs démontreront que personne ne contrefait la stupidité[16]. L'attaque est violente. En latin, *imbecilitas* désigne la faiblesse tant physique qu'intellectuelle[17]. Dans un monde où la valeur d'un citoyen se mesure à sa virilité sociale, à son autorité naturelle et à sa force, Claude n'a pas grand-chose d'un homme respectable.

Après la mort d'Auguste, âgé de vingt-quatre ans, le jeune homme tente à nouveau d'entamer une carrière politique. Il obtient de Tibère les insignes consulaires auxquels il a droit par sa haute naissance. Il porte enfin le laticlave, la large bande de pourpre placée sur le bord de la toge des sénateurs, et peut s'asseoir parmi ces derniers dans les établissements de spectacle. C'est le début de la reconnaissance de sa valeur, mais Tibère freine ses ambitions. Le boiteux n'exercera aucune fonction réelle. Il reçoit en dédommagement une bourse d'or de la part de l'empereur, pourtant connu pour son avarice. Le message est clair. Tibère aurait aussi bien pu lui écrire : « Va baver ailleurs. »

Ce mépris décourage Claude. Il mène dès lors une vie relativement oisive. Il donne des banquets tantôt dans sa maison de banlieue environnée de superbes jardins, tantôt dans sa belle demeure pompéienne*. Son goût de la bonne chère lui vaut bientôt une réputation d'ivrogne et de joueur. Pourtant rien n'est plus plaisant qu'une partie de dés pour tromper l'ennui quand votre famille vous contraint à l'oisiveté[18]. Les festins, le bon vin et les jeux sont aussi pour lui un excellent moyen de se faire des amis – l'*amicitia*, à Rome, est un concept politique. Loin de la *Domus Augusta*, Claude se fabrique une clientèle de chevaliers enclins à lui témoigner publiquement leur soutien. La preuve ? Lorsque Auguste meurt, les membres de l'ordre équestre le choisissent pour demander en leur nom au sénat l'honneur de porter la dépouille en procession pendant les funérailles. Ils l'envoient également féliciter les magistrats lors de la chute de Séjan en 31 apr. J.-C. Par ailleurs, lorsque Claude arrive

---

* Hélas, nous ne savons pas quelle maison de cette jolie station balnéaire a pu appartenir à Claude.

au spectacle, les chevaliers se lèvent pour le saluer. Le vilain petit canard a su se forger un beau réseau là où on ne l'attendait pas. De parties de dés en amphores de falerne vidées dans les banquets qu'il offre, Claude trouve aussi quelques appuis au sénat. Sous le principat de Tibère, les magistrats proposent de lui accorder le droit de donner son avis lors des séances avec les consulaires, ce qui va à l'encontre des codes du sénat puisqu'il n'est même pas engagé dans la carrière des honneurs*. Tibère s'y oppose fermement au prétexte que son neveu est un imbécile[19]. La politique n'est pas une affaire de handicapé !

Loin d'être idiot, Claude prépare depuis la fin de son adolescence sa carrière politique. Il rêve probablement d'être consul. Sa patience et sa ténacité l'honorent car les embûches sont nombreuses sur sa route. S'il trébuche souvent, force est d'admettre qu'il ne tombe pas, même si les quolibets et la cruauté de sa famille et de ses détracteurs le blessent au plus profond de

* P. Renucci, *Claude, l'empereur inattendu*, Paris, Perrin, 2012, p. 50 : « Il existait en effet une hiérarchie entre les sénateurs, fondée sur l'éclat de leur carrière. Les anciens consuls, appelés consulaires (*consulares*), avaient préséance sur les anciens préteurs (*praetorii*), sur les anciens édiles curules (*aedilicii*), sur les anciens questeurs (*quaestorii*), enfin sur les anciens tribuns (*tribunicii*) ; et au sein de ces groupes, les individus étaient classés en fonction du nombre de magistratures exercées et de l'âge. La motion du sénat n'était donc pas anodine : non seulement elle aurait permis à Claude de siéger au sénat sans avoir exercé aucune magistrature, mais elle l'aurait placé parmi les premiers des sénateurs, c'est-à-dire parmi ceux dotés de la plus forte *auctoritas*. Cela revenait ni plus ni moins à contester les modestes "ornements consulaires" et à contourner le barrage impérial mis à sa carrière politique. »

lui. La rancœur s'accumule et explose parfois en un déferlement insoupçonné de colère dont ses épouses feront les frais.

Les impudiques

En tant que descendant des prestigieuses familles Julia et Claudia, Claude mérite un bon mariage. Auguste veille en effet à ce que les hommes de sa maison épousent des femmes issues du même clan afin de maximiser la légitimité de ses successeurs. Il donne à Germanicus sa petite-fille favorite, Agrippine l'Ancienne, et à Claude son arrière-petite-fille, Aemilia Lepida. À dix-huit ans, Claude pense épouser une jeune fille qui pourra faciliter son intégration aux cercles du pouvoir, mais Auguste rompt brutalement leurs fiançailles. La mère d'Aemilia Lepida, Julie la Jeune, a tenté un coup d'État contre le *pater familias**. Un outrage impardonnable dont pâtit surtout la jeune fiancée. En la privant d'une union avec un authentique Julio-Claudien, le *princeps* exclut les futurs enfants de son arrière-petite-fille de la liste des héritiers potentiels[20]. Elle paie ainsi le prix de la trahison de sa mère. Dans cette affaire, Claude n'est qu'un dommage collatéral.

Le boiteux reçoit une autre fiancée : la jolie Livia Medullina appartient à la famille du dictateur Camille (*c.* 446-365 av. J.-C.), connu pour avoir mis les Étrusques à genoux. La jeune femme est assurément

---

* Voir le chapitre sur Auguste.

un bon parti, bien qu'elle éloigne Claude du cercle des successeurs. Mais la Fortune se joue de celui-ci. La jeune fille meurt le jour même de leurs noces. Il n'a même pas le temps d'être veuf !

Une autre fiancée lui est proposée. Plautia Urgulanilla est la fille d'un consulaire auréolé du prestige d'un triomphe militaire sur les Dalmates. Si cela reste un beau mariage, Claude est définitivement mis à la marge de la constellation familiale augustéenne. La jeune femme met vite au monde deux enfants[21]. Leurs noms, Drusus et Claudia, rappellent la noblesse de leur lignage paternel. Le petit garçon mourra dans la demeure familiale de Pompéi avant d'avoir atteint l'âge de raison. Suétone raconte qu'il s'amusait à lancer des morceaux de poire dans sa bouche et qu'il se serait étouffé.

Sa sœur connaît un destin plus tragique encore. Quatre mois après la naissance de Claudia, Claude découvre que Plautia Urgulanilla le trompe. Il se murmure même qu'elle serait impliquée dans une affaire d'homicide. Pour éviter le déshonneur, le boiteux la répudie. Mais quelques mois plus tard il apprend qu'il n'est pas le père de sa fille. Elle serait née des amours de cette débauchée avec son affranchi Boter. Furieux, Claude se précipite chez son ex-femme, déshabille la petite et la jette nue à la porte de la maison. Par ce geste, il revient sur la reconnaissance de sa paternité. La mère n'a aucun moyen légal de l'en empêcher. Claudia est ainsi vouée à une mort certaine, à moins qu'un marchand d'esclaves n'investisse en elle. Son destin serait alors pire que la mort. La décision de Claude, bien qu'effroyable, est empreinte d'une *dignitas* toute romaine. Souvent moqué, le handicapé ne tolère plus qu'on lui manque de respect[22].

Il se remarie peu après avec Aelia Paetina, fille de consulaire, dont il a une fille, Antonia. Il se sépare de sa femme, selon Suétone, pour de « légers griefs », autrement dit une « incompatibilité d'humeur ». Même séparé, il garde un lien paternel fort avec sa fille aînée et veillera à lui assurer de bons mariages avec des descendants de Pompée puis de Sylla[23].

Claude a peut-être une raison plus politique de se séparer d'Aelia Paetina. Tibère vient de mourir et Caligula semble favorable à l'idée que son oncle fasse carrière. Une épouse bien née et très riche l'y aiderait. Mais le boiteux, marri de n'avoir que des femmes impudiques, ne sait pas encore qu'il épousera bientôt la figure mythique de l'impudeur. Il a des vues sur Messaline. La jolie brunette au regard enfiévré est un bon parti…

L'oncle de l'empereur

16 mars 37 apr. J.-C. La nouvelle se répand comme une traînée de poudre à travers la capitale : Tibère est enfin mort. Place à la jeunesse ! Claude a déjà quarante-sept ans, un solide réseau d'amis, mais sa carrière politique est toujours au point mort. Il voit l'avènement de Caligula comme une nouvelle occasion. À seulement vingt-cinq ans, celui-ci aura besoin d'étayages pour gouverner un empire, et lui, le bon oncle Claude, sera là.

Caligula soude sa famille autour de lui pour accentuer sa légitimité politique, du moins en apparence. Il multiplie les honneurs pour ses sœurs, ses parents défunts et sa grand-mère Antonia. Dans les faits, il déteste cette dernière. La promotion de son handicapé de fils pourrait être une bonne occasion de l'humilier un peu et de rabaisser sa morgue de matrone moralisatrice. Du jour au lendemain, Claude est élevé au consulat par son neveu*. Il est même son collègue pendant deux mois. Consul sans jamais avoir occupé une seule fonction du *cursus honorum* : une incroyable aubaine ! Le nouveau magistrat sait que cette ascension miraculeuse a un prix. Il devra en contrepartie soutenir son neveu en tout et ne pas se montrer trop envahissant. Le contrat lui convient. C'est déjà une revanche sur sa mère et sur tous ceux qui n'ont pas cru en lui.

Suétone raconte que la première fois que Claude a fait son apparition sur le forum accompagné de ses licteurs, un aigle s'est posé sur son épaule droite : un signe envoyé par les dieux pour lui laisser entrevoir son destin. Cette anecdote a certainement été inventée *a posteriori* car les aigles sauvages affectionnent assez peu la promiscuité des centres-villes…

Caligula, certain que Claude ne lui fera jamais d'ombre[24], le laisse renouveler son mandat de consul et présider des spectacles en son absence. Les ambitions du boiteux trouvent enfin un terreau favorable. C'est dans ce contexte, vers 38, qu'il se cherche une

* Suétone, *Caligula*, 15. Il s'agit du consulat suffect. Ces consuls ne donnent pas leur nom à l'année mais exercent la charge pendant quelques mois avant de la laisser à d'autres.

nouvelle épouse de haut rang munie d'une belle dot. Le train de vie d'un proche de l'empereur coûte cher, surtout lorsque Caligula en personne pressure Claude pour qu'il paie ses frais d'adhésion à un nouveau sacerdoce*. Celui-ci jette son dévolu sur Messaline, tout juste âgée d'une petite quinzaine d'années. Par son père, elle descend de la prestigieuse famille Valeria Messalla, connue depuis les origines de Rome[25]. Par sa grand-mère, Antonia l'Ancienne, elle compte Marc Antoine et Octavie dans son arbre généalogique. À ces avantages s'ajoute une fortune colossale[26]. Un parti idéal pour le nouveau consulaire.

Claude peut désormais s'afficher dans les dîners au bras d'une petite-nièce d'Auguste. Mais cette fierté de paon est écornée par les petites humiliations infligées par son neveu et ceux qui jalousent son ascension trop rapide. S'il arrive en retard à un dîner organisé par l'empereur, les convives déjà présents ne lui font une place sur les lits qu'après l'avoir laissé faire plusieurs fois le tour de la salle. Même consul, Claude n'attire décidément pas le respect. Lorsqu'il s'endort avant la fin d'un banquet, des plaisantins s'amusent à lui envoyer des noyaux de datte ou d'olive à la tête ou le réveillent à coups de verge[27]. Caligula, quant à lui, fait du handicapé son souffre-douleur. Il le menace et l'humilie à l'envi. Ses débuts sur la scène publique sont bien douloureux, mais Claude ne fléchit pas. Il a besoin

---

* Suétone, *Claude*, 9. Claude doit payer la modique somme de 8 millions de sesterces. Quand on sait qu'un fantassin gagne 75 sesterces par mois et un soldat d'élite de la garde impériale 250, on comprend la gêne dans laquelle se trouvait Claude.

de la reconnaissance de son rang et de sa valeur au travers de sa carrière sénatoriale. Il est habitué au mépris et supporte avec sang-froid les moqueries, même s'il bout intérieurement. Le faux imbécile a le cuir épais. Un jour, ses efforts paieront.

L'empereur derrière le rideau

En sombrant dans la tyrannie, Caligula s'est fait des ennemis. Tout le monde n'est pas enclin à supporter ses folies comme son bon oncle. En ce matin du 24 janvier 41, celui-ci se trouve dans un des bureaux du palais placé sous la protection du dieu Hermès. Ses études sont interrompues par des cris s'élevant des couloirs. Claude réalise avec horreur que son neveu vient d'être assassiné. Peut-être comprend-il immédiatement que les auteurs de ce crime sont les prétoriens. La garde rapprochée de l'empereur s'est soulevée contre son maître. Certain d'y passer aussi, le boiteux paniqué se précipite jusqu'à la terrasse de l'*hermaeum* mais elle est sans issue. S'il ne peut pas fuir, il se cachera. La tenture à l'entrée de la terrasse est sa seule solution. Comme un enfant, il s'y réfugie. Il ne voit pas que ses pieds en dépassent. Un soldat ouvre la porte du bureau avec fracas. Les bottines rouges du sénateur lui sautent aux yeux. Il écarte le rideau d'un coup et voit un homme tomber à ses genoux.

Survivre, avoir l'air inoffensif : Claude ne pense qu'à cela lorsqu'il supplie le soldat de lui laisser la vie sauve, mais il n'a pas le temps de finir sa phrase que déjà le prétorien l'a salué du nom d'empereur[28]. Il sait en effet que l'oncle de Caligula est le mieux placé pour lui succéder et l'emmène avec lui à la rencontre d'autres prétoriens. Ceux-ci poussent le boiteux dans une litière et l'emmènent dans leur camp sur le plateau des Esquilies. La situation est effrayante mais Claude réalise que l'armée lui offre l'Empire.

Pendant ce temps, les magistrats se réunissent sur le forum. Certains envisagent déjà de rétablir la république. Chacun y va de son avis et personne ne s'entend. Aux premières lueurs de l'aube, le peuple entoure la curie et réclame un maître. Alors que la confusion règne, Claude, à l'abri des remparts du camp, laisse les troupes lui jurer obéissance. En échange de leur loyauté, il offre à chacun d'entre eux la somme importante de 15 000 sesterces[29]. Il ne sait pas encore que ce geste deviendra une tradition : le *donatiuum* scellera dorénavant l'entente entre chaque nouvel empereur et sa garde. De leur côté, les sénateurs constatent que leurs palabres n'ont plus aucun poids politique et que l'armée a choisi son maître. Le peuple a approuvé et ils n'ont plus qu'à ratifier cette décision. Ils ont été pris de vitesse par le boiteux[30].

Quarante-huit heures après son avènement, Claude, désormais sûr de lui, prend des mesures pour stabiliser son pouvoir. Il ne fait exécuter que ceux qui ont participé de manière effective à la mort de Caligula* et gracie tous les autres. Par cet acte de mansuétude, il condamne la dérive tyrannique de son neveu sans pour autant pardonner à ceux qui ont porté la main sur lui.

---

* Il était probablement sur la liste des personnes à abattre du tribun Cassius Chaerea.

Il témoigne ensuite publiquement de sa piété filiale afin de rappeler à chacun sa légitimité. Il élève Livie, sa grand-mère, au rang de *diua**. Claude ne lui pardonne pas son mépris mais il tire des bénéfices certains à être le petit-fils d'une nouvelle déesse. Un empereur doit rappeler ses liens avec le monde divin ; Auguste, Tibère et Caligula l'ont fait avant lui. Puis il honore son frère Germanicus, son père Drusus I et son grand-père Marc Antoine. Il ordonne la construction d'un arc de triomphe pour Tibère et interdit que le jour de la mort de Caligula devienne une fête. Claude rappelle habilement que toutes celles et tous ceux que le peuple a chéris, honorés ou respectés au moins un temps à la tête de Rome sont de son sang, à l'instar des trois premiers empereurs. La manœuvre est habile. Personne ne peut l'égaler en termes de légitimité ou contester sa position[31].

Trente jours plus tard, une fois son pouvoir affermi, Claude condescend à se rendre à la curie accompagné d'une escorte[32]. Devant le boiteux, les sénateurs serrent les dents. La présence des militaires leur rappelle qu'ils n'ont plus leur mot à dire dans le choix du nouvel empereur. Si l'un d'entre eux émet une objection, il n'est pas certain d'y survivre. Le sénat n'est là que pour le décorum et décerner les titres usuels de César et d'Auguste. Pour se montrer modeste, Claude refuse le titre de « père de la Patrie ». Il ne le prendra que l'année suivante, en 42[33]. Il s'abstient également de

* Livie est la deuxième femme de l'Empire romain à rejoindre le rang des déesses. Elle avait été précédée sur cette voie par Drusilla, la sœur de Caligula.

prendre le titre d'*imperator* à connotation militaire. Il a déjà l'armée avec lui sans jamais avoir posé un pied sur un champ de bataille, il serait stratégiquement idiot d'insister sur ce point[34]. L'avorton prend sa revanche ; il goûte pour la première fois à l'ivresse de la puissance. Autrefois, sa famille le cachait. Maintenant, son image va se répandre à travers tout l'Empire grâce aux bustes de marbre et aux monnaies.

À cinquante ans, « il ne manque ni de prestance ni de noblesse », écrit Suétone. Au repos, lorsque aucun spasme musculaire ne l'agite, il est presque élégant. Son visage est plutôt beau. Les marbres à son effigie montrent un homme au front large. La ligne de sourcils basse sur les yeux lui confère un air mélancolique que l'on prêterait volontiers à un ancien enfant maltraité. Les joues légèrement pendantes trahissent son âge sans l'enlaidir. La bouche est fine, comme celle des Juliens, et le bas du visage plutôt triangulaire. Son cou plein lui donne l'air relativement robuste. Son visage était surmonté de beaux cheveux blancs[35]. Étonnement, il a de l'allure.

Lorsque ses traits ne sont pas déformés par une émotion forte, que l'écume ne lui vient pas aux lèvres, Claude est plutôt un bel homme. Mais les failles trop nombreuses de sa personnalité le rendent désespérément fragile et troublent souvent son jugement.

Un modèle de modestie

Claude a certainement souhaité une belle carrière sénatoriale. Il voulait tenir son rang au sein de sa famille et caressait peut-être le rêve de devenir consul. Mais empereur ? Sa prudence le jour de la mort de Caligula tend à prouver qu'il ne poursuivait pas ce but. Mais le voilà maintenant devenu *princeps*, premier citoyen, et il entend bien exceller dans cette fonction.

Suétone souligne sa modération et sa simplicité démocratique[36]. Le nouvel empereur ne fait pas étalage de sa vie privée. Il ne fait pas de la naissance de son fils Britannicus trois semaines après sa prise de pouvoir un événement « médiatique ». Il est bien trop occupé à consolider sa légitimité pour cela. Il n'est pas temps d'envisager sa succession, bien qu'il soit le premier empereur en fonction à devenir père d'un garçon. Mais il sait qu'il est inopportun d'agir en monarque.

Dans un premier temps, il se montre déférent avec le sénat. Il consulte cette noble assemblée sur toutes les décisions politiques et lui demande même l'autorisation de venir à la curie accompagné de tribuns militaires. Dans cette dernière requête, nulle trace de modestie, comme le croit naïvement Suétone, mais une façon courtoise de rappeler aux sénateurs que les glaives de l'armée pourront se tourner contre eux s'il le décide. Le message est clair : « Babillez mais ne touchez pas[37]. » Claude sait que son physique prêtera toujours à rire, mais quiconque ira trop loin sera accusé de crime de lèse-majesté. Les conditions tragiques de son avènement ont éveillé en lui une tendance à la paranoïa. Sa garde personnelle fouille systématiquement les lieux où il se rend et ceux qui l'approchent[38]. D'ailleurs, tous les complots menés contre lui ont échoué, qu'ils aient été fomentés par des individus isolés ou une frange rebelle des légions[39].

Claude, jadis rat de bibliothèque, se met rapidement en tête de faire des conquêtes militaires, tant pour le prestige que pour les richesses que cela apporte à l'Empire. Il porte son choix sur la Bretagne (l'actuelle Angleterre), où seul Jules César s'est rendu avant lui. Il lance les offensives armées en 43, avant de se rendre lui-même sur le champ de bataille. Les tribus celtes mal organisées ne résistent pas aux assauts romains. La moitié de l'île passe aux mains de Rome presque sans combattre. Au bout de six mois, Claude revient dans l'*Vrbs* et insiste pour célébrer son triomphe. Cette conquête obtenue « sans effusion de sang[40] », nous dit Suétone, est son fait d'arme. Afin que personne n'oublie sa valeur militaire, il fait accrocher sur le faîte de sa maison une couronne navale à côté de la couronne civique attribuée jadis à Auguste. Ce geste est riche en symboles. Il se place dans la lignée du fondateur de la dynastie comme un grand général romain et prouve que son apparence débile dissimule un homme puissant.

Reste à gagner le cœur du peuple. Pour cela, il part avec un avantage certain : la plèbe aime naturellement ce Julio-Claudien et Claude le lui rend bien. Il veille à la qualité de vie à Rome en améliorant la sécurité dans l'espace public et en assurant le ravitaillement en blé de la Ville. Au début de son principat, il se rend lui-même au plus près du quartier Émilien* que ravage un incendie et coordonne les secours. Il rameute les magistrats et la foule, exhorte les passants à aider les cohortes des vigiles urbains** seulement armés de seaux pour

* La basilique Émilienne se trouvait au nord du forum.

** L'équivalent des pompiers à Rome.

maîtriser les flammes. Enfin, il distribue de l'argent tant pour secourir les sinistrés que pour récompenser les bénévoles. Il se montre également très réactif lors d'un épisode de disette en faisant acheminer du blé à Rome en plein hiver – à ses frais[41].

En moins de deux ans, Claude s'est pleinement approprié son rôle d'empereur. Il fait preuve d'un excellent sens politique, veille au bien commun et à la gloire de Rome. Sa conduite est irréprochable. Il mériterait de devenir un grand *princeps*. Hélas pour lui, il n'a aucun sens des mondanités. L'empereur surréagit dès qu'on lui témoigne de la gentillesse ou de l'hostilité. Suétone en relate un bon exemple. Lors d'une affaire judiciaire, Claude fait comparaître comme témoin une affranchie de sa mère devant le sénat. Il ne peut s'empêcher d'ajouter que cette femme qu'il apprécie beaucoup le voit comme son patron, alors que chez lui certains ne le regardent pas comme tel[42]. Il ne semble pas comprendre le ridicule de la situation. Ses maladresses accroissent le dédain des sénateurs. Il les laisse babiller… Ses réformes rabaisseront bientôt leur morgue.

De l'oligarchie à la bureaucratie

Claude est un théoricien. Il se révèle être un bureaucrate chevronné dont les décisions administratives sont guidées par la logique. Rome, qui repose sur un appareil gouvernemental léger, est censée être dirigée par une petite oligarchie formée de sénateurs. Dans les faits, la défense de leurs privilèges est plus chère à ceux-ci que la recherche du bien commun, d'où la nécessité de ne pas être mis sur la touche par un monarque autoritaire. Or, n'étant pas à l'initiative de son avènement, la haute aristocratie déteste Claude, comme elle déteste sa façon doucereuse de la mettre au pas. D'autant que moins d'un an après son avènement, à l'automne 41, Claude prouve qu'il peut s'attaquer à ses meneurs sans états d'âme : sur les accusations de Messaline, il fait exiler le meilleur d'entre eux, le sage Sénèque*.

En outre, le *princeps* remodèle les institutions et les ordres. Il entreprend de réformer la justice moribonde en obligeant les magistrats à siéger toute l'année dans les tribunaux, alors qu'ils étaient jusque-là fermés en hiver[43]. Travailler en grelottant dans une basilique près d'un brasero, voilà une injure aux magistrats !

Il entreprend ensuite de réformer les ordres… pour y mettre bon ordre. Sur le papier, rien que de très rationnel. Les sénateurs, en revanche, se sentent attaqués dans leurs privilèges. Claude accorde en effet les insignes consulaires à certains hauts fonctionnaires,

---

* Dion Cassius, *Histoire romaine*, LX, 8. La jeune Messaline haïssait la belle Livilla, la plus jeune des filles de Germanicus. Elle jalousait sa beauté, sa popularité et sa haute naissance. Sa proximité avec Claude l'inquiétait. Elle imagina donc de la faire exiler au moyen d'une accusation fallacieuse d'adultère avec l'influent sénateur Sénèque, qui ne manifestait aucun respect à Claude. Messaline faisait ainsi d'une pierre deux coups. Sa rivale irait croupir sur l'île de Pontia et Sénèque serait neutralisé en Sicile. Elle pensait bien faire. Elle ne comprit pas qu'elle amplifiait l'hostilité des sénateurs envers son mari. Claude, quant à lui, se laissa certainement convaincre par les minauderies de sa jeune épouse qui savait flatter son ego fragile et ne sut résister à l'envie de se venger d'un homme qui le méprisait ostensiblement. Erreur stratégique.

les procurateurs, dont la fortune est insuffisante pour rejoindre les rangs de la haute aristocratie. Il fait également déchoir les chevaliers qui refusent de passer dans l'ordre sénatorial alors qu'ils en ont les moyens*. Outrage suprême aux hommes au laticlave, il accorde l'épaisse bande de pourpre à un fils d'affranchi. Les sénateurs, trop fiers de leurs glorieux arbres généalogiques, s'étranglent[44]. Pourtant Claude est juste. Et s'il promeut les hommes méritants, il fait aussi déchoir les plus indignes de leur rang. Il applique de la même manière sa vision de la justice sociale aux plus basses classes. D'un côté, il remet en esclavage les affranchis se faisant passer pour des chevaliers, ainsi que ceux qui font preuve d'ingratitude envers leurs anciens maîtres. D'un autre côté, il libère les esclaves que leurs maîtres négligent parce qu'ils sont malades ou trop vieux[45]. Chacun à sa place sur fond de méritocratie : voilà la politique sociale de Claude.

En développant la bureaucratie, l'empereur redistribue les charges (voirie, intendance des trésors, etc.) aux magistrats afin d'optimiser leur gestion[46]. Il rationalise

* Il est nécessaire, en plus de son rang de naissance, de posséder une fortune d'au moins 400 000 sesterces pour appartenir à l'ordre des chevaliers. À partir d'Auguste, les membres de la classe sénatoriale doivent posséder une fortune d'au moins 1 000 000 de sesterces, cette fortune personnelle étant censée les protéger de toute vénalité. Cependant, la richesse des sénateurs doit être foncière, ce qui leur ferme les portes du commerce. On comprend dès lors pourquoi certains chevaliers qui tiraient leur fortune de petits empires commerciaux refusaient une élévation. Voir à ce sujet M. Le Glay, J.-L. Voisin et Y. Le Bohec, *Histoire romaine*, Paris, PUF, 1999, p. 198 *sqq*.

également le fonctionnement des bureaux administratifs du palais. De manière très empirique, Auguste avait déjà mis en place le service d'*ab epistulis*, un cabinet en charge de la correspondance et des dépêches. Et Tibère avait inauguré le service *a rationibus* qui évolue en ministère des Finances sous le règne de Claude. Deux nouveaux bureaux font leur apparition sur son initiative : le *a libellis* centralise les recours et appels à la haute autorité du prince et le *a cognitibus* devient un ministère de la Justice impériale. À cela s'ajoute le *a studiis* où l'on élabore les propositions de lois[47]. Claude met en place de véritables ministères dont il confie la direction à des affranchis impériaux respectueux, éduqués et compétents à son service depuis plusieurs décennies. Les sénateurs voient la participation de ces anciens esclaves au gouvernement comme un affront. Pour lui faire payer ces vexations, les aristocrates commencent à calomnier le *princeps* : la rumeur vipérine fait de lui la marionnette de ses affranchis[48].

Claude s'est en effet entouré de trois anciens esclaves dont il écoute attentivement les avis. Narcisse occupe la fonction d'*ab epistulis*. À ce titre, il connaît tout des affaires de l'État, ce qui fait de lui un homme puissant et redouté. Intelligent et parfaitement loyal à son maître, il mêle habilement ses tâches administratives et ses intérêts personnels, à tel point qu'il amasse une fortune colossale. Pallas, quant à lui, *a rationibus* à partir de 48, est un affranchi d'Antonia dont Claude a hérité. Intime de la famille impériale, il connaît tout le monde et on lui fait confiance[49]. Enfin, le plus proche de Claude est Polybe, dont le statut d'*a studiis* l'autorise à le suivre lors des discussions avec les consuls.

Leur amitié n'échappe à personne, pas même à Sénèque qui, de son exil en Sicile, écrit *Consolation à Polybe* lorsque l'affranchi est endeuillé par la disparition de son frère. Le philosophe dissimule sa mesquinerie derrière son apparente sagesse. Il invite Polybe à faire passer le service de l'État avant son chagrin et espère que sa sollicitude feinte le fera entrer dans ses bonnes grâces et permettra d'écourter son séjour insulaire[50]. Mais son petit exercice de flagornerie ne porte pas les fruits escomptés et Sénèque continue à ruminer sa rancœur.

Messaline, comme les sénateurs, vit mal la concurrence des affranchis. Elle sent son influence sur son mari se réduire. Les ministres la renvoient à ce qu'elle est : une petite fille capricieuse inapte à jouer un rôle politique. Pour intimider cette clique, elle s'en prend à Polybe pour d'obscurs motifs et obtient sa tête entre fin 47 et début 48[51]. Elle ne réalise pas qu'elle vient de signer son propre arrêt de mort. La rupture est consommée entre l'impératrice et la faction des affranchis impériaux. Ambitieux, retors et soudés contre leurs ennemis, ceux-ci trouveront le moyen de la faire chuter[52].

Le faux mariage de Messaline

À l'été 48, la popularité de Claude est au plus bas auprès des sénateurs. Méfiant, le *princeps* guette des signes de rébellion venant de la curie. Pourtant, les problèmes viendront du palais. La mauvaise réputation de Messaline le souille. Tout Rome fait en effet des gorges chaudes des soirées coquines de l'impératrice. Parties fines et concours de nombre de partenaires en un temps limité avec des prostituées* auraient lieu sous son nez pendant qu'il dort entre les bras de ses jolies concubines**, Calpurnia et Cléopâtre. Évidemment, les historiographes ont exagéré les frasques de l'impératrice pour le discréditer. Elle n'est cependant pas une victime. Messaline est tombée amoureuse de Caius Silius, « le plus beau des Romains[53] », dont elle favorise ouvertement la carrière[54]. Elle a coutume de se rendre chez lui comme si elle était une simple particulière, et tombe ainsi dans le piège qu'elle a elle-même dressé, à la plus grande joie des affranchis. Elle s'imagine déjà porter son amant au pouvoir, lui faire adopter son fils et assurer sa dynastie. Elle croit avoir tout prévu. La bécasse pense que fomenter un coup d'État est une sinécure !

Un matin, Claude voit débarquer sa femme dans sa chambre. Elle est affolée par un mauvais rêve à son sujet***. Inquiet, l'empereur écoute sa jolie brunette

---

* Pour plus de détails sur les parties fines de Messaline, voir V. Girod, *Agrippine, sexe, crimes et pouvoir dans la Rome impériale*, Paris, Tallandier, 2015, p. 106-108.

** Dion Cassius, *Histoire romaine*, LX, 18. Quand ce n'étaient pas ses favorites, il s'agissait d'autres prostituées ou des esclaves. Suétone, *Claude*, 33 : Claude adorait les femmes, et les femmes seulement. À la différence de beaucoup d'empereurs, on ne lui attribue aucun amant.

*** Suétone, *Claude*, 37. Du temps où ils s'entendaient encore, Narcisse et Messaline avaient poussé Claude à faire assassiner un cousin de la famille impériale, Appius Silanus, rival potentiel

lui raconter qu'un drame le menace. Pour que la malédiction s'abatte sur un autre, il faudrait qu'elle épouse lors d'un « vrai-faux » mariage un autre homme. Claude aurait accepté ce plan délirant avant de se rendre en voyage à Ostie, à une trentaine de kilomètres du palais[55].

En l'absence de l'empereur, Messaline convole en justes noces avec Silius. Le lendemain, les époux organisent une fête bachique dans les somptueux jardins de Lucullus. Ils se présentent comme la nouvelle Ariane et le nouveau Dionysos à leurs amis – parmi lesquels la respectable vestale Vibidia. Il s'agit d'une fête parfaitement officielle où la descendante de Marc Antoine se place sous la tutelle du dieu favori de son aïeul. Cela ne lui portera pas plus chance qu'à lui.

À Ostie, Narcisse estime le moment opportun pour venger la mort de Polybe et protéger la faction des affranchis. Il envoie Calpurnia et Cléopâtre prévenir Claude que Messaline est en train d'organiser un coup d'État. Stupéfait, l'empereur demande des explications à Narcisse qui, selon Tacite, lui aurait tenu ce discours alarmiste : « Tu es répudié, César, le sais-tu ? Car le mariage de Silius a été vu par le peuple, le sénat et l'armée, et, si tu ne te hâtes pas, Rome est au pouvoir du mari[56]. »

Claude n'a pas les nerfs assez solides pour faire face à une situation d'urgence au sein de sa propre

---

à son pouvoir, en jurant qu'ils avaient fait le même mauvais rêve à son sujet. Ce dernier était en outre l'amant de la mère de Messaline, dont il s'était attiré la haine pour avoir refusé ses avances.

maison. Être la cible d'une femme si proche de lui est émotionnellement trop compliqué. Il accepte donc de déléguer le commandement de l'armée à Narcisse pour une journée. L'affranchi donne alors l'ordre d'empêcher Messaline de parler à son mari. Pendant que le convoi impérial rentre à Rome, l'impératrice, désespérée par l'échec de son plan, se réfugie dans les jardins de Lucullus. Elle pleure amèrement dans les bras de sa mère, qui l'exhorte à se tuer pour sauver ce qu'il lui reste de dignité. De retour dans la capitale, Narcisse ordonne l'exécution de tous les invités à la noce. Chevaliers et saltimbanques sont logés à la même enseigne. Silius lui-même accepte sa condamnation avec une certaine abnégation. Claude se rend ensuite à la caserne des prétoriens afin qu'ils lui renouvellent leur fidélité et rentre au palais rasséréné. Pour clore l'affaire, il ordonne la mise à mort de Messaline en déclarant que « les mariages lui réussissant mal, il resterait dans le célibat et consentait, s'il n'y restait pas, à être transpercé [par le glaive des prétoriens]* ». Sur les ordres de son maître, Narcisse envoie une délégation de centurions dans les jardins de Lucullus. Messaline est assassinée. Finalement, ce n'est pas tant son coup d'État manqué qui la couvre d'opprobre que son incapacité à se suicider.

* Suétone, *Claude*, 26 ; Dion Cassius, *Histoire romaine*, LX, 31. Pour Tacite (*Annales*, XI, 35-37), c'est Narcisse qui ordonne le meurtre de Messaline, sans consulter Claude. Or l'assassinat de l'impératrice est en accord avec le sort qu'il avait déjà réservé à Urgulanilla et à leur fille Claudia. La faculté de Claude était assez limitée.

Dans les jours suivants, Narcisse obtient les ornements de la questure* en récompense de son action efficace. Le sénat flétrit la mémoire de Messaline et Claude reçoit la visite de sa nièce préférée, Agrippine la Jeune.

Une famille recomposée

Si Claude n'a pas envie de se remarier dans l'immédiat, les affranchis, eux, veulent trouver en une nouvelle impératrice une alliée de choix dans les intrigues de palais. Et chacun a sa favorite. Le boiteux supporte donc les pensums quotidiens infligés par ses ministres. Narcisse le pousse à reprendre Aelia Paetina pour épouse. Mère de sa fille aînée, elle ne sera pas une mauvaise marâtre pour ses cadets. Calliste, un autre affranchi, défend Lollia Paulina. Cette ex-femme de Caligula est réputée pour sa grande beauté mais surtout pour sa richesse, évaluée à plusieurs millions de sesterces. Pallas, lui, plaide en faveur d'Agrippine la Jeune**. Son argumentaire est implacable : elle est la dernière grande princesse julio-claudienne et l'arrière-petite-fille d'Auguste. Or, les princesses ont

* Il s'agit d'une manière détournée de le mettre à égalité avec les sénateurs.

** V. Girod, *Agrippine, sexe, crimes et pouvoir dans la Rome impériale*, *op. cit.*, p. 123. La rumeur voulait qu'Agrippine et Pallas fussent amants. Rien ne le prouve, mais rien ne permet de l'infirmer non plus. L'affranchi connaissait l'impératrice depuis l'enfance. Ils étaient très proches et se rendaient de nombreux services. Ils ont potentiellement décidé ensemble de proposer un mariage à Claude.

un potentiel séditieux certain. En l'épousant, Claude s'en fait une alliée. En outre, Agrippine est belle, intelligente et mère d'un fils qui porte en lui le sang d'Auguste. Elle est le choix de la raison[57].

Claude a des scrupules. Épouser l'enfant qu'il faisait sauter sur ses genoux* lui répugne un peu. Par ailleurs, elle est la fille de son frère Germanicus. La loi interdit l'inceste, mais qu'à cela ne tienne : Claude aime l'idée d'avoir une femme sur laquelle il puisse compter. Agrippine, forte, riche et disposant déjà d'une large clientèle, fera un bon parti. Pour autoriser cette union, on demande au sénateur Lucius Vitellius de défendre à la curie la promulgation d'un décret autorisant le mariage d'Agrippine et de Claude pour le bien de l'État[58]. Le 1er janvier 49, l'oncle épouse la nièce en même temps que l'on célèbre des sacrifices aux bois de Diane pour ne pas heurter les dieux[59]. Il a cinquante-huit ans, elle trente-trois. Pour la première fois, Claude trouve en sa femme le parfait lieutenant**. Elle parle de politique avec finesse, connaît le fonctionnement du Palatin par cœur. Elle aussi est une survivante de la famille et, surtout, elle aime le pouvoir.

---

* Suétone, *Claude*, 39 : au moment d'épouser Agrippine, il répétait constamment qu'elle était « sa fille et sa pupille, née et élevée sur ses genoux », ce qui ne manquait pas de mettre mal à l'aise les témoins de cette saillie maladroite.

** Ce mariage n'a certainement jamais été consommé. D'une part parce qu'ils avaient tous les deux des fils et qu'il était inutile de leur donner un concurrent, d'autre part parce qu'ils devaient réellement répugner à commettre cet inceste. Néanmoins, ils s'appréciaient sincèrement.

Elle contraint Claude à pacifier ses rapports avec le sénat et à en témoigner par un geste fort : rappeler Sénèque d'exil. Elle obtient également de lui ce que Messaline n'avait jamais eu : le titre d'Augusta, le droit de se déplacer en char honorifique et de se faire saluer comme l'égale de l'empereur[60]. Il y a désormais un couple au pouvoir. C'est une nouveauté dans l'histoire de Rome.

Par ailleurs, sous prétexte de renforcer les liens familiaux et de verrouiller la dynastie, Claude accepte, sur les demandes répétées d'Agrippine, d'adopter son fils unique le 25 février 50. Le voilà père de deux garçons prêts à lui succéder. Il met trop de temps à comprendre qu'Agrippine promeut Néron au détriment de Britannicus, enfant chétif et épileptique. Alors qu'autrefois l'empereur paraissait toujours dans les grands événements publics avec son garçon dans les bras[61], le peuple et les soldats n'entendent plus parler que de Néron. Le *princeps* refuse de voir que sa nièce le manipule. Il vit dans l'illusion d'un principat fort et incontesté grâce à elle. Agrippine lui sert d'éminence grise. Sur ses conseils, il durcit sa politique, sans comprendre que sa bureaucratie flirte doucement avec la tyrannie.

De l'eau, du sang et des jeux

Le couple impérial s'entend sur un point crucial : il faut célébrer des jeux. Claude en raffole et utilise ce moyen pour se rendre aimable auprès du peuple, prodiguant distractions et largesses. Lorsqu'il offre des combats, l'empereur passe la journée entière dans la loge impériale. Il assiste même aux jeux de midi, quand le peuple sort pour déjeuner sur le pouce dans les gargotes. Il aime le sang et n'hésite pas à demander la mort des gladiateurs à la fin des combats alors qu'elle est loin d'être l'issue la plus courante des jeux : un combattant coûte cher à l'achat comme à l'entretien, raison pour laquelle le combat s'arrête lorsqu'un des hommes est blessé. L'exécution n'est demandée par le public que si le gladiateur s'est montré couard. Les combats à mort sont donc rares et généralement organisés lors de très grandes fêtes. Cependant, lorsque Claude est l'*editor* des jeux*, il n'hésite pas à ordonner le massacre des blessés. Il jouit alors pleinement de son pouvoir sans encourir le moindre reproche ou susciter une envie de vengeance.

Le plus grand spectacle que donne le couple impérial est la naumachie du lac Fucin en 52. Cette bataille navale spectaculaire célèbre la fin des travaux d'un gigantesque bassin de drainage des eaux à l'est de Rome. Claude apparaît majestueusement vêtu de sa tenue de général dans la loge impériale. Néron, âgé de quinze ans, habillé comme son père adoptif, est perçu par la foule rassemblée comme son successeur incontestable. Agrippine, elle, s'est parée d'une chlamyde dorée, un manteau de roi comme celui que portait Alexandre le Grand[62]. La triade du Palatin au grand

---

* L'*editor* est le producteur. Il finance les jeux et prend la décision finale lorsque le peuple réclame le salut ou la mise à mort d'un gladiateur blessé. Il peut aussi commander à l'avance un combat à mort au laniste, le gérant de l'école de gladiature.

complet ! Ce jour-là, Claude se veut magnanime et gracie par avance tous les gladiateurs au moment de leur salut. Quelle bévue ! Ceux-ci refusent de se battre pour rien. Furieux, le *princeps* descend de la tribune et les exhorte à se battre. La scène est hautement ridicule et fait tomber à plat la scénographie grandiose de la naumachie avec son triton d'argent émergeant des flots pour sonner l'abordage des flottes rhodienne et sicilienne[63].

Heureusement, Claude mène d'autres grands travaux pour faire oublier le fiasco du lac Fucin*. Rome, ville à la pointe de la modernité, doit satisfaire les besoins quotidiens en eau de ses habitants. Il entreprend donc la construction d'un nouvel aqueduc, l'Aqua Claudia. Une telle mesure est toujours très populaire car elle améliore le confort du peuple. Mais pour le construire, Claude doit exproprier de ses terres situées près de la porte Majeure le riche consul Statilius Taurus. Cela lui coûtera des millions et grèvera sensiblement son budget. Pour réaliser des économies substantielles et se débarrasser d'un de ces nobles capables de monter une conjuration, il laisse Agrippine mandater un ami pour accuser le sénateur de malversation et de magie[64]. Taurus, innocent et acculé, se suicide.

* Suétone, *Claude*, 20. Le réalisation du canal de drainage et du lac Fucin était l'un des plus grands travaux de Claude. Ses prédécesseurs n'avaient pas osé s'y atteler. Il fallut onze ans et 30 000 ouvriers pour en venir à bout. Au moment du drainage du lac, on s'aperçut qu'il y avait une malfaçon. Agrippine en fit porter la responsabilité à Narcisse afin de l'éloigner de Claude car il avait trop d'influence sur lui et était proche du petit Britannicus.

Les méthodes redoutables d'Agrippine ne dérangent pas Claude. Aux commandes d'une véritable purge dans les rangs de la noblesse, elle joue sur la paranoïa de son oncle, élimine tous ceux qui pourraient un jour faire obstacle à l'ascension de son fils et confisque la fortune de ses victimes au profit du Trésor. Claude, manquant de lucidité, ne comprend pas que les sénateurs le croient responsable des attaques renouvelées du palais à leur encontre et qu'il sera bientôt lui-même sur la liste des personnes à abattre de sa chère Agrippine.

Le bolet fatal

En cette année 54, l'empereur s'interroge. Sa vie a été une ascension inattendue vers le sommet du pouvoir. Dans les rangs des enfants de la *Domus Augusta*, il était isolé. Maintenant qu'il est le *princeps*, il l'est davantage. Le boiteux commence à comprendre – un peu tard – qu'il a laissé Agrippine prendre les rênes du pouvoir. Si le père de la patrie garde l'affection du peuple et la fidélité de l'armée, les sénateurs le détestent. Il a réduit leurs prérogatives et autorisé des purges. Leur haine est légitime. Néron, maintenant âgé de dix-sept ans, est perçu comme son seul héritier. Claude se rend compte qu'il n'a pas protégé son propre fils, Britannicus. On le surprend à traîner sa mélancolie dans le palais, laissant échapper des phrases amères à destination de son enfant : « Grandis et je te rendrai compte de toutes mes actions. » Alors qu'il songe à lui faire prendre la toge virile, il déclare : « C'est pour que le peuple romain ait enfin un vrai César[65]. » D'autres saillies inquiètent Agrippine, qui retentissent comme des avertissements : « Mon destin [...] veut que toutes mes femmes soient impudiques mais non impunies[66]. » Selon Suétone, des délateurs nourrissent sa méfiance envers Agrippine. Il l'aime pourtant. Peut-être pas comme une épouse, mais comme une fille, une alliée. Quelle déception ! Il n'a pourtant pas de motif suffisant pour se débarrasser d'elle. Il n'en a probablement pas non plus le courage. Autour de lui, les présages de sa fin se multiplient : la foudre est tombée sur le tombeau de son père et une comète mystérieuse a traversé le ciel. Il prend le temps de rédiger son testament et recommande ses deux fils aux sénateurs en les suppliant de veiller sur eux. Il se sait arrivé « au terme de sa vie mortelle[67] ».

Le soir du 12 octobre 54, il dîne au palais*. Agrippine lui a fait préparer un plat de champignons. Il en raffole. Comme à l'accoutumée, ce gourmand impénitent se sert copieusement. Mais au milieu du dîner, il commence à se sentir mal. Les sources antiques sont contradictoires mais relèvent dans tous les cas des symptômes violents. De vives nausées le secouent, suivies d'une diarrhée. Il semble même perdre l'ouïe et la voix. Pour les témoins de la scène, Claude a encore mangé à s'en rendre malade. Rien que de très ordinaire – régulièrement, il se fait vomir au moyen d'une plume enfoncée dans la gorge pour poursuivre ses ripailles, comme le font beaucoup de Romains trop

* Suétone, *Claude*, 44. Peut-être dînait-il avec des prêtres hors du palais, mais cela semble moins crédible.

gourmands[68]. Pourtant Agrippine semble inquiète. Elle demande à le faire porter dans sa chambre et reste à son chevet. L'impératrice veut être aux premières loges de son agonie, elle veut être certaine qu'il trépasse, car si Claude est aux portes de la mort, c'est à cause d'elle : la mère de Néron a fait déposer une amanite phalloïde mortelle au milieu des bolets pour ne pas risquer d'être répudiée et de voir ses rêves de régente voler en éclats. Avec la complicité d'un médecin à sa solde, elle lui administre une nouvelle dose de poison[69]. L'état de Claude se détériore. L'épouse éplorée demande à Britannicus et à Octavie de venir veiller leur père mourant. Claude pousse son dernier soupir avant le lever du jour*. Mais Agrippine doit gagner du temps. Elle diffère l'annonce officielle de la mort de l'empereur jusqu'à ce que Sénèque et Burrus aient fait acclamer Néron par les prétoriens dans le courant de la matinée. Pendant que ses beaux-enfants baignent de leurs larmes le cadavre de leur père, elle réalise qu'elle vient d'atteindre le but qu'elle poursuivait depuis dix-sept ans.

---

* V. Girod, *Agrippine, sexe, crimes et pouvoir dans la Rome impériale*, *op. cit.*, p. 149-154. Il y a assez peu de doute sur la culpabilité d'Agrippine dans cette affaire, ne serait-ce que parce que Sénèque et Burrus agissent de manière coordonnée avec elle. Pendant qu'elle retient Britannicus, ils emmènent Néron se faire acclamer. Si l'on veut toutefois être pleinement honnête intellectuellement, on peut aussi conjecturer que Claude est mort naturellement – il n'était plus très jeune – ou de maladie : pathologie gastrique, crise de paludisme ou même empoisonnement accidentel, ce qui arrive encore aujourd'hui avec les champignons.

Les funérailles du boiteux se déroulent en grande pompe, car il était plutôt apprécié, si l'on fait exception de la classe sénatoriale[70]. Agrippine, qui tient à rendre Claude utile à son prestige personnel jusque dans la mort, obtient sa divinisation afin d'être sa prêtresse comme Livie l'avait été pour *Diuus Augustus*. Elle commande même un temple en son honneur sur le mont Caelius.

Malgré sa carrière inattendue et ses talents réels d'administrateur, Claude passe à la postérité pour un imbécile qu'il n'a jamais été. Les sénateurs le haïssaient pour avoir réduit leur pouvoir et donné des responsabilités politiques à des affranchis, or, tous les historiographes sont des sénateurs. Claude paie éternellement son handicap congénital et sa vision politique audacieuse d'un empire à la gestion rénovée.

Crépuscule

Sénèque rit. Son calame court sur le papyrus, les bons mots s'enchaînent. Lui, si modeste en apparence, s'enivre de son propre talent dans le secret de son bureau*.

* Sénèque, *L'Apocoloquintose du divin Claude*, 1. Il commence son ouvrage par des vers d'une arrogance rare et d'une mauvaise foi bien peu digne d'un stoïcien : « Que s'est-il passé dans le ciel, le troisième jour avant les ides d'octobre, sous les consuls Asinius Marcellus et Acilius Aviola, en l'année d'avènement, à l'aurore du plus fortuné des siècles ? Voilà ce que je veux transmettre à la mémoire des hommes. Je ne sacrifierai ni à la haine ni à la reconnaissance. Je dirai la pure vérité : si on me demande d'où je la tiens, je puis d'abord, si je veux, ne pas

En plus d'être le plus grand philosophe de sa génération, il est bon satiriste. La transformation en citrouille du divin Claude, il fallait y penser ! Il jubile en décrivant le défunt : « On annonce à Jupiter l'arrivée d'un quidam de bonne taille, ayant les cheveux d'un blanc parfait et une sorte d'allure menaçante car il branle continuellement la tête et traîne le pied droit. On lui a demandé de quelle nation il est, il a répondu on ne sait quoi en bredouillant d'une voix inarticulée. On ne comprend pas son jargon qui n'est ni grec ni romain[71]. » Claude n'est pas seul dans les Enfers imaginaires du stoïcien. Il sera accueilli par Narcisse et Polybe. Ces affranchis arrogants sont remis à leur place d'hommes incomplets porteurs des miasmes de la servitude[72].

Sénèque sait qu'Agrippine va lui en vouloir, mais tant pis. Le plaisir d'humilier ce crétin pataud et baveux surpasse de loin le petit moment désagréable pendant lequel l'impératrice récriminera. Qu'elle prie donc sa divine citrouille si elle pense que cela lui donne du pouvoir ! Et qu'elle retourne à son rouet si elle n'est pas contente*. Le philosophe compte

---

répondre. Qui m'y forcerait ? Ne sais-je pas que je suis libre à dater du jour où trépassa celui qui avait justifié le proverbe : *Il faut naître ou monarque ou fou* ? S'il me plaît de répondre, je dirai ce qui me vient sur les lèvres. A-t-on jamais exigé d'un historien des cautions sous serment ? Toutefois, s'il est nécessaire de produire mon garant, demandez à l'homme qui a vu Drusilla en route pour l'Olympe : le même vous dira qu'il a vu Claude y monter aussi d'un pas fort inégal. »

* E. Cizek, « L'*Apocoloquintose*, pamphlet de l'aristocratie latine », *Acta Antiqua Philippopolitana, Studia Historica et Philologica*, Sofia, 1963, p. 301-302. Dans ce pamphlet à charge contre Claude, Sénèque annonce l'avènement du principat heureux de Néron. En dénigrant Claude alors qu'Agrippine est en train de créer son culte, il lui déclare la guerre. L'*Apocoloquintose* pourrait

bien pousser Néron à s'émanciper de sa mère. Le petit est sa créature. Il deviendra l'incarnation de sa vision du principat. Le pouvoir est une affaire d'hommes éclairés, pas de handicapés, de femmes ou d'enfants.

être une réponse à ses Mémoires politiques où elle raconte l'histoire de sa famille et légitime son action politique en faveur de Néron. Autrement dit, le philosophe et l'impératrice se livrent une bataille qui déterminera celui qui aura le plus d'influence sur le nouvel empereur, l'armée, le peuple et le sénat.

6

Néron, la tragédie d'un fils à maman

« Que ma mère vienne maintenant et qu'elle embrasse mon successeur ! »

Suétone, *Néron*, 35

« Tuez ma mère ! Je veux qu'elle meure ! Je la hais ! Je la hais ! » Néron hurle depuis de longues minutes. Les mots finissent par s'étrangler douloureusement dans sa gorge. Il suffoque, se roule comme un dément sur le lit de table. L'angoisse lui tord l'estomac. Tout le vin qu'il a bu ce soir lui remonte au bord des lèvres. Ses pensées sont embrumées par la terreur ondulant dans les vapeurs de l'alcool. Pour en finir, il lui faut tuer sa mère, sinon c'est elle qui le tuera. Agrippine en est capable car elle ne l'a jamais aimé. « La meilleure mère* » n'aime que le pouvoir. Maintenant qu'il l'a chassée

* Suétone, *Néron*, 9 ; Tacite, *Annales*, XIII, 2. Le jour de son avènement, Néron désigna Agrippine comme la « meilleure mère » (*optima mater*). Elle vient en effet de lui offrir la pourpre.

du palais, elle veut sa vengeance. Elle s'est déjà choisi un autre fils, Rubellius Plautus*, et elle lui ravira sa couronne. Hagard, Néron relève la tête vers Sénèque et Burrus. Pourquoi sont-ils encore là ? Pourquoi n'envoient-ils pas la garde assassiner sa mère ? Sont-ils de mèche avec elle ?

Le philosophe et le préfet du prétoire observent, abasourdis, le spectacle consternant de leur empereur en proie à une crise d'hystérie. Ils voulaient tous les deux éloigner Agrippine du pouvoir, mais pas la tuer. Ils doivent vite trouver les bons mots pour apaiser leur petit *princeps,* car déjà c'est eux qu'il menace de mort[1].

Dans un coin de la salle à manger, Atimetus et Pâris** regardent la scène avec une feinte commisération. Si les deux affranchis de Domitia, la tante de Néron, ont bien joué leur rôle de délateurs, le sang de l'impératrice mère coulera ce soir. Cette nuit d'automne 55 ne fait que commencer...

Naître avec le soleil

Les sages-femmes n'aiment pas les accouchements difficiles, surtout quand la parturiente est la sœur de l'empereur Caligula***. Et un bébé se présentant par

* Rubellius Plautus est l'arrière-petit-fils de Tibère par sa petite-fille Julia.

** Pâris était un acteur en vogue, affranchi de la tante de Néron, Domitia. L'empereur et l'histrion devaient se connaître depuis l'enfance.

*** Agrippine la Jeune était la fille de Germanicus et d'Agrippine l'Ancienne. Elle était une descendante directe d'Auguste par les femmes mais aussi de Livie par son père. Voir le chapitre sur Caligula.

les pieds est toujours un mauvais présage*. Le travail n'en finit pas mais Agrippine se montre d'une robustesse peu commune. Savoir que c'est un garçon l'aide à puiser en elle des forces insoupçonnables pour pousser les épaules et la tête hors d'elle. La sage-femme la laisse faire** et récupère le petit corps braillard dans un linge propre aux premières lueurs de l'aube, comme si les rayons de l'astre du jour, en ce 15 décembre 37, caressaient le visage de l'enfant avant même de toucher le sol[2]. Qu'elle ait créé ou non l'anecdote de toutes pièces, Agrippine nourrira la rumeur selon laquelle son fils est né avec le soleil. Il est l'élu de Phébus. Cela signifie qu'il est né pour être prince***.

Lorsque Cnaeus Domitius Ahenobarbus apprend qu'il est enfin devenu père alors que son mariage est

---

* Pline l'Ancien, *Histoire naturelle*, VII, 8, 45-46. L'auteur savait par les *Mémoires d'Agrippine* qu'il a pu consulter que Néron est né par le siège à l'instar de son aïeul Agrippa – nom qui signifie « naître les pieds en avant ». On considérait que ces naissances anormales étaient des signes funestes pour l'avenir.

** V. Girod, *Agrippine, sexe, crimes et pouvoir dans la Rome impériale*, *op. cit.*, p. 78-79. Une mauvaise manœuvre de la sage-femme peut laisser des séquelles à vie sur un enfant se présentant par le siège. Comme Néron ne souffrait ni d'infirmité physique ni d'infirmité mentale, il est plus que probable qu'elle est intervenue le moins possible.

*** E. Cizek, *Néron*, Paris, Fayard, 1982, p. 25 : « Cette légende est une réminiscence du rite égyptien de l'union avec le disque, par lequel le roi ou la statue du dieu se mariait au soleil, en se plaçant au point du sanctuaire où les rayons du soleil naissant pouvaient le toucher avant même d'atteindre le sol. Marqué ainsi du signe royal, Néron, prince solaire, à peine né, se voyait destiné à régner sur l'Égypte et sur l'Empire. »

stérile depuis neuf ans, il s'écrie « qu'il n'a pu naître d'Agrippine et de lui rien que de détestable et de funeste pour l'État* ». Malgré son manque d'entrain pour le moins déconcertant, il reconnaît son fils et le nomme Lucius Domitius Ahenobarbus**. Selon la tradition familiale, les garçons reçoivent alternativement les prénoms de Cnaeus et de Lucius. La famille Domitia est l'une des plus anciennes et des plus prestigieuses de Rome. Quant à la branche Ahenobarba, elle tenait son nom d'une rencontre entre un lointain aïeul de Néron et les Dioscures, Castor et Pollux. Les jumeaux auraient donné à la barbe du Romain une teinte d'airain en la caressant[3]. Cela expliquait la rousseur des membres de la famille… parce qu'il faut bien se justifier d'être roux*** !

Ce lignage prestigieux n'est cependant pas exempt de vices. Suétone s'étale longuement sur la duplicité et la férocité des *Ahenobarbi*. Opportunistes, ils ont navigué au gré du vent entre les partis des pro-César et des anti-César puis entre ceux d'Auguste et de Marc Antoine[4]. Par ailleurs, le grand-père de Néron, proche d'Auguste, était connu pour sa cruauté. Conducteur de char hors pair, il adorait les jeux et n'hésitait pas à faire monter des matrones sur scène

* Suétone, *Néron*, 6. Restons circonspects : il s'agit typiquement du genre de phrase qu'aime fabriquer *a posteriori* la rumeur.

** Il ne prendra le nom de Néron qu'en 51, lors de son adoption par Claude.

*** Déjà dans l'Antiquité les roux étaient victimes de préjugés. On leur prêtait notamment la ruse et la méchanceté du renard. Voir à ce sujet V. André, *Réflexions sur la question rousse*, Paris, Tallandier, 2007.

ou à faire descendre des chevaliers dans l'arène alors même que les Romains jugeaient ces pratiques avilissantes. Selon Suétone, ces actions ont obligé Auguste à légiférer pour interdire les métiers du spectacle aux aristocrates[5].

Ce Domitius a épousé la nièce d'Auguste, Antonia l'Aînée, faisant de leur fils, le père de Néron, un descendant en ligne directe de Marc Antoine et un petit-neveu d'Auguste. Celui-ci avait été proche du prince Caius César dans sa jeunesse, mais sa cruauté l'avait dégoûté. Il était impossible pour le jeune prince de se lier d'amitié avec un homme capable de tuer son affranchi seulement parce qu'il refusait de boire autant de vin que son patron le lui ordonnait[6]. Cnaeus Domitius est un homme fondamentalement violent. Il est capable d'écraser un enfant sous les roues de son char sans sourciller, ou d'arracher un œil en plein forum à un sénateur qui l'a contrarié[7].

En revanche, la maternité exalte Agrippine. Elle n'est pas encore remise de ses couches qu'elle fait déjà venir des mages chaldéens* dans la villa impériale d'Antium où elle a accouché pour connaître le destin de son fils. Elle veut qu'il soit empereur. Ses propres rêves de pouvoir inassouvis en raison de sa condition de femme prennent corps avec son enfant. Les voyants lui annoncent que son fils régnera mais qu'il tuera sa mère. Sa réponse est cinglante : « Qu'il me tue, pourvu qu'il règne[8] ! »

---

* Ces devins d'origine orientale passaient déjà pour des charlatans dans l'Antiquité.

Dédaigné par son père, le petit Lucius est un enfant aimé et désiré par sa mère*. Mais Agrippine n'aime pas son fils pour ce qu'il est, elle l'aime pour ce qu'elle fera de lui : l'objet de sa puissance maternelle[9].

Chez tante Domitia

Comme cela était courant dans l'aristocratie, Agrippine achète des esclaves pour l'aider à éduquer son fils. Elle le confie à deux nourrices probablement allaitantes, Églogé et Alexandria[10], qui ne quitteront jamais leur service. La sœur de l'empereur a mieux à faire qu'à changer des langes. Mue par la fierté d'être la mère de l'aîné des mâles de la nouvelle génération de la *Domus Augusta*, elle s'attelle à devenir un animal politique. Intuitive, elle sent monter le désenchantement du peuple, la haine du sénat et le mépris de l'armée envers son frère. Elle sait qu'en cas de coup d'État sa vie sera menacée. Quand bien même elle échapperait à une purge, les Julio-Claudiens perdraient toute légitimité à gouverner l'Empire. Cette idée lui est insupportable. L'Empire est l'héritage de son bisaïeul et elle compte bien le transmettre à son fils.

Tout juste âgée de vingt-quatre ans, Agrippine a une soif inextinguible de puissance. Ainsi sont les filles du

---

* Néron est né neuf mois très précisément après la mort de Tibère, comme si Agrippine s'était enfin autorisée à tomber enceinte une fois mort l'homme qui avait massacré sa famille. Voir à ce sujet V. Girod, *Agrippine, sexe, crimes et pouvoir dans la Rome impériale*, *op. cit.*, p. 76-78.

sang d'Auguste : des femmes à l'âme virile, éperdues de pouvoir. Pour ne pas laisser les folies de Caligula briser ses rêves de future impératrice mère, Agrippine se rapproche dès 39 de Lepidus. Ce dernier est un intime de son frère et le veuf de Drusilla. Ils fomentent ensemble l'assassinat de l'empereur avec la complicité de Livilla. Pour Agrippine, le plan est simple : en tant qu'aînée des princesses julio-claudiennes, elle porte au pouvoir Lepidus* en l'épousant et lui fait adopter son fils pour lui assurer la pourpre le temps venu. L'entreprise est risquée mais le jeu en vaut la chandelle. Hélas, Caligula découvre la trahison de son ami et de ses deux jeunes sœurs[11]. Le premier est assassiné sur-le-champ et Agrippine et Livilla sont exilées sur l'île inhospitalière de Ponza. Des falaises abruptes s'y jettent dans la mer Tyrrhénienne. Pour Agrippine, le bleu est devenu la couleur de l'enfer.

Pour le petit Lucius, l'enfer, c'est l'abandon. Il a tout juste deux ans lorsque sa mère est exilée. Il n'a certes jamais passé beaucoup de temps avec elle, mais là, elle disparaît complètement de son paysage. Il reste d'abord avec ses nourrices chez son père Cnaeus Domitius, qui se moque de son fils comme d'une guigne et part régulièrement en villégiature. Lorsqu'il meurt d'hydropisie dans sa villa de Pyrges, en actuelle Toscane, au cours de l'année 40, Lucius a trois ans. Orphelin, celui-ci ne possède plus rien parce que Caligula l'a spolié de son héritage[12]. Asconius Labeo,

---

* V. Girod, *Ibid.*, p. 89 : comme les deux Julie, et plus tard Messaline, Agrippine voulait porter au pouvoir son amant. Comme toutes les autres, elle échoua.

son nouveau tuteur légal, n'a pas vocation à l'éduquer. Son rôle se borne à veiller aux intérêts juridiques de son pupille tant qu'il est mineur[13]. Le petit garçon est donc placé chez l'une des sœurs de son père, Domitia Lepida Minor, la mère de Messaline*. La belle adolescente vient d'épouser l'oncle Claude ; Domitia Lepida, quant à elle, est absorbée par sa vie mondaine et amoureuse, mais elle consacre suffisamment de temps à son neveu pour qu'il lui voue longtemps une véritable affection. Agrippine haïra sa belle-sœur pour cette raison.

Plusieurs esclaves supervisés par Domitia se relaient pour s'occuper du bambin. Outre les deux nourrices, elle lui attribue deux pédagogues en charge de l'éveiller. Selon Suétone, ces deux personnes ne sont pas des spécialistes de la petite enfance mais un barbier et un danseur[14], qui lui transmettent plus sûrement le goût de la fantaisie et des planches que celui de l'étude.

Ces années chez sa tante ne sont probablement pas si malheureuses. La vie y est festive. Ses nourrices, dont les sources parlent peu, ont pu contribuer à le sécuriser et lui ont certainement servi de figures d'attachement. À peine Lucius a-t-il le temps de se faire à cette vie qu'un nouveau coup de théâtre survient. En janvier 41, Caligula est assassiné. Claude devient empereur et Agrippine rentre d'exil. Elle est désormais une victime de la tyrannie de son frère et entend bien

* V. Girod, *Agrippine, sexe, crimes et pouvoir dans la Rome impériale*, *op. cit.*, p. 92. Néron a peut-être été placé chez sa tante par son père avant sa mort. Les historiens contemporains n'adhèrent pas à l'enfance misérabiliste de Néron colportée par Suétone.

restaurer sa réputation, sa fortune et son influence. Elle récupère son fils chez sa belle-sœur. Lucius retrouve sa mère, cette froide inconnue qui, incapable de tendresse physique, lui serine en guise de mots d'amour qu'il est le seul descendant d'Auguste. Elle gonfle son ego mais le prive de la tendresse dont les enfants ont tant besoin.

Le chemin du Palatin

La mère et le fils s'installent probablement dans une maison de la famille impériale sur le Palatin, peut-être celle d'Antonia*. Le premier objectif d'Agrippine est de trouver un nouveau mari noble et riche pour la protéger et constituer un héritage pour son fils. Avant la fin de l'année 41, elle convole avec Crispus Passienus**, un riche avocat à la belle carrière sénatoriale dont la fortune est estimée à 200 000 sesterces[15].

Crispus Passienus a probablement protégé sa femme et son beau-fils de la vindicte de Messaline[16]. La jeune impératrice, jalouse, a fait exiler Livilla, qui rôdait trop près de son oncle Claude, quelques mois seulement après son retour de Ponza. Elle perçoit aussi le jeune Lucius comme un rival pour son fils Britannicus.

* V. Girod, *Agrippine, sexe, crimes et pouvoir dans la Rome impériale*, *op. cit.*, p. 99. Les sources sont imprécises. Agrippine et Néron se sont sûrement installés dans la maison d'Antonia sur le Palatin ou dans la maison du père de Néron sur le forum. Dans les deux cas, la mère et le fils sont proches des centres de pouvoir.

** C'était accessoirement le mari de la sœur aînée de Cnaeus Domitius Ahenobarbus.

La rumeur veut qu'elle ait envoyé des sicaires au petit garçon pendant sa sieste mais qu'ils aient été arrêtés par un serpent-dragon se dressant entre eux et le lit de l'enfant. Suétone considère qu'il s'agit là d'une fable*, mais celle-ci prend néanmoins sa source dans un fait bien réel : une mue de serpent-dragon a été découverte sur l'oreiller du lit de Lucius. Agrippine a sans doute vu là un symbole divin** et a fait enchâsser cette peau dans un bracelet d'or que Néron a porté de longues années[17].

Le petit Lucius est encore bien jeune pour comprendre l'âpreté des jeux de pouvoir auxquels sa mère se livre en son nom. Lui est fasciné par les chevaux de course de son beau-père. Sa mère favorise d'ailleurs certainement son apprentissage de l'équitation, car un prince doit savoir se déplacer majestueusement sur son destrier. Le petit garçon a un talent certain pour ce sport et un goût prononcé pour les représentations. Il le prouve en 47 lors des jeux troyens[18]. Britannicus, âgé de six ans, et lui, de neuf ans, défilent à cette occasion dans le cirque sous le regard admiratif et tendre du peuple. Le fils d'Agrippine fanfaronne sur la piste. La foule l'acclame chaleureusement. À côté de lui, le petit Britannicus paraît un peu terne. Lucius, avec son joli petit visage à l'ovale si typique de la famille

* Fable probablement destinée à salir davantage la réputation de Messaline et volontiers colportée par la perfide Agrippine.

** Agrippine s'inspirait sans doute d'Olympias, la mère d'Alexandre le Grand. La légende raconte qu'elle dormait entourée de serpents et qu'elle avait conçu son fils avec Zeus. Sans aller si loin, Agrippine développait une véritable propagande en faveur de son fils.

Julia*, est déjà perçu comme un héritier potentiel de la pourpre. Le travail de propagande d'Agrippine porte ses fruits. Elle a bien imprimé dans la tête de sa vaste clientèle que son rejeton est le dernier descendant en ligne directe d'Auguste.

Pendant qu'Agrippine tisse son réseau, Messaline commet une erreur fatale. Elle tente un coup d'État rocambolesque en faveur de son amant, le beau Caius Silius, et paie de sa vie le prix de son échec**. Pour Agrippine, veuve depuis peu, la voie du Palatin est enfin libre. Elle obtient l'appui de l'affranchi Pallas pour convaincre son oncle Claude de l'épouser. Le sénat vote par décret cette union incestueuse pour le bien de l'État. Le 1er janvier 49, Lucius, âgé de onze ans, fait son entrée au palais derrière sa mère revêtue pour la troisième fois du voile couleur de flamme des mariées.

L'amour d'une mère

Pendant les cinq années suivantes, Lucius reçoit l'éducation d'un prétendant à la pourpre. Sa mère a fait revenir d'exil le grand philosophe Sénèque pour le lui donner comme précepteur et lui attirer la sympathie du sénat. Le Romain est épaulé dans sa tâche par des pédagogues orientaux. Les affranchis Anicetus et Beryllus le sensibilisent à la culture hellénistique

* Pour s'en convaincre, il suffit de voir la statue du jeune Néron sans doute sculptée au moment de son adoption par Claude et conservée au musée du Louvre (numéro d'inventaire : Ma 1210).

** Voir le chapitre sur Claude.

avec son art et ses rois aussi puissants que des dieux. Le prêtre égyptien Chérémon, ancien membre de la bibliothèque d'Alexandrie, complète l'équipe pédagogique. Suétone raconte que Néron aurait été privé de l'étude de la philosophie par sa mère[19], ce qui expliquerait ses futurs excès. Une allégation ridicule, car Lucius a pour maîtres la fine fleur des stoïciens. Sénèque ressent très vite l'intérêt de son élève pour la poésie et lui fait étudier les plus grands orateurs. L'adolescent se passionne pour les mots et se met à composer ses propres vers. Il s'adonnera à l'écriture toute sa vie. Suétone a même retrouvé des manuscrits de Néron dans les archives du palais. Les ratures nombreuses témoignent selon lui de son travail minutieux et passionné[20].

Pendant que le jeune Lucius se forme à sa future fonction, Agrippine continue à tirer les ficelles dans l'ombre. Elle impose grâce à des amis sénateurs le vote d'un nouveau décret obligeant Claude à fiancer sa fille Octavie à Lucius. Pour lui, c'est un pas de plus vers le pouvoir car il deviendra le gendre de l'empereur[21]. Mais pour sa mère, ce n'est pas suffisant. Agrippine parvient à convaincre Claude de l'adopter. La cérémonie a lieu le 25 février 50. Lucius devient à cette occasion Tiberius Claudius Néron[22]. Un an plus tard, le 4 mars 51, quelques mois avant l'âge légal minimal, il prend la toge virile. Le voilà citoyen avant ses quatorze ans. Il est en outre gratifié du consulat et du titre de « prince de la Jeunesse » qu'Auguste avait inauguré pour ses petits-fils Caius et Lucius César. Agrippine a obtenu tous les honneurs possibles et imaginables pour imposer son fils comme le successeur de Claude – le profil de l'adolescent figure même sur des monnaies associées à l'effigie de l'empereur[23]. Sa propagande néronienne fonctionne d'autant mieux qu'elle a isolé Britannicus au sein du palais en se débarrassant de son meilleur soutien, l'affranchi Narcisse.

Convaincu d'être l'héritier naturel de la pourpre, Néron est devenu un adolescent arrogant. Il joue volontiers le jeu de manipulation initié par sa mère*. Il raconte notamment que Britannicus est un enfant adultère en espérant que la colère de Claude le conduira à répudier son fils, comme il l'avait fait avec sa fille aînée Claudia**. Et il n'hésite pas à pleurer bruyamment dans les jupons de l'impératrice quand Britannicus le salue du nom de « Domitius » ou d'« Ahenobarbus » en sachant qu'elle ira à son tour se plaindre à Claude[24]. Refuser de l'appeler « Néron » est une manière de nier son adoption, une insolence insupportable pour Agrippine. Le couple mère-fils est plus soudé que jamais. Mais en 54, Claude commence à émettre des regrets vis-à-vis de son propre enfant. Agrippine, qui

---

* E. Cizek, *Néron*, *op. cit.*, p. 32 : « Sa frustration affective, ses refoulements, son agressivité rentrée vont accélérer son apprentissage de la duplicité, de la méfiance, de la ruse. Devant cacher ses véritables sentiments, il devient sournois. […] Néron adolescent sera adulé par son entourage. D'un seul coup, il pourra donner libre cours à ses caprices. Seule sa mère tentera de les refréner. Ce contraste entre l'enfant privé de tendresse et l'adolescent courtisé jusqu'à la flagornerie ne fera qu'accentuer son déséquilibre psychique. »

** Voir le chapitre sur Claude. Claudia était la fille de Claude et d'Urgulanilla. Lorsqu'il découvrit que le père naturel de sa fille était l'affranchi Boter, il jeta l'enfant encore toute petite à la rue.

n'a pas œuvré toutes ces années pour voir ses plans mis à mal par les scrupules d'un père, prend alors une décision radicale : assassiner son bon oncle. Elle l'aime, certes, mais moins que son fils et moins que la pourpre.

En cette funeste nuit du 12 au 13 octobre 54, Claude agonise dans sa chambre du palais après avoir ingéré des champignons mortels*. Agrippine pleure au chevet de son mari et retient auprès de lui ses deux enfants, Britannicus et Octavie. Pendant ce temps, Sénèque et Burrus, le préfet du prétoire, organisent l'acclamation de Néron tout juste âgé de dix-sept ans. À l'aube, le ciel gris et la pluie abondante rendent impossible la prise des auspices. Aucune passation de pouvoir n'est envisageable sans observer les signes divins. Il faut patienter. Agrippine décide de différer de quelques heures l'annonce de la mort de Claude[25] et retient ses enfants dans sa chambre. Personne ne doit voir Britannicus : il faut imposer Néron au pouvoir sans le moindre heurt. Tout se passe comme si ce jour avait été anticipé de longue date par Agrippine, Sénèque et Burrus. Ils agissent de concert, en toute discrétion, en parfaite conscience de leurs actes.

Enfin, vers 11 heures du matin, le ciel se dégage. Burrus réunit la cohorte prétorienne de garde devant l'entrée du palais. Les lourdes portes s'ouvrent. Néron apparaît en haut des marches, accompagné de Sénèque. Là, il est acclamé empereur sur l'ordre du préfet du prétoire[26]. Quelques soldats s'étonnent de l'absence de Britannicus – un simple murmure qui parcourt les rangs[27]. Burrus fait ensuite monter son nouveau

---

* Voir le chapitre sur Claude.

maître dans une litière. Néron doit maintenant être acclamé par l'ensemble de la garde impériale dans le camp situé sur le plateau des Esquilies. Cette formalité ne dure qu'un instant. Personne ne conteste la légitimité du petit-fils de Germanicus, d'autant qu'il promet un substantiel *donatiuum* de 15 000 sesterces par soldat. En milieu d'après-midi, le nouvel empereur arrive à la curie où il restera jusqu'au soir. Il prononce un brillant discours préparé par son précepteur. Sénèque sait exactement quels mots les sénateurs veulent entendre. Il les flatte, les rassure[28]. En échange des promesses d'un principat juste et respectueux de cette noble assemblée, Néron reçoit tous les honneurs de ses prédécesseurs, à l'exception du titre de « père de la Patrie » – car il est bien trop jeune pour le porter.

Britannicus, quant à lui, est purement et simplement évincé de la succession. Le testament de son père est lu en catimini par un comité restreint favorable à Néron, puis détruit[29]. Le jeune homme ne saura jamais si son père l'avait institué cohéritier, mais que peut-on faire quand on a treize ans et aucun allié au palais impérial ? La succession a été réglée en moins de douze heures. Tout a été orchestré par Agrippine depuis les coulisses avec une efficacité redoutable. Elle est désormais la reine de l'ombre. La maîtresse de Rome. Néron admet devoir la pourpre à sa mère. Le soir du 13 octobre, alors que le tribun de la garde prétorienne vient lui demander le mot de passe pour la ronde de nuit, il répond « *optima mater*[30] ». En ce soir glorieux, tous les prétoriens rendront hommage à la « meilleure mère ».

Visages de marbre

Néron est le seul empereur dont l'image publique a évolué à travers le temps dans la statuaire et en numismatique. Moins soucieux de façonner une image idéale que de montrer ce qu'il est vraiment, il assume de s'empâter avec les années, de vieillir, et de ne pas fixer dans le marbre les traits d'un visage inaltérable. Ses premiers portraits datent de son adolescence, après son adoption par Claude. Ses traits sont assez fins, le menton est un peu prognathe, mais le visage reste équilibré[31]. Il semble avoir hérité de la beauté des Julien. Sénèque, jouant de la propagande augustéenne, n'hésite pas à le comparer à Apollon, la divinité favorite d'Auguste[32]. Suétone lui-même lui reconnaît une réelle beauté, quoique dénuée de grâce[33].

Néron se distingue surtout par sa rousseur. Des taches de son lui constellent le corps. Suétone, colportant une vieille rumeur bien trop persistante, ajoute qu'il dégageait une odeur désagréable. Sa peau claire a tendance à rougir, jusqu'à virer au pourpre lorsqu'il est sous le coup d'une émotion puissante[34]. C'est une tendance classique de son phénotype. Ses yeux sont d'un bleu pâle rare chez les Méditerranéens. Cette couleur est alors peu appréciée car on considère qu'il faut se méfier des gens aux yeux glauques*. Il est probablement très myope et les mines qu'il fait pour

* *Glaucus* en latin qui désigne des couleurs verdâtres, bleu-gris, n'est nullement associé à un critère de beauté. Voir à ce sujet : M. Pardon-Labonnelie, « La dépréciation des yeux clairs dans les traités de physiognomonie gréco-romains », dans V. Dasen et

tenter d'ajuster sa vue lui donnent souvent un air terrifiant[35].

Très peu de temps après son avènement, Néron prend du poids. C'est le prix de ses excès alimentaires et de son goût immodéré pour la bonne chère. Son cou s'épaissit, son ventre devient proéminent. Ses jambes semblent un peu maigres comparées au reste de son corps. Certains historiens pensent que sa détérioration physique serait le fruit d'une hyperthyroïdie[36]. Il devient assez laid. Les portraits des dernières années n'ont plus rien de commun avec ceux du prince de la Jeunesse. Il est bouffi. Sa chevelure, qu'il laisse pousser sur sa nuque, coiffée en étage, lui confère une allure efféminée assez ridicule. Si la fantaisie s'arrêtait là, cela passerait encore, mais il délaisse volontiers la toge pour une robe de chambre et un foulard noué autour du cou[37], à l'instar des comédiens et des chanteurs traînant dans les coulisses des théâtres en attendant la représentation. Si l'*aula caesaris*, la salle du palais où l'on vient saluer l'empereur[38], est une sorte de théâtre, aucun des *salutantes* ne veut y voir un histrion !

Hélas, Néron n'a pas l'organe des professionnels des planches. La nature l'a mal doté : il n'a aucune puissance vocale. Son souffle est trop court pour permettre aux notes de s'envoler[39]. Pourtant, l'empereur s'entraîne depuis son enfance. Il commence à apprendre la cithare dans ses jeunes années avec le célèbre musicien Terpnus. Il s'inflige les traitements les plus fous en vogue chez les artistes : dormir avec une feuille de

---

J. Wilgaux (dir.), *Langages et métaphores du corps dans le monde antique*, Rennes, PUR, 2008, p. 197-206.

plomb sur le buste, faire des lavements, prendre des vomitifs ou s'abstenir de certains mets… mais rien n'y fait. Sa voix reste sourde[40]. Qu'à cela ne tienne, il ne résistera pas longtemps à l'appel de la scène. Pour l'heure, Sénèque et sa mère veillent encore sur lui et font du début de son principat un nouvel âge d'or.

Le nouvel âge d'or

Dès l'Antiquité, on a pris l'habitude de nommer les cinq premières années du règne de Néron le *Quinquennium**. Il faut reconnaître que c'est une période faste pour l'Empire. Néron, en effet, ne s'est pas encore émancipé de ses tuteurs moraux, et Agrippine comme Sénèque rêvent du pouvoir mais ont à cœur de l'exercer correctement. Sur les conseils de son vieux maître, le jeune *princeps* promet de gouverner dans le respect des sénateurs, comme Auguste[41], et notamment de réduire le pouvoir donné par Claude aux affranchis impériaux.

Pourtant son principat n'est pas un retour à la dyarchie de façade augustéenne, car un glissement vers l'absolutisme assumé s'est déjà opéré. La vision politique de Néron, en partie formée par Sénèque, est bien plus inspirée par les dernières années de Marc Antoine. Néron est un véritable monarque, son sentiment dynastique est puissant. Mais les sénateurs espèrent un nouvel âge d'or après les dérives répétées de Tibère, de Caligula

* E. Cizek, *Néron*, *op. cit.*, p. 93. Aurelius Victor, historien romain du IVe siècle, aurait peut-être la paternité de cette expression.

et de Claude[42]. Il faut dire que Néron ne craint pas de dépenser de l'argent pour acheter leurs bonnes grâces. Il promet même une rente aux moins riches d'entre eux ! Le peuple n'est pas en reste car l'empereur offre aux Romains la somme de 400 sesterces par tête pour fêter son avènement en plus des distributions supplémentaires de blé[43]. Outre sa générosité, le jeune Néron se fait passer pour l'incarnation de la modestie et de la justesse. Un bonheur !

Sa passion du théâtre et des jeux contribue à sa grande popularité. Il déclame lui-même de la poésie en public à la première occasion, mais surtout finance tous types de jeux : le cirque, les naumachies, les gladiateurs et le théâtre. Il permet à chacun de goûter le plaisir des planches, quels que soient son statut social ou son sexe. Rome est une fête dont il est le metteur en scène[44].

Pour autant, Néron ne renonce pas au plaisir de l'anonymat. Pendant qu'Agrippine régente l'Empire, il sort la nuit dans les bas quartiers pour boire et s'offrir de jolies catins dans les lupanars à bas prix. Aviné, il se bat avec les passants dans les venelles comme un petit délinquant[45]. Ce sont là les passe-temps ordinaires de la jeunesse romaine.

Agrippine est permissive à dessein. Sénèque, en revanche, ne supporte plus de recevoir ses ordres d'une femme. Seul Néron a le pouvoir de renvoyer l'impératrice à ses travaux d'aiguille, comme jadis Télémaque fit taire Pénélope*.

---

* Dans l'*Odyssée* d'Homère, le jeune Télémaque devient un homme en imposant le silence à sa mère lors d'un conseil royal.

Devenir adulte

Le programme iconographique des premières monnaies frappées en 54 et 55 démontre qu'Agrippine exerce concrètement le pouvoir. Représentée à droite de son fils ou à l'avers des monnaies, elle apparaît comme l'autorité émettrice[46]. Lors des déplacements en ville, Néron monte dans la litière de sa mère, renforçant son image de régente*. Elle l'oblige à demander au sénat de se réunir au palais afin d'écouter les séances dissimulée derrière un rideau[47]. Enfin, elle va jusqu'à se faire représenter en train de couronner son propre fils dans l'Augustéon d'Aphrodisias, un temple dédié à la famille impériale dans l'actuelle Turquie[48].

C'en est trop pour Sénèque. Certes, il doit à l'impératrice son retour d'exil et son poste à la cour, mais sa reconnaissance n'est pas éternelle. Il a formé le jeune Néron pour en faire un prince conforme à sa vision politique du principat. Et, soyons honnête, lui aussi veut jouer les marionnettistes. Le jeune homme est sa créature. Épaulé par le préfet du prétoire Burrus, le

---

Dans l'Antiquité, les femmes sont exclues de la sphère publique. Il convient de les remettre à leur place lorsqu'elles se mettent en tête de faire de la politique, pour le bien de l'État, évidemment… Voir à ce sujet : M. Beard, *Les Femmes et le pouvoir, un manifeste*, Paris, Perrin, 2018.

* Suétone, *Néron*, IX. La régence n'existe pas à Rome mais Agrippine l'invente et l'impose. Voir à ce sujet V. Girod, « Agrippine la Jeune et la monnaie : de la princesse à la régente », dans F. López Sánchez (éd.), *The City and the Coin in The Ancient and Early Medieval Worlds*, British Archeological Reports International Series, 2402, 2012, p. 61-62.

philosophe pousse Néron à la rébellion contre sa mère. Dans un premier temps, il lui impose l'idée que les Romains ne respecteront pas un empereur inféodé à sa propre génitrice. L'adolescent étant orgueilleux, l'argument fait mouche, sans surprise. Fin 54, alors qu'une ambassade arménienne est reçue en grande pompe à Rome, Sénèque envoie Néron saluer sa mère en bas de l'estrade pour lui en barrer le passage. Elle perd dès lors sa place d'honneur dans les événements officiels[49]. Peu après, Pallas est renvoyé du poste d'*a rationibus*, ce qui prive Agrippine de son plus proche allié dans l'administration. Enfin, Sénèque oppose une rivale à l'impératrice en favorisant les amours de Néron avec la jeune affranchie Acté, belle comme le jour, douce et attentive aux besoins de son amant. Pour la première fois, le jeune prince se sent aimé tendrement. Il rêve même de l'épouser et soudoie des consulaires pour certifier que la jeune femme est de sang royal[50]. Cette union impossible n'aura jamais lieu mais leur liaison aide Néron à rompre le lien délétère qu'il entretient avec une Agrippine éminemment castratrice.

L'impératrice vit d'autant plus mal l'émancipation de son fils qu'elle ne l'avait pas anticipée. Son comportement devient instable. Tantôt caressante, tantôt menaçante, elle terrifie son fils, qui tâche de se montrer plus féroce qu'elle pour dissimuler ses craintes. Cette lutte pour la domination psychique de l'autre aboutit à la mort de Britannicus. En février 55, le fils de Claude est en âge de prendre la toge virile. Certes, il est faible moralement et physiquement, et n'a pas de soutien à la cour, mais lui aussi est un produit de la *Domus Augusta*. Un jour, il pourrait revendiquer son héritage.

En outre, Néron imagine que sa mère pourrait l'utiliser contre lui. Elle l'a fait empereur ; dans son esprit, elle pourrait faire de quiconque le maître de Rome. Il suffirait qu'elle le veuille. Pour lui faire peur et se débarrasser d'un rival, il fait assassiner Britannicus un soir en plein repas de famille. Un poison versé dans sa coupe de vin le rend malade. Néron, très calme, prétend que son petit frère fait une nouvelle crise d'épilepsie. Les esclaves emmènent le jeune homme, déjà plus mort que vif, dans sa chambre. Agrippine et Octavie assistent à la scène, épouvantées. Elles ont compris ce qui s'est passé[51]. L'impératrice réalise pour la première fois qu'elle ne contrôle plus son fils. La rupture entre eux vient d'être consommée.

Après la mort tragique du petit prince, c'est l'escalade. Néron prive sa mère de sa garde personnelle et l'envoie vivre dans la maison d'Antonia – l'impératrice est devenue *persona non grata* au palais. Ses deux ennemies, une tante de Néron et une de ses anciennes amies, Junia Silana, choisissent ce moment de vulnérabilité pour s'attaquer à elle. Les deux femmes mandatent un soir leurs affranchis, l'acteur Pâris et Atimetus, auprès de Néron, alors que celui-ci est déjà perdu dans les brumes d'un dîner trop aviné. Ils le convainquent qu'Agrippine est prête à faire nommer empereur Rubellius Plautus, un jeune garçon de son âge, arrière-petit-fils de Tibère. Néron, terrifié par la capacité de nuisance qu'il prête à sa mère, croit les deux délateurs. Pris de panique, il appelle Sénèque et Burrus et leur intime l'ordre d'assassiner l'impératrice mère. Le philosophe et le militaire ont beau ne pas aimer la veuve de Claude, un matricide est impardonnable à leurs yeux. Sa déchéance est bien suffisante.

Pour calmer l'empereur, Burrus finit par promettre de condamner Agrippine à mort si elle est coupable de tentative de coup d'État, mais il n'est pas question de la tuer sans preuve[52]. Tard dans la soirée, l'empereur, Sénèque, Burrus, quelques hommes en armes et des affranchis se rendent chez Agrippine. Face à ce groupe d'hommes hostiles, elle garde son sang-froid. Elle assure son fils qu'elle n'entreprendra jamais rien contre lui. Il est sa chair, son sang. Elle lui a dédié sa vie. À force d'user des bons mots, elle obtient un entretien en tête à tête avec lui et demande un châtiment pour ses accusateurs. Néron accepte de faire exiler Junia Silana, Atimetus est supplicié, mais Domitia et Pâris, qu'il affectionne, s'en sortent sans même un blâme[53].

Depuis la fin de l'année 55, le matricide est en germe dans la tête de Néron. Pour l'heure, ses relations avec sa mère sont quelque peu apaisées, mais elle exerce sur lui une pression psychique difficilement supportable. Castratrice, dominatrice, elle est pour Néron une véritable puissance surmoïque, une censure morale flirtant avec son instinct de mort. Sa simple présence auprès de lui l'empêche de devenir l'homme qu'il veut être.

La femme aux cheveux d'ambre

Depuis 53, Néron est marié à Octavie, la fille de Claude. Il avait alors seize ans, elle en avait douze.

Il y a fort à parier qu'ils n'ont pas souvent partagé le même lit. Ce mariage était un jalon sur le chemin de Néron vers la pourpre. Le jeune homme n'a aucune accointance avec cette princesse un peu timide qui n'a rien à voir avec son tempérament histrionique. Ni l'un ni l'autre ne ressent l'envie de se forcer pour avoir un héritier. Néron est jeune. Cela ne lui paraît pas très urgent.

Une fois la tocade pour Acté terminée, l'empereur tombe de nouveau amoureux. En 58, il a presque vingt et un ans lorsqu'il croise pour la première fois la femme aux cheveux d'ambre*. Il faut dire que Poppée sait attirer l'attention. Elle est d'une beauté à couper le souffle. Sa rousseur flamboyante et ses vingt-huit ans – âge déjà avancé pour une Romaine – n'ont nullement entamé ses attraits. Au contraire. Sa sophistication ne fait qu'ajouter à ses charmes ravageurs**. Pour paraître pudique, elle ne sort en public que le visage voilé, ce que plus personne ne fait à Rome depuis des siècles. En réalité, elle ménage ses effets. Quand la fille du noble Titus Ollius, ancien ami de Séjan[54], traverse le forum, on se retourne sur elle. On murmure sur son passage. On fantasme sur ce visage unique que l'on rêve d'apercevoir. Poppée ne se dévoile que lorsqu'elle arrive à destination,

---

* Pline l'Ancien, *Histoire naturelle*, XXXVII, 12, 3. Néron écrivit des poèmes célébrant la chevelure couleur d'ambre de Poppée.

** Juvénal, *Satire*, VI, 462. Soucieuse d'entretenir sa beauté, elle avait inventé des onguents qui portaient son nom et prenait des bains dans le lait des ânesses de son propre troupeau. Ce lait riche en vitamine E possède des vertus émollientes.

quand les regards se posent sur elle et que chacun peut l'admirer. Néron tombe dans ce piège charmant au premier regard.

La belle rousse n'a rien d'une oie blanche. Elle est particulièrement ambitieuse, motivée non par le pouvoir mais par le prestige. Rencontrer Néron n'est cependant pas si simple. Elle a besoin d'un intermédiaire plus accessible : l'ami du *princeps*, Othon, fera parfaitement l'affaire. Elle le séduit d'abord et le laisse l'introduire au palais. Comme son ami, Néron succombe rapidement. Bientôt, elle dévoile tout son corps d'albâtre dans le lit impérial. L'empereur, fou de passion, l'oblige à divorcer de son époux, Rufrius Crispinus, le prédécesseur de Burrus au poste de préfet du prétoire. Il la remarie ensuite à Othon, puisqu'il ne peut pas l'épouser lui-même. Othon devient donc le paravent de cet amour adultère, mais très vite ne pas pouvoir posséder sa propre femme le rend malade. Poppée est trop désirable. Néron prend alors une décision drastique : il le promeut au poste de gouverneur de Lusitanie et lui donne l'ordre de partir seul dans sa province*.

Désormais, Néron ne jure plus que par la belle Poppée. Elle ne quitte plus son lit. Entre deux caresses expertes, elle lui réclame le mariage. Le jeune empereur veut satisfaire son enjôleuse adorée mais ne le peut pas. Sa mère lui interdira de divorcer d'Octavie pour des raisons politiques. Il sait qu'il n'aura pas le

* Petite blague à la mode dans Rome en 59 : « Pourquoi, demandez-vous, Othon va-t-il en exil avec un titre mensonger ? » Suétone, *Othon*, 3. Réponse dans le chapitre sur Othon.

soutien de Sénèque dans cette entreprise. La frustration qu'il ressent le dévore. À quoi bon être empereur s'il ne peut même pas épouser la femme de son choix ? Et que lui importe après tout d'être seul contre tous si Poppée est entre ses bras ?

Le matricide

Même si Néron a éloigné sa mère du palais, il la redoute toujours. Sa simple existence lui impose d'être parfait, conforme à ses attentes. Pour se libérer de ce frein mental, il décide de la tuer. Idéalement, cela doit passer pour un accident : l'empereur doit être au-dessus de tout soupçon. Le soir du 19 mars 59, le fils ingrat accueille sa mère à la villa impériale de Baïes, dans le golfe de Naples, pour un dîner festif en l'honneur de la déesse Minerve. Tous les invités assistent à leur réconciliation chaleureuse. À l'issue de la soirée, Agrippine rentre chez elle dans sa villa de Baules, à deux kilomètres de là par la route. Quelques heures plus tard, des hommes de la flotte de Misène débarquent chez elle. Parmi eux se trouve Anicetus, un ancien précepteur de Néron avec qui elle ne s'est jamais entendue. Elle comprend que la prédiction des Chaldéens est sur le point de s'accomplir. Le dîner n'était qu'un leurre. Fière et courageuse, telle une vraie Romaine, elle ordonne : « Frappez au ventre, là où j'ai porté ce monstre ! » Agrippine ne voit pas l'aube du 20 mars se lever. Néron vient contempler une dernière fois sa mère. Il la trouve belle maintenant. Son cadavre est inoffensif*. Le corps est brûlé à la hâte et enterré sans faste quelque part sur la route de Baïes. Néron se repaît d'une joie morbide. Pour la première fois, il se sent libre.

Lorsque Sénèque apprend qu'Agrippine a été assassinée, il comprend immédiatement l'ampleur de la tragédie sur le plan politique. Les matricides sont sévèrement punis à Rome. Personne ne tolérerait cela d'un empereur. Pour sauver la face, le philosophe dramaturge imagine une histoire pour le disculper auprès des sénateurs. Il rédige une missive à l'intention de la curie où il explique les événements de la nuit, une fable truffée d'incohérences mais si incroyable qu'elle deviendra légendaire. La teneur exacte du communiqué n'est pas passée à la postérité, mais les différentes versions qu'en ont faites les historiographes antiques ont franchi les siècles. On racontait alors qu'après le dîner à Baïes, Néron conduisit Agrippine au débarcadère de la villa impériale dans le but de lui offrir un bateau pour la reconduire chez elle. Une fois au large, l'esquif, grâce à un savant mécanisme, se disloqua, comme dans les naumachies. Agrippine, comprenant qu'elle était tombée dans un piège funeste, s'échappa à la nage et regagna seule sa villa de Baules. Qu'une femme pût faire plusieurs kilomètres à la nage dans le golfe de Naples, engoncée dans une robe de matrone, au milieu de la nuit, dans une eau à 14 °C, ne choqua personne… Arrivée dans sa demeure, elle

* Pour avoir une analyse détaillée et contradictoire des sources sur la mort d'Agrippine, voir V. Girod, *Agrippine, sexe, crimes et pouvoir dans la Rome impériale*, *op. cit.*, p. 190-195.

envoya son affranchi Lucius Agermus prévenir Néron qu'elle avait survécu à un naufrage accidentel. Elle espérait qu'en prouvant sa crédulité elle aurait la vie sauve. Terrorisé par son échec, le *princeps* fit croire qu'Agermus était venu l'assassiner sur les ordres de l'impératrice. Il missionna alors chez elle quelques marins de la flotte de Misène pour l'arrêter, mais elle s'était déjà suicidée[55].

L'histoire n'est évidemment pas crédible mais les sénateurs se gardent bien de protester. Agrippine n'a plus guère d'amis. Elle était perçue comme une femme autoritaire, avaricieuse et injuste. Personne n'est dupe. Dans les rues de Rome, quelques citoyens lucides griffonnent des graffitis ou écrivent des pamphlets cinglants : « Néron, Oreste, Alcméon : matricides ! » ou : « Nouvel avis, Néron a tué sa propre mère[56]. » D'autres mettent des sacs en cuir sur les statues de l'empereur pour rappeler l'ancien sort réservé aux parricides : la noyade[57]. Malgré ces marques de mécontentement très marginales, Néron obtient que le jour de la naissance de sa mère devienne un jour néfaste et que sa mémoire soit condamnée[58]. Agrippine est morte, Néron est né !

Mais il est encore trop tôt pour épouser Poppée. Entre la belle rousse et lui, il y a toujours Octavie. Sa mère et la fille de Claude ne peuvent pas mourir en même temps sans éveiller les soupçons. Il la répudie à un moment qui lui semble opportun, après l'avoir fait accuser d'adultère. Son complice et délateur n'est autre qu'Anicetus, l'homme qui a poignardé Agrippine. Alors que celui-ci s'installe hors de Rome pour une retraite bien tranquille en récompense de tous ses forfaits, Octavie est assassinée, laissant sa place à la flamboyante Poppée qui ne convolera avec son amant qu'en 62[59].

En scène !

Néron est enfin libre de gouverner à sa guise. Il conçoit sa fonction comme un rôle où l'art possède une place primordiale. Son tropisme pour les planches lui vient de son enfance. Néron est un *showman*. Il aime être vu, admiré, et prétend rivaliser avec tous les artistes et les athlètes, des chanteurs aux auriges[60]. Son ego est tellement hypertrophié qu'il croit faire don de ses talents au monde.

Après avoir pris une certaine confiance en lui en se produisant dans des événements privés, entouré d'amis flagorneurs, il fait ses premiers pas officiels sur scène en 64, à Naples. Le lieu n'est pas choisi par hasard. La ville vésuvienne cosmopolite est imprégnée de culture grecque. Le théâtre y est encore considéré comme un art en rapport avec le divin alors qu'à Rome les sénateurs les plus austères voient les métiers du spectacle comme une forme de prostitution*. Pour ses débuts, Néron chante pendant plusieurs jours et ne quitte le théâtre qu'avec peine tant il s'y sent bien. Il prend ses repas au milieu de l'orchestre et jouit des vivats des spectateurs. Un groupe venu d'Alexandrie

* Il ne faut pas oublier que tous les travailleurs du spectacle étaient frappés d'infamie, une souillure juridique et sociale qui leur interdisait notamment le mariage.

l'encense particulièrement, au point qu'il offre le voyage à d'autres Égyptiens pour venir l'applaudir[61].

L'adrénaline et toutes les hormones qui inondent le corps à chaque prestation sont addictives. Néron ne conçoit plus de vivre loin de la scène. Il s'enhardit et chante à Rome. Le peuple s'amuse de voir son empereur en histrion et l'encourage à tel point que le succès est au rendez-vous. Chante-t-il vraiment bien ou est-il une simple attraction[62] ? Pour avoir le plaisir de se produire plus souvent, il avance la date des jeux néroniens qu'il a institués*. Chanter ses compositions ne lui suffit pas. Néron est un touche-à-tout. Il veut jouer au théâtre, dans les tragédies classiques et dans les nouveautés. Rôles d'hommes, rôles de femmes, tout lui va pourvu que le texte soit beau et le personnage grandiose. En tant que comédien, il est tenu de porter un masque de cuir, comme le veut l'usage. Chaque masque représente un type précis de personnage, mais lui se fait fabriquer les siens : lorsqu'il joue un homme, il porte un masque modelé à l'image de ses propres traits. Lorsqu'il joue une femme, il se dissimule sous ceux de Poppée.

Ses tribulations artistiques ne manquent pas de sel. Dans les coulisses, il est toujours entouré de membres de sa garde. Un jour, il joue *Hercule furieux*[63] écrit par son propre maître Sénèque[64]. Son garde bondit sur les habilleurs qui le chargent de chaînes comme l'exige la

---

* Suétone, *Néron*, 12 : « Il institua en outre, chose entièrement nouvelle à Rome, un concours quinquennal triple, suivant l'usage grec (musical, gymnique et hippique), auquel il donna le nom de joutes néroniennes. »

mise en scène, pensant qu'on le séquestre*. Lors de son voyage en Grèce entre 66 et début 68, il participe à de nombreux concours artistiques. Dès lors, plus rien ne compte pour lui. Les affaires de l'État l'indiffèrent au plus haut point. Désireux d'être admiré à tout prix, il ordonne que personne ne quitte le théâtre lorsqu'il est sur scène, au point, dit-on, que des femmes accouchent dans les gradins**.

Contre toute attente, plus sa carrière progresse, plus il craint la concurrence. Il veut être le meilleur et n'hésite pas à éliminer ses rivaux les plus sérieux. Pâris, son bon ami qu'il connaît depuis des lustres, en fait les frais. Longtemps, Néron a admiré le talent de l'histrion, son succès auprès des femmes et sa voix de velours, mais l'acteur est un modèle indépassable, alors il faut bien le supprimer[65]. L'empereur a pris cette mauvaise habitude depuis qu'il a tué sa propre mère : tous ceux qui lui causent un déplaisir quelconque sont assassinés, purement et simplement.

Le théâtre, le chant et la musique ne sont pas ses seules passions. Néron raffole des courses. Quoi de plus grisant que la vitesse d'un char tiré par quatre bêtes nerveuses ? Après avoir fait augmenter significativement

---

* La pièce traite de l'*hybris* d'Hercule et des drames qui en découlent. Si Sénèque est bien l'auteur de la pièce, nul doute qu'il a voulu mettre en garde l'empereur contre ses excès. Mais au lieu d'en comprendre le message subtil, Néron se précipite sur scène pour la jouer.

** Il s'agit précisément du genre de rumeur qu'il convient de regarder avec circonspection, ne serait-ce que parce qu'une femme qui accouche fait du bruit et aurait parasité les vocalises de notre artiste ! (Suétone, *Néron*, 23.)

le nombre des courses annuelles pour le plaisir d'y assister, il apprend le métier de cocher. Toujours avide d'être regardé, admiré, il s'entraîne dans les jardins de Rome. Le peuple l'encourage. Quand il se sent enfin prêt, il participe à des courses au cirque Maxime et laisse un de ses affranchis présider les jeux à sa place[66]. Nul doute que si le peuple s'amuse, l'aristocratie, qui pour le moment se tait, supporte de moins en moins l'humiliation d'être gouvernée par un histrion autoritaire.

Mais pour Néron, la vie est un spectacle qui se prolonge largement hors de la scène ou de l'arène. Il fait de l'arrivée à Rome du roi d'Arménie Tiridate une superproduction de plusieurs millions de sesterces[67]. Le *princeps* déteste l'avarice et rien n'est assez beau pour lui. Il faut dire que Tiridate, en descendant de la dynastie parthe des Arsacides, n'est pas non plus un adepte de la simplicité – et le Romain avait à cœur de l'impressionner. L'empereur doit couronner le roi pour sceller la paix retrouvée en Orient et leur entente cordiale. Cette cérémonie est un temps fort scénarisé avec la plus grande minutie. Néron attend Tiridate assis sur une chaise curule sur la tribune aux harangues du forum. Il est superbement vêtu de la tenue du général triomphant entouré de porte-enseignes et de drapeaux. Tiridate fait son entrée sur la tribune et s'agenouille devant Néron. Il le salue avec les mêmes égards qu'un dieu. Le Romain relève l'Arménien et lui donne l'accolade avant de le couronner d'un diadème, le symbole des rois dans le monde hellénistique. Enfin, Néron ferme publiquement les portes du temple de Janus[68]. Il se montre au peuple comme le restaurateur de la paix universelle. Le monde est à ses pieds. Sa gloire est à son paroxysme.

Luxure

La soif d'amour et de sexe sans limites de Néron est le corollaire de son goût du spectacle. Dans ces deux domaines, il se sent vivant, submergé d'adrénaline. De ses premières expériences, nous ne savons pas grand-chose. Comme beaucoup de Romains, il a sans doute goûté à la chair avec des esclaves soumises à ses désirs ou des putains entraînées à feindre les sentiments avec n'importe quel inconnu. Pour toucher le cœur du prince, une femme doit être d'une beauté incomparable. L'affranchie Acté, son premier amour, de même que Poppée sont des femmes magnifiques. La première est douce et fidèle, la seconde flamboyante et séductrice. Outre ces deux femmes, nombreux sont celles et ceux qui ont partagé les jeux érotiques de Néron, sans pour autant toucher son âme.

Les banquets somptueux, auxquels participent des courtisanes toutes plus belles et débauchées les unes que les autres, sont les préludes de nuits interminables. Des aristocrates, libertins avant la lettre et désireux d'être dans les bonnes grâces du prince, participent à ces événements dignes de la *cena* de Trimalchion* où

* Le festin décadent et hors de prix donné par l'affranchi Trimalchion dans le *Satiricon* de Pétrone est un symbole de l'excès. Tous les tabous y tombent jusqu'à l'écœurement.

tous les excès sont permis. Néron donne libre cours à sa bisexualité. Dans ses bras passent des hommes et des femmes de tous rangs, pourvu que leurs caresses soient agréables et leurs corps désirables. L'oisiveté et le luxe forment le terreau fertile de toutes les perversions. Ses amies, bien qu'elles soient de respectables matrones, jouent les prostituées et se font payer pour ressentir le frisson d'être des putains* et plaire à leur maître[69].

Avec les années, les fantasmes de Néron se complexifient. Les mises en scène de ces parties fines se teintent d'un sadisme sans doute plus théâtral que réel. Il lui arrive de se déguiser avec une peau de lion et de bondir hors d'une cage entre les cuisses d'hommes et de femmes attachés à des poteaux[70]. Certains historiens veulent voir dans ce que Suétone qualifie lui-même de « jeu » une initiation mystique au culte de Mythra**.

---

* On pourrait croire que ce sont là de vilaines rumeurs sur le thème du prince pervers dévoyant les honnêtes gens et c'est peut-être le cas. Pourtant, si on se risque à un parallèle avec notre société actuelle, on remarque que le fantasme de la prostitution est très fréquent chez les femmes sans problèmes d'argent, qui n'ont jamais subi de violences sexuelles (de l'ordre de 22 % selon un sondage Ipsos de 1996). La littérature et le cinéma se sont emparés de ces fantasmes dans *Jeune et jolie*, de François Ozon, ou dans *Belle de jour*, de Joseph Kessel, adapté au cinéma par Luís Buñuel. Des femmes d'aristocrates antiques pouvaient très bien mettre en scène ces mêmes fantasmes de prostitution dans la sécurité de l'environnement de Néron pour accéder sous une forme de contrainte imaginaire à ce que la société leur refusait : la sensualité, le plaisir et *in fine* l'orgasme.

** E. Cizek, *Néron*, *op. cit.*, p. 42 ; R. F. Martin, *Les Douze Césars*, *op. cit.*, p. 160 : « L'initiation mithriaque comportait sept

Cela est plausible, certes, mais il semble difficile d'exclure la possibilité d'un simple scénario érotique ludique inspiré des jeux du cirque.

Le prince s'amuse aussi à tourner en dérision le mariage. Lors d'autres soirées festives, il joue la fiancée de son affranchi Doryphore et s'offre à lui comme une fille. Un autre soir, il fait semblant d'épouser le jeune Sporus, un ancien prêtre châtré de Cybèle. Il traite alors le garçon comme sa fiancée. Ses ennemis l'accusent aussi d'avoir des rapports sexuels incestueux avec sa mère. Cette méchante rumeur trouve son origine dans sa relation avec une courtisane dont le visage ressemblait trait pour trait à celui d'Agrippine. Pour le plaisir de choquer ses détracteurs, il raconte qu'il couche avec sa mère quand il partage le lit de cette prostituée. Bien sûr, accuser les empereurs d'une hypersexualité dépravée est monnaie courante pour les diffamer. Mais dans le cas de Néron, le sens de la mise en scène est tellement prégnant que ces débauches semblent conformes à sa vision histrionique de la vie.

Mais tous ces jeux ne remplacent pas l'amour à ses yeux. Personne n'arrive à la cheville de sa belle Poppée. À la naissance de leur fille Claudia Augusta[71], en 63, il oblige les matrones à participer

---

grades correspondant chacun à un astre : le Corbeau par Mercure, l'Époux par Vénus, le soldat par Mars, le Lion par Jupiter, le Perse par la Lune, le courrier d'Hélios par le Soleil, le Père par Saturne. » Selon les auteurs, ces scénographies sexuelles correspondraient à l'initiation du Lion. Pourquoi pas. Mais Néron avait-il besoin d'excuses religieuses pour organiser des parties fines parodiant les jeux du cirque ? Rien n'est moins sûr.

à un culte en son honneur dans un nouveau temple où elle est représentée en Vénus[72]. Ce bonheur, toutefois, ne dure pas longtemps. Leur fille meurt prématurément et Poppée succombe à son tour en 65. Pour Néron, ce deuil est insurmontable. Il refuse de faire incinérer ce corps idolâtré et fait embaumer l'impératrice avant de la diviniser. La rumeur veut que Néron ait battu Poppée à mort alors qu'elle était enceinte pour un motif futile : elle lui aurait reproché de rentrer trop tard à la maison ! Mais Néron adore sa femme et espère ardemment un autre enfant. En outre, les historiographes antiques lui ont prêté les mêmes actes violents que ceux du tyran Denys de Syracuse qui, selon le mythe, avait ainsi tué sa femme. Le bien-fondé de la rumeur s'étiole face à la logique. Poppée est probablement décédée de maladie, ou d'une complication due à sa grossesse*. Néron ne tombera plus jamais amoureux. Il souhaite cependant une impératrice à ses côtés. Il propose à la fille aînée de Claude, Antonia, de l'épouser. Face au mécontentement grandissant des sénateurs, il apparaît en effet prudent de s'unir à la dernière fille vivante de son prédécesseur. Mais la jeune femme n'oublie pas que sur les mains de Néron il y a le sang de Britannicus, d'Octavie et de plusieurs de ses amis victimes de ses purges intempestives motivées par sa paranoïa. Son refus net équivaut à la signature de son arrêt de mort[73]. Néron ne tolère plus l'insoumission. Il se reporte sur Statilia Messalina, une mondaine

---

* L'éclampsie, une complication létale de la grossesse, pourrait être la cause de la mort de Poppée.

aux mœurs légères qui couche déjà avec lui depuis quelques années. La coquette s'accommode de son rôle de première dame sans faire de vagues.

Sur les cendres, fleurit le marbre

Pour Néron, la beauté est le but ultime de l'existence. L'empereur se veut bâtisseur de monuments grandioses, à l'exemple des successeurs d'Alexandre et des rois parthes[74]. Rome devait être à l'image de ses rêves et le grand incendie de 64 lui donne l'occasion de les réaliser. La nuit du 18 au 19 juillet, les flammes commencent à dévorer le secteur du grand cirque, proche du Palatin. L'air sec et chaud de l'été favorise leur progression à tel point qu'au bout de six jours d'enfer le feu s'éteint de lui-même faute de matériaux à ronger[75]. La ville est en cendres. Seules quatre régions sur quatorze ont échappé au brasier.

Contrairement à l'image délirante qu'en ont laissé certains historiographes soucieux de rendre Néron responsable du désastre, l'empereur n'a pas chanté depuis les terrasses du palais en regardant brûler Rome. Il se trouve à Antium lorsque l'incendie se déclare. Il prend très vite en charge les secours, l'hébergement d'urgence des sinistrés et le ravitaillement. Mais si le *princeps* n'a pas commandité l'incendie de Rome[76], il voit cette catastrophe comme une formidable occasion de redessiner la Ville selon ses critères esthétiques. Pour faciliter la circulation des pompiers mais également donner une allure grandiose aux rues, il imagine de les border de portiques surmontés de terrasses.

Il finance d'ailleurs une grande partie des travaux sur ses deniers personnels[77]. Il fait réglementer en outre les nouvelles constructions : des hauteurs maximales sont fixées pour les édifices, les rues sont élargies, les maisons privées bâties en pierre de taille. Les urbanistes démultiplient les points d'eau. En quelques années, des architectures splendides sortent de terre*. Mais ce n'est pas cette ville nouvelle qui désole les Romains, c'est la Maison dorée. Le nouveau palais de Néron, tentaculaire, dévore l'espace à tel point qu'il se murmure : « Rome deviendra sa maison : citoyens, émigrés à Véies si cette maudite maison n'englobe pas jusqu'à Véies[78]. »

Néron est désormais sans retenue. Il rêve d'un palais symbolisant le cosmos, un univers dont il serait le centre. La Maison dorée est un incroyable complexe palatial s'étendant sur presque tout le Palatin, une partie de l'Esquilin et du Caelius. Les différents pavillons semblent enchâssés dans un écrin de verdure où la nature est tantôt maîtrisée, tantôt sauvage. Un lac artificiel fait office de mer intérieure. La pièce maîtresse de cette demeure de tous les excès est la salle à manger dont le dôme pivote au rythme des astres grâce à un mécanisme hydraulique à la pointe de la technologie. En démiurge égocentré, Néron fait ériger sur son domaine un colosse à son image, une version gigantesque de lui-même dominant le forum de toute sa hauteur monstrueuse[79]. Le jour de l'inauguration du palais, bouffi d'orgueil, l'empereur

* Suétone, *Néron*, 31. Il semblerait que ces projets urbanistiques aient été imaginés avant l'incendie.

s'extasie : « Je vais enfin commencer à être logé comme un homme[80]. » Il ne se rend pas compte qu'il a attisé la haine des aristocrates en les expropriant de leurs parcelles pour construire sa demeure. La persécution des chrétiens, boucs émissaires désignés, n'aura été qu'une diversion pour apaiser la colère du peuple. Mais les sénateurs, eux, ne se remettent pas d'avoir été spoliés de leurs terres ancestrales. La révolte gronde.

La conjuration de Pison

Néron se conduit comme un tyran. Il ne met aucun frein à la réalisation de ses désirs. Dans son esprit, l'Empire lui appartient parce que sa mère le lui a donné. Bravache, il s'écrie volontiers : « Que ma mère vienne maintenant et qu'elle embrasse mon successeur[81] ! » Mais Agrippine est morte, emportant avec elle dans les Enfers le fragile équilibre mental de son fils. Elle seule, dans son esprit, peut lui reprendre la pourpre, mais elle n'est plus en mesure de le faire depuis longtemps.

Ses actes inconsidérés et sa mégalomanie légitiment dans l'esprit des sénateurs le bien-fondé d'un complot. Même Sénèque a fini par se détourner de son élève et a obtenu de haute lutte la permission de se retirer de la cour. En ce printemps 65, le vieux philosophe échange depuis quelque temps déjà avec Calpurnius Pison*. Issu d'une grande famille républicaine, celui-ci

---

* E. Cizek, *Néron*, *op. cit.*, p. 258. Cette correspondance avait commencé en 62, alors que Sénèque était encore à la cour. Des

a fédéré autour de lui un cercle d'épicuriens prônant une politique souple tournée vers les joies d'un quotidien érigé en art de vivre raffiné. Au départ, ce cercle n'était nullement opposé à Néron, mais les excès de l'empereur l'ont conduit à mettre en place une conjuration. Si le prince est devenu un homme dangereux pour l'État, il convient de l'éliminer[82].

Les mécontents de l'aristocratie, parmi lesquels se trouve vraisemblablement Sénèque[83], se liguent en faveur de Pison. L'épicurien est populaire. Il laissera le sénat à la manœuvre politique et ne proposera pas un gouvernement austère dont plus personne ne veut : tout le monde y trouvera son compte. Le complot agrège au moins une cinquantaine de personnes. Peut-être davantage. La décision est prise d'assassiner Néron le 19 avril 65. Mais lorsque trop de personnes sont impliquées dans une conjuration, sa découverte est inéluctable. Et Néron est bel et bien alerté dans les quarante-huit heures précédant le crime[84]. Une âpre enquête commence. Les conjurés tombent un à un. Chacun dénonce ses amis d'hier, mais aucun n'échappe à la condamnation à mort ou à l'exil. Néron se heurte pour la première fois à la haine qu'il excite par son comportement. Il s'étonne ainsi de constater que son ancien ami Subrius Flavius est des conjurés. L'explication de celui-ci le laisse sans voix : « Je te haïssais. Il n'y eut, parmi les soldats, personne qui te fût plus fidèle que moi tant que tu as mérité d'être aimé ; j'ai commencé à te haïr du jour où tu es devenu

---

délateurs en avaient informé Néron. Le philosophe s'était défendu en prétendant qu'il s'agissait d'une calomnie.

le meurtrier de ta mère et de ta femme, cocher, histrion et incendiaire*. »

Être l'objet d'une telle haine n'empêche pas Néron d'aller jusqu'au bout de la purge des conjurés et de se débarrasser de son père spirituel, de celui qui a couvert le meurtre de sa mère. Néron veut tuer le père et détruire toute personne prétendant avoir la moindre autorité sur lui. Il envoie des soldats et un tribun trouver Sénèque dans sa demeure campanienne. Le vieux philosophe est attablé avec sa jeune épouse Pompeia Paulina. Le tribun lui explique qu'il est accusé d'avoir pris part à la conjuration de Pison, ce que Sénèque nie calmement. Le tribun retourne à Rome informer l'empereur des dires de son vieux maître mais le prince est inflexible. Sénèque doit mourir. À l'annonce de sa sentence, le stoïcien reste digne. Il fait ses adieux à ses amis en leur recommandant de prendre soin de ses œuvres et se suicide en s'ouvrant les veines**. Ainsi meurent les vrais Romains.

---

* Tacite, *Annales*, XV, 67. Les discours de Tacite sont toujours une reconstitution née de sa propre imagination mais ils traduisent au moins, dans ce cas, l'esprit des conjurés et les motifs qui avaient rendu Néron haïssable.

** Tacite, *Annales*, XV, 63-64. Le récit de la mort de Sénèque est assez peu crédible. Veines des poignets, des chevilles et des cuisses tranchées, il aurait quand même pris le temps de dicter des discours à ses secrétaires. Sa jeune épouse voulut l'accompagner dans la mort et se trancha aussi les veines. Elle fut sauvée sur ordre de Néron. Comment celui-ci, depuis Rome, a-t-il su que Paulina, en Campanie, s'était tranché les veines ? Comment l'ordre de la sauver est-il parvenu à plusieurs centaines de kilomètres du palais sans qu'elle ait eu le temps de se vider de son sang ? Soit les

Néron a certes triomphé d'un grand nombre de ses ennemis, mais il règne désormais dans un climat de tension sans précédent. Les Romains ont peur mais ont toujours su venir à bout des tyrans.

Un histrion dans la tempête

La conjuration de Pison n'a pas ramené à la réalité Néron, qui se fait détester de tous. Même le peuple n'adhère plus à ses fantaisies. Ses statues sont profanées[85]. L'idée de faire venir du sable à prix d'or par bateau pour les lutteurs lors d'un épisode de disette à l'hiver 67-68 ne passe pas. Son goût inconsidéré du luxe l'a poussé à vider les caisses de l'État. Pour les remplir, il augmente les impôts, multiplie les spoliations et retarde le paiement de la solde des militaires[86].

Vindex, gouverneur en Gaule, profite de ce climat de tension pour se rebeller. Galba, alors gouverneur de l'Espagne tarragonnaise, se joint à la révolte. Lui qui avait jadis repoussé les avances d'Agrippine s'apprête à se retourner contre le fils. L'insurrection est officiellement proclamée à la mi-mars 68. Il semblerait que Vindex ait eu pour but de rétablir la république[87]. Néron en est averti le 19 mars, mais il évalue mal la gravité de la situation. Plutôt que de remettre en question sa politique, il s'offusque d'être appelé « Ahenobarbus » par les séditieux et surtout d'être traité de mauvais citharède. Il se met à imaginer des solutions délirantes,

---

entailles étaient bien petites, soit Tacite nous gratifie encore d'un récit parfaitement incohérent.

comme envoyer de nouveaux gouverneurs dans les provinces pour assassiner leurs prédécesseurs ou faire empoisonner tous les Gaulois de Rome. Entre deux idées farfelues, il improvise des vers sur la révolte et promet d'en faire un nouveau spectacle[88]. Son monde se résume au théâtre.

Il comprend malgré tout la nécessité de mater la révolte et envoie pour ce faire le légat de Haute-Germanie, Lucius Verginus Rufus, écraser Vindex à Lyon[89]. Cependant, ses troupes ne sont non seulement plus favorables à Néron, mais encore disposées à offrir l'Empire à un autre. Verginus se hâte de rentrer en Germanie avec ses hommes pour éviter qu'ils soutiennent de nouveaux séditieux.

Début avril 68, Néron apprend que Galba mène une révolte contre lui depuis l'Espagne. Le gouverneur s'est intitulé « lieutenant du sénat et du peuple ». Déjà toute sa province lui a prêté allégeance et son ancien ami Othon s'est joint à lui depuis la Lusitanie. De son côté, l'Afrique fait sécession, à l'instigation de Clodius Macer, le légat de la légion. Néron constate que, pour la première fois, l'armée s'oppose à lui. Cela n'a plus rien de commun avec une cinquantaine d'aristocrates jaloux de son pouvoir.

Quitter la scène

« Épouse, mère et père, tous m'ordonnent de mourir[90]. » La voix de Néron s'élève pour la dernière fois dans un théâtre. Il vient d'interpréter *Œdipe en exil*, dont le vers final se révèle prophétique. Depuis plusieurs mois, l'empereur fait des cauchemars. Il rêve parfois qu'il dirige un bateau dont on lui arrache le gouvernail. D'autres fois, il voit le spectre d'Octavie l'étreindre et le traîner de force dans les ténèbres. Le plus effrayant est celui où les portes du mausolée d'Auguste, son bisaïeul, s'ouvrent d'un coup et où une voix s'élevant des Enfers appelle son nom. Pour lui, de tels présages sont autant d'avertissements. La fin est proche. Indubitablement.

Entre le 10 et le 11 juin 68, Nymphidius Sabinus, l'un des deux préfets du prétoire ayant pactisé en secret avec Galba, convainc Néron qu'il est abandonné de tous. Cette fois, une peur panique saisit l'empereur. Celui-ci sort de sa chambre avec quelques affranchis toujours loyaux et constate que le palais est vide. Il se rend à l'évidence. Ses amis sont des lâches, des parasites opportunistes. Abattu, il regagne sa chambre et découvre que la garde prétorienne a profité de son absence pour la mettre à sac avant de s'enfuir. Les couvertures de pourpre ont été volées, la boîte contenant un poison mortel en cas d'urgence dérobée et ses gardes personnels, des mercenaires germains, ont fait défection[91]. Néron contemple pour la première fois le désert de solitude qu'il a construit autour de lui. En voulant devenir l'égal des dieux, il s'est coupé de ses semblables.

Dans un sursaut de lucidité, il ordonne à ses derniers compagnons d'aller quérir le gladiateur Spiculus à qui, quelques années auparavant, il avait offert une maison et de généreuses sommes d'argent. Mais le mirmillon est introuvable. Il ne percera pas son bienfaiteur de son glaive. Personne ne se porte volontaire pour accomplir cette terrible besogne. Théâtral jusque dans les instants les plus dramatiques, le fils d'Agrippine s'écrie : « Je n'ai donc ni ami ni ennemi ? »

Néron veut quitter la Maison dorée mais ne sait où aller. Son affranchi, Phaon, lui propose sa maison de banlieue comme refuge. Accompagné de celui-ci, de Sporus et d'Épaphrodite, son maître des requêtes, il enfile un manteau aux couleurs passées sur sa tunique, noue un mouchoir sur son visage et, comme pour se rassurer, recherche un objet familier dans ce qu'il reste de ses affaires. Mais le bracelet d'or dans lequel sa mère avait fait enchâsser la mue d'un serpent-dragon découvert dans son lit d'enfant est introuvable[92]. Il ne peut pas se permettre de perdre plus de temps. Sans même enfiler de chaussures, il monte à cheval. Les quatre hommes quittent discrètement Rome par la voie Salaria. Au loin, on entend les cris des soldats prêtant allégeance à Galba. Le préfet du prétoire Nymphidius Sabinus les a grassement payés pour acclamer leur nouveau maître.

Néron est nerveux. Des passants questionnent le groupe de cavaliers à la sortie de la ville. Sont-ils à la recherche de Néron ? Arrivés à un chemin de traverse, ils abandonnent leurs montures pour finir à pied. Mieux vaut arriver chez Phaon par de discrets sentiers. Le manteau de Néron s'accroche dans les ronces. Après une marche pénible, il se penche sur une flaque, recueille l'eau croupie dans ses mains et murmure piteusement : « Voilà les rafraîchissements de Néron. » Mais ses amis n'ont plus envie d'applaudir ses scènes pathétiques. Phaon l'installe dans un réduit de sa demeure, sur un matelas grossier[93]. Il est maintenant l'heure de se suicider s'il ne veut pas être tué par n'importe qui.

Néron cherche désespérément à retarder le geste fatidique. Il veut qu'on prépare un bûcher pour brûler son cadavre et qu'on creuse une fosse encadrée de quelques morceaux de marbre dans le jardin pour recevoir ses cendres. Ses ordres s'étranglent dans sa gorge. Sanglotant, il répète cette phrase que la postérité a probablement inventée : « Quel artiste va périr avec moi ! » Un messager arrive alors de Rome. Il tend un billet à Phaon mais Néron le lui arrache des mains. L'empereur découvre qu'il vient d'être déclaré ennemi public. Maintenant, quiconque le souhaite peut le poursuivre et l'assassiner. Il veut alors mourir mais ne trouve pas la force d'utiliser l'un des deux couteaux qu'il a emportés dans sa fuite. Il teste le fil des lames avant de les ranger lâchement dans leurs gaines. Pour se donner du courage, il demande à Sporus de commencer des lamentations et à un autre de ses amis de se tuer pour l'exemple. Personne ne veut exécuter cet ordre inique. Il se rend compte de l'absurdité de sa requête et, pour la première fois depuis longtemps, ressent de la honte : « Ma conduite est ignoble, déshonorante. C'est indigne de Néron[94]. »

Le bruit sourd des chevaux lancés au galop met fin à ses tergiversations. Ses ennemis arrivent. En cet instant tragique, un vers d'Homère lui monte aux lèvres : « Le galop des chevaux aux pieds rapides frappe mes oreilles[95]. » Voilà arrivé le climax de son existence : il brandit un poignard et le plante dans sa gorge. Épaphrodite l'aide à l'enfoncer jusqu'à la garde. Un centurion fait alors irruption dans la pièce.

Son premier réflexe est de feindre de l'aider. Ce geste prouve que Néron, détesté pour ses excès, n'est pas haï en tant qu'homme.

Le *princeps* déchu s'écroule. Ses yeux exorbités, de ce bleu pâle si déplaisant aux Romains, se fixent sur le vide. Son expression est si monstrueuse qu'on ne peut contempler son cadavre sans être pris d'effroi. Les amis fidèles de Néron obtiennent d'Icelus, l'affranchi missionné par Galba, que son cadavre ne soit pas profané[96].

Dans les jours suivants, quelques amis et affranchis loyaux, de ceux dont l'importance politique est si dérisoire qu'il n'apparaît même pas utile de les tuer avec le tyran, lui offrent de fastueuses funérailles pour une valeur de 200 000 sesterces. Ils placent le corps dans des couvertures blanches brochées d'or et laissent les flammes le réduire en cendres. Ses restes, recueillis par Acté et ses deux nourrices, Églogé et Alexandria, sont déposés dans le tombeau de sa famille paternelle, non loin du Champ de Mars. Seules les femmes dévouées et discrètes qui l'ont vraiment aimé lui rendent les derniers hommages. L'urne cinéraire de l'empereur histrion repose dans un sarcophage de porphyre surmonté d'un autel de marbre de Luna*. Afin que chacun se tienne à distance respectueuse du tyran, on a entouré la sépulture d'une balustrade de pierre de Thasos. Étonnamment, personne ne viole la tombe. Au contraire, chaque été, pendant plusieurs années, des âmes gagnées par la compassion viennent déposer des fleurs dans le mausolée[97]. Ces âmes bienveillantes

* Il s'agit d'un marbre étrusque provenant de l'actuelle ville de Lunegiano, en Italie.

n'oublient pas que, derrière l'apparence du tyran sanguinaire et mégalomane, il y avait un enfant corrompu par l'amour délétère d'une mère, l'hypocrisie d'un vieux mentor et la flagornerie de courtisans intéressés.

Crépuscule

Acté dépose avec précaution une gerbe de fleurs fraîches dans un vase d'albâtre. Elle agence savamment les tiges pour qu'elles déploient leurs corolles face à l'entrée du tombeau. Cela donne à l'espace un effet plus théâtral. Néron aurait apprécié. Satisfaite de son travail, elle s'assoit sur la balustrade en pierre de Thasos entourant le sarcophage de feu son amant. Elle aime échapper au tumulte de la ville dans le caveau des *Ahenobarbi*. L'air y est frais alors qu'au-dehors la chaleur de juin est écrasante. Elle étend le bras pour caresser du bout des doigts le catafalque de porphyre. Ce qu'il reste du corps tant aimé gît là, à quelques centimètres d'elle. Si proche et pourtant inaccessible. Cela fait deux ans aujourd'hui qu'il est parti mais une larme roule encore sur sa joue. Le chagrin s'est mué en une douce mélancolie.

Dans le silence de mort, Acté se souvient avec bonheur du jeune homme roux de dix-sept ans dont elle est tombée amoureuse. Elle porte sa main à son visage et frôle ses lèvres. La pulpe de ses doigts a conservé la fraîcheur du porphyre. Un baiser d'outre-tombe. Elle l'a aimé, son Néron. Tant aimé. Mais elle n'était pas assez bien pour lui. Elle n'est qu'une affranchie, quand bien même il l'imaginait en princesse grecque. Poppée, elle, était noble. Acté ne lui en veut pas. C'était dans ses bras à elle qu'il venait toujours se réfugier lorsqu'il était triste. Elle a toujours été là pour lui, elle le sera toujours. Il y avait quelque chose de candide, de sincère dans la tendresse qu'ils se portaient.

Elle ramène d'une main ses longs cheveux devenus gris sur son épaule. Une mèche glisse doucement contre son bracelet d'or dans lequel une peau de serpent a été enchâssée. Elle tressaille comme si elle pouvait sentir sur sa nuque le souffle des mânes* de son amant. Elle murmure des mots tendres et lui raconte à mi-voix, comme s'il pouvait l'entendre, comment Galba le vieillard, Othon le traître et Vitellius le pourceau ont cru pouvoir égaler sa grandeur.

* Dans la religion romaine, les mânes représentaient les âmes des défunts. On célébrait les mânes des ancêtres dans le cadre du culte privé.

7

Galba, de la rigidité des férules

« J'ai coutume d'enrôler les soldats, non de les acheter ! »

Suétone, *Galba*, 16

L'air venant de la mer est déjà doux en ce début de mois de mars 68. Le climat de Tarraco, souvent clément, est agréable pour les vieux os de Galba. Le gouverneur profite du soleil de midi pour lire son courrier confortablement installé dans un des salons ouverts sur le péristyle. Il reconnaît déjà sur la tablette qu'il vient d'ouvrir l'écriture nerveuse de Vindex, le gouverneur de la Gaule lyonnaise. Comme dans ses lettres précédentes, le Gaulois l'invite à rejoindre l'insurrection contre Néron. Le peuple gronde. Les armées sont déjà levées. Avec du courage et de la conviction, il serait si simple de restaurer la république !

Galba soupire. Certes, Néron est dépravé. Il ne mérite pas de porter les lauriers impériaux. Il n'y a rien à attendre d'un prince né d'une femme incapable de rester à sa place. Quand le vieillard repense à la façon dont Agrippine lui faisait ostensiblement du charme alors qu'elle se cherchait un nouveau mari après la mort de Caligula, il a honte pour elle.

— Maître, pardon de te déranger.

La voix de l'affranchi Icelus sort Galba de ses souvenirs.

— Maître, je reviens à l'instant du forum. Plusieurs personnes m'ont informé qu'une mule a mis bas dans la campagne au nord de la province. C'est le présage d'un grand malheur. Les gens s'inquiètent.

— Une mule a mis bas, dis-tu ?

Icelus acquiesce. Galba éclate de rire. Ce n'est pas si fréquent, et surtout pas à l'annonce d'un prodige aussi funeste. L'affranchi regarde le vieux gouverneur, incrédule.

— Je crois que les mânes de mon grand-père m'envoient un signe. Donne-moi de quoi écrire, Icelus. J'ai une lettre à envoyer à Vindex.

Une enfance à l'ombre des Julio-Claudiens

Galba voit le jour le 24 décembre 3 av. J.-C. dans une maison de campagne entre Terracine et Fondi[1], deux petites villes du Latium, au sud-est de Rome. Selon l'usage, il reçoit les noms usités dans sa famille : Servius Sulpicius Galba. Et quelle famille ! Suétone renonce à dénombrer ses quartiers de noblesse tant ils sont nombreux. Tous opportunistes, les aïeux de Galba ont pris parti pour ou contre César selon leurs intérêts bien plus que par conviction, mais cela n'a rien de choquant à Rome.

Le père de Galba est petit, bossu, sans grand talent oratoire, mais il a un sens inné des affaires et mène une belle carrière d'avocat après son consulat. Il épouse en premières noces Mummia Achaia, issue d'une famille romaine couverte de gloire tant sur le plan politique que militaire, et en secondes noces Livia Ocellina. Belle et riche, celle-ci n'a que l'embarras du choix pour se trouver un homme. Pourtant, elle est tombée sous le charme du noble avocat difforme. Elle lui fait des avances appuyées mais le bossu l'éconduit. Comment peut-elle s'éprendre d'un homme pourvu d'une telle tare ? Elle insiste tant que l'avocat se dévêt devant elle pour l'effrayer. Opiniâtre et amoureuse, Livia Ocellina renouvelle ses déclarations. Le bossu cède face à sa détermination et l'épouse[2]. La belle Romaine adopte bientôt les deux fils de son mari. Servius change alors de nom et se fait appeler Lucius Ocellaris[3].

Enfant issu de la plus haute noblesse et parent éloigné de l'impératrice Livie[4], le petit Galba est régulièrement admis au palais. Il est subjugué par la hiératique impératrice, sorte d'austère *mater patriae**. Quant à Auguste, il aime la compagnie des enfants. Une partie de dés avec un bambin joyeux le délasse de la pression du quotidien. Un jour, il aurait dit amicalement au petit Galba : « Toi aussi mon enfant, tu goûteras à notre pouvoir. » Simple politesse ou invention de la postérité ? L'enfant se fait aussi remarquer par Tibère.

---

* Livie ne porta jamais ce titre, en dépit d'une proposition du sénat, mais elle était incontestablement la « mère de la Patrie », tant par sa stature sociale que par l'étendue de sa clientèle.

Ce passionné d'astrologie s'est laissé dire que le fils du bossu régnerait un jour, mais uniquement lorsqu'il serait vieux. Une prophétie qui ne le met donc guère en danger. Le fils de Livie se serait contenté de déclarer : « Eh bien qu'il vive puisque cela ne nous touche en rien[5]. » Pourtant, Galba aurait pu susciter la jalousie de Tibère : la vieille impératrice l'apprécie et favorise les débuts de sa carrière. Elle lui lègue même un héritage de 50 millions de sesterces. Toutefois, Tibère se fait un plaisir de casser le testament de sa mère quelques jours après sa mort et rabaisse la somme à 500 000 sesterces. Galba ne verra néanmoins jamais cet héritage que l'empereur, connu pour son avarice, refuse de lui verser[6].

Depuis son enfance, Galba guette les présages de sa grandeur future. Un jour, son grand-père offrait un sacrifice expiatoire à la foudre. Alors qu'il sortait les entrailles encore fumantes du flanc béant de sa victime, un aigle les lui arracha des mains et les emporta sur les plus hautes branches d'un chêne chargé de glands. Les feuilles et les fruits de cet arbre servaient à fabriquer les couronnes civiques qui étaient portées par les généraux valeureux. Auguste lui-même en possédait une. Voyant l'animal symbole de l'Empire perché dans l'arbre avec ce qu'il avait arraché des mains du vieillard, des témoins de la scène affirmèrent que le pouvoir souverain échoirait à la famille de Galba dans un temps lointain. Le sacrificateur, ne croyant pas un mot de ces superstitions, affirma que sa famille régnerait quand « une mule aura[it] mis bas[7] ». Cette saillie était naturellement la preuve de son scepticisme, car les mules, nées d'une jument et d'un âne, sont stériles. Néanmoins, Galba garda toute sa vie en tête la plaisanterie de son grand-père.

Quelques années plus tard, juste après la prise de la toge virile, Galba reçoit un autre signe. La Fortune, déesse versatile du destin, lui apparaît en rêve. Elle lui dit se tenir sur le seuil de sa porte. S'il ne vient pas la chercher, elle sera emportée par le premier venu. À son réveil, l'adolescent se précipite dans l'atrium. En ouvrant la porte d'entrée, il découvre une statuette en bronze de la déesse. Convaincu qu'elle s'est entretenue en rêve avec lui, il la place dans son autel de sa maison de Tusculum et la prie régulièrement. Une fois par an, il organise même une veillée pieuse en son honneur[8]. Il la considérera toujours comme sa protectrice.

L'autorité pour seul amour

Après ses études de droit[9], Galba commence sa carrière des honneurs. Il accomplit ses tâches avec le plus grand sérieux et se fait remarquer lors de l'organisation des jeux de Flore en offrant un spectacle d'éléphants dressés[10]. Ces fêtes printanières, au cours desquelles des prostituées s'effeuillent sur scène pour stimuler les forces vives des hommes, sont toujours un succès[11]. Galba fait montre d'une certaine habileté politique en finançant des événements inattendus. Il n'en faut pas davantage au peuple pour murmurer son nom avec admiration. Mais le jeune patricien n'est pas un mondain. L'effervescence joyeuse de la capitale, les soirées à philosopher ou à aimer de jolies courtisanes ne l'intéressent guère. Jouer les flagorneurs pour avoir l'oreille attentive d'un empereur lui répugne. Austère et autoritaire, il s'épanouit dans les camps, au milieu des hommes en armes. Sa préférence pour la tente à l'*aula caesaris* (la salle où l'on salue l'empereur au palais) le pousse à briguer des postes dans les provinces, même s'il revient à Rome pour exercer son consulat après avoir été gouverneur d'Aquitaine[12].

En 39 apr. J.-C., il est nommé légat de Germanie supérieure après la condamnation à mort de Gaetulicus. Celui-ci avait rejoint le complot fomenté par Agrippine la Jeune et Lepidus contre Caligula*. Galba prend son poste dans les camps au seuil des froides contrées barbares un jour de fête religieuse. Les légionnaires, grisés par un de ces rares moments qui égaient leur morne quotidien, applaudissent chaleureusement leur nouveau chef. Loin de s'en réjouir, Galba leur impose le silence et les calme en leur intimant l'ordre de garder les mains sous leur manteau. Le ton est donné. La discipline sera désormais la seule maîtresse de ces militaires aux mœurs trop relâchées. Très vite, une ritournelle se murmure à travers tout le camp : « Soldat, apprends ton métier de soldat : c'est Galba, non Gaetulicus[13] ! »

Le gouverneur impose à ses troupes de lourds exercices quotidiens : maniement des armes, aménagement du camp. Tout est bon pour briser l'oisiveté de vétérans blasés et de jeunes recrues inexpérimentées. Les permissions sont supprimées. L'armée est un métier et le

* Voir le chapitre sur Caligula.

légat veut des hommes surqualifiés. L'ennemi germain fait souvent des incursions en Gaule et Galba entend bien le repousser derrière le Rhin. Sa sévérité est rapidement récompensée par des victoires[14]. Tant et si bien qu'il reçoit les félicitations de Caligula venu passer en revue les troupes des frontières peu de temps après sa nomination. Sous sa férule, les soldats manœuvrent avec la plus grande discipline. Il les guide un bouclier au bras et court auprès du char de l'empereur. Si ses hommes sont en excellente condition physique, il l'est également. Son autorité suscite l'admiration du fils de Germanicus. Pour Galba, c'est un succès d'estime. Impressionner Caligula sur les terres où il a passé ses premières années est un honneur[15].

À l'annonce de la mort du prince, quelques amis l'invitent à prendre le pouvoir. Galba refuse. La pourpre revient à Claude et il gagnera son respect pour ne pas lui avoir fait d'ombre. En 41, âgé de quarante-quatre ans, il n'a pas envie de renoncer à la vie dans les camps. Entre 44 et 46, il occupe le poste de gouverneur d'Afrique, exerçant ainsi des fonctions politiques et militaires. Les soulèvements sont nombreux dans cette zone et il se réjouit d'y mettre bon ordre. Encore une fois, son autorité triomphe des malfrats et des mécontents. Son travail lui vaut les honneurs d'un triomphe à Rome. Galba est un homme dur, peu empathique. Mater autrui est son plus suave plaisir, et tant pis si on l'accuse de cruauté.

Cruautés et avarice

Galba vit selon les mœurs des antiques Romains. L'austérité n'est pas un concept désuet à ses yeux. Ce fils spirituel de Caton conserve l'habitude de se faire saluer chaque matin et chaque soir par tous les esclaves et les affranchis de sa maison. Cette masse dépendante d'hommes inférieurs défile devant lui. Un à un, ils se courbent et lui signifient sa supériorité. Plus personne ne fait cela à Rome depuis bien longtemps, mais Galba y tient[16].

Il fait preuve d'une autorité tout aussi redoutable dans les camps. Alors que le ravitaillement tarde à venir lors d'une de ses campagnes, il apprend qu'un de ses hommes a vendu ses dernières rations de blé pour la somme extravagante de 400 sesterces. Il donne l'ordre aux autres soldats de ne pas l'aider à se procurer de la nourriture dans les jours suivants et le laisse mourir de faim[17]. Les hommes pouvaient toujours se nourrir de plantes glanées çà et là et de petit gibier en cas de manque de blé. Pour que ce soldat meure d'inanition, Galba a probablement dû l'isoler et l'empêcher de se nourrir pour faire de lui un exemple. Le rationnement ne doit pas devenir une source d'enrichissement personnel. Du reniement de la règle découle implacablement la sanction.

Il n'est guère plus clément envers les civils de ses provinces. Lorsqu'il apprend qu'un changeur escroque ses clients, il ordonne qu'on lui coupe les mains et qu'on les cloue sur la table de change. Il est assez rare de survivre à une amputation réalisée dans des conditions d'hygiène déplorable, mais avant de mourir de la gangrène, le changeur a dû connaître la honte et la mort sociale. Suétone considère qu'une telle peine est excessive. Mais Galba, lui, se repaît de cette violence. Les sanctions qu'il inflige sont parfois illégales, comme lorsqu'il ordonne la crucifixion d'un citoyen qui a fait empoisonner son pupille pour capter son héritage. Le tuteur malhonnête proteste : la croix est réservée aux esclaves et aux étrangers. Le gouverneur ne se laisse pas fléchir par cet argument juridique et fait ériger pour le condamné une haute croix peinte en blanc pour qu'elle soit plus digne de son rang ! Encore une fois, à la longue agonie s'ajoute l'humiliation sociale.

Galba a bel et bien des tendances sadiques qu'il exerce de manière individuelle sur des gens qui n'ont aucun moyen de contester ses décisions ou de flétrir sa réputation. Mais contrairement aux empereurs mégalomanes, il n'a aucun goût pour le luxe. Cela lui donne une apparence vertueuse. Le général aime manger en quantité abondante[18] mais déteste qu'on lui cuisine des mets hors de prix. Et lorsqu'il veut remercier ses intendants ou des artistes venus égayer le dîner, il offre des cadeaux dérisoires : des paniers de légumes ou quelques piécettes d'argent[19]. Ces aumônes sont en réalité insultantes pour ceux qui les reçoivent.

Mais il n'y a pas de petites économies et Galba finit par devenir très riche. Il aime tant avoir ses biens à proximité qu'il emporte tout son or avec lui lorsqu'il part en villégiature. Alors qu'il se croit à la retraite en 61, Néron lui propose de reprendre du service en lui offrant le gouvernement de la Tarraconaise, en Espagne. Galba ne résiste pas au plaisir de goûter à nouveau à l'autorité. Âgé de plus de soixante-quatre ans, il prend sa fonction avec le plus grand sérieux. Mais au fil des années, même son pouvoir le lasse. Les nouvelles de Rome étant affligeantes, il estime plus prudent de ne pas s'attirer la colère de Néron par une mission trop bien menée et profite pour la première fois de son existence d'une vie paisible. Son entourage s'étonne souvent de sa nonchalance. Il répond, non sans cynisme : « On n'oblige personne à rendre compte de son inaction[20]. » Mais Galba sera une nouvelle fois bientôt rattrapé par sa passion pour l'armée.

Le veuf joyeux

L'arsenal des lois augustéennes permet de taxer les célibataires et les pères n'ayant pas offert trois enfants à la patrie. Son devoir de citoyen oblige donc Galba à se marier. Il épouse Lepida, une patricienne digne de son rang. Ensemble, ils ont deux garçons. Ce n'est pas assez pour voir lever les pénalités financières prévues par la loi, mais bien qu'avare au dernier degré, Galba préfère payer le fisc et ne pas se remarier après la mort de Lepida. La compagnie des femmes l'incommode manifestement.

En 41, alors qu'il n'est pas encore veuf, Agrippine la Jeune, tout juste revenue d'exil après l'assassinat de Caligula, jette son dévolu sur lui. À vingt-six ans, elle est une belle femme au caractère affirmé. Mais Galba résiste à ses avances appuyées. Non content de l'éconduire, il s'en plaint à sa femme et à sa belle-mère, laissant la vieille dame régler le problème à sa place.

Des affaires de bonnes femmes ! La mère de Lepida profite d'un dîner entre nobles matrones pour accabler d'injures l'effrontée séductrice et la gifler violemment.

Si Galba espère un jour devenir empereur, il ne peut rêver meilleur parti que l'arrière-petite-fille d'Auguste. Alors pourquoi l'a-t-il repoussée ? N'a-t-il aucune envie de se rapprocher de la pourpre ? Le caractère autoritaire d'Agrippine lui est-il insupportable ? Il aurait effectivement trouvé en elle une insoumise farouche peu encline à jouer les épouses modèles. Ou bien Galba préfère-t-il les hommes ? Aucun historiographe, il est vrai, ne lui prête un goût prononcé pour les femmes. Et Suétone d'évoquer ainsi sa sexualité : « Sa passion le portait de préférence vers les mâles, mais il les voulait très vigoureux et mûrs. » Son affranchi Icelus aurait été pendant de longues années son homme de confiance et son mignon. À l'annonce de la mort de Néron, il l'aurait même envoyé s'épiler* pour fêter l'événement[21]. Que cette anecdote ait un fond de vérité ou pas, elle témoigne surtout du fait que Galba passe pour un inverti actif[22] aux yeux de ses contemporains. Par ailleurs, il traite en femmes des hommes de rang inférieur à celui de citoyen et il n'y a là rien de répréhensible pour un Romain – tant qu'il ne se comporte pas en femme lui-même[23]. De fait, sa réputation n'a jamais eu à pâtir de ses goûts personnels.

---

* *A priori*, l'anecdote est fausse : le jour de la mort de Néron, Icelus était à Rome et Galba n'était pas encore arrivé en Italie.

Et Jupiter succède à Apollon

Au début de l'année 68, Vindex mène l'insurrection contre Néron et demande à Galba de se joindre à lui[24]. Le gouverneur de Tarraconaise hésite. Jusqu'au jour où il apprend qu'une mule a mis au monde un petit poulain. Alors que la foule s'épouvante d'un tel prodige, lui y voit un signe de la bonne Fortune. La prédiction de son grand-père vient de se réaliser[25] ! Il est donc temps pour lui de goûter au pouvoir suprême, comme le lui a promis un jour Auguste. Galba a soixante-douze ans. Même s'il est en parfaite santé, il n'a plus toute la vie devant lui.

Immédiatement, il mande son affranchi Icelus à Rome pour négocier avec les proches de Néron prêts à le trahir. L'émissaire obtient vite le soutien de plusieurs sénateurs et des deux préfets du prétoire. Vindex est certes écrasé par les troupes venues des frontières germaines, mais une bonne partie de l'Empire est disposée à se soulever ou à faire sécession, comme en Afrique. Le gouverneur de Tarraconaise se lance alors dans une propagande antinéronienne et s'arroge le titre de « lieutenant du sénat et du peuple romain[26] ». Grâce à ce statut inédit, il est assuré de pouvoir compter sur tous les opposants de Néron alors qu'il a déjà l'idée de rétablir un principat sur le modèle augustéen. Le reste de l'Espagne et la Lusitanie dirigée par Othon, l'ancien mari de Poppée, se rallient à Galba. Celui-ci ronge son frein depuis trop longtemps. Il rêve de retrouver les fastes de Rome. Ses fils sont morts depuis longtemps et il lui faudra un successeur. Il est prêt à saisir cette occasion.

Galba commence à se comporter en empereur avant de quitter Tarraco. Il forme sa cour avec des notables locaux et frappe monnaie, prérogative régalienne s'il en est. En juin, Icelus lui annonce la mort de Néron. Dans ce même message, Galba apprend que les prétoriens lui ont déjà juré fidélité et qu'ils attendent un *donatiuum* important comme tous les soldats. Mais qu'importent les promesses, pour le moment, Rome est enfin à lui ! Il reprend officiellement son nom de naissance, Servius Sulpicius Galba, auquel il ajoute le nom de César, et se met en route pour l'*Vrbs* revêtu d'un manteau de général pourpre, arborant ostensiblement un poignard en sautoir. Sur son chemin, il organise la répression de tous les révoltés avec la même facilité qu'à l'époque où il dirigeait la Germanie supérieure et l'Afrique. Avec ordre et discipline, il se débarrasse du légat Fonteius Capito en Germanie, de Clodius Macer en Afrique et du préfet du prétoire Nymphidius Sabinus à Rome[27]. Ce dernier s'était pourtant rallié à sa cause. Mais comment faire confiance à un traître notoire ?

Son entrée à Rome au début de l'année 69 ressemble à un triomphe. Il a mis fin à la tyrannie de Néron et propose un ordre nouveau. Il prend possession du palais impérial, sa nouvelle demeure, et fait accrocher dans l'atrium un arbre généalogique remontant jusqu'à Pasiphaé, reine légendaire de Crète, et à Jupiter, le maître des dieux[28]. Il rompt de cette manière avec la propagande apollinienne des Julio-Claudiens. Désormais, Jupiter règne depuis le sommet du Palatin.

L'empereur chauve

Galba entend gouverner Rome comme il dirige une légion. Autorité et discipline prévalent. Le peuple, quant à lui, n'est pas prêt à subir une cure d'austérité. Aussi l'empereur renfloue-t-il effectivement les caisses de l'État en un temps record. Les amendes qu'il impose arbitrairement aux provinces espagnoles et à la Gaule n'y sont pas pour rien. Il s'attaque aussi aux sénateurs en voulant réduire la durée de leur charge et aux chevaliers en les forçant à rendre au Trésor les libéralités que Néron leur avait accordées. Seuls quelques-uns de ses amis échappent par privilège à la hausse des impôts. Galba ne comprend pas qu'on ne gère pas des civils comme une légion[29].

Les sénateurs prennent vite en horreur les privilégiés, les amis du prince. Parmi eux se trouvent l'affranchi Icelus, élevé au rang de chevalier par son maître, Titus Vinius, son légat en Espagne, qui est encore plus rapace que lui, et Cornelius Laco, son ancien assesseur. Les Romains surnomment le trio les « pédagogues » de Galba[30], manière moqueuse de traiter l'empereur de vieillard sénile incapable de prendre seul ses décisions. En réalité, celui-ci ne fait qu'imposer au palais ses vieilles habitudes militaires. Ses hommes de confiance l'ont suivi dans son ascension. Et lui ne réalise pas qu'ils excluent l'aristocratie romaine du gouvernement.

Le peuple, de son côté, réclame des victimes expiatoires. Le sang de Néron n'était pas suffisant, il lui faut encore celui d'Halotus et de Tigellin. Le premier est un affranchi impérial, ancien goûteur de Claude et vraisemblablement complice d'Agrippine lors de son assassinat. Il faisait partie des traîtres qui avaient renié Néron quelques jours avant son suicide. Le second était l'un des deux préfets du prétoire en poste en 68. Né dans une obscure famille grecque du sud de l'Italie, il s'était enrichi dans le commerce de chevaux et avait des rapports troubles avec bien des membres de la famille impériale. Les Romains ont toujours détesté les parvenus, dont la réussite est un motif suffisant pour réclamer la peau. Galba, pourtant si sévère d'ordinaire, s'oppose à leur condamnation. Il offre un emploi à Halotus et prend ouvertement la défense de Tigellin – à l'instigation, semble-t-il, de son ami Titus Vinius, dont il avait gagné les bonnes grâces[31].

Galba cumule les maladresses. Son âge avancé ne lui permet plus de s'adapter avec souplesse à son environnement. La marche de l'Empire lui échappe. Certes, il se sent encore jeune du haut de ses soixante-treize ans, mais il se leurre. Et répéter les vers d'Homère, « Mes forces sont encore entières[32] », ne sert à rien. Ses mains et ses pieds sont déformés par la goutte. Il supporte à peine les chaussures et ses doigts ont perdu toute agilité. Pour parachever sa déliquescence, une hernie déborde de son abdomen. Il ne la contient que par d'étroits bandages de laine. Son visage n'est pas très avenant. Il est totalement chauve. Ses yeux bleu foncé sont surmontés d'un bourrelet sus-orbital qui lui donne l'air très sévère. Sa physionomie est rendue encore plus austère par un nez aquilin encadré de sillons nasogéniens creusés et d'un menton en galoche[33]. Une vaine coquetterie pousse cependant le vieux prince à améliorer sa physionomie dans la statuaire et la numismatique. Il se fait représenter avec les cheveux coupés court, comme les militaires aujourd'hui, et fait supprimer ses imperfections majeures. Si pour ceux qui ne l'ont jamais vu ce petit rajeunissement de façade fonctionne, à Rome son délabrement physique ne passe pas inaperçu. Galba est conscient qu'il doit choisir un successeur[34]. Son règne ne sera qu'une transition[35].

Adopter pour mieux régner

Les soldats n'en démordent pas. Ils veulent leur *donatiuum* et le prix de leur loyauté est élevé : 7 500 drachmes par prétorien et 1 250 par légionnaire*. Ils ne réalisent pas qu'il est impossible de payer une somme aussi importante car le Trésor n'y suffirait pas. Mais les soldats préfèrent l'action au calcul et les légions de Germanie supérieure se rebellent dès le 1er janvier 69. Leurs hommes refusent de jurer fidélité à Galba[36]. Ceux de Germanie inférieure acclament même Vitellius, leur gouverneur, comme nouvel empereur.

Depuis Rome, le vieux souverain se hâte de choisir un héritier pour stabiliser son pouvoir. Le 10 janvier 69, il adopte Lucius Calpurnius Pison Frugi Licinianus, le petit-fils du conjuré Pison. Il estime autant la noblesse de sa famille que sa tempérance. Le vieillard prend la main du jeune Pison en public et l'entraîne au camp des prétoriens pour le faire acclamer comme son héritier.

* Plutarque, *Galba*, 3. La drachme était la monnaie en argent en circulation dans la moitié orientale de l'Empire. Son poids était de 3,50 g. Plutarque, auteur d'expression grecque, ne compte pas en sesterces.

La garnison s'attend à un don pour soutenir Pison mais Galba n'est toujours pas décidé à payer.

Othon, de son côté, est abasourdi par ce choix. Il pensait sincèrement que Galba l'adopterait. L'empereur aurait dû lui témoigner sa gratitude pour son soutien en juin 68. Déçu, le gouverneur de Lusitanie décide de prendre le pouvoir par la force. L'armée ne demande qu'un maître plus généreux. Son entreprise sera aisée.

*Ultima necat**

Sa vie durant, Galba a observé les présages de son avènement. En arrivant au pouvoir, il commence à contempler ceux de sa chute. Lorsqu'en 68 il s'est mis en route pour Rome, il a fait célébrer des sacrifices à chaque étape de son chemin. L'un des taureaux immolés à coups de hache échappa à son bourreau dans un ultime sursaut et finit sa course contre la litière de Galba, le maculant de son sang. Pour les témoins de la scène, ce signe indiquait que sa mort serait prochaine et violente. Son arrivée à Rome a été tout aussi inquiétante. La terre a tremblé, laissant échapper de ses entrailles un sourd grondement alors qu'il entrait dans le palais. Peu de temps après, il préleva un collier de perles dans la garde-robe impériale et se promit de l'offrir à sa statue de la Fortune placée dans l'autel de sa maison de Tusculum. Mais Galba se ravisa. Devenu empereur, il préférait honorer la Vénus du Capitole.

---

* *Omnes vulnerant, ultima necat* : « Toutes blessent, la dernière tue. » Phrase souvent inscrite sur les cadrans solaires.

La bonne Fortune, contrariée, se changea alors en mauvaise Fortune. La déesse lui apparut en rêve et se plaignit amèrement d'être privée de son cadeau. Elle se vengerait ! Peu de temps après, sa couronne tomba de sa tête pendant qu'il faisait un sacrifice. Chaque geste du quotidien finit alors par être perçu comme un présage funeste[37].

Au matin du 15 janvier 69, l'haruspice le met de nouveau en garde. La fin est proche. Quelques heures plus tard, Galba apprend qu'Othon, encore venu le saluer le matin même, est dans le camp des prétoriens. Ses amis invitent l'empereur à l'y rejoindre et à convaincre les soldats de lui rester fidèles – il a toujours su imposer son autorité aux légions. Mais Galba refuse et reste au palais. Il a bien conscience que les prétoriens font défection parce qu'il ne les a pas payés. Dans un sursaut de combativité, il donne l'ordre de réunir les légions encore fidèles. Mesure illusoire. Cela prendrait des jours. Soudain la rumeur enfle de toute part : les soldats révoltés ont été matés. Un jeune militaire avertit Galba qu'Othon a été assassiné. L'empereur se récrie d'avoir donné un tel ordre. Malgré les protestations de son maître, le militaire poursuit : des légions venues en soutien affluent déjà. L'empereur se doit de venir les saluer. Galba revêt alors une cuirasse de lin. Il sait qu'elle ne sera pas très utile contre un glaive mais il n'a visiblement pas le courage de couler sa vieille carcasse dans une étroite cuirasse de cuir moulé. Il monte à cheval, entouré de quelques cavaliers. Ceux-ci l'escortent jusqu'au forum en prenant grand soin de dégager l'espace autour de lui[38].

Galba ressent une tension étrange. Pour se rassurer, il s'écrie, comme au temps où il était général : « Que faites-vous, mes compagnons d'armes ? Je suis à vous, comme vous êtes à moi ! » Mais ses mots ne galvanisent plus les soldats. Dans un dernier élan de fierté en accord avec son tempérament de vieux Romain austère, il ajoute en dégageant sa gorge : « Faites-le puisque vous le voulez ! » Galba vient d'intimer son dernier ordre. Les hommes de son escorte frappent sans états d'âme. Ils abandonnent son cadavre ensanglanté dans la rue. Un autre soldat se précipite pour lui couper la tête et l'offrir en présent à Othon. L'ancien ami de Néron, désormais empereur, n'en a cure. Il l'abandonne volontiers à ses hommes qui, après l'avoir mise sur une pique, la promènent à travers le camp en l'injuriant[39].

Après maintes péripéties, Argivus, l'intendant de Galba, retrouve la tête de son maître et l'enterre à côté de son corps dans les jardins de sa demeure privée sur la voie Aurélienne. Le sénat reconnaît que Galba n'était pas un tyran. Il était un vieux militaire sévère dont les réformes impopulaires avaient profité à l'État. Il vote l'érection d'un monument en son honneur sur le forum, là où il a été assassiné, mais la colonne rostrale ne sera jamais érigée. Vespasien l'interdira bientôt.

Une violente quinte de toux déchire le thorax de Tigellin*. Dans sa bouche, le goût du sang, encore. Il finira par mourir de cette maudite maladie. Mais pour l'heure, il préfère mariner dans une baignoire d'eau thermale. À presque soixante ans, il n'espère plus grand-chose. Que Galba lui ait laissé la vie sauve est presque un miracle. Enfin, pas vraiment. Il a toujours su assurer ses arrières. Tigellin tend le bras et saisit un vase murrhin** rempli de falerne posé sur un tripode de bronze doré. Le vin chasse le goût du sang dans sa bouche. Ses muscles se détendent doucement sous l'effet de l'eau chaude. Hypnotisé par les volutes de vapeur, l'ancien préfet du prétoire replonge loin dans ses souvenirs. Il n'avait pas trente ans qu'il dînait déjà à la table des Césars. Grand séducteur, il se rapprocha de Néron en temps utile. C'était bien là une prouesse car les courtisans, tous plus mielleux les uns que les autres, ne manquaient pas. Parmi eux se trouvait Othon. Tigellin crispe les lèvres sur son verre de vin en pensant à ce flagorneur. Qui aurait cru qu'il parviendrait jusqu'à la pourpre ? Néron aurait mieux fait de le tuer plutôt que de l'envoyer en Lusitanie.

Tigellin reprend une gorgée de vin. Il se félicite de sa belle carrière et entend bien profiter de sa retraite. Il ferme les yeux et s'enfonce dans l'eau chaude aux effluves iodés. L'unique oculus percé dans la coupole ne laisse entrer dans le caldarium qu'une tache de lumière éclaboussant les mosaïques noir et blanc au sol. L'atmosphère est si

---

* Tigellin semble souffrir de la tuberculose depuis la fin du règne de Néron. Ce serait peut-être pour cette raison qu'il se serait tenu à l'écart des traîtres et des conjurés. Voir Tacite, *Histoire*, I, 72, 1 ; Plutarque, *Galba*, 2 ; *Othon*, 2.

** Coupe en verre irisé très prisée par les amateurs de vaisselle de luxe.

calme qu'il pourrait s'endormir. Une petite voix le tire de sa torpeur. Tigellin se redresse dans sa baignoire de marbre et menace du regard l'esclave effronté qui ose le déranger. Le jeune garçon lui tend une tablette. Un courrier urgent venant de Rome. Tigellin aperçoit un messager en armes sur le pas de la porte entre la salle chaude et la salle tiède de ses thermes privés. Il saisit la missive et parcourt du regard les quelques lignes gravées dans la cire. Son vase murrhin glisse de sa main et se brise sur le sol. Le vin se répand en une large flaque pourpre sur les mosaïques.

8

Othon, l'art de bien mourir

> « Je n'exposerai plus au danger des soldats si courageux. »
>
> Suétone, *Othon*, 10

Othon fait un pas en arrière. L'idée que la flaque de sang chaud et visqueux macule ses chaussures lui fait horreur autant que la vue du soldat sans vie à ses pieds. Cet homme s'est suicidé parce que personne au camp de base ne l'a cru. Quel immonde massacre a-t-il vu pour préférer se trancher la gorge plutôt que d'être accusé de déserter par ses compagnons restés à l'arrière ? L'empereur réalise qu'il est en train de perdre la bataille de Bédriac[1]. Les légions de Vitellius écrasent ses hommes en ce moment même.

Un sentiment de dégoût l'envahit. Tout ce sang. L'ivresse du pouvoir est devenue une nausée. Il ne veut pas que les Romains s'entretuent pour lui. On ne verse pas le sang de ses frères. Si c'est là le prix de la pourpre, il est trop cher.

Othon lève les yeux. Il croise les regards effarés de son frère et de son neveu. Il sait que si Vitellius prend son camp, ils mourront tous. Cela n'a aucun sens. Il n'a pas voulu les lauriers impériaux pour cela. Il n'y a plus d'échappatoire à présent. S'il veut mettre fin à ce massacre et sauver ses proches, il ne lui reste qu'une seule solution. Ses doigts effleurent la garde de son glaive. Il n'a jamais été aussi sûr de lui qu'en cet instant.

Une famille étrusque

« Il est tel que je ne peux même pas souhaiter avoir des enfants meilleurs que lui[2]. » Ces mots chaleureux prononcés par Claude ont célébré l'entrée de Lucius Othon dans le patriciat. Le père du futur empereur s'est attiré l'amitié du prince boiteux en dénonçant une tentative d'assassinat organisée par un chevalier romain. Il provient d'une grande famille étrusque de Ferentium, au sud du Latium, même s'il se dit que sa grand-mère paternelle n'était pas née libre…

Quoi qu'il en soit, la famille d'Othon a toujours eu des rapports étroits avec les membres de la *Domus Augusta*. Marcus Salvius Othon, son grand-père, jouissait des bonnes grâces de Livie et Lucius Othon était si proche de Tibère qu'on le prenait parfois pour son fils. Grâce à l'affection du prince, il accède à la fonction de consul en 33, juste après le consulat de Galba. Sa position enviable lui permet d'épouser une femme de la haute aristocratie nommée Albia Terentia. Le couple a trois enfants, deux garçons et une fille. Le cadet de la fratrie, le futur César, nommé Marcus Salvius Othon, naît le 28 avril 32.

Lucius Othon est un homme brillant et respectable. Il tâche d'inculquer de vraies valeurs romaines à sa progéniture, mais son cadet n'est pas précisément un enfant facile. Dès l'adolescence, Othon préfère sortir dans les quartiers chauds plutôt que d'étudier. S'il est naturel alors d'aimer les virées dans les bordels de la Suburre et les beuveries, le jeune homme en abuse. Dissimulé sous un manteau à capuchon, il moleste les promeneurs dans les venelles de la capitale et rentre à l'aube en piteux état et malgré tout fier de lui. Immanquablement, la sanction tombe lorsqu'il croise son père. Il est régulièrement puni à coups de fouet comme le plus insolent des esclaves mais rien n'y fait[3]. Telle est la nature d'Othon. Les plaisirs faciles lui sont irrésistibles.

Pourtant, le jeune homme a des ambitions que son père ne verra hélas jamais se concrétiser. Devenu orphelin, Othon se fixe comme objectif de devenir l'ami de Néron. Il a cinq ans de plus que lui et le même goût pour la fête – de bons points communs pour devenir amis. Mais plutôt que de solliciter les relations de son père pour se faire introduire au palais, il met en place son propre réseau pour le moins inattendu…

L'ami du prince

Othon devient vraisemblablement un ami de Néron dans les premières années de son règne. Pour parvenir jusqu'à lui, il a séduit une vieille affranchie du palais[4]. Cette femme mûre se laisse flatter par le jeune aristocrate pour plusieurs raisons. D'abord, les affranchies et les esclaves aiment parfois avoir des liaisons avec des nobles : ce sont des amants valorisants*. Ensuite, Othon, âgé d'un peu plus de vingt ans, possède un petit côté « mauvais garçon » des plus attrayants. Enfin, son audace et son charme compensent un physique un peu ingrat. Othon n'est pas très grand, ses jambes sont cagneuses et il s'épile le corps comme une femme, ce qui est très loin d'être une attitude virile pour un Romain. Othon est soucieux d'entretenir la douceur de sa peau, sans doute parce qu'il s'agit de son atout physique majeur. Suétone raconte qu'il se fait des cataplasmes de mie de pain après s'être rasé le visage pour que sa barbe repousse moins dru. Par ailleurs, il vit mal le fait de perdre ses cheveux assez jeune. Pour se départir de ce complexe commun dont même Jules César souffrait, il se fait confectionner une perruque parfaitement ajustée[5], que les numismates peuvent néanmoins deviner sur les monnaies à son effigie, car une série de mèches de cheveux crantées ornent le dessus de son crâne[6], ce qui ne correspond à aucune mode à l'époque[7].

Malgré ses préoccupations de coquet, Othon a un fort tempérament et rêve de pouvoir. De banquet au palais en orgie dans des auberges interlopes, il devient l'un des meilleurs amis du jeune empereur et

---

* Pétrone, *Satiricon*, 126. Réponse de Chrysis, la servante de la noble Circé, à Encolpe qui croit lui plaire : « Je n'ai jamais couché avec un esclave. Aux dieux ne plaisent que j'ouvre les bras à un futur crucifié. C'est bon pour les dames de bécoter les cicatrices des flagellés. Moi qui ne suis qu'une servante, je ne chevauche que des chevaliers. »

l'accompagne dans ses distractions les plus folles. Cette amitié aurait pu durer longtemps si une femme n'avait semé le trouble entre eux.

Candaule et Poppée

En 58, Othon a vingt-cinq ans. Néron en a vingt. Ils aiment les femmes et la fête, mais bientôt ils rencontrent « la » femme. Poppée a vingt-huit ans, un visage de Vénus et un corps plus sensuel que celui de Phryné*. Déjà mère d'un petit garçon, la rousse incendiaire aux airs de sainte-nitouche est mariée à un ancien préfet du prétoire de Claude, Rufrius Crispinus. Elle rêve cependant elle aussi de vivre à la cour et de conquérir les bonnes grâces de Néron. Pour cela, elle doit mettre en place une stratégie afin de prendre l'empereur dans ses filets.

Poppée fait en sorte de croiser la route d'Othon. Sans surprise, celui-ci tombe sous son charme. En plus d'être belle, Poppée a un esprit vif et incisif. Il est impossible de lui résister. Sans doute à sa demande, Othon l'introduit à la cour.

Laissons à Tacite le lyrisme de la version candauliste** de cette rencontre. Il a plagié sans vergogne le mythe de la chute du roi de Lydie sur Hérodote pour l'appliquer à ce trio amoureux. Othon n'a certainement

---

* Phryné était une célèbre hétaïre grecque. Elle servit notamment de modèle au grand sculpteur Praxitèle.

** Paraphilie selon laquelle un homme prend plaisir à offrir sa femme à un autre.

pas présenté Poppée à Néron comme Candaule – qui, follement amoureux de sa femme, voulait en faire admirer le corps nu au général Gygès. Othon n'éprouve aucun plaisir à partager Poppée avec l'empereur et la belle rousse n'a rien d'une pudique Nyssia outragée par la perversion de son mari[8]. Privilégions les versions de Suétone et de Dion Cassius, plus factuelles et vraisemblables.

Othon permet certainement à Poppée d'accéder à la cour, mais elle est alors toujours mariée à Crispinus. Néron tombe très vite amoureux de la sculpturale aristocrate et, pour faciliter leurs rencontres adultères, il lui ordonne de divorcer pour épouser Othon. Le *princeps* est lui-même marié à Octavie et ne peut envisager une autre union pour des raisons politiques. Othon, en ami complaisant, dissimulera leur romance en assurant à Poppée sa bonne réputation de façade. Mais hélas, Othon a de plus en plus de mal à voir son épouse fuir la demeure conjugale pour coucher au palais. Il lui fait des crises de jalousie et la convainc, bon gré mal gré, d'accomplir son devoir conjugal. Pour soulager les nerfs de son ami, Néron lui offre le poste de gouverneur de Lusitanie alors qu'il n'est pas assez avancé dans sa carrière pour l'occuper. Ce qui ressemble à une belle promotion est en réalité un exil… Othon a ordre de laisser sa femme à Rome ! Le nouveau gouverneur s'est à peine mis en chemin vers la contrée occidentale que dans tout Rome on se raconte cette petite devinette : « Pourquoi, demandez-vous, Othon va-t-il en exil avec un titre mensonger ? Il est devenu l'amant de sa femme[9] ! »

Othon, qui a vu Néron se débarrasser de sa mère après avoir fait semblant de se réconcilier avec elle, se dit sans doute qu'il a de la chance de ne pas être tout bonnement assassiné. Il sait de quoi l'empereur est capable. Il passe donc les dix années suivantes en Lusitanie. Lassé des excès inutiles de sa jeunesse, loin des turpitudes de Rome, il s'assagit progressivement. Le sens des valeurs inculquées par son père se fait enfin jour en lui. Il remplit sa fonction avec rigueur et modération et apprend à œuvrer pour le bien public[10].

Les vents de la révolte

À trente-cinq ans, Othon n'a plus rien de commun avec le jeune homme arrogant et dépensier qu'il a été. La vie loin de la Ville a fait de lui un autre homme. Il a pris goût aux responsabilités et se comporte en politicien respectable[11]. Au début de l'année 68, il apprend, probablement sans surprise, que l'*hybris* de Néron lui vaut la colère de son peuple, le mépris de son armée et la haine des sénateurs. Othon aurait sans doute mal tourné lui aussi s'il n'avait été contraint de laisser derrière lui l'ambiance délétère de la cour.

Depuis sa province occidentale, il voit s'enchaîner les événements en quelques mois. Vindex en Gaule suivi par Galba en Espagne et Clodius Macer en Afrique se révoltent. Il décide alors de soutenir son collègue gouverneur de Tarraconaise. Selon Suétone, cette décision est motivée à la fois par l'envie de se venger de Néron et par la prédiction de l'astrologue Seleucus convaincu de le voir devenir bientôt le maître de Rome. L'idée de revêtir la pourpre fait son chemin. Othon commence à envisager de devenir le successeur de Galba[12]. Celui-ci n'a pas de fils et s'impose comme le nouveau maître de Rome en juin 68. L'ancien ami de Néron espère être remercié de son soutien par une adoption opportune. De retour à Rome à l'automne 68, il aurait même pris l'habitude de glisser des pièces d'or dans les mains des prétoriens lors de ses visites au palais en vue d'une acclamation prochaine[13]. Sa générosité lui coûte cher et il dilapide ainsi ses dernières économies. S'il ne devient pas le successeur de Galba, sa banqueroute est garantie. Optimiste, il en plaisante en disant redouter davantage la colère de ses créanciers sur le forum que les glaives des ennemis de Rome sur le champ de bataille[14].

Les événements se précipitent dès janvier, lorsque les troupes du Rhin acclament leur gouverneur Vitellius. Pour protéger Rome, Galba adopte celui qu'il a choisi pour sa succession : Pison. Les espoirs d'Othon volent en éclats. Décidé à faire un coup d'État, il s'ouvre de son projet à cinq prétoriens qui recrutent eux-mêmes d'autres conjurés séduits par les 10 000 sesterces que l'ancien gouverneur leur verse immédiatement.

Othon veut agir le soir même mais il renonce face à la violence qu'une telle attaque implique. Il suit les conseils de Seleucus et attend quelques jours. Cinq jours infiniment longs. Le 15 janvier, il intime l'ordre à ses complices de l'attendre sur le forum pendant qu'il se rend, comme à l'accoutumée, à la salutation du matin au palais. Galba lui donne une accolade chaleureuse.

Le vieillard estime le jeune sénateur. Après les salutations, il procède aux sacrifices journaliers en présence de l'haruspice, qui le met en garde sur l'imminence d'un danger. Othon en est témoin et comprend que les dieux lui sont favorables. Il s'éclipse discrètement du palais en prétendant avoir de la fièvre, monte en catimini dans une litière de femme dont il ferme les rideaux et ordonne aux porteurs de l'amener au camp des prétoriens sur le plateau des Esquilies. Il est temps de se faire acclamer !

Mais une litière est lourde et les porteurs n'ont pas la force des chevaux. Impatient, Othon s'élance hors de son véhicule pour finir le chemin à pied, escorté par quelques prétoriens. Sa bottine se délace et manque de le faire trébucher. Les soldats en profitent pour l'attraper et le hisser sur leurs épaules. Voilà leur nouveau maître ! Le glaive au poing, ils escortent Othon dans le camp en exhortant tous leurs camarades à l'acclamer. Le premier ordre du nouveau César est d'assassiner Galba et son héritier Pison. La directive est promptement transmise aux conjurés qui attendent depuis l'aube sur le forum. Le mot d'ordre circule parmi tous les prétoriens. Galba meurt sous les coups des soldats qu'il avait refusé d'acheter – selon ses propres mots.

Sur ces entrefaites, Othon se rend au sénat comme le veut l'usage et, toujours selon la tradition, il joue les modestes. On lui a donné le pouvoir : comment le refuserait-il ? Othon ne trouve personne pour s'opposer à son avènement. L'austère Galba n'était guère apprécié et sa vieillesse était perçue comme un vecteur d'instabilité politique.

Le nouvel empereur, encore jeune mais déjà riche de son expérience de gouverneur, prend rapidement ses marques. Cependant le début de son principat s'annonce houleux car au nord Vitellius réclame les lauriers impériaux.

Le nouveau Néron

Certains sénateurs se méfient du nouveau prince, cet ancien intime du fils d'Agrippine qu'ils perçoivent comme un homme dangereux. Mais Othon dissipe très vite leurs doutes en rappelant les aristocrates exilés par le tyran[15]. Sa générosité et son sens de la mesure le rendent très vite aimable.

Par ailleurs, il offre au peuple la tête de celui que l'on percevait comme le mauvais génie de Néron : Tigellin. Rien ne vaut en effet le sang d'un bouc émissaire pour satisfaire la foule. Othon envoie des gardes dans la villa balnéaire de Sinuessa de l'ancien préfet du prétoire pour le ramener de force à Rome et le juger. Toujours hâbleur, celui-ci tente de négocier, offrant des sommes considérables pour qu'on le laisse fuir à bord du bateau qui est amarré devant sa demeure. Mais les hommes d'Othon, bien payés, restent fidèles aux ordres de leur maître. Ils ramèneront Tigellin et son exécution apaisera la vindicte populaire. Dignement, le vieil homme accepte la sentence. Il n'aura besoin que d'un instant pour finir sa toilette et les suivre. Les soldats lui laissent sa dignité et lui permettent de se retirer dans son cabinet de toilette pour se raser. Un instant plus tard, ils le retrouvent baignant dans son sang, le rasoir planté dans la carotide[16]. Le peuple n'aura pas pu se repaître du spectacle de sa mort.

En quelques semaines, Othon a gagné le respect du sénat, la loyauté de l'armée et l'affection du peuple. Certains le surnomment déjà Néron en souvenir des bienfaits de son *Quinquennium** et Othon s'empresse de restaurer le néronisme modéré des débuts[17] – le faste sans les excès tyranniques. Il accepte le surnom de Néron qu'on lui donne déjà officieusement. Ce choix montre qu'il souhaite former une continuité entre son principat et la dynastie julio-claudienne, car depuis plus d'un siècle nul ne peut être légitime sans se rattacher à eux. Il entreprend l'achèvement de la Maison dorée : puisque la monarchie est un fait admis, autant finir le palais. La tentaculaire maison de Néron n'a cependant rien d'un refuge pour le nouvel empereur. Souvent, la nuit, ses serviteurs se précipitent à son chevet, réveillés par ses hurlements. Othon fait des cauchemars terribles. Les mânes de Galba le tyrannisent et les sacrifices propitiatoires sont inutiles. Les cauchemars sont toujours un mauvais signe. La fin serait-elle déjà proche ?

Une fin héroïque

Othon n'entend pas combattre Vitellius. La guerre civile n'est pas une option pour lui. Il veut la paix. Le père de Suétone, Suetonius Laetus, admis dans

* Voir le chapitre sur Néron.

l'entourage de l'empereur comme tribun angusticlave*, atteste que ce dernier répugnait à mener une guerre fratricide[18]. Avec l'accord du sénat, il envoie une délégation prévenir les hommes du gouverneur de Germanie qu'il a été acclamé. Il propose aussi à Vitellius de lui offrir sa fille en mariage et de l'associer au pouvoir de manière à garantir la concorde. Mais le gouverneur, porté par les légions les plus valeureuses sises aux frontières, se prépare à marcher sur Rome. Othon ne peut plus éviter l'affrontement. Il décide de partir précipitamment en campagne le 24 mars 69, alors que les boucliers sacrés, exposés pour trente jours depuis le 1er mars, n'ont pas encore été remis dans le temple du dieu de la guerre – une superstition ancienne voulait qu'on ne quitte pas Rome pour combattre pendant cette période. En outre, les prêtres de la mère des dieux célébraient de leurs complaintes tragiques la castration d'Attis**. Ce jour n'était favorable ni à la guerre ni à la virilité glorieuse[19].

Othon rencontre les troupes de Vitellius au pied des Alpes italiennes. Ses légions sont moins fatiguées que celles du camp adverse et croient en leur maître. Othon, restant cependant à l'arrière, remporte trois batailles d'affilée sans écraser tout à fait ses ennemis. Le 14 avril, les belligérants se trouvent à Bédriac.

---

* Membre de la petite noblesse en fonction dans une milice équestre.

** Le culte oriental de Cybèle était apprécié des Romains. La déesse était servie par un collège de prêtres châtrés, à l'exemple d'Attis qui s'émascula lui-même. Cybèle, jalouse, l'avait rendu fou parce qu'il aimait une nymphe.

Vitellius a laissé entendre qu'il était prêt à négocier. Les hommes d'Othon en profitent pour se relâcher après trois semaines épuisantes. Mais à l'aube, les troupes de Vitellius attaquent sauvagement, contrevenant aux règles les plus élémentaires de la guerre.

Depuis l'arrière, Othon apprend que la bataille fait rage. Les hommes de la réserve sont prêts à en découdre. D'autres cohortes arrivent de Pannonie, de Mésie et de Dalmatie pour se ranger derrière lui[20]. Il a les moyens de tenir encore plusieurs jours, à condition de payer le prix du sang. L'arrivée d'un soldat venant du champ de bataille l'aide à trancher son dilemme. Le légionnaire affirme que son unité est en déroute. Les hommes restés à l'arrière refusent de le croire et le traitent de menteur et de lâche. C'en est trop pour ce légionnaire pour qui la dignité est une profession de foi. Ni lâche ni menteur, il se suicide aux pieds d'Othon pour montrer qu'il n'a pas quitté le champ de bataille par peur de mourir.

Othon, bouleversé par ce geste, déclare que plus aucun homme courageux ne sera inutilement exposé à la mort[21]. Il sait qu'il doit son avènement aux soldats et refuse de voir leur sang couler pour le maintenir au sommet de l'État. S'il veut sauver ses hommes, une décision s'impose, la seule qu'un vrai Romain puisse prendre : il exhorte ses proches à quitter le camp et à se réfugier à Rome. Ni son frère ni son neveu ne doivent rester auprès de lui. Il salue ses amis partis avec lui et les renvoie fermement en limitant les effusions. Il se retire ensuite dans sa tente et écrit ses dernières lettres : un mot d'adieu à sa sœur et une requête à Statilia Messalina. Il avait sans doute rencontré la jeune femme du temps de sa jeunesse. La jolie patricienne gravitait dans l'entourage de Néron et avait servi de pis-aller d'impératrice après la mort de Poppée. Othon lui avait proposé de l'épouser dans le but d'accentuer la continuité entre son principat et celui de Néron. La jeune femme craignait trop pour sa vie pour accepter une nouvelle union politiquement dangereuse. Dans sa lettre, Othon lui demande néanmoins de veiller à l'organisation de ses funérailles et de protéger sa mémoire contre les attaques de ses ennemis.

Après s'être acquitté de cette tâche, Othon prend soin de brûler sa correspondance. Il ne veut en aucun cas compromettre les chances de survie de ses proches car il sait qu'un changement brutal d'empereur appellera une purge[22]. Il est désormais prêt à mourir avec dignité. Il se laisse néanmoins une dernière nuit pendant laquelle il reçoit tous ceux qui souhaitent s'entretenir avec lui. Avant le point du jour, il teste le fil de deux glaives et, satisfait de leur tranchant, passe un moment seul dans sa chambre. Alors que le jour naît, il se plante un glaive dans la poitrine. Il expire au milieu de ses hommes les plus fidèles quatre-vingts jours après avoir ceint son front de la couronne de laurier.

Sa mort n'est pas perçue comme un acte lâche. Bien au contraire. Le suicide requiert du courage et prouve la noblesse de celui qui s'y résout. En mourant, Othon rétablit la paix et laisse Rome à un seul homme : Vitellius. Alors que les cohortes brûlent son cadavre, plusieurs soldats s'entretuent pour l'accompagner dans la mort, comme, il y a bien longtemps, les gladiateurs se tuaient rituellement pour rejoindre un aristocrate dans l'au-delà.

Depuis le 16 avril 69, pas un Romain ne murmure le nom d'Othon sans le célébrer comme un héros. Il se dit alors qu'il a assassiné Galba pour rétablir la république et la liberté. Mais en réalité, le geste d'Othon est vain. Déjà en Orient, Vespasien, le légat de Judée, voit le désordre à Rome comme une occasion de s'en rendre maître. Cette année funeste est loin d'être terminée.

Crépuscule

Les mains de Statilia Messalina tremblent. Elle ne veut pas ouvrir le courrier d'Othon. Elle s'imagine déjà qu'il lui ordonne de se suicider parce qu'elle a refusé de l'épouser. Néron aurait procédé ainsi et Othon est comme lui. Depuis la mort du dernier Julio-Claudien, l'ancienne première dame de l'Empire vit dans la terreur.

Elle a fait partie de ceux qui ont quitté le palais le plus discrètement possible la veille de la mort de Néron. Elle ne voulait pas finir comme Caesonia, la femme de Caligula. Elle s'était réfugiée dans une de ses villas balnéaires et ne voulait plus mettre un pied à Rome. Elle n'avait même pas assisté aux funérailles de Néron. Pas question d'être molestée, ou pis !

Statilia Messalina triture nerveusement la bague rehaussée d'une intaille à son annulaire droit. La gravure en creux dans la cornaline représente Vénus tenant deux mèches de ses cheveux de part et d'autre de son corps. La déesse anadyomène favorise les amours. Il serait peut-être temps de se débarrasser de cette bague si elle ne veut plus qu'on la demande encore en mariage[23]. Dans un mouvement de rage, elle l'enlève et la jette dans un coin de la pièce avant d'ouvrir brusquement le courrier d'Othon.

Ses yeux parcourent la surface de cire incisée par le stylet de son correspondant. L'écriture est fine, élégante. Elle constate avec étonnement que l'empereur lui annonce son propre suicide. Il la prie d'organiser ses obsèques et de veiller au respect de sa mémoire[24]. La jeune femme soupire, soulagée. Au moins on ne lui demande pas de s'entailler les veines, c'est déjà ça. Heureuse de pouvoir vivre encore, elle abandonne la tablette sur un meuble et sort profiter du soleil d'avril dans le péristyle. En étendant les mains devant elle pour jouir des rayons de l'astre du jour, elle constate que plus aucune bague n'orne sa main droite. Elle ressent alors un sentiment d'urgence. Il lui faut absolument se rendre chez l'orfèvre pour en acheter une nouvelle !

9

Vitellius, on achève bien les porcs

« Le cadavre d'un ennemi sent toujours bon, surtout si c'est celui d'un concitoyen. »

Suétone, *Vitellius*, 10

Vitellius n'a qu'une hâte : rentrer à Rome. Mais il sait que partout où il passe il doit remplir ses fonctions impériales. Il sera ainsi assuré du soutien du peuple lorsqu'il écrasera Othon. Depuis qu'il a quitté la Germanie, il s'est arrêté dans toutes les villes comptant d'importants notables locaux. Vienna, au sud de Lugdunum, n'est pas une grande cité, mais elle est peuplée de riches marchands et d'aristocrates. Impossible de ne pas se montrer affable avec ses habitants, et s'il y a une chose que Vitellius sait bien faire, c'est cacher son ennui et son mépris derrière une expression fallacieusement avenante. Son père le lui a appris lorsqu'il était enfant et il a souvent eu l'occasion de mettre son art de la dissimulation en pratique.

Le Romain obèse s'installe sur le siège du tribunal de la ville et sourit. La masse adipeuse de ses joues tremble comme de la gelée de part et d'autre de sa bouche lippue. Un Gaulois portant le laticlave s'avance vers lui et le salue avec déférence. Il se plaint de n'avoir jamais été payé pour le vin qu'il a livré au *thermopolium**, en face du forum. Son avocat se lance dans un exercice rhétorique fastidieux. Vitellius réprime un bâillement. Il sourit toujours mais on peut lire dans ses yeux ronds son dégoût d'être coincé parmi ces provinciaux. Il déteste ces tribunaux de campagne ouverts aux quatre vents. À quelques mètres de lui, trois poules et un coq picorent de la vermine sur les mosaïques. Du coin de l'œil, il suit la progression des volatiles. Il les imagine déjà plumés, rôtis, farcis... Ses joues tremblotent alors que la salive lui inonde la bouche. Soudain le coq, parvenu au pied de l'estrade, bat des ailes. L'avocat le chasse d'un petit coup de pied sans interrompre son laïus. Affolé, le roi de la basse-cour vient se percher sur l'épaule de Vitellius. Les rires fusent dans le tribunal tant la situation est cocasse. Son visage s'empourpre. Il s'agite pour chasser l'odieuse bestiole. Celle-ci se perche sur sa tête[1] et lui donne des coups de bec pour se protéger des mains épaisses de son perchoir en colère. Vitellius est si gros qu'il peine à lever les bras. Alors qu'il se trémousse pathétiquement, un soldat à côté de lui fait tomber la bête au sol en la poussant avec le manche de sa lance.

La foule est hilare. Mais au milieu des rires, Vitellius entend une voix prononcer une mise en garde. Qu'il se méfie du coq gaulois !

* Restaurant servant des mets chauds.

Le gène de la flagornerie

En préambule de sa *Vie de Vitellius*, Suétone s'interroge sur son ascendance. Selon certains, elle est prestigieuse, selon d'autres, abjecte. Cette famille, peut-être de sang royal, viendrait de Sabine et serait entrée dans le patriciat en arrivant à Rome à une date mal déterminée. Mais il se disait aussi que le fondateur de la lignée était un savetier affranchi du nom de Cassius Severus marié à une ancienne prostituée. Pour Suétone, il n'y a qu'une certitude : cette famille de chevaliers vient de Nucérie, l'actuelle Nocera en Campanie. Ses membres ont exercé de hautes charges depuis le principat d'Auguste. Au Iᵉʳ siècle de notre ère, les *Vitellii* sont très proches des plus hautes instances impériales[2].

Lucius Vitellius, le père du futur empereur, s'est illustré en Syrie. Il a habilement rempli ses fonctions de gouverneur en entretenant des rapports apaisés avec Artaban, le roi des Parthes. Comment était-il parvenu à de tels résultats ? Le mystère reste entier, mais on peut gager sans prendre trop de risques qu'il a usé de son plus grand talent : la flagornerie. Il en fait de nombreuses démonstrations à son retour à Rome, avec Caligula en premier lieu. Bien que les sénateurs ne supportent plus l'arrogance et les injustices du prince aux sandales de soldat, Vitellius père continue de faire des courbettes. Au sens littéral. Il adule complaisamment Caligula comme s'il était un dieu en s'inspirant des rites syriens. Le consulaire ne se présente devant son empereur que la tête voilée et se prosterne à ses pieds. Il se fait adorer de son fantasque *princeps* mais déclenche tellement l'ire de ses collègues de la curie que de méchantes rumeurs circulent bientôt sur son compte. Lucius Vitellius serait fou d'amour pour une affranchie ! Jusque-là, rien de bien grave, mais il se livrerait à d'étranges perversions avec elle. Il mêlerait sa salive à du miel et se délecterait quotidiennement de ce mélange pour prendre soin de sa gorge. Comble du vice, il se vanterait à qui veut l'entendre des bienfaits de ce remède[3]. Son appétence pour les sécrétions d'une ancienne esclave ne manque pas de susciter le dégoût. Le détournement de ses fluides corporels attesterait de son indignité physique, reflet de sa nécessaire indignité morale.

Si ce racontar est assez peu digne de foi, d'autres, en revanche, sont en parfaite adéquation avec son caractère. Après avoir complu à Caligula, Lucius Vitellius se lance dans une nouvelle opération séduction avec Claude. Plus flagorneur que jamais, il obtient même les bonnes grâces de Messaline en lui jouant la partition de l'amour courtois avant la lettre : il la déchausse lors d'un dîner et lui demande l'autorisation de garder l'un de ses souliers qu'il conserve telle une relique précieuse dans les plis de sa toge.

Après la mort de Messaline, il se rend tout aussi aimable auprès d'Agrippine, non en jouant les amoureux – cela ne prend pas avec elle –, mais en facilitant la réalisation de ses projets. Il fait ainsi voter au sénat le décret obligeant Claude à épouser sa nièce en créant une exception à la coutume sur l'inceste[4]. En récompense d'une vie dédiée à la duplicité, Vitellius bénéficie de funérailles publiques et d'une inscription sur la tribune aux harangues rendant hommage à sa piété envers l'empereur[5]. Quel exemple pour ses enfants !

Aulus Vitellius, né le 24 septembre 15, grandit avec pour modèle ce père opportuniste, hypocrite, pour qui la flatterie est un art consommé mis au service de ses ambitions.

Vil et ambitieux

Peu après la naissance d'Aulus, ses parents se questionnent sur son avenir et paient un astrologue pour lever le voile sur les mystères de l'avenir. Mais au fur et à mesure que le devin établit l'horoscope du petit, les parents blêmissent. Des drames sont en effet associés à sa vie, dont la nature est mal déterminée. Par précaution, son père fait en sorte qu'il n'obtienne pas de gouvernement de province de son vivant. Sa mère, quant à elle, fera une crise d'angoisse quand elle apprendra que son fils a été acclamé empereur.

Mais en attendant ces jours sombres, il n'est nullement question de le priver d'une bonne éducation à la cour et d'un solide réseau. À l'adolescence, Vitellius fait donc partie des rares jeunes gens admis à la cour de Tibère à Capri. Et comme personne ne sait ce qui se passe vraiment sur cette île, il se dit qu'il faisait partie des *spintries*, ces jeunes gens invités à s'accoupler sous le regard lubrique du vieil empereur au membre érectile défaillant. On ajoute à cela que Lucius aurait tiré profit de la prostitution de son fils pour avancer plus vite dans sa carrière[6].

Évidemment, croire ces commérages croustillants est très tentant, mais il convient de rester prudent. Après son avènement, Caligula bannit les *spintries* et aucune source ne mentionne un exil précoce dans la vie de Vitellius. Au contraire, celui-ci est très proche du jeune empereur, dont il partage l'intérêt pour les courses de chars. D'ailleurs, la stratégie de Vitellius pour être en odeur de sainteté à la cour est de partager les loisirs des empereurs successifs : les dés avec Claude, les courses encore et le théâtre avec Néron. Alors qu'il préside les jeux néroniens, il supplie même l'empereur citharède de monter sur scène alors que celui-ci fait semblant de résister.

Ses amitiés lui valent une belle carrière. Outre des sacerdoces honorifiques à foison, il reçoit notamment le proconsulat d'Afrique entre 60 et 62. Et Suétone de s'étonner de le voir exercer correctement cette fonction car, revenu à Rome, il change d'attitude, profitant allègrement de sa charge d'intendant des travaux publics pour voler des trésors dans les temples. Il aurait été jusqu'à substituer à des objets de culte en or et en argent des copies en laiton ou en étain[7] – ce qui est un peu plus difficile à croire car l'argent et l'étain n'ont pas précisément le même poids et qu'il lui aurait fallu recourir à un faussaire très expérimenté et ingénieux, ce qui est somme toute assez peu crédible.

Quoi qu'il en soit, Vitellius est bien le fils de son père : en quête de richesses et de prestige, il joue les vils enjôleurs auprès des empereurs pour s'assurer une carrière d'exception. Il est si aimable et si peu dangereux en apparence qu'on lui confierait n'importe quelle mission. Ainsi Galba, après avoir ceint les lauriers à Rome, commet-il la plus affligeante des erreurs : lui déléguer la responsabilité des légions de la Germanie inférieure[8], dont les velléités insurrectionnelles sont bien connues.

Un mauvais père de famille

À Rome, se marier permet d'établir des liens de solidarité avec sa belle-famille. Vitellius recherche donc un bon parti qui lui apportera à la fois de l'argent et du prestige. Il jette son dévolu sur Petronia, la fille de Publius Petronius Turpilianus, consul en 61 sous Néron. Ensemble, ils ont un fils. Mais sa femme se rend vite compte que l'affabilité de son époux dissimule une personnalité mesquine. Il n'a guère de sentiments pour elle – qui ne présente d'intérêt que par sa fortune considérable. Aussi prend-elle la décision de léguer ses biens à son fils à l'unique condition que Vitellius l'émancipe de sa tutelle. Celui-ci ne pourra pas percevoir le moindre sesterce. Vitellius accepte. Il signe sans rechigner tous les documents nécessaires pour que son enfant n'ait plus de tuteur légal et patiente… Juste après la mort de Petronia, il organise le meurtre de son fils et prétend que celui-ci, pris de remords, s'est suicidé avec le poison qu'il avait utilisé pour tuer sa mère. Personne ne peut matériellement démentir la version de Vitellius. Tout endeuillé de sa femme et de son fils, il capte donc légalement l'héritage qu'elle n'a jamais voulu lui céder[9].

Peu après, il épouse une autre fille de sénateur. Galeria Fundana lui donne deux enfants. Un garçon et une fille. Pour témoigner de son attachement à la

Domus Augusta, il appelle son fils Germanicus mais ne lui témoigne que peu d'affection. Son bégaiement[10] ne le rend pas particulièrement aimable, dans une Rome où les défauts physiques sont le signe de la colère des dieux. Et les dieux ont bien des raisons d'être en colère contre cet homme qui ne respecte pas la piété filiale, cette dévotion presque sainte que l'on doit aux membres de sa famille.

Vitellius fait à nouveau la preuve de son égoïsme à l'été 68, avant de partir pour la Germanie inférieure. Il lui faut de l'argent pour payer son voyage jusque dans ces sauvages contrées septentrionales et il est hors de question de voyager comme un miséreux. Pour trouver rapidement les liquidités dont il manque à force de dilapider son argent en banquets et en inutiles artefacts de luxe, il installe sa femme et ses enfants dans un minuscule appartement loué pour une bouchée de pain et met sa maison en location. Pour compléter ce pécule, il prend une perle de grande valeur à sa mère et la met en gage. Enfin, il accuse ses créanciers de l'avoir injurié et les poursuit en jouant de son nouveau statut social face à de misérables affranchis. Il pousse le vice jusqu'à accuser l'un d'eux de l'avoir battu et obtient 50 000 sesterces pour ce préjudice imaginaire.

Le grassouillet gouverneur se met donc en route les poches pleines. Faisant montre d'une exquise affabilité avec toutes les personnes qu'il croise, voyageurs dans les auberges, soldats en transit, pas une personne ne peut dire le moindre mal de lui. Et sur le *limes*, si les légions mécontentes l'attendent de pied ferme, elles tombent comme les autres sous le charme – grâce il est vrai à l'octroi de nombreuses pièces d'argent. Les légionnaires n'ont qu'à tendre la main pour la voir se remplir d'espèces sonnantes et trébuchantes[11]. Les troupes achetées sont heureuses mais Vitellius ajoute à sa prodigalité intéressée quelques mesures magnanimes. Il supprime toutes les punitions données par ses prédécesseurs ; toutes les flétrissures sont abolies[12]. Terminées l'austérité et la discipline. Les soldats ont désormais les yeux de Chimène pour ce nouveau légat complaisant, si bien qu'à la nouvelle de la mort de Galba ils se précipitent au *praetorium** et l'acclament. Vitellius est cueilli par ses hommes en pleine soirée. Ils le portent à travers la ville sur leurs épaules. Le nouvel empereur est alors revêtu de sa tenue d'intérieur. Pour lui donner un peu de prestance, on lui a mis dans les mains le glaive de Jules César, une relique tirée du temple de Mars. Après un périple guignolesque dans les rues de Cologne, les soldats le ramènent chez lui et découvrent avec horreur que des braises sorties de la cheminée sont en train de mettre le feu à la salle à manger. Face à ce spectacle déconcertant, les légionnaires restent sans voix, mais Vitellius, tel le courtisan mielleux qu'il a toujours été, trouve les bons mots pour les apaiser : « Ayez confiance ! C'est un feu de joie pour nous[13]. »

Peu après, Vitellius se fait acclamer par les légions voisines de Germanie supérieure et accepte à leur

---

* Le *praetorium* était la demeure urbaine du légat de légion. Vitellius occupait celui de Cologne. La ville s'appelait alors Colonia Claudia Ara Agrippinensium en l'honneur de l'impératrice Agrippine.

demande le surnom honorifique de « Germanicus ». Il espère obtenir des sénateurs celui d'« Auguste ».

Galba a placé Vitellius en Germanie sur les conseils de son ami Titus Vinius. Il pensait favoriser un goinfre ne faisant que peu de cas de la politique car il savait que les légions rhénanes avaient une propension à se rebeller facilement[14]. Il n'était pas question de mettre un ambitieux à leur tête. Mais Vitellius est le plus retors des ambitieux. Son amour du prestige et de l'argent est sans bornes et il saisit immédiatement l'occasion de conquérir la pourpre, non par amour du pouvoir, mais par passion du luxe.

Le voyage d'un empereur

Vitellius devient empereur à cinquante-trois ans. Ses représentations monétaires et statuaires sont en adéquation avec les mots de Suétone : le neuvième César est imposant par ses dimensions peu communes tant en hauteur qu'en largeur. Son nez trop petit et sa bouche ronde se perdent dans ses larges joues empourprées par le vin. Sa bedaine épaisse le rend encore plus imposant, bien que cela inspire du dégoût aux Romains traditionnels pour qui la frugalité reste une valeur[15]. Les descriptions littéraires ne cachent pas les défauts que les statues ignorent, à l'instar de sa cuisse rendue faible par un accident de char datant de l'époque où il accompagnait Caligula dans ses courses et qui le fait parfois claudiquer[16].

Malgré cette apparence peu avenante, les légions grassement payées sont prêtes à l'emmener à Rome.

Vitellius sait qu'Othon viendra à sa rencontre et envoie un premier corps d'armée vers lui. Un aigle plane longtemps au-dessus du contingent. Les hommes y voient un signe divin en leur faveur. Vitellius part avec le second convoi. Ce voyage est plus long car le nouvel empereur au front ceint de lauriers s'impose de nombreuses haltes. Chaque dîner devient un festin improvisé. Il laisse ses soldats commettre des rapines et en plaisante volontiers avec eux. Pour diffuser son image, il fait ériger dans toutes les grandes cités qu'il traverse des statues équestres à son effigie. Hélas, les sculptures s'effondrent les unes après les autres. Les pattes de marbre des chevaux éclatent sous le poids du cavalier. Les mauvais présages s'accumulent. Vitellius perd sa couronne dans un cours d'eau qu'il passe à gué. Il se murmure alors qu'il ne gardera pas l'Empire longtemps. Un autre signe dans la cité de Vienne, au sud de Lyon, attire l'attention. Alors que Vitellius rend la justice dans un tribunal, un coq effronté se perche sur son impériale épaule puis sur sa tête. La scène est ridicule. Elle signifie quelque chose, mais impossible de comprendre encore ce message sibyllin envoyé par les dieux. Il est trop tôt.

Vitellius reprend ensuite sa route vers le sud, en longeant le Rhône. Avant d'avoir franchi les Alpes, il apprend la victoire de ses hommes à Bédriac et la mort d'Othon. Sans même attendre d'être reconnu par le sénat, et parce que les soldats du camp des Esquilies ne sont pas fiables et se vendent continuellement au plus offrant, il signe un édit dissolvant les cohortes prétoriennes – une décision qui relève presque du bon sens. Il ordonne également que l'on fasse mettre à mort ceux qui ont pris part au meurtre de Galba et réclament une gratification pour cela. De nombreux Romains approuvent cette mesure et félicitent le nouvel empereur de ne pas laisser les prétoriens se comporter en mercenaires.

L'arrivée à Bédriac est un choc pour les soldats du second convoi. Dans la plaine au pied des Alpes, les corps des vaincus sont devenus des charognes puantes. Près de 40 000 cadavres pourrissent sous le soleil printanier. L'éclat des armures est terni par les fluides s'écoulant des chairs en putréfaction. Les orbites béantes des crânes se sont transformées en nids à vermine. Des doigts décharnés serrent encore des glaives rougis de sang. L'odeur de la décomposition emplit l'air, agresse les narines, s'incruste dans la peau et les vêtements. Face à ce spectacle désolant, de nombreux soldats sont pris de nausées. Vitellius, en génial opportuniste, sait qu'il ne doit montrer aucun signe de faiblesse. Et de s'exclamer alors que « le cadavre d'un ennemi sent toujours bon, surtout si c'est celui d'un concitoyen ». Sur ces mots terribles, il fait distribuer du vin à ses troupes et en boit lui-même une grande quantité. Selon lui, l'ivresse doit rendre moins sensible aux exhalaisons fétides se dégageant de leurs frères d'armes. En s'avançant vers le camp d'Othon, Vitellius découvre une pierre érigée à la hâte à la mémoire de son prédécesseur vaincu. La simplicité du monument l'amuse. Le nouvel empereur n'a de goût que pour le luxe tapageur. Il s'empare du glaive avec lequel Othon s'est donné la mort – ou plus certainement de n'importe quel glaive traînant dans les alentours – et l'envoie comme présent au temple de Mars de Cologne, point de départ de son périple[17].

Le 19 avril, le sénat le reconnaît comme le nouveau maître de Rome, où il fait peu après une entrée triomphale. Il défile au milieu des soldats vêtu en général. Les armes rutilantes rappellent au peuple qu'il a obtenu le pouvoir par le sang et qu'il sera prêt à le verser encore si nécessaire. Après une longue carrière faite de courbettes, Vitellius entend bien se comporter en monarque absolu. Il confisque la plus haute magistrature en se nommant consul perpétuel, s'arroge plusieurs pontificats et fait des sacrifices en l'honneur de Néron[18]. S'il faut voir ce dernier geste comme une manière de se rattacher à la dynastie julio-claudienne pour ancrer sa légitimité, les Romains le perçoivent comme la promesse d'une tyrannie.

Le palais des vices

Pour Vitellius, la pourpre est un affranchissement. Il lui est désormais possible de laisser libre cours à toutes ses passions : la violence, la luxure et la nourriture en tête. À l'instar de Néron, il s'entoure d'une cour d'histrions et d'auriges auprès de qui il prend ses décisions politiques. Celles-ci n'ont guère de poids dans le fond, car Vitellius ne s'intéresse pas à la politique. Être détenteur du pouvoir lui suffit amplement.

Ses quelques mois à la tête de l'Empire sont rythmés par sa relation d'amour-haine avec un affranchi du nom d'Asiaticus. Des années auparavant, il avait eu avec lui une relation homophile passive et active. Être pénétré est déshonorant pour un citoyen romain et Suétone insiste sur cette infamie en expliquant qu'Asiaticus s'était enfui dans un élan de dignité. Mais Vitellius le fait rechercher et le retrouve à Pouzzoles, où il a ouvert une échoppe de mauvais vins. Il le fait littéralement kidnapper en secret et jeter aux fers. Après un traitement aussi inique, Asiaticus voit naturellement Vitellius comme son sauveur lorsque celui-ci le fait sortir de prison. Mais l'affranchi n'aspire qu'à une liberté effective, et subir les assauts de ce pourceau l'écœure. Blessé par le désamour d'Asiaticus, Vitellius le vend à un laniste* puis le rachète juste avant son premier combat. Une fois ceint des lauriers impériaux, le satyre obèse continue de souffler le chaud et le froid à une vitesse vertigineuse. Alors que l'affranchi demande à être élevé au rang de chevalier lors d'une salutation matinale, Vitellius refuse d'infliger une telle souillure à la noblesse. Le soir même, il lui offre publiquement l'anneau porté par tous les membres de cet ordre[19].

L'anecdote d'Asiaticus, sans doute un peu exagérée, illustre l'inconstance de Vitellius. De nombreuses autres anecdotes mettent en lumière sa cruauté mais aussi sa gourmandise proverbiale. L'empereur passe ainsi presque toute ses journées à table en enchaînant quatre repas, ne prend presque jamais ses dîners au palais, préférant se faire inviter çà et là tel un parasite**

---

* Marchand, entraîneur et propriétaire de gladiateurs.

** Les parasites étaient ces personnes assez pauvres qui passaient la journée, des forums aux thermes, à rechercher une âme

– ses hôtes ayant l'obligation de lui servir les mets les plus fins et les plus chers.

Zélé, son frère lui offre un banquet pantagruélique pour plusieurs centaines de milliers de sesterces. Les poissons les plus rares et les oiseaux les plus exotiques lui sont servis. Vitellius imagine lui-même les plats les plus improbables et les plus caloriques. Loin de la délicatesse d'un fin gourmet tel que Lucullus*, il fait préparer une recette qu'il nomme malicieusement « le bouclier de Minerve » en raison de la dimension du plat de service. À l'intérieur, le cuisinier jette pêle-mêle des foies de scare**, des cervelles de faisan et de paon, des langues de flamant et des laitances de murène… Cette recette est si improbable qu'on peut légitimement douter de sa véracité. Ses détracteurs veulent assurément exagérer la folle gloutonnerie de l'empereur et démontrer qu'il est prêt à vider les caisses de l'État pour ses frais de bouche. Mais il faut reconnaître aussi que les Romains sont capables de cuisiner des mets invraisemblables…

---

généreuse pour les inviter à dîner. En échange, le parasite acceptait d'être celui dont les autres convives se moquaient. Leur supériorité s'exprimait par leur dédain.

* Ce général romain (118-56 av. J.-C.) était un grand amateur de cuisine. Selon Plutarque (*Vie de Lucullus*, 41, 3-7), un jour qu'il dînait seul, il tança l'esclave qui ne lui avait fait préparer qu'un seul plat : « Ne sais-tu pas que ce soir, Lucullus dîne chez Lucullus ! » Voir à ce sujet la biographie de Y. Le Bohec, *Lucullus, général et gastronome*, Paris, Tallandier, 2019.

** Est-ce bien crédible ? Le doute est permis pour des questions évidentes de conservation, ces poissons-perroquets provenant des tropiques.

Il se murmure encore que l'insatiable appétit de Vitellius le pousse même à profaner les sacrifices. Après avoir tué l'animal, il est normal de le cuire. Mais l'empereur se précipite sur les braseros et arrache la viande à peine saisie pour l'avaler avec des pains au froment préparés pour les rituels ! Ce n'est plus un homme mais un ventre sur pattes[20], l'incarnation du péché capital de gourmandise. Fort heureusement, il n'était pas chrétien !

À son appétit s'ajoute un tropisme certain pour le meurtre, surtout lorsqu'il est question d'argent. Malheur à celui qui ose lui demander de payer ses dettes : il n'obtient que le supplice. De même, Vitellius se débarrasse sans l'ombre d'un scrupule des amis dont il s'est lassé. Condamner un proche à mort pour capter son héritage est pour lui une source de revenus comme une autre... Il est même soupçonné d'avoir fait tuer sa mère en interdisant de la nourrir, alors qu'elle était malade, au prétexte qu'une voyante étrangère lui aurait prédit qu'il ne conserverait longtemps le pouvoir que s'il lui survivait[21].

De débauches en injustices, le principat de Vitellius se mue en naufrage. Personne ne respecte cet immonde pourceau en rupture avec toutes les valeurs romaines. Il n'a même pas la légitimité d'un Julio-Claudien. Rome et l'Empire ne rêvent que d'un nouveau maître, d'un retour à une saine autorité. Dès le mois de juillet, les troupes des Balkans et d'Orient font défection et se rallient à un homme des plus honorables. Vespasien, ancien client du père de Vitellius et commandant de l'armée, se couvre de gloire en Judée. Le général regarde à nouveau vers Rome et s'engage dans la conquête de la pourpre.

Du palais aux gémonies

Vespasien tisse une stratégie et fédère autour de lui tous les soldats mécontents. Certes, Vitellius les avait achetés, mais l'or ne fait jamais taire le mépris. Se pensant en danger à l'approche de son ennemi, l'empereur fait une allocution sur le parvis du palais. Il explique qu'il n'a jamais voulu le pouvoir, qu'il n'a pas eu le choix et qu'il est désormais prêt à abdiquer. Une partie du peuple et des prétoriens l'invite toutefois à ne pas renoncer. Comprenant alors qu'il lui reste des appuis, il diffère sa décision au lendemain matin.

À l'heure où les Romains se retrouvent sur le forum, il fait une allocution identique à celle de la veille depuis la tribune aux harangues et reçoit de nouveau des soutiens. Il charge alors sa garde de faire arrêter les partisans de Vespasien. Il rend ensuite visite aux sénateurs et tend à chacun d'entre eux, l'un après l'autre, son glaive de général pour démontrer sa bonne foi. Si d'aventure quelqu'un pense pouvoir mieux s'occuper de l'État, qu'il en prenne la tête. Évidemment, Vitellius n'essuie que des refus. Il propose alors de déposer ce glaive au temple de la Concorde, cette divinité qui veille à la bonne entente des Romains. Et alors qu'un sénateur s'écrie : « C'est toi la Concorde ! », il répond avec un aplomb déconcertant qu'il accepte de prendre le surnom de « Concorde[22] ».

L'empereur de la bonne entente n'est cependant pas sorti d'affaire. S'illustrant encore par sa couardise, il propose d'envoyer une délégation de vestales discuter avec les émissaires de l'usurpateur Vespasien dont les hommes se rapprochent. Pourquoi des vestales ? Parce qu'elles sont sacro-saintes et qu'il est religieusement interdit de leur faire le moindre mal. Vitellius espère se placer sous leur protection et impressionner ainsi Vespasien. Mais la ruse ne prend pas.

Le 22 décembre 69, à la faveur du petit jour, Vitellius décide de s'enfuir. Il n'est pas prêt à risquer sa vie contre un général aguerri. Mais une rumeur trompeuse parvient jusqu'à ses oreilles : Vespasien serait favorable à un accord de paix. Sans même vérifier cette information, Vitellius regagne le Palatin et remarque que tous les courtisans ont déserté le palais. Le flair de cette engeance est sans faille : la fin est proche. Mais pour lui, il est trop tard, les militaires de Vespasien sont tout près. Muni d'une bourse d'or pour acheter d'éventuelles mauvaises rencontres, le pourceau lauré se dissimule dans la loge du gardien du palais, laissant un molosse dissuader les curieux de la fouiller.

Les éclaireurs de Vespasien ne tombent pas dans ce piège grossier et le tirent sans peine de sa misérable cachette. Tremblant de toute sa graisse, il implore les soldats de lui laisser la vie sauve au prétexte qu'il aurait d'importantes révélations à faire à leur maître. Sa ridicule tentative de négociation ne fait qu'envenimer la situation. Les soldats lui attachent les mains dans le dos et le traînent sur la Voie sacrée en direction des escaliers des Gémonies. Sur le chemin, ils le forcent à garder la tête droite en lui tirant les cheveux et en maintenant le fil d'une lame sous son menton. Les passants, exaltés par le spectacle de sa déchéance, l'insultent, lui jettent des immondices à la figure et se moquent de son physique ingrat. À l'issue de cette marche de la honte, Vitellius est sauvagement assassiné. Son cadavre est traîné des Gémonies jusqu'au Tibre. Parmi les hommes de Vespasien responsables de l'exécution de Vitellius se trouve un Gaulois du nom d'Antonius Primus. On le surnomme Beccus, le bec de coq…

Crépuscule

Rome, été 41 après J.-C., dans les bureaux de l'administration impériale du palais :

— Et pourquoi devrais-je convaincre Claude de donner le poste de légat de la IIe légion Augusta de Germanie à ton Vespasien* ?

Narcisse se recule dans son fauteuil et observe Cénis assise sur le coin de son bureau. Elle fait mine de pousser du bout des doigts les calames et les encriers pour ne pas tacher sa robe. Son geste fait glisser l'emmanchure de sa tunique sur son bras et dévoile son épaule droite. Même si tout cela paraît naturel, Narcisse sait que chacun de ses mouvements est minutieusement calculé. À plus de quarante ans, l'ancienne secrétaire particulière d'Antonia

* Ph. Tarel, *Titus*, Paris, Ellipses, 2016, p. 54. Cénis a très probablement obtenu ce poste pour Vespasien à partir du 1er janvier 42 grâce à l'entremise du réseau des affranchis impériaux dont elle faisait partie. Narcisse avait en effet appuyé la candidature de Vespasien auprès de Claude.

est toujours une femme superbe. Elle n'a rien à envier aux petites courtisanes de seize ans à la mode. Son port altier lui confère une beauté froide. Mais sous sa peau marmoréenne brûle un feu puissant nourri de folles ambitions. Si elle avait été un homme, nul doute que Claude lui aurait donné un poste important dans l'administration impériale.

Après un silence, elle plante son regard dans celui de Narcisse et murmure calmement :

— Le pouvoir de Claude est encore fragile. Peu nombreux sont ceux qui le prennent au sérieux. Il aura besoin de soutiens loyaux, surtout auprès de légions trop promptes à proposer leur légat comme nouveau maître de l'Empire. Souviens-toi de ce qu'ils ont fait à Germanicus. Si le général n'avait pas été fidèle à Tibère, il aurait pris Rome*.

Narcisse rit. Les arguments de l'affranchie sont imparables, mais il sait qu'elle tente de le manipuler.

— Allons Cénis. Pas à moi. Tu as d'autres projets en tête. Sais-tu au moins qu'il ne t'épousera jamais ? Pourquoi veux-tu tant favoriser sa carrière ?

Cénis se penche lentement sur le bureau avec des ondulations de couleuvre. Ses mains froissent les papyrus déroulés. Elle s'arrête à quelques centimètres du visage de Narcisse. L'*ab epistulis*** est enveloppé par son parfum : la myrrhe entêtante et la suavité de la rose. Il se carre dans le fond de son fauteuil. L'affranchie est vraiment impressionnante. Ses yeux ont un magnétisme particulier. Si elle a contribué à détruire un préfet du prétoire, elle pourrait détruire n'importe qui. Discrète, efficace et redoutable, personne ne maîtrise mieux qu'elle les arcanes du pouvoir. Narcisse sent qu'il vaut mieux ne pas s'en faire une ennemie.

---

* Voir le chapitre sur Tibère.

** Préposé à la correspondance impériale.

Elle murmure à quelques centimètres de ses lèvres. Sa voix est douce, mais lorsqu'on l'écoute attentivement, on entend une âpreté et une détermination presque effrayantes.

— Vespasien est brillant. Il est promis à un grand avenir. Fais-moi confiance. Et puis, qui te dit que je veux être sa femme ?

Narcisse déglutit. Il cherche à dissimuler son trouble, mais sa voix mal assurée le trahit :

— Qu'est-ce que j'aurai en échange ?

Cénis se penche à son oreille et lui susurre :

— De bons amis. On a toujours besoin d'amis, surtout au palais.

Elle se redresse brusquement et marche jusqu'à l'entrée du bureau avec la prestance d'une reine. Sur le seuil de la porte, elle se retourne. Son ton est autoritaire comme si elle se voyait déjà impératrice :

— Je compte sur toi Narcisse.

10

Vespasien,
heurs et splendeurs d'un opportuniste

« Malheur ! Je crois que je deviens un dieu. »

Suétone, *Vespasien*, 23

Vespasien lance les dés. Un deux et un quatre. Il grimace. Il n'est pas en veine. Son partenaire de jeu, un vieux Grec habitant la villa d'à côté, a gagné la partie. Vespasien plonge sa main dans sa bourse de cuir et jette une drachme sur la table à contrecœur. La pièce d'argent roule sur la tranche avant de basculer du côté pile, laissant apparaître le profil bouffi de Néron. Le Grec la ramasse, un léger sourire aux lèvres, et récite un vers d'Eschyle :

— « Il est peu d'hommes enclins à rendre hommage, sans quelque mouvement d'envie, au succès d'un ami. »

— Ça suffit la poésie ! s'agace Vespasien.

Il se tourne vers la terrasse pour ne plus voir l'expression satisfaite de son partenaire. À l'horizon, l'azur de la mer et celui du ciel se confondent en une ligne opalescente. Tuer le temps en jouant aux dés. Voilà sa punition pour ne pas aimer l'amateurisme au théâtre ! Cénis était convaincue que ce voyage en Achaïe favoriserait sa carrière : « Néron n'admet que peu de courtisans pour l'accompagner en Grèce, c'est une chance, saisis-la », avait-elle assuré. Une chance ? Une torture, oui ! Néron n'avait pas tenu à découvrir la province des Hellènes pour rendre hommage à ses aïeux à Actium ou impulser des réformes. Il ne voulait que chanter dans les théâtres et les courtisans devaient faire la claque. Au début, Vespasien trouvait des excuses. Une affaire urgente, un courrier à envoyer à Rome, des maux de ventre, n'importe quoi plutôt que de sourire béatement en écoutant cette voix s'essouffler dans des aigus inatteignables. Les regards courroucés de l'empereur l'avaient convaincu d'arrêter de s'éclipser, mais il s'était endormi pendant un récital. C'était assez pour être chassé du cercle des courtisans mais trop peu pour s'autoriser à rentrer à Rome. Il était obligé de rester en Achaïe et de louer cette villa qui lui coûtait les yeux de la tête en attendant des ordres du prince.

— Vespasien, Néron te fait porter un courrier urgent.

Le sénateur se retourne, Cénis lui tend la missive scellée. Elle a gardé cette habitude du temps où elle était la secrétaire d'Antonia de se déplacer discrètement, comme un félin. Il ne l'a même pas entendue arriver. Même si elle a vieilli, l'affranchie impériale est encore belle. Après tant d'années, il est toujours frappé par la perfection praxitélienne de son visage.

Dépité par son annonce, il lui arrache la tablette des mains et la décachette en grognant.

— Je parie que l'empereur m'ordonne de me suicider pour avoir dormi pendant qu'il chantait. Chienne de vie ! Sois gentille, Cénis, va chercher un poignard et n'hésite pas à m'accompagner dans les Enfers. Tiens, il reste une drachme ou deux dans ma bourse, ça paiera l'obole à Charon...

La lecture de la lettre interrompt ses sarcasmes. Il vient d'être nommé commandant de la guerre de Judée. Il regarde Cénis, incrédule. La mission est aussi complexe que prestigieuse. Il exulte. Enfin il va pouvoir en finir avec cette vie oisive, reprendre du service dans les armées et prouver ses qualités d'homme de terrain. Le Grec se penche par-dessus la table de jeu et explique à Vespasien qu'une vieille légende voudrait que l'empire du monde soit offert aux maîtres de la Judée*.

— Eschyle a écrit : « On ne lutte pas contre la force du destin ! », ajoute-t-il malicieusement.

Vespasien rit en regardant tour à tour son partenaire de dés et sa concubine.

— Je vais prendre goût à la poésie finalement !

Modestes ambitions

Vespasien est issu d'une famille plébéienne que l'on pourrait aujourd'hui qualifier de bourgeoise. Son père, Sabinus, d'origine sabine, a fait une courte carrière militaire suivie d'un séjour comme percepteur en Asie, où sa probité a été très appréciée ; sa mère, Vespasia Polla, provient d'une ancienne famille de la petite noblesse campanienne[1].

Titus Flavius Vespasien est le troisième enfant de ce couple établi près de Réate, dans le Latium. Il naît

* Suétone, *Vespasien*, 4, n. 16, p. 491. Suétone applique cette prédiction à Vespasien. Elle avait en réalité un caractère messianique.

le 17 novembre 9 apr. J.-C. sous le principat d'Auguste. Tertulla, sa grand-mère paternelle, est une solide Italienne au caractère bien trempé. Lorsque Sabinus lui annonce, après avoir pris les auspices, que le petit Vespasien est destiné à régner sur l'Empire elle éclate de rire et se moque gentiment[2] ! Lorsque ses parents sont en déplacement à l'étranger, le petit Vespasien vit à Cosa chez sa grand-mère. Il gardera toute sa vie un fort attachement à cette terre étrusque bordée par la mer[3].

Suétone ne s'étend pas sur les études menées par le jeune garçon mais on sait qu'il développe un sens pratique aigu. Il se montrera également bon orateur[4] et sera sensible à l'art[5].

Vespasien prend la toge virile à seize ans, peu après son frère aîné Titus Flavius Sabinus. Vespasia Polla rêve d'une belle carrière pour ses fils. Sa famille compte déjà un sénateur et elle souhaite que ses enfants intègrent cette élite. Sabinus épouse vite les idéaux de sa mère et commence son *cursus honorum* comme préteur en 34. Contrairement à son aîné, Vespasien se trouve à sa place dans une carrière militaire et l'ordre équestre lui convient. Exaspérée par ce qu'elle considère comme un manque d'ambition, sa mère ne cesse de le houspiller. Si elle ne peut pas le convaincre de faire sa demande d'entrée dans l'ordre sénatorial par des prières caressantes, elle lui fera honte, en public de préférence, l'appelant continuellement « l'appariteur de son frère[6] ». Vespasia n'est objectivement pas la première Romaine à faire pression sur son fils pour assouvir une soif personnelle de pouvoir et de prestige. Maniant la culpabilité à merveille, elle obtient de son cadet qu'il réclame enfin le laticlave. Rien de plus efficace que d'égratigner la fierté d'un homme pour le faire réagir. Enfin, Vespasien rend sa mère fière de lui.

Une honnête carrière

Vespasien n'a pas grandi à Rome, ce qui rend ses débuts relativement difficiles. Chaque étape de la carrière des honneurs passe en effet par des élections, et il est indispensable de disposer d'un solide réseau de clients pour être soutenu. Péniblement élu après plusieurs tentatives à l'édilité, il parvient toutefois sans trop de difficulté à la préture. Pour étayer son réseau, le jeune sénateur mise judicieusement sur la famille impériale. Cela prouve qu'il est plus ambitieux qu'il y paraît et que, à défaut d'avoir beaucoup de protecteurs et de clients, il vise haut.

Vespasien a vraisemblablement pu fréquenter le palais grâce à une de ses conquêtes, la secrétaire particulière d'Antonia, Cénis. Cette ancienne esclave connaît parfaitement les arcanes du pouvoir et toutes les affaires privées et publiques de la *Domus Augusta*. Antonia l'avait impliquée dans la chute du préfet du prétoire de Tibère, Séjan. Cela témoigne de la grande confiance qu'elle lui portait. Néanmoins, on ne peut pas accuser Vespasien d'avoir séduit une femme de basse extraction pour profiter d'elle. Il semble lui vouer un amour sincère* pendant plus de trente ans. D'ailleurs, une fois veuf, il fera d'elle sa concubine officielle[7].

---

* Dion Cassius, *Histoire romaine*, LXVI, 14, 2 : selon l'historien, Vespasien trouvait « un charme singulier [...] à son commerce ».

Grâce à elle et aux amitiés qu'il contracte dans l'aristocratie, il entre dans les bonnes grâces des empereurs successifs. Dans l'espoir de plaire à Caligula, il réclame un alourdissement de la peine d'Agrippine la Jeune et de Livilla après la découverte de leur complot*. Pour flatter le jeune empereur, Vespasien organise des jeux en son honneur après son retour de Germanie[8]. Il ne craint pas même d'aller contre le sentiment des sénateurs envers Caligula si cela peut lui être profitable. Ces efforts restent cependant vains car le *princeps* est assassiné en 41 apr. J.-C. Il lui faudra reprendre sa cour quelque peu servile avec Claude, ce que Cénis facilite grandement car depuis la mort d'Antonia il est officiellement son patron. Selon l'historien Philippe Tarel, elle aurait convaincu l'affranchi Narcisse[9] de pousser Claude à lui offrir la fonction de légat de la IIe légion Augusta en Germanie[10]. Le poste est prestigieux. Sur place, Vespasien s'attaque aux raids germains. Une fois la région sécurisée, Claude l'envoie en Bretagne** avec ses hommes. Vespasien y passe quatre ans et remporte de nombreuses victoires contre les Barbares[11]. Il rentre à Rome en 47 riche d'une grande expérience militaire et couvert de gloire. Il bénéficie même d'un triomphe, privilège de plus en plus rare pour les hommes n'appartenant pas à la famille impériale. Mais désormais Agrippine est impératrice et elle n'oublie pas qu'il avait demandé que la peine de mort lui soit appliquée quelques années auparavant. Vespasien est donc réduit à l'inaction tant qu'elle garde la mainmise sur la vie politique[12].

---

* Voir le chapitre sur Caligula.

** En actuelle Grande-Bretagne.

Il profite de ce ralentissement de sa carrière sénatoriale pour fonder une famille. Puisque la loi sur le mariage des ordres lui interdit d'épouser Cénis, il opte pour une parente de Réate, Flavia Domitilla[13]. Ensemble, ils ont trois enfants : Titus, Domitien et Domitilla. Sa femme et sa fille mourront on ne sait trop quand avant 69[14]. Vespasien fait en sorte d'offrir une éducation privilégiée à ses fils. Avec l'aide de Cénis, il parvient à placer Titus dans le cercle du prince Britannicus à la cour.

Vivre à Rome a cependant un coût, surtout lorsqu'on veut fréquenter la cour. Faute de pouvoir continuer son parcours politique, Vespasien devient maquignon. Que lui importe de vendre des chevaux et des bêtes de somme pourvu que l'argent entre ! Mais les sénateurs, loin de louer son pragmatisme, le surnomment le « muletier », ce qui n'est pas vraiment un compliment.

Une fois Agrippine chassée du palais, Vespasien fait sa cour à Néron. Il obtient de lui le gouvernement de la province d'Afrique entre 62 et 63. Il s'acquitte fort bien de cette tâche, ne connaissant qu'une seule péripétie houleuse durant son mandat : lors d'une révolte locale à Hadrumète*, les habitants l'attaquent en lui lançant des raves en pleine figure. Si les légumes ne sont pas mortels, ils font de redoutables projectiles. Vespasien a vécu des événements autrement plus dangereux dans sa vie et mate vite les mécontents armés de leurs récoltes ! En 66, il fait partie de la suite désignée pour accompagner Néron en Achaïe. Être du voyage est un privilège. Hélas, le séjour tourne mal.

* Il s'agit aujourd'hui de la ville de Sousse en Tunisie.

Vespasien, à cinquante-sept ans, a passé l'âge d'être patient et il ne supporte plus de rester des journées entières au théâtre pour entendre les performances vocales douteuses de son empereur. Néron remarque que son courtisan s'échappe à la première occasion et en prend ombrage. Vespasien cherche donc à adoucir le courroux du citharède. En vain. Lorsqu'il fait l'effort d'aller au théâtre, il s'endort. C'en est trop pour Néron : Vespasien est chassé de la suite du *princeps*. Contraint d'attendre dans la région son rappel ou l'invitation à se trancher les veines, Vespasien loue une villa à quelques lieues de celle de Néron, dans un petit village tranquille. Un jour, contre toute attente, une lettre apprend à Vespasien qu'on lui offre le commandement d'une armée en Judée. La région est une véritable poudrière et l'empereur a besoin d'un général aguerri pour y mettre bon ordre. Les Juifs se sont rebellés contre une fiscalité trop lourde et, partant, contre l'occupation romaine. Ils ont assassiné le procurateur de la région et volé l'aigle de la légion du consulaire de Syrie qui venait au secours de son collègue. Voler une aigle est inadmissible aux yeux des Romains. Il s'agit de l'objet le plus sacré de la légion, l'emblème de Rome. Par ailleurs, la Judée sert de zone tampon entre Rome et les Parthes, les ennemis héréditaires de l'Empire. Conserver la paix dans cette province est donc absolument nécessaire pour résister à la pression de ce peuple belliqueux. En dépit de cette situation explosive, Vespasien se réjouit de reprendre du service. Peu lui chaut si Néron lui offre ce poste parce qu'il estime que ses origines modestes rendent nécessairement ses ambitions médiocres.

À peine arrivé en Judée, il reprend énergiquement le contrôle des armées et retisse des liens diplomatiques avec tous les rois vassaux de la région, dont la reine Bérénice, préalable *sine qua non* pour isoler les rebelles. Pour l'aider dans sa mission, il donne à son fils aîné, Titus, la fonction de légat de la XVe légion Apollinaris. Restaurer la paix en Judée devient une affaire de famille[15].

De la Judée à l'Empire

Selon une ancienne tradition orientale, le monde appartiendrait au maître de la Judée. Il s'agit vraisemblablement d'une prophétie messianique que Suétone détourne à dessein ou par malentendu pour en faire le présage de l'avènement de Vespasien[16]. L'Empire n'est pas encore à ses pieds mais les villes de la province cèdent toutes les unes après les autres. En un an et demi, Japha, Jotapata, Tarichées, Gamala, Gischala et Hébron sont reprises. Vespasien sait faire régner la discipline dans ses rangs, galvaniser ses troupes, et il maîtrise à la perfection l'art de la poliorcétique*.

Néanmoins, les nouvelles provenant d'Occident l'inquiètent. Vindex s'est révolté. Il a été écrasé mais Galba a pris le relais et s'est rendu maître de Rome. Néron a été acculé au suicide. Vespasien, qui a toujours eu pour stratégie de se faire admettre parmi les amis du prince, se demande comment agir face à l'avènement du vieux militaire. Il a conscience qu'avoir

* L'art d'assiéger une ville ou une place forte.

été un proche de Néron pourrait lui valoir des ennuis, d'autant plus que son cadet, Domitien, se trouve seul à Rome. Celui-ci pourrait être une cible facile si une purge antinéronienne de grande ampleur devait avoir lieu[17]. Vespasien prend la décision la plus logique et la moins dangereuse : il envoie Titus à Rome faire allégeance à Galba et demander de nouvelles directives sur la conduite à tenir en Judée. Si Galba accueille chaleureusement Titus, celui-ci pourrait poursuivre sa carrière des honneurs. Il a l'âge requis pour demander la préture. Par ailleurs, Vespasien a pu caresser le rêve de voir son fils adopté : le jeune homme était un excellent candidat à la succession d'un empereur dont l'âge avancé rendait le principat transitoire.

Cependant, si les Romains évitent la mer en hiver, ce n'est pas par hasard. La navigation rendue difficile en cette fin d'année 68 ralentit Titus, qui apprend la mort de Galba alors qu'il se trouve au large de Corinthe. Othon lui succède, mais Vitellius, depuis la Germanie, réclame aussi la pourpre. Revenir dans une Rome aussi instable ne semble guère pertinent au jeune général. Il décide de retourner en Orient. Selon Tacite, cette décision est en partie motivée par son envie de retrouver la reine Bérénice[18].

Vespasien, resté en Orient, guette l'évolution de la situation à Rome. Ses hommes se sont rangés derrière Othon. Pour lui, l'avènement de cet ancien néronien n'est pas une mauvaise chose. Mais trois mois plus tard, la situation change encore. Vespasien était autrefois le client du père de Vitellius[19]. Le commandant opte donc pour la prudence et pousse ses troupes à reconnaître le nouvel empereur. Il sait aussi que Vitellius est fourbe et qu'il a tout à craindre d'un général respecté qui vient de mettre l'Orient à ses pieds. Selon Suétone, Vespasien aurait eu des vues sur la pourpre dès la chute de Néron[20]. Peut-être… mais la précipitation aurait été sa meilleure ennemie. Il imagine certainement fonder sa propre dynastie car, contrairement aux quatre derniers empereurs, il a des fils. Par ailleurs, les signes en sa faveur semblent se multiplier. L'oracle du mont Carmel lui a assuré que ses ambitions les plus folles se réaliseraient. Un noble Juif qu'il avait jeté en prison lui assura qu'il l'en sortirait lui-même bientôt, le front ceint de la couronne impériale. Il ne faut voir là que des paroles mielleuses et des pseudo-prophéties évoluant en récit de propagande, mais Vespasien s'autorise de plus en plus à croire à l'impossible. Désormais le fils du nobliau de Réate veut la pourpre, et il la prendra.

Les armées orientales, les unes après les autres, lui témoignent leur sympathie. Certes, les trois légions de Mésie envoyées en Italie pour secourir Othon ont vu leur élan brisé par le suicide de celui-ci. Désœuvrées, elles se livrent à des rapines à Aquilée. Pour échapper à une punition de leur général, ces troupes proposent leur soutien à Vespasien s'il brigue l'Empire[21]. Supporté par toutes les troupes d'Orient, l'état-major et le gouverneur d'Égypte Tiberius Iulius Alexander, Vespasien est proclamé empereur le 1er juillet 69 à Alexandrie[22]. Il a des alliés puissants et des milliers d'hommes avec lui. La marche vers Rome peut commencer.

Vespasien reste à l'arrière en Égypte pour consolider sa position en Orient. Il envoie dans un premier temps plusieurs troupes et généraux vers l'ouest pour prendre Rome à Vitellius. Les troupes flaviennes entrent dans la capitale le 20 décembre 69. Le jour suivant, le sénat reconnaît l'investiture de Vespasien et le nomme consul pour l'année à venir. Il attribue à Titus le nom de César, manière de le reconnaître d'emblée comme le successeur de son père. Quelques heures plus tard, Vitellius est assassiné. La dynastie flavienne est née !

La construction d'une dynastie

Après que Vespasien a restauré une paix durable en Judée, il revient à Rome à la fin du mois de septembre 70 et célèbre son triomphe. Aux yeux du peuple et du sénat, ses victoires deviennent le fondement de la légitimité des Flaviens[23]. Mais la lenteur des processions en son honneur est terriblement fastidieuse pour le vieillard épris d'action. Il se plaint même d'être « puni pour avoir été assez fou d'accepter à son âge un défilé qu'il semblait devoir à ses ancêtres[24] ». Rétablir la stabilité de l'État l'excite davantage que traverser Rome la figure barbouillée de minium. Vespasien a la ferme intention de redresser les bases vacillantes du pouvoir impérial rongées par la guerre civile. Comme tous les empereurs avant lui, il diffuse généreusement son image à travers l'Empire par le truchement de la monnaie et des portraits statuaires. Partout on peut admirer sa solide stature. Ses profondes rides d'expression lui confèrent une expression sévère. Il dégage une impression d'austérité chère aux Romains conservateurs, mais cela lui vaut aussi quelques quolibets. Comme il a l'air contracté en permanence, un plaisantin à l'humour douteux lui aurait dit qu'il lui parlerait quand il aurait fini de soulager son ventre[25]. La cour est friande de ces bassesses mais Vespasien ne manque pas d'humour et fait taire les amateurs de vilains mots[26].

Le vieux militaire met un point d'honneur à rétablir la discipline. S'il paie les soldats convenablement, il ne s'empresse pas d'acheter leur fidélité et se montre impitoyable avec ceux qui prétendent profiter de lui. Il oblige les marins à marcher pieds nus pour avoir osé réclamer une indemnité pour les frais de chaussures et révoque un préfet efféminé imprégné de parfums de luxe pour lui avoir fait d'obséquieuses courbettes. N'ayant jamais été un débauché lui-même, il se refuse à la clémence sur ce sujet. Ainsi durcit-il notamment la loi concernant les femmes libres entretenant une liaison avec un esclave. Celles-ci tomberont dorénavant en esclavage pour avoir souillé leur sang par les miasmes de la servitude. Les usuriers, quant à eux, ne pourront plus réclamer le remboursement des dettes contractées par les fils de famille sans l'accord de leur père[27].

Évergète, selon la tradition, il finance de nombreux travaux d'embellissement à Rome et encourage les citoyens à reconstruire sur les parcelles toujours en friche depuis le grand incendie de 64. Il fait ériger un temple à la Paix sur le forum, rappelant habilement qu'il a mis fin aux guerres fratricides, et, pour se rattacher à la dynastie des Julio-Claudiens, ordonne l'achèvement du temple dont Agrippine avait demandé l'érection en l'honneur de Claude divinisé[28].

Conscient de la nécessité de s'entendre avec le sénat, il en exclut les membres indignes – une technique moins violente que la purge et qui avait le mérite de revaloriser les membres d'un ordre orgueilleux et élitiste[29].

Magnanime, il offre une dot à la fille de Vitellius pour lui assurer un beau mariage, car après tout elle est issue de la haute noblesse et n'a pas à pâtir des mauvaises actions de son père[30]. Il complète également la fortune de certains sénateurs désargentés. Le procédé est toujours efficace pour s'en faire des amis[31]. Pour témoigner sa confiance à ses visiteurs, il met fin à la fouille systématique à l'entrée du palais. Mais, surtout, il n'inflige aucune punition arbitraire à personne. Vespasien, en somme, règne en homme juste et se fait apprécier pour cela. Il faut cependant bien lui trouver un défaut, et le vieil empereur gagne rapidement une réputation de ladre en raison de sa politique fiscale.

L'argent n'a pas d'odeur

La folie des grandeurs de Néron et la guerre civile ayant laissé vides les caisses de l'État, il est nécessaire de les remplir pour assurer la prospérité de Rome, et Vespasien le sait bien. Dès son retour dans l'*Vrbs*, il exprime la nécessité de trouver très vite 40 milliards de sesterces pour garantir le bon fonctionnement du Trésor. Alors, ce grand pragmatique alourdit la fiscalité et imagine de nouvelles taxes. Il n'hésite pas à faire saisir les impôts restés impayés depuis Galba. Il vend aussi les charges aux magistrats et fait payer leur grâce aux condamnés pourvu que leurs fautes ne méritent pas la peine de mort.

Veillant à remplir ses caisses personnelles, il se livre lui-même à des activités commerciales. Comme s'il était encore un simple particulier, il achète des marchandises en gros pour les revendre au détail avec une forte plus-value. Beaucoup de sénateurs considèrent le commerce comme une activité dégradante – les élites sont censées vivre du rendement des terres qu'elles possèdent. Ils pourraient féliciter Vespasien de ne pas utiliser les purges ou les captations d'héritage pour s'enrichir comme l'ont fait plusieurs de ses prédécesseurs, mais la rumeur enfle qui préfère blâmer son amour de l'argent et son goût pour le commerce. Ainsi, un aphorisme goguenard se murmure à travers toute la Ville : « Le renard change de poil mais non de mœurs[32]. »

Vespasien est passé à la postérité pour sa célèbre taxe sur l'urine. Dans les villes romaines, il y a de nombreuses latrines publiques. Les foulons y récoltent le produit des vessies car l'urée leur sert de dégraissant naturel pour nettoyer les tissus foulés aux pieds par des esclaves dans d'immenses cuves (la foulonnerie de Stephanus à Pompéi donne une bonne image de cette industrie florissante). La taxe sur l'urine concerne donc les foulons et non pas les usagers des latrines. Il fallait cependant y penser. L'inventivité fiscale de Vespasien nourrit les quolibets au point d'agacer Titus. Alors Vespasien saisit une poignée de pièces dans les coffres des percepteurs et, les brandissant sous le nez de son fils, lui demande si l'odeur l'incommode. Titus répond par la négative. Triomphant, Vespasien lui annonce qu'il s'agit du produit de sa nouvelle taxe. L'argent n'a effectivement pas d'odeur.

Les joies du quotidien

Pendant les dix années de son principat, Vespasien s'efforce de mener une vie bien réglée, dénuée d'excès. Son quotidien renoue avec la simplicité autrefois si chère à Auguste. Il se lève très tôt et commence sa journée par la lecture de sa correspondance et des rapports des officiers de la cour. Il se fait aider le moins possible pour s'habiller et ne tolère pas qu'on s'agenouille pour lui mettre ses chaussures. Il reçoit ensuite ses amis pour les usuelles salutations matinales, puis vaque la journée entière à ses occupations, se déplaçant dans Rome en litière. Lors des repas, il s'efforce d'être de bonne humeur et règle autant que possible les petits différends du quotidien avec humour. Les bons mots triviaux, voire salaces, ne l'effraient guère. Il est aussi volontiers moqueur. Comme l'un des courtisans, Mestrius Florus, se permet un jour de le reprendre sur la prononciation du mot *plaustra* (« chariot »), Vespasien se laisse aimablement corriger : il s'efforcera de ne plus dire « *plostra* ». Le lendemain, il croise Florus et le salue malicieusement en le nommant « Flaurus ». Il s'agit plus d'une espièglerie que d'une vengeance, mais cela en dit long sur son caractère.

À plus de soixante ans, Vespasien continue à plaire aux femmes. Dans le privé, il traite Cénis comme une impératrice, bien que sa figure n'apparaisse pas dans l'imagerie officielle. Après sa mort, il multiplie les concubines, des femmes manifestement de basse extraction, qui ont pour seule vocation de lui offrir, le soir venu, le repos du guerrier. Cependant, il tombe un jour sur une femme qui lui fait des avances appuyées.

Est-elle une prostituée ? Suétone ne le dit pas mais écrit que Vespasien lui offre 400 000 sesterces pour sa compagnie. Lorsque l'intendant lui demande comment il doit consigner cette dépense dans le livre de comptes, l'empereur, quelque peu mutin, répond : « Pour l'amour inspiré par Vespasien[33]. »

Suétone a beau vouloir alimenter la réputation de rapace du vieux militaire, en réalité celui-ci sait être généreux quand les caisses de l'État sont pleines. Il se fait même le protecteur des artistes en créant une allocation spécifiquement pour eux : rhéteurs, poètes et sculpteurs deviennent littéralement des salariés de l'État. Cela sous-entend que leur art sera mis au service de l'empereur. Vespasien donne aussi des primes importantes à des artistes de renom. Le tragédien Appellaris et les citharèdes Terpnus et Diodore reçoivent ainsi plusieurs centaines de milliers de sesterces. Il est aussi très généreux en matière de distribution de nourriture – festins pour les riches, blé pour les pauvres : personne ne meurt de faim. Il ne restaure pas l'âge d'or mais élève Rome à l'âge de raison.

Ces largesses ne contrebalancent cependant pas le poids de sa fiscalité ; il mourra avec sa réputation de rapace. Le jour de ses funérailles, le célèbre mime Favor portera un masque à l'effigie de Vespasien et fera des blagues à travers la ville, comme le veut la coutume (les Romains considèrent que le rire éloigne le mauvais œil). Le comédien demandera aux cortèges le prix des funérailles. On lui répondra 10 millions de sesterces. Alors Favor de s'écrier en retour : « Donnez-m'en 100 000 et jetez-moi au Tibre s'il vous plaît[34] ! » Il est vrai que Vespasien ne ressent pas le besoin de se mettre sur un pied d'égalité avec les dieux. Il préfère vivre comme un homme simple, et s'en vante. À ce propos, il est le premier à rabrouer les flagorneurs qui prétendent faire d'Hercule un ancêtre de la *gens Flauia*[35]. Ses brillantes victoires le dispensent par ailleurs d'avoir des aïeux dans les cieux.

Mais le principat de Vespasien n'est pas un long parcours idyllique. S'il n'y a plus à Rome d'opposants sérieux aux Flaviens, les mécontents et les jaloux font toujours entendre leurs voix. Titus devient l'objet de leur haine. Accepter cette succession logique revient à accepter l'idée de monarchie, toujours un peu douloureuse pour les sénateurs. De fait, les liens obscurs de Titus avec la reine de Judée Bérénice cristallisent leurs inquiétudes. Vespasien protège manifestement son fils et tâche de faire taire les mauvaises langues sans recourir à des peines arbitraires et injustes. Le philosophe Demetrius le Cynique, vraisemblablement condamné quelque temps pour ses invectives, continue d'insulter les Flaviens dès qu'il les croise, forçant l'empereur à le traiter de chien pour le faire taire. Vespasien ne le fait pas tuer, pour montrer combien il sait être mesuré et juste dans ses décisions. Si les mots excitent la haine, ils n'ont qu'une portée limitée.

Mais bientôt une perfide conjuration menée par Caecinus Alienus et Eprius Marcellus* naît au sein même du palais. Ces deux sénateurs sans scrupule, pourtant gâtés par Vespasien, envisagent de l'assassiner

* Les deux hommes étaient vraisemblablement des opportunistes aux carrières fulgurantes prêts à tout pour régner : Tacite, *Histoire*, I, 53.

et d'évincer Titus de la succession. Leur conjuration est étouffée dans l'œuf[36]. Caecinus est assassiné sans sommation par la garde impériale et Marcellus se suicide en s'ouvrant la gorge après la condamnation du sénat.

Au printemps 79, plus rien ne semble menacer la nouvelle dynastie flavienne. Âgé de presque soixante-dix ans, Vespasien tombe malade. Après cette vie extraordinaire, faite d'une surprenante alternance de gloire et de revers de fortune, il ne perd pas son sens de l'humour et répète à l'envi, avec un petit air narquois : « Malheur ! Je crois que je deviens un dieu[37]* ! » Tant qu'il le peut, malgré la fièvre, malgré les maux de ventre, il continue à honorer les obligations inhérentes à sa fonction, affirmant vouloir mourir debout[38]. Alors qu'il sent ses dernières forces le quitter, il s'agrippe aux bras des courtisans qui l'entourent et meurt ainsi, avec la même détermination acharnée qui l'a conduit si souvent à la victoire sur les champs de bataille.

Le 24 juin 79, il lègue un empire pacifié à ses fils, comme il l'avait promis au sénat[39]. Son aîné, Titus, prend sa relève. Il obtiendra l'année suivante la divinisation de son père. La propagande flavienne se raffermit. La famille possède désormais son ascendance divine ancrée dans le mérite des hauts faits du patriarche.

---

* Ph. Tarel, *Titus*, *op. cit.*, p. 229. Cette phrase a peut-être été inventée *a posteriori* par ses ennemis politiques qui lui reprochaient l'instauration d'une monarchie fondée sur la transmission héréditaire du pouvoir et la divinisation des prédécesseurs. Cela contribuait à exclure tous les autres candidats potentiels à la succession.

Jérusalem est tombée. Enfin ! Titus se laisse choir sur son lit. Cela fait des jours qu'il ne dort plus. Les Juifs se sont battus âprement pour défendre leur ville. En dépit des difficultés, des embuscades qui ont failli lui coûter la vie, le général n'a pas renoncé. Il ne voulait ni décevoir son père ni trahir la confiance que Rome plaçait en lui. Alors qu'il s'apprête à sombrer, la tête emplie de cris, d'images de combat et de sang, le garde à la porte de la tente de commandement l'interpelle :

— *Imperator*, la reine Bérénice demande à être reçue.

En entendant ce nom, Titus sursaute. Cela fait plusieurs semaines qu'il ne l'a pas vue. Il regrette de ne pouvoir l'accueillir dans de meilleures conditions mais autorise le garde à la laisser entrer. Les portes s'ouvrent. Le général aperçoit plusieurs gardes juifs et des servantes autour de Bérénice mais elle pénètre seule sous la tente. Elle repousse d'un geste délicat le pan de tissu qui dissimule ses longs cheveux noirs. Son visage est grave. Ses yeux brillants.

Titus s'avance pour l'étreindre mais elle esquive son baiser.

— Était-il vraiment nécessaire de détruire le Temple ?

L'*imperator* soupire, visiblement mal à l'aise.

— Je suis désolé. Je sais ce qu'il représentait pour les tiens. J'aurais voulu pouvoir l'éviter. Je n'ai pas eu le choix*.

— Tu as détruit la ville de mes ancêtres et pillé ses trésors. Tu es un monstre.

---

* Ph. Tarel, *Ibid.*, p. 170. La responsabilité de Titus dans la destruction du temple de Jérusalem est difficile à évaluer. Les sources sont assez contradictoires. Cela semblait inéluctable d'un point de vue stratégique.

À ces mots, le sang de Titus ne fait qu'un tour, il prend Bérénice par la taille et la serre contre lui. Il sent son corps se raidir mais elle ne fait aucun mouvement pour lui échapper.

— Tu savais que nous ferions tout pour mater les rebelles. Tu as toujours été du côté des Romains, comme tous les membres de ta famille. Nous voulons tous la même chose : la paix en Judée.

La sentant fléchir entre ses bras, il poursuit :

— Viens à Rome avec moi. Laissons les cendres derrière nous.

Bérénice sourit tendrement à son amant. Elle ressent sa sincérité à cet instant. Elle sait pourtant qu'à Rome elle ne sera jamais que l'étrangère, le trophée, la putain ou tout cela à la fois. Leur amour est impossible, alors autant profiter de la nuit complice. Elle pose ses lèvres sur les siennes et l'embrasse avec l'ardeur du désespoir. Dans les ténèbres, on ne discerne plus les fumerolles s'élevant des ruines calcinées du Temple. Ils peuvent fermer les yeux un instant et oublier que tout les sépare.

11

Titus, itinéraire d'un héritier choyé

« Personne ne doit ressortir mécontent d'un entretien avec l'empereur. »

Suétone, *Titus*, 8

Titus fait les cent pas dans son bureau. Une angoisse superstitieuse lui vrille les entrailles. Les dieux lui envoient un signe, c'est certain. Mais qu'a-t-il bien pu faire pour mériter une telle calamité ? Comment est-ce possible ? Comment une montagne peut-elle exploser ? Comment des pluies de pierres et des torrents de feu sortis du Vésuve ont-ils pu détruire Pompéi, Herculanum, Boscotrecase, Oplontis et d'autres bourgs côtiers ? Comment Pline l'Ancien, son préfet de la flotte de Misène, a-t-il pu mourir en essayant d'aller secourir des amis à Stabies ? Titus n'est pas dupe, il sait que cet encyclopédiste chevronné n'a pas pu s'empêcher de se rapprocher de la catastrophe pour l'observer de plus près. Il a payé sa curiosité de sa vie ; tout ça pour achever son *Histoire naturelle*. Mais à part quelques savants assommants, qui lira cette somme de pages hétéroclites ?

Cela fait quatre mois, seulement quatre mois, qu'il a succédé à son père, et il doit déjà faire face à un drame inédit. La moitié du golfe de Naples a été détruite. Des milliers de familles sinistrées cherchent un refuge. Il lui faut agir vite. Il sera jugé sur chacune de ses décisions. Titus se rassoit sur sa chaise curule, les coudes appuyés sur les genoux, la tête penchée entre les cuisses. Il respire longuement et retrouve son sang-froid. Il ressent la même concentration que sur les champs de bataille en Judée, mais là il ne risque pas sa vie. Son esprit est clair. Tout ira bien. Il était un bon général, il sera un grand prince.

L'ami de Britannicus

Lorsque Vespasien, le père de Titus, s'installe à Rome pour débuter sa carrière des honneurs, il fréquente rapidement la cour. Néanmoins, ses revenus ne sont pas en adéquation avec son rang et il est contraint d'habiter dans un petit appartement avec sa femme Domitilla. Ce logement « misérable[1] » se trouve, selon Suétone, dans une zone densément peuplée de Rome près du Septizonium, un immeuble de sept étages. Une telle hauteur est rare dans la capitale. Ce bâtiment n'a pu être érigé que dans une zone où l'on entasse les citoyens les plus humbles.

Titus serait né le 30 décembre 39 dans les bas quartiers. Vespasien n'a pas l'intention de laisser son fils apprendre l'*Iliade* et l'*Odyssée* chez le pédagogue du coin avec les marmots des marchands et des artisans.

Sans doute appuyé par Cénis et Narcisse, il l'envoie se former au palais auprès de Britannicus. Le petit prince a juste un an de moins que lui.

Ces années d'apprentissage au palais sont marquées par l'ambiance délétère de la cour. D'une part, l'impératrice Agrippine déteste Vespasien ; d'autre part, elle s'efforce d'isoler Britannicus pour positionner son fils, Néron, en unique héritier[2]. Titus est probablement l'un des rares camarades de Britannicus. Il tire cependant profit des cours de qualité dont il jouit en sa compagnie. Certes, il n'a pas de professeurs aussi prestigieux que ceux de Néron, mais il s'applique dans ses études. Il est doué d'une mémoire extraordinaire et montre une aisance particulière à manier les mots. Il élabore facilement des discours et même des vers en latin et en grec. Il se prend en outre de passion pour la sténographie et s'amusera plus tard à faire des compétitions avec ses secrétaires. Il développe également une faculté étonnante à imiter l'écriture des autres, au point de pouvoir devenir faussaire s'il l'avait voulu ! Le jeune garçon se distingue aussi dans les arts d'agrément : il joue très correctement de la lyre et chante agréablément. Il ne faut pas croire pour autant que Titus compte au nombre de ces garçons délicats plus à l'aise dans une bibliothèque qu'à la palestre. Il n'en est rien : il montre très tôt des qualités militaires supérieures à la moyenne. Il manie le glaive avec aisance, se montre excellent cavalier[3] et cumule sans grand effort tous les talents nécessaires pour faire une grande carrière. Le chétif petit Britannicus fait pâle figure à côté de lui.

Le fils de Claude n'a pas l'étoffe d'un empereur mais Narcisse veut croire en lui. Au début des années 50, l'affranchi fait partie de la faction minoritaire opposée à Agrippine. Son seul moyen de restaurer son influence à la cour est de voir son poulain, Britannicus, devenir un jour empereur. Pour l'aider à ronger son frein, il convoque discrètement un astrologue à la cour. Celui-ci ne lit rien dans le visage poupin de Britannicus. En revanche, le petit Titus qui l'accompagne est promis, selon lui, à un grand destin[4]. Même s'il est petit et un peu rond, son visage carré ne manque ni de force ni de grâce. L'adolescent possède déjà un charisme certain. Mais il convient de rester prudent et de garder à l'esprit que la tradition historiographique a toujours été clémente avec Titus pour mieux dénigrer Domitien. Les portraits monétaires et statuaires confirment cependant une forte ressemblance avec son père mais il jouit en même temps d'une aura plus solaire[5].

Par ailleurs, la présence de Titus pendant cette séance de divination étonne quelque peu. Même si tout le monde y avait recours, surtout dans la maison impériale, consulter un devin au sujet de l'avenir de l'Empire pouvait passer pour un crime de lèse-majesté. Narcisse se devait donc d'être prudent en l'organisant et de limiter le nombre de témoins. Cette scène a donc peut-être été inventée *a posteriori* dans le but de servir la propagande flavienne. Le peuple a toujours été avide d'anecdotes fabuleuses pour justifier les destins grandioses.

À la fin de l'année 54, Néron prend le pouvoir. Titus a quatorze ans. Il doit percevoir assez nettement les tensions au palais et se rendre compte que son ami Britannicus a été évincé de la succession. En février 55, il assiste à un dîner familial. Assis à son côté, le petit prince se met à convulser. Souffre-t-il d'une crise d'épilepsie ? Les Julio-Claudiens frappés par le haut mal sont nombreux. Néron, tout à fait calme, demande à faire emmener son frère adoptif dans sa chambre, où il meurt peu après. Titus, qui aurait absorbé un peu du poison destiné à Britannicus en buvant dans sa coupe, aurait été très malade pendant plusieurs jours[6], ce qui accréditerait la thèse d'un meurtre soutenue par l'historiographe juif Flavius Josèphe, proche de Titus[7]. Mais l'historien Philippe Tarel invite à la prudence. Une fois empereur, Titus tentera de tirer parti de son amitié avec le jeune prince pour se revendiquer de l'héritage des bons Julio-Claudiens[8]. Pour rendre hommage à son ami d'enfance et se rattacher à sa dynastie, il fera ériger des statues de lui et mettra son image en tête de la procession lors de la *pompa circensis**.

En bon Flavien, Titus est opportuniste. Il enlève vite ses vêtements de deuil et passe ses dernières années d'adolescence à faire les quatre cents coups dans le sillage de Néron. Évidemment, ce n'est pas gratuit. La cour n'est pas un lieu propice à l'insouciance. Tout y est politique, même les distractions. Comme beaucoup de jeunes gens, il se livre aux plaisirs de la chair et ne dédaigne pas les mignons et les eunuques

* Il s'agissait d'une procession en l'honneur des ancêtres de la famille impériale que l'on faisait défiler dans le cirque en certaines occasions festives. On comprend la nécessité pour les Flaviens de se rattacher aux Julio-Claudiens pour asseoir leur légitimité.

qu'il traite en filles[9]. Cette époque légère ne durera pas longtemps car Vespasien a de grands projets pour son fils aîné.

Le fils préféré

Titus prend la toge virile en 55. Quatre ans plus tard, la mort d'Agrippine ouvre de nouveaux horizons à sa famille. Pendant que Vespasien devient gouverneur d'Afrique en 61, Titus fait ses premières armes en Germanie[10]. Il y rencontre certainement Pline l'Ancien. Les deux hommes sympathisent et le savant évoque le jeune homme comme son compagnon de tente dans la préface de sa célèbre *Histoire naturelle*[11]. Titus poursuit ses classes en Bretagne. Sur ces deux frontières, il se fait respecter sans peine par les soldats et montre certaines dispositions pour la vie de camp.

Au milieu des années 60, Titus rentre à Rome. À environ vingt-cinq ans, il est temps de se marier et donc de s'allier à une famille qui facilitera ses ambitions. Il jette son dévolu sur Arrecina Tertulla, la fille d'un ancien préfet du prétoire[12]. Il s'agit de la plus haute marche de la carrière équestre et cela lui permet de tisser des liens avec les officiers de Rome. En outre, sa belle-famille est riche. Cela compense sa propre précarité car la famille Flavia est constamment sur la brèche pour trouver des revenus.

Cette première union ne dure pas longtemps car la jeune mariée décède prématurément. Titus est obligé de repartir en quête d'une épouse. Cette fois, il opte pour la fille d'un consulaire, Marcia Furnilla, d'une famille prestigieuse. Au moins une fille lui naît de ce mariage[13], probablement Flavia Julia, que nous connaissons par les sources archéologiques et numismatiques. Titus divorce probablement de Marcia Furnilla pendant les purges menées par Néron parmi les sénateurs en réaction à la conjuration de Pison. À vingt-sept ans, il est de nouveau célibataire. Mais il n'est plus temps de songer à se marier. Son père vient d'être nommé commandant en Judée et lui offre l'occasion de devenir légat. Il lui confie la XVe légion Apollinaris, dont il prend le commandement à Alexandrie à l'hiver 66-67. Le vieux général est aguerri et respecté. Cette guerre est pour lui une occasion de transmettre son savoir-faire à son fils et de le rendre célèbre à Rome par ses victoires. L'échec n'est pas une option.

Depuis les côtes de la province, Vespasien et Titus organisent la reconquête de la Galilée. Les cités assiégées tombent les unes après les autres. Leurs hommes sont extrêmement disciplinés et coordonnés. Cette simple constatation étonne les Juifs. Leurs déplacements au son des trompettes, les aigles portées bien haut sont autant de symboles de leur suprématie. Des attaques réglées avec un soin chirurgical et une parfaite maîtrise de la poliorcétique leur permettent d'écraser sans peine tous leurs adversaires, incapables de leur résister.

En 68, les Flaviens apprennent que Galba s'est fait acclamer empereur. Pressentant l'instabilité politique à venir, Vespasien opte pour la prudence et envoie Titus à Rome saluer le *princeps*. Sait-on jamais, le vieillard pourrait adopter Titus… Son nom, en effet, est déjà associé à de belles victoires en Orient et il a grandi à la cour. Titus prend la mer en hiver. Mais la traversée vers Rome en longeant les côtes du nord de la Méditerranée – pour plus de sécurité – est longue. Très longue. Alors qu'il se trouve aux abords des côtes grecques, Titus apprend que Galba a adopté le jeune Pison. Fini les beaux espoirs de pourpre et de lauriers. Il rebrousse alors chemin. Inquiet au sujet du choix de son itinéraire, il s'arrête au sanctuaire d'Aphrodite de Paphos. L'oracle le reçoit et profère quelques phrases dignes des énigmes du Sphinx. Titus croit comprendre qu'il n'a pas de souci à se faire pour son voyage. Mieux, l'Empire l'attend[14]. Galvanisé par une si belle prophétie, il retourne en Judée. Jérusalem résiste encore. Elle sera bientôt sa plus belle victoire.

La prise de Jérusalem

L'année 69 commence par la valse des empereurs. Galba est assassiné. Othon est acclamé à Rome, Vitellius en Germanie. Puis Othon se suicide et, face à ce marasme, Vespasien est reconnu comme le nouveau maître de Rome par les troupes d'Alexandrie, le 1er juillet. Les légions de Judée et de Syrie suivent ce puissant élan. Vespasien et Titus ne peuvent cependant pas quitter l'Orient tant que la région n'est pas pleinement pacifiée. Des troupes flaviennes envoyées à Rome assassinent Vitellius et imposent sa reconnaissance aux sénateurs. Le 21 décembre, Vespasien est officiellement empereur et Titus, reconnu d'emblée comme son successeur, prend le nom de « Titus César Vespasien ».

La titulature impériale commence à s'instaurer officiellement avec leur dynastie naissante.

Pendant que Rome se rassérène et retrouve la paix après le frisson morbide de la guerre civile, le nouvel empereur envoie son héritier assiéger Jérusalem dès le mois d'avril 70. Il s'agit d'un épisode décisif dans la vie de Titus. C'est aussi celui qui devra conclure la guerre. Son père le laisse à la manœuvre. Seul. Jérusalem doit être sa victoire, son passeport pour la gloire jusqu'à la fin de ses jours. L'entreprise est délicate car la ville est protégée par de solides murailles et la détermination des assiégés farouche.

Titus n'a pas encore l'expérience de son père et commet parfois des erreurs, ainsi lors d'une expédition de reconnaissance à laquelle il participe le long des remparts. Son escouade de six cents cavaliers étant attaquée par un détachement de Juifs, Titus réalise qu'il a commis l'imprudence de ne partir qu'avec un équipement léger. Il ne s'en sort, presque miraculeusement, que grâce à ses talents hippiques déjà éprouvés et à son maniement du glaive. Le Juif Flavius Josèphe, rallié à la cause romaine et présent lors de ce combat épique, voit dans la survie du Romain l'intervention de Dieu[15].

Titus, lui, constate qu'il a été trop sûr de lui et que les combats seront d'une âpreté qu'il n'avait pas anticipée. Le siège s'éternise. Il doit passer à l'action s'il veut en finir. Le 30 mai 70, il parvient à lancer un raid dans la ville, mais son unité d'éclaireurs est anéantie sans pouvoir se replier. Les tentatives continuent. Et si les Romains en première ligne essuient de lourdes pertes, la tension monte parmi les assiégés à mesure que les réserves de nourriture diminuent. À force de patience et d'efforts, Titus parvient à prendre la forteresse Antonia* et à pénétrer dans la ville avec ses troupes. La cité est incendiée et le Temple pillé. L'insurrection juive est matée le jour anniversaire de la naissance de la fille de Titus. En septembre 70, le général victorieux est acclamé *imperator* par ses troupes. Il a gagné ses lettres de noblesse auprès de l'armée et l'admiration de bien des Romains. Son arc triomphal construit à Rome dans les années 80 célébrera sa gloire pour les siècles à venir. Ses reliefs représentent les objets sacrés du Temple rapportés à Rome comme butin, au nombre desquels une immense ménorah et la table des pains.

Son succès est si complet que des rumeurs malveillantes accusent Titus de vouloir disputer la pourpre à son père ou, pis, de devenir roi d'Orient ! Il se murmure en effet qu'il aurait une liaison passionnée avec la reine Bérénice. L'*imperator* quitte finalement la Judée et fait une halte à Alexandrie. Là, il participe à une cérémonie en l'honneur d'Apis. Comme le veut l'antique tradition, il se coiffe de la couronne du taureau sacré. Ce geste rituel nourrit les on-dit malintentionnés à son égard. Soucieux de ne pas mettre son père en colère, il précipite son retour à Rome et lui renouvelle publiquement sa fidélité[16].

---

* La forteresse Antonia était une caserne construite au nord-est de Jérusalem sous Hérode le Grand (37-4 av. J.-C.). Il s'agit peut-être du lieu servant de prétoire au gouverneur romain. Auquel cas, Ponce Pilate y aurait résidé.

Un César contesté

Titus se comporte désormais comme le fidèle bras droit de son père. Il dicte des lettres officielles en son nom et enchaîne les magistratures. Il occupe en outre la fonction de préfet du prétoire, un poste rarement confié à un sénateur et encore moins à un héritier. À force de cumuler les honneurs il devient suspect, d'autant qu'il se montre extrêmement autoritaire. Cela peut s'entendre dans la mesure où il rentre d'un siège long et particulièrement violent : il lui faut assurément du temps pour se réadapter à l'apparente légèreté d'une Rome en paix. Par ailleurs les Flaviens savent pertinemment que leur légitimité peut être contestée, ce qui leur impose de rester vigilants – en découle une paranoïa légitime qui se traduit dans le comportement de Titus par des peines de mort parfois arbitraires envers quiconque semble contester un peu trop péremptoirement son autorité[17]. Il a raison de se méfier : peu de temps avant la mort de Vespasien, Aulus Caecina, pourtant proche de l'empereur, envisage de l'assassiner. Titus découvre le texte de la harangue que le traître comptait prononcer devant les soldats après son forfait. Gardant son calme, le César l'invite à dîner comme si de rien n'était. À l'issue du repas, Caecina prend congé de son hôte et meurt percé de coups par les prétoriens postés à la sortie de la salle de banquet. Certes, les Romains scrupuleux peuvent reprocher à Titus son *modus operandi*, mais il faut lui reconnaître son efficacité.

Ces années comme auxiliaire de son père lui permettent aussi de renouer avec des plaisirs nocturnes.

Comme du temps de ses jeunes années, il s'enivre lors de repas qui finissent invariablement en parties fines avec de jolis et jeunes garçons épilés. Une seule femme, peut-être, retient son attention : Bérénice. Elle séjourne vraisemblablement à Rome à la fin du principat de Vespasien. Si elle est reçue avec les égards dus à son rang, elle n'en est pas moins une étrangère, une reine orientale toujours prête à contaminer Rome des miasmes de la tyrannie[18]. La Juive et le Romain se sont-ils aimés ? L'historien ne peut le déterminer avec certitude, mais Suétone raconte que Titus la renvoie chez elle « malgré elle et malgré lui[19] ». Il ne pouvait en effet succéder à son père en gardant une reine étrangère à ses côtés. La construction de l'idéologie flavienne n'y aurait pas résisté. La tentative de coup d'État d'Aulus Caecina lui avait démontré que sa dynastie était encore fragile.

La seule femme que les Flaviens s'autorisent à mettre en avant dans l'imagerie familiale est la fille de Titus, Julia. La seule Flavienne de sang jouit du titre d'Augusta, comme l'attestent les monnaies[20]. Titus envisagera même de la marier à son frère cadet Domitien, mais celui-ci refusera, en dépit de leur liaison secrète. La petite famille cherche à se replier sur elle-même pour mieux conserver le pouvoir. Lorsque Vespasien décède, le 24 juin 79, Titus prend à son tour la pourpre sans heurt. Cela faisait plus de dix ans que son père le préparait à ce moment.

Les « délices du genre humain »

Parvenu au sommet du pouvoir, Titus change radicalement d'attitude. Le militaire cruel et violent, le noceur invétéré s'évanouissent d'un coup au profit d'un empereur mesuré, « paré des plus rares vertus[21] », écrit Suétone, presque énamouré de son personnage.

Titus veut être à la hauteur de son héritage. À quarante ans, il renonce sans regret aux petits plaisirs faciles du quotidien. Il ne donne plus d'argent à ses artistes préférés, quand bien même ceux-ci triomphent sur scène, et organise des jeux pour le plaisir du peuple. Les Thraces ont sa préférence, mais il encourage aussi les autres gladiateurs, par courtoisie. Il célèbre de grandes naumachies, un type de spectacle rare et coûteux qui fait toujours beaucoup d'effet, mais surtout il inaugure un nouvel amphithéâtre construit sur une partie du domaine de la *Domus Aurea* de Néron. Le Colisée tient son nom du colosse à la couronne radiée érigé près de lui. Ce fantastique bâtiment doté d'une machinerie complexe permet de faire entrer des animaux sauvages sur la piste par des trappes aménagées au niveau du sol de l'arène et peut accueillir 50 000 personnes. L'immense *velum** est actionné par des marins de la flotte impériale, seuls capables de mettre en branle ses innombrables poulies[22]. Titus autorise également le peuple à utiliser les thermes du palais en sa présence. Il faut dire que rendre aux Romains une partie

---

* Grande voile tendue au-dessus des gradins pour faire de l'ombre.

du tentaculaire complexe palatial de Néron relève du bon sens.

Titus s'efforce également d'être accessible lors des salutations et de satisfaire avec zèle les requêtes de ses visiteurs : « Nul, répète-t-il à l'envi, ne doit sortir mécontent d'un entretien avec l'empereur[23]. » Il est déterminé à gouverner avec un sens aigu de la justice et une douceur inédite, de belles qualités qui lui valent le surnom « d'amour et délices du genre humain[24] ». Mais la Fortune versatile s'amuse à mettre ses nerfs d'empereur parfait à rude épreuve. Le 24 octobre 79*, le Vésuve entre en éruption. De mémoire d'homme, personne n'a jamais vu une telle catastrophe. Le poète Martial s'en apitoie dans une épigramme : « Les flammes ont tout détruit, tout enseveli sous d'affreux monceaux de cendres : les dieux voudraient que leur puissance ne fût pas allée si loin[25]. » Plusieurs villes côtières sont rayées de la carte en quelques heures, parmi lesquelles Pompéi et Herculanum. Des milliers de réfugiés déambulent, hagards, sur les routes en direction de Naples. Titus déplore également la perte de son vieil ami Pline l'Ancien, alors préfet de la flotte de Misène située dans le golfe de Naples. Avec célérité et compassion, il met en œuvre les secours puis désigne des consulaires pour organiser l'aide aux victimes et la restauration de la Campanie sinistrée. L'empereur se rend ensuite en personne sur les lieux du drame. La physionomie de la côte est méconnaissable.

* Cette date est désormais attestée par un graffiti découvert le 17 octobre 2018 lors des nouvelles fouilles menées dans la région V de Pompéi.

La terre a avancé dans la mer de plusieurs kilomètres. À Pompéi, autrefois si florissante, Titus constate que seuls les toits des plus hauts monuments émergent des débris volcaniques. Pieusement, il fait exhumer de leur linceul de *lapilli* quelques statues de dieux. Tous les biens retrouvés dont les propriétaires ont disparu sont redistribués aux survivants et contribuent au financement de nouveaux immeubles à Naples pour héberger les réfugiés[26].

En ce même automne 79, la peste s'abat sur la capitale. Si les épidémies de ce type ne sont pas rares, les chroniqueurs antiques en tiennent pour responsables les poussières du Vésuve. Titus, là encore, fait face avec sang-froid. Il met en place l'aide aux malades, fait évacuer les cadavres et surtout ordonne des sacrifices aux dieux pour se les concilier. Tant de calamités sont nécessairement le fruit de leur courroux[27]...

Quelques mois plus tard, dans le courant de l'année 80, un incendie ravage Rome durant trois jours entiers. Les dégâts sont importants mais l'urbanisme aéré souhaité par Néron a permis de circonscrire les flammes et d'éviter une nouvelle destruction de la Ville.

Malgré ces drames successifs, Titus s'efforce de diriger l'Empire avec la plus grande mansuétude. Il traite même avec un certain recul et non sans humour deux sénateurs qui prétendent devant lui à la pourpre. Il les fait s'asseoir près de lui lors d'un spectacle de gladiateurs et leur propose d'essayer le tranchant des armes. S'étant renseigné sur leurs horoscopes, il leur assure qu'ils courent tous deux un grand danger mais que cela ne viendra pas de lui. Les deux hommes sont sidérés par l'aplomb de Titus et ses menaces à peine voilées. Ils meurent en effet peu après cet entretien dans des conditions… mystérieuses. Titus a probablement orchestré leur meurtre en toute discrétion.

Le plus redoutable ennemi de Titus vient cependant de sa propre maison. C'est son frère, Domitien, qui ne lui a jamais pardonné d'être le fils préféré de leur père. Domitien, à qui Vespasien n'a jamais laissé la possibilité de faire ses preuves sur le champ de bataille et qui, même si son aîné le proclame ouvertement comme son héritier, n'a pas une once de charisme à côté de ce frère parfait. Domitien qui, rongé par la haine, colporte des rumeurs, s'essaie aux complots, achète la loyauté de soldats. L'empereur refuse cependant de l'exiler ou même de l'écarter de la cour. Dans l'intimité, il pleure et supplie son frère de « consentir enfin à payer son affection de retour[28] ». Hélas, les haines fraternelles sont souvent insolubles.

En septembre 81, le mauvais sort semble s'acharner sur le pauvre Titus. Alors qu'il s'apprête à sacrifier un animal à la fin d'un spectacle, la bête terrifiée parvient à s'enfuir. Le présage est d'autant plus funeste que l'on entend le tonnerre gronder dans un ciel clair. En dépit de ces signes, l'empereur prend la route le cœur lourd pour un voyage en pays sabin. Pris d'une fièvre maligne, il s'installe dans une litière dont il fait relever les rideaux. En observant le ciel, il semble délirer quelque peu. Avec une infinie tristesse, il prend conscience de sa mort prochaine. Il récrimine contre les dieux qui ôtent la vie à un innocent, lui qui n'a jamais regretté qu'un seul de ses actes. Lequel ? Suétone ne le dit pas. Il n'a pas trouvé la réponse et les historiens contemporains se doutent avec une connivence rétrospective que ce grand curieux devait en être marri[29].

Titus meurt le 13 septembre 81 dans une des maisons de campagne de sa famille. Une maladie quelconque l'a-t-elle emporté ou Domitien a-t-il un peu aidé la nature ? L'histoire gardera ses mystères. Son règne d'un peu plus de deux ans reste l'un des plus heureux de la seconde moitié du Ier siècle, en dépit des catastrophes qui l'ont émaillé. À l'annonce de son trépas, les Romains en deuil descendent dans la rue. Les sénateurs se réunissent pour lui rendre des hommages. Le mois suivant, à la demande de Domitien, ils voteront un sénatus-consulte décrétant son apothéose. Titus méritait bien de devenir un dieu, ou tout du moins les « délices du genre divin » !

Crépuscule

— Je vais mourir !

Accoudée sur le bord de son lit, Julia arrache un vase d'or des mains de sa vieille nourrice et vomit à l'intérieur. Le goût amer de la bile lui brûle les lèvres. C'est la seconde fois qu'elle avorte, mais elle n'avait pas été si malade la première fois. Entre deux nausées, elle articule péniblement :

— Phyllis*, que m'as-tu fait boire ?

— La même chose que la dernière fois, maîtresse. Une décoction de cyclamen, d'armoise et d'absinthe**. Mais j'ai

---

* Suétone, *Domitien*, 17 : Phyllis a été la nourrice de Domitien puis de Julia.

** V. Girod, *Les Femmes et le sexe dans la Rome antique*, Paris, Tallandier, 2013, p. 129. Ces plantes aux vertus purgatives peuvent en effet déclencher les règles.

forcé sur les doses car tu as tardé à t'en rendre compte cette fois et si ma potion ne marche pas, je serai bien obligée d'aller déloger de ton ventre le petit avorton que tu portes avec des aiguilles et, crois-moi, ce sera autrement plus douloureux.

Une nouvelle nausée soulève le cœur de la princesse. Un jet de bile jaillit d'entre ses lèvres, propulsé par un violent spasme abdominal. Malgré sa souffrance, Phyllis ne se prive pas de la tancer.

— Voilà ce qui se passe quand on ne fait pas attention et qu'on offense les dieux. Tu es aussi dénaturée que Myrrha*, mais mon Domitien ne veut pas qu'un petit Adonis sorte de ton sein !

Julia éclate en sanglots. Les regrets la bouleversent. Cela faisait bien trop longtemps qu'elle entretenait une relation impie avec son oncle. Cela avait commencé du vivant de son père. Au début, Domitien l'avait séduite en lui disant que Claude s'était marié avec Agrippine et que s'il venait à régner, il ne pourrait épouser personne d'autre qu'elle. Elle était la femme la plus noble de Rome. Naïve Julia Augusta ! Maintenant que Domitien est empereur, il ne parle plus de mariage mais il continue à lui rendre visite. Elle a pris goût à l'ardeur de son oncle. Ridicule petite esclave de ses sens !

La nausée se calme un peu. Julia se laisse choir mollement sur les coussins moelleux de son lit. Elle n'a plus

---

* Dans la mythologie, Myrrha était tombée amoureuse de son père. Avec la complicité de sa nourrice, elle parvint à s'introduire dans son lit et à avoir un rapport sexuel avec lui. Lorsqu'il se rendit compte que celle qu'il prenait pour sa nouvelle concubine était sa fille, il essaya de la tuer. Myrrha s'enfuit et, punie par les dieux, se transforma en arbre. Elle mit au monde Adonis et ses larmes donnèrent la myrrhe précieuse. Voir Ovide, *Les Métamorphoses*, X, 300-348.

de forces. Une sensation de pesanteur sur son bas-ventre l'alerte. Elle doit avoir ses règles. Enfin ! Elle repousse les couvertures teintes à la pourpre pour regarder si elle saigne. Le spectacle du matelas imbibé de son sang la laisse sans voix*.

* Selon la rumeur rapportée par Suétone, Julia serait morte des suites d'un avortement auquel son oncle l'avait contrainte après l'avoir mise enceinte (*Domitien*, 22).

12

Domitien, déréliction d'un cadet de famille

> « Quel sort misérable que celui des princes qui ne sont pas crus quand ils annoncent une conjuration, à moins qu'ils ne soient tués. »
>
> Suétone, *Domitien*, 21

La tête entre les mains, les coudes appuyés sur un bureau auquel son père naguère travaillait, Domitien soupire. Son souffle semble alourdi par sa douleur de vivre. Il sait qu'on se moque de lui parce qu'il a pris l'habitude de s'enfermer seul dans un salon de ses appartements plusieurs heures par jour. Il a besoin de ce temps pour se recentrer, évacuer la pression terrible du pouvoir. Il n'est pas de taille à être empereur. Il en prend chaque jour davantage la mesure. Vespasien le savait. Voilà pourquoi il lui a toujours préféré Titus. Ah, Titus… Lui si courageux, si respecté, lui le fils parfait. Domitien, le petit dilettante, ne méritait pas l'amour de son père, alors celui du peuple…

Un mélange de rage et de tristesse l'étourdit. Domitien ferme les yeux et crispe ses doigts dans sa chevelure. Il sent plusieurs cheveux se détacher de son crâne sous la traction de ses phalanges. Pris d'inquiétude, il regarde les fibres brunes dans ses mains. Ce spectacle consternant le désole. Domitien devient chauve. Sa beauté était sa seule vraie fierté*, et voilà qu'elle se fane. Il secoue ses mains pour ne plus voir les cheveux perdus et attrape un fin poinçon servant à décacheter les courriers sur le bord de la table pour se donner une contenance. Il en caresse la pointe de son index. Une angoisse sourde monte en lui. Il a la conviction inébranlable qu'il aura une fin tragique. Alors, comme pour se défendre d'un ennemi imaginaire, il brandit le poinçon au-dessus de sa tête. Du coin de l'œil, il aperçoit une mouche morte, le ventre en l'air au milieu des calames et des encriers. D'un geste vif, il plante le poinçon dans l'insecte et porte sa victime au niveau de ses yeux. Il l'observe. Pas de sang. Il a horreur du sang. Son odeur, sa consistance poisseuse, son goût métallique, tout en lui le dégoûte**. Il n'aurait pas fait un bon militaire. Son père avait raison. Il n'est bon à rien. Il abandonne le poinçon sur la table, se lève et, la mort dans l'âme, se résout à vaquer à ses occupations. Un empereur ne peut pas se cacher toute la journée.

Jour après jour, pour maîtriser ses angoisses, Domitien prend l'habitude de chasser les mouches dans son bureau. Il les poignarde et jubile comme s'il venait de porter un coup fatal à un conjuré. Tous les jours, le courtisan Vibius Crispus

---

* Suétone, *Domitien*, 18. Il était très complexé par sa calvitie mais tentait de s'en accommoder par des truismes : « Il n'y a rien de plus agréable que la beauté, mais rien de plus éphémère. »

** Suétone, *Domitien*, 9 : Domitien aurait voulu légiférer contre le sacrifice des bœufs car l'abondance de leur sang lui répugnait.

découvre de nouvelles mouches empalées sur le poinçon après que Domitien a quitté le bureau. Aux curieux qui lui demandent si quelqu'un se trouve avec l'empereur pendant ces heures de retraite, il a pris l'habitude de répondre : « Non, pas même une mouche[1] ! »

Le fils délaissé

En cette année 51, Vespasien est consul suffect*. Son fils Titus, pour lequel il a beaucoup d'affection, aura bientôt douze ans – cet adolescent brillant est son portrait en petit. Le 24 octobre, il a le plaisir de devenir à nouveau père. Il donne à son second fils le nom de Domitien, en hommage à la lignée de sa femme.

Le petit garçon ne connaîtra jamais le modeste logis dans lequel son grand frère a vu le jour. Il grandit dans une maison du quartier plus cossu de la Grenade, sur le Quirinal (une fois empereur, Domitien fera de la demeure de son enfance un temple dédié à sa famille). En grandissant, il voit que son père est très absorbé par sa carrière et celle de Titus. Le grand frère est l'héritier du père. Vespasien projette tant d'espoirs sur lui. Entre eux, il y a un lien de transmission puissant dont Domitien est exclu.

Celui-ci constate vite qu'il n'est pas éduqué comme son aîné. Il fréquente beaucoup moins la cour mais reçoit, sans doute par le biais de précepteurs, une

* Plusieurs consuls étaient élus pour l'année. Les deux consuls ordinaires laissaient leurs noms à l'année de leur mandat. Les autres étaient nommés les consuls « suffects ».

éducation correcte. Une fois empereur, il démontrera son goût pour les belles-lettres en garnissant de livres précieux les bibliothèques de Rome. Il en fera même recopier à la bibliothèque d'Alexandrie pour munir la Ville de ressources textuelles dignes de son rang de capitale impériale. Pour autant, dans sa jeunesse, il ne prend pas le temps d'étudier de manière approfondie la poésie ou l'histoire. Il n'a aucun plaisir à écrire et ne composera pas lui-même ses propres discours lorsqu'il sera empereur. En revanche, nous dit Suétone, il lira avec attention les Mémoires de Tibère. Mais l'historien sagace restera circonspect sur ce dernier point. Plus ou moins consciemment, Suétone met les personnalités de Tibère et de Domitien en abyme. Ce sont tous les deux les mal-aimés de leur famille et cela influence leur caractère.

Même si Domitien n'écrit pas, il a néanmoins une façon agréable de s'exprimer. Il manie les bons mots sans difficulté[2]. Mais évidemment, ses talents oratoires sont inférieurs à ceux de Titus. De même, l'aîné supplante le cadet dans tous les exercices militaires. Domitien déteste le sport. Devoir marcher suffit à le contrarier. Son seul talent est le tir à l'arc, talent somme toute assez inutile dans l'armée romaine. Néanmoins, il aime épater son entourage. Il lui arrive de demander à un esclave de mettre sa main contre un mur, les doigts écartés, et de loger une flèche entre chacun de ses doigts sans le blesser[3]. Il ne tire de ses prouesses qu'une inutile gloriole.

À la fin de l'année 66, son père et son frère partent en Judée. Sa mère est probablement déjà décédée. Il reste donc seul à Rome à quinze ans. Son père n'a pas les moyens de lui laisser une rente confortable. Suétone le décrit comme un véritable indigent. La famille a toujours vécu au-dessus de ses moyens et l'instabilité politique de 69 n'arrange rien. Domitien offre parfois son corps à de riches aristocrates dans l'espoir de s'en faire des protecteurs. Il se serait même prostitué et vendu à Nerva, qui lui succédera bien des années plus tard[4]. Il est vrai que Domitien est un très beau jeune homme. Il doit beaucoup plaire aux amateurs de garçons. Il est grand et élancé, a plus d'allure que son frère. Son visage est plus doux que celui de Vespasien et ses grands yeux lui confèrent un charme certain*. Pour lui la vieillesse sera un terrible naufrage. Il souffrira de se voir devenir obèse et chauve[5]. Il y a quelque chose de très féminin dans ses angoisses. Pour les Romains, cela tend à démontrer la superficialité de son caractère par comparaison avec les attitudes très viriles de Titus. Pour autant, il semblerait que ses amours masculines n'aient pas été motivées par le vice**. Il n'aime pas être traité en fille, sa sexualité

---

* R. F. Martin, *Les Douze Césars*, *op. cit.*, p. 92-93. Les chroniqueurs du IIe siècle feront de Domitien un archétype du tyran, quitte à forcer exagérément le trait. Ses grands yeux sont devenus pour Philostrate (*Vie d'Apollonios de Tyane*, VII, 28) et pour Pline le Jeune (*Panégyrique de Trajan*) bilieux et effrayants. Les portraits statuaires de sa jeunesse donnent cependant à voir un homme au visage assez harmonieux.

** *Ibid.*, p. 168. Des auteurs plus tardifs et toujours à charge tels que Philostrate (*Vie d'Apollonios de Tyane*, VII, 42) et Dion Cassius (LVII, 2 et 6) insistent sur ses pratiques homophiles passives et actives. Mais là encore il convient d'être circonspect, car si Suétone, adolescent sous le règne de Domitien, lui avait connu

une fois adulte en témoigne, mais c'est pour lui le seul moyen de trouver de l'amour et de l'argent quand son père et son frère entreprennent ensemble la conquête du monde depuis la Judée.

Lorsque Vespasien et Titus rentrent à Rome en 70, ils forment un duo à la tête de l'Empire. Domitien peine à trouver sa place dans sa propre famille. Il est une sorte de pièce rapportée. Plutôt que de se concilier la sympathie des siens, il se montre souvent désagréable. C'est le propre des gens blessés. Cénis, la concubine de son père, devient la cible du fiel qu'il a besoin de déverser. Il refuse même de l'embrasser pour la saluer. Évidemment, cela ne l'aide pas à gagner les bonnes grâces de son père. En outre, Vespasien méprise la délicatesse de son fils. Pour lui qui a tant de fois bravé la mort sur le champ de bataille, les angoisses de son cadet sont exaspérantes. Un soir, lors d'un dîner pris en famille, Domitien décline des champignons. Il est vrai que ce mets a mauvaise réputation depuis la mort de Claude ! Vespasien saisit cette occasion pour se moquer de Domitien et l'exhorte cyniquement à davantage redouter le fer[6].

Ces petites vexations apparemment anodines blessent Domitien et le fragilisent. Face au puissant *pater familias*, il se tait mais accumule une rancœur qui se meut en jalousie envers son frère, le trop parfait Titus.

---

des pratiques homophiles avérées, il en aurait vraisemblablement fait ses choux gras.

Un modèle indépassable

Aux alentours du 21 juin 71, Vespasien et Titus célèbrent leur triomphe. Toute la Ville est en liesse. Le défilé militaire est sublime. Pour la toute jeune dynastie flavienne, l'enjeu est de taille : il faut se présenter comme une famille unie. Mais Vespasien pousse Titus à occuper le devant de la scène car c'est à lui qu'il va léguer l'Empire. Domitien, qui a seulement dix-neuf ans et ne peut se prévaloir d'aucun haut fait militaire, regarde, sans doute un peu envieux, son père et son frère revêtir la même toge pourpre, des couronnes de laurier, et se teindre le visage au minium pour devenir, le temps de la cérémonie, des incarnations de Jupiter. Chacun d'eux défile sur un magnifique quadrige. Derrière eux, comme le veut la coutume, un esclave tenant leur couronne au-dessus de leur tête leur murmure à l'oreille qu'ils ne sont pas des dieux. Chevauchant derrière les quadriges, Domitien, propulsé consul, monte un superbe destrier blanc[7]. Certes, il a fière allure… mais encore une fois, même si cela n'a rien d'injuste, il apparaît comme inférieur à son frère.

Les mois passant, Titus renforce sa position de bras droit auprès de Vespasien. Dilettante et jaloux, Domitien prend les magistratures que son père lui offre à la légère. Il laisse ses collègues exercer ses fonctions mais s'amuse à vendre les charges au plus offrant. Peut-être pense-t-il imiter le côté commerçant de son père. Avec son humour pince-sans-rire, Vespasien s'étonne que son cadet « ne lui ait pas encore envoyé un successeur » à qui il aurait vendu la charge d'héritier[8]. Domitien est incapable de se comporter correctement.

En réalité, il joue les provocateurs en permanence pour attirer l'attention de son père. Titus étant le fils parfait impossible à concurrencer, il lui reste le terrain de la ruse… sa quête est vaine et il ne s'en rend pas compte.

Lorsque Vespasien meurt, Titus succède naturellement à son père. Domitien raconte à qui veut l'entendre que son père l'a associé à l'Empire mais que le testament a été falsifié. L'héritage est un moment tragique dans beaucoup de familles. Chacun doit s'accommoder de la place que le défunt lui donnait et l'inégalité de traitement entre les frères est flagrante, bien que largement fondée. Pendant les deux années du principat de son frère, Domitien crache sa bile sur lui. Il ne rêve que de complots ou d'acheter les soldats. Mais ce n'est pas tant le pouvoir que le fait d'être aimé et reconnu qui lui importe. La mort prématurée de Titus le 13 septembre 81 lui cause un plaisir certain. Il obtient cependant sa divinisation par le sénat – les démonstrations de piété familiale sont toujours de bon ton. Par ailleurs, cela renforce le prestige de sa dynastie. Le voilà fils et frère d'empereurs divinisés.

Dans les premières années de son principat, Domitien essaie de se comporter en bon prince. Il poursuit la politique de construction initiée par Vespasien, dédiant notamment un nouveau temple à Jupiter Gardien sur le forum. Il s'agit de laisser une empreinte flavienne sur la capitale. Il ne se prive pas de faire apposer son seul nom sur tous les monuments érigés par sa famille[9]. Par ailleurs, il se montre extrêmement généreux avec le peuple et donne plusieurs fois la preuve de son désintéressement en refusant des héritages qui lui sont pourtant destinés. Mais les jeux sont encore le meilleur moyen de se faire adorer d'un peuple avide de distractions. Il préside d'innombrables combats de gladiateurs et fait même descendre des femmes dans l'arène éclairée aux flambeaux. Ces combats rares, nocturnes, étaient particulièrement prisés des amateurs d'amazones à la sensualité troublante. Le nouvel empereur préside également des courses, des concours gymniques, des spectacles de musique et de chant, moments qu'il met à profit pour distribuer des cadeaux tant aux aristocrates qu'au peuple sous la forme de nourriture et non plus d'argent. Il restaure de la sorte une tradition ancienne renforçant sa position de père symbolique de la patrie. Lui-même devient alors un élément de scénographie : il porte une toge de pourpre et une couronne de laurier en or sur laquelle Jupiter, Junon et Minerve – la triade capitoline – sont représentés. Cela lui confère une prestance royale déjà plus proche du divin que de l'humain[10].

En outre, comme Auguste avant lui, il mène un vrai travail législatif pour encourager le redressement des mœurs. Il édicte par exemple un décret défendant de châtrer les esclaves, alors même que les eunuques représentaient un marché lucratif. Ces esclaves précieux étaient surtout recherchés par des maîtresses et des maîtres débauchés, les unes pour se faire besogner sans craindre de tomber enceintes, les autres pour avoir le plaisir de les traiter en filles. Il se joue certainement dans cette décision un besoin de protéger symboliquement la masculinité d'hommes fragilisés par leur condition servile[11]. Dans une Rome où un citoyen doit être viril socialement et physiquement, être émasculé est une déchéance qui renvoie le malheureux à une sorte de genre intermédiaire dérangeant plus féminin que masculin. Une sorte d'incongruité. Domitien lui-même n'est pas un exemple de guerrier viril couchant sous la tente sans broncher et maniant l'épée sans crainte.

En outre, l'empereur interdit la scène aux histrions et ne tolère plus leurs représentations que dans les maisons privées. Les comédiens ont des cohortes de fans, parmi lesquels de nombreuses matrones prêtes à tout pour approcher leur idole dans les coulisses. Certaines paient des fortunes pour les aider à se déshabiller après les spectacles[12]. Son épouse elle-même perd la tête en lorgnant les comédiens. Elle faisait vraisemblablement partie des femmes visées par la loi.

Lorsqu'il siège au tribunal, Domitien accomplit sa tâche de juge avec le plus grand sérieux. Il est très attaché à l'idée que chacun tienne son rang et se conduise conformément aux attentes sociales. Les débauchés comme les diffamateurs sont châtiés. Mais surtout, il met bon ordre chez les vestales. Ces chastes prêtresses sont infiniment respectées. Elles sont aussi tenues de rester vierges pendant leurs trente années de service, mais ce célibat est bien long et certaines s'accordent de petites incartades, au risque de courroucer Vesta. Si la déesse prenait ombrage de l'incontinence de ses servantes, elle pourrait détruire Rome. Domitien découvre que plusieurs d'entre elles ont des amants. Elles méritent donc d'être vouées aux dieux infernaux pour ce crime, c'est-à-dire enterrées vivantes. L'empereur ne pouvant cependant pas tuer la moitié de ce petit clergé, trois vestales coupables seulement endurent des punitions non mortelles. En revanche, la grande vestale Cornelia est condamnée à la peine capitale. Pour celle-ci, la situation est d'autant plus grave qu'elle ne s'adonne pas à l'inceste* pour la première fois et qu'elle est la première servante de la déesse du foyer. Cornelia expie son crime lors d'une grande cérémonie où elle est conduite en litière fermée jusqu'à une cellule creusée sous terre. Les spectateurs préservent ainsi leurs yeux de son impureté. Arrivée à destination, elle est jetée dans son trou qui restera hermétiquement fermé, condamnée à mourir étouffée par le manque d'oxygène. Ses amants, quant à eux, sont flagellés à mort[13]. Aussi cruel que cela puisse paraître à nos yeux, Domitien agit pour le moment en prince juste et sévère, soucieux de maintenir l'ordre, la discipline et la piété dans la cité.

En matière de politique étrangère, il remporte quelques belles victoires sur les fronts dace, germain et breton, victoires dont il s'enorgueillit. Il ne s'est rendu que sur la frontière rhénane, mais ses succès lui permettent de s'attirer le respect des armées locales. Il pense ainsi montrer que lui aussi est l'héritier du génie militaire de son père[14].

Malgré tous ses efforts, Domitien ne peut s'empêcher de céder aux sirènes de la tyrannie. Il y a un hiatus trop grand entre l'adolescent brisé par un sentiment d'abandon et d'injustice qu'il a été et le prince

* Lorsque qu'une vestale entretenait des relations charnelles avec un homme, on considérait qu'elle avait commis un crime d'inceste au sens étymologique, une action allant à l'encontre du bien, de l'ordre établi.

tout-puissant qu'il est désormais. Finalement, il ne trouve pas davantage sa place au sommet de l'Empire que dans sa propre famille.

La part des ombres

Petit à petit, la rigueur de Domitien s'étiole. Sa nature profonde reprend le dessus. Il a de plus en plus de mal à se plier aux rituels de cour que ses prédécesseurs ont inaugurés. Après quelques années d'efforts, il abandonne le rituel des salutations matinales pour jouer aux dés. Il n'attend pas la fin de l'après-midi pour se rendre aux thermes et passe une bonne partie de la journée à mariner dans l'eau. Si le temps du bain est un grand moment de sociabilité pour les Romains, il est aussi encadré par des règles et, surtout, il n'est pas question d'en abuser. Quand il ne se baigne pas, l'empereur s'enferme parfois des heures entières dans un bureau où il chasse les mouches avec un poinçon[15]. Cette étrange habitude apaise peut-être quelque angoisse existentielle. Par ailleurs, Domitien aime déjeuner copieusement, alors que ce repas est plutôt frugal dans la culture romaine. De fait, il expédie le dîner en se contentant souvent d'une pomme. Une fois le soleil couché, il fuit la table. Alors que d'autres goûtent les délices des orgies, il se promène seul[16]. S'il a toujours été un homme seul, il découvre avec amertume que dans les cimes la solitude est particulièrement oppressante. Son rythme de vie est en complet décalage avec les mœurs courantes. D'aucuns diront aujourd'hui qu'il met en place des stratégies d'évitement pour ne pas avoir à se confronter aux obligations du quotidien, cette épuisante pantomime sociale dénuée de sincérité.

Suétone peint le portrait d'un Domitien sans ancrage. Depuis l'enfance, ses relations avec les autres sont superficielles. Pour s'abstraire de cette navrante réalité, il se vautre dans les bras de prostituées. Une fois payées, elles jouent à merveille la comédie de l'amour. C'est assez pour s'enivrer de leur chaleur, de leurs baisers, de leurs étreintes pourtant automatiques. Avec elles, il fait sa « gymnastique au lit ». La rumeur – vraie ou fausse – dit qu'il aime leur raser lui-même le sexe[17]. Évidemment, à Rome, ce petit plaisir presque fétichiste est vu comme une ignoble perversion. Un homme doit pénétrer une femme, pas jouer les esthéticiennes !

Au moins les prostituées sont-elles dociles. Car Domitien vit une relation passionnelle avec sa femme Domitia Longina. Par amour pour elle, il a refusé d'épouser Julia, sa nièce, alors que cette union endogamique aurait renforcé la légitimité de la dynastie en la verrouillant. Mais Domitia est volage. Elle a une liaison notoire avec l'histrion Pâris, et Domitien la répudie probablement au début de son principat, alors même qu'il l'a déjà gratifiée du titre d'Augusta[18]. Au bout de quelque temps, il consent à la reprendre « dans sa couche sacrée[19] ». Il faut être amoureux ou avoir noué un attachement masochiste avec cette femme pour lui redonner sa place d'impératrice. Cette décision le fait passer pour un homme faible. Les aristocrates ne sont pas prompts à respecter un sot. Cependant, Domitien dissimule lui aussi sa liaison secrète avec sa nièce Julia. La jeune femme est d'une rare beauté et son sens de la morale est suffisamment flexible pour l'autoriser à vivre une idylle quelque peu honteuse avec son oncle. Depuis le mariage politique de Claude et d'Agrippine, les Romains tolèrent qu'un oncle épouse la fille de son frère, mais cette pratique n'est pas entrée dans les mœurs et elle reste clairement incestueuse dans les faits. Cette passion, manifestement réciproque, ne tarde pas à porter ses fruits, mais Julia ne peut pas mettre au monde l'enfant de son oncle[20]. Les manœuvres mécaniques ou les potions abortives à base de plantes comportant toutes des risques létaux, Julia succombe en avortant, à l'instar de bien d'autres femmes, à une intoxication, à une hémorragie ou à une septicémie.

La perte de sa nièce et les intermittences de sa femme enfoncent davantage Domitien dans les affres de la déréliction. Frustré, esseulé, sans personne pour le raisonner, il perd pied. Sa mégalomanie devient le refuge de son désespoir. Au moins cela donne-t-il du sens à sa vie. Face au peuple, il existe. Il prend un plaisir ineffable à recueillir les marques de soumission. Ses circulaires commencent désormais par les mots : « Notre maître et notre dieu ordonne ce qui suit[21]. » Pour un Romain, la tyrannie commence là. Le *princeps* est le premier citoyen. En tant qu'« Auguste », il possède une valeur supérieure ; comme « père de la Patrie », il guide ses habitants, mais il n'est ni dieu (*deus*) ni maître (*dominus*), et il a tort de le croire. Sa dérive tyrannique se traduit par de menus détails de la même veine. Il demande en effet au flamine de Jupiter et aux prêtres flaviens de porter des couronnes sur lesquelles est enchâssé un médaillon à son effigie. Il est ainsi vénéré à l'égal du plus grand dieu de Rome. À cela s'ajoute l'érection d'un nouveau temple d'Hercule près du bois sacré de Diane où le dieu est représenté sous les traits de l'empereur[22]. Domitien s'éloigne toujours davantage du monde des hommes pour se rapprocher de celui des dieux[23]. Vers la fin des années 80, les aristocrates commencent à prendre ombrage de ce mégalomane dont les statues d'or et d'argent se multiplient sur le forum. Mais le dernier Flavien ne jouit pas de la stature de son père ou de son frère et bientôt les ambitieux se mettront à rêver de complot pour se débarrasser de ce tyran en puissance.

Paranoïa

Lucius Antonius Saturninus est le premier à passer à l'action en 89. Ce consulaire est le gouverneur de la Germanie supérieure. Il lève la XIVe légion Gemina et la XXIe Rapax et s'apprête à prendre la route pour marcher sur Rome. Il aurait pu réussir son usurpation si les légions de Germanie inférieure s'étaient jointes à lui. Hélas, celles-ci sont absolument fidèles aux Flaviens. Emmenées par leur gouverneur, Lappius Maximus, elles écrasent les troupes rebelles[24]. Depuis Rome, Domitien s'attaque violemment aux soutiens du traître. Les suspects sont raflés et torturés. L'empereur laisse aux bourreaux toute latitude pour les faire parler. Hommes, femmes, sénateurs ou chevaliers, tous subissent des sévices inouïs. Leurs mains sont coupées, leurs parties intimes brûlées. Seuls deux accusés parviennent à s'en sortir en alléguant avoir une vie si déréglée qu'ils n'auraient jamais pu obtenir la confiance du sévère Antonius.

Dès lors, Domitien est rongé par la paranoïa. Il est convaincu que des conjurations se trament partout contre lui et se lance dans des déplorations : on ne le croira qu'une fois mort[25]. Suivant l'adage « la meilleure défense, c'est l'attaque », il s'en prend cruellement à la classe sénatoriale. Il brandit le crime de lèse-majesté pour se débarrasser de tous ceux qui l'indisposent et cultive un *modus operandi* particulièrement terrifiant. S'il se montre toujours affable avec ceux qu'il s'apprête à persécuter, la sentence n'en est que plus violente, plus théâtrale. Les sénateurs apprennent ainsi à redouter sa douceur. Il s'agit toujours du signe précurseur d'un drame[26].

Il est tout aussi sadique au sein du palais, où il use du même procédé. Il rassure avant d'attaquer. Son trésorier en fait les frais. Un jour, Domitien l'invite dans sa chambre, bavarde amicalement avec lui, lui fait livrer un bon repas dans la soirée et, sans préavis, le fait crucifier le lendemain matin. L'empereur veut se faire craindre. Il impose l'ordre par la terreur et pour cela il doit tuer pour l'exemple. Épaphrodite, son maître des requêtes, devient le parfait bouc émissaire. Domitien le fait exécuter devant ses serviteurs pour les convaincre de ne jamais se rebeller contre leur patron. Domitien croit judicieux de porter son choix sur cet affranchi car il avait accompagné Néron, son ancien maître, dans sa fuite hors de Rome et l'avait aidé à se suicider. L'empereur fait ainsi semblant d'être magnanime. Celui qu'il assassine pour l'exemple l'a mérité. Que les autres se tiennent donc bien[27] ! En réalité, Épaphrodite s'est montré absolument fidèle à Néron et lui a donné la possibilité de mourir dans la dignité.

Il est irréprochable. Aux yeux des serviteurs, leur compagnon est victime d'une abominable injustice. Cela ne fait qu'exciter la haine des affranchis.

Du côté des sénateurs, Domitien franchit la ligne rouge en prenant pour cible son cousin germain Flavius Clemens. En 95, l'empereur, âgé de quarante-quatre ans, n'a pas d'héritier. Clemens, lui, a plusieurs fils encore jeunes. Plus ou moins officiellement, ses garçons sont perçus comme les héritiers du *princeps*. Il est même question que l'empereur les adopte et leur transmette les noms de Vespasien et de Domitien. Malgré ses promesses, l'empereur trouve un prétexte quelconque pour le condamner à mort et faire exiler sa femme[28]. Suétone ne fournit pas d'informations sur le devenir des enfants.

Les Romains voient en Domitien un mégalomane capable d'organiser des purges jusque dans sa propre famille. Il apparaît désormais comme un tyran aussi néfaste que Caligula et Néron. À tout le sang qu'il a sur les mains s'ajoutent les exactions courantes dont sont victimes les princes désargentés. Sa générosité des premières années a vidé le Trésor. Lui qui autrefois châtiait les délateurs en a fait ses meilleurs amis. Les condamnés voient leurs biens confisqués ; des héritages sont abondamment captés. Domitien fait aussi appliquer une taxe dont doivent s'acquitter les Juifs et au sujet de laquelle ses prédécesseurs s'étaient montrés assez accommodants. À ce propos, Suétone raconte que pendant son adolescence il avait assisté à une scène navrante où des agents du fisc avaient tenu à vérifier si un vieillard était ou non circoncis, pour l'obliger à payer son impôt le cas échéant.

En quinze ans, le principat de Domitien, pourtant si heureux au départ, a donc sombré dans un système autoritaire, violent et injuste. L'Empire était une charge trop lourde pour lui. Il n'a jamais eu la détermination de son père ni le courage de son frère[29]. Les fragiles fondations de sa psyché se sont effondrées sous le poids du pouvoir, faisant de lui un être abject. Le cadet de Vespasien ne sait pas encore qu'il deviendra pour plusieurs siècles le parangon du tyran pour les historiographes romains.

Minerve désarmée

Un matin, Domitien se réveille en sursaut. Il a fait un rêve terrible. Minerve, sa déesse favorite, lui est apparue. Elle est sortie de son temple et a marché à sa rencontre. Elle ne portait plus ni son casque, ni son égide, ni sa lance. Fataliste, elle lui a déclaré qu'elle ne pouvait plus le défendre. Jupiter l'a désarmée…

Depuis l'assassinat de Flavius Clemens, les signes funestes se multiplient. Cela fait des mois que l'on entend le tonnerre gronder dans un ciel bleu. Domitien, effrayé, joue l'humour bravache et claironne : « Qu'il frappe enfin celui qu'il voudra ! » Depuis, la foudre s'est abattue d'abord sur le temple de la famille *Flauia*, puis sur le palais. La rumeur exagère sans doute un peu en disant qu'elle est tombée dans la chambre de Domitien. Près de l'une des portes de Rome, un vent violent a arraché l'inscription fixée sur le socle de sa statue triomphale et l'a emportée dans un tombeau. À chaque nouvelle année, Domitien consulte l'oracle de la Fortune à Préneste. En 96, pour la première fois, ses prédictions sont funestes, ses visions teintées de sang.

Inquiet, Domitien consulte le célèbre astrologue Asclétarion. Encore une fois, les astres lui annoncent un sombre destin. Pour conjurer son épouvante, Domitien demande au mage s'il sait, lui, comment il va mourir. Ce dernier répond qu'il sera déchiqueté par des chiens. Pour le faire mentir, l'empereur ordonne à ses gardes de l'assassiner, de brûler son corps et de lui creuser une sépulture immédiatement afin de prouver que sa vision était fausse. Mais un violent orage éclate, obligeant les hommes à trouver un refuge et à abandonner momentanément le cadavre. Le soir, au dîner, le mime Latinus raconte à l'empereur comment il a surpris des chiens en train de déchiqueter les restes à demi consumés d'Asclétarion[30].

Face à tant de présages funestes, Domitien multiplie les crises d'angoisse. Il joue lui-même les Cassandres en prédisant sa propre fin en termes grandiloquents : « Demain, la lune se teintera de sang dans le Verseau et il se produira un événement dont le monde parlera dans l'univers entier[31]. » Cela ressemble fort aux belles phrases apocryphes que l'on prête à tous les empereurs mourants. Cependant, l'atmosphère particulièrement tendue au palais ne devait pas lui échapper. Ses proches le haïssent. Les affranchis ne tolèrent plus son joug. Il a fait tomber tant de têtes que personne au sein du palais ne se sent plus en sécurité. La *Domus Augusta* a toujours été un nid de vipères, en ce 18 septembre 96, elles vont mordre.

À l'aube de son dernier jour, Domitien s'éveille épuisé. Ses angoisses l'ont tourmenté toute la nuit. Aux premières heures, l'haruspice vient comme à l'accoutumée. Il annonce que des signes macabres ont été perçus en Germanie. Des coups de tonnerre évoqueraient un changement de régime. Pris de panique, Domitien ordonne le meurtre de cet oiseau de mauvais augure. Il est désormais convaincu que la cinquième heure du jour (10 heures du matin) lui sera fatale. Il tourne dans sa chambre comme un lion en cage. Il se met à gratter frénétiquement une verrue sur son front. Un flot de sang en jaillit. Il supplie les dieux de ne pas avoir à saigner davantage. Enfin, on lui annonce que la sixième heure commence. Ses esclaves lui ont menti mais Domitien se rassérène. L'heure fatidique est passée, il ne mourra pas aujourd'hui. Pour se détendre, il décide de se rendre aux thermes. Son valet de chambre, Parthenius, suspend son élan : Stephanus, l'un des intendants du palais, a de graves nouvelles à lui annoncer. Il est introduit dans la chambre du prince. L'affranchi serre contre son bras qu'il porte en écharpe depuis plusieurs jours un message de la plus haute importance. Domitien s'en empare et découvre une dénonciation de complot. Abîmé dans sa lecture, il ne voit pas Stephanus sortir un poignard de ses bandages. La lame affilée s'enfonce brutalement dans le ventre de Domitien. Mû par un puissant instinct de survie, celui-ci se bat contre son agresseur. Il tente de lui arracher son arme et de lui crever les yeux. Le jeune esclave préposé au service des dieux Lares de la chambre assiste à la scène, éberlué. Domitien lui crie de lui donner le poignard qu'il cache sous ses oreillers, mais le garçon ne trouve qu'un manche à la lame brisée. Toutes les issues sont closes de l'extérieur. Une porte s'ouvre enfin. Le sous-officier Clodianus, Maximus, l'affranchi de Parthenius, Satur, l'un des gardes de la chambre, et quelques gladiateurs sont introduits par le cubiculaire. Tous frappent leur maître. Domitien expire sous les coups de ses propres serviteurs[32]. Ironie suprême, la vengeance pour la mort d'Épaphrodite a été l'un des moteurs de cette conjuration d'affranchis.

Le corps du dernier des Flaviens est déposé dans une bière, sans faste, et confié à sa vieille nourrice, Phyllis. Elle organise les funérailles et mêle les cendres de son petit à celles de Julia, comme pour les unir par-delà la mort[33].

À l'annonce de son décès, le peuple ne réagit pas. Les sénateurs, au contraire, exultent. Enfin, le tyran est mort. Ils n'ont plus à craindre son iniquité. Ils se rendent dans la curie, brisent ses portraits, prononcent mille imprécations contre lui et proposent de condamner sa mémoire. Seuls les soldats parlent de venger leur maître. Ils ont gardé un grand respect pour les Flaviens et Domitien était encore nimbé de l'aura de son père et de son frère. Cependant, comme personne ne se manifeste pour les soudoyer et prendre Rome par les armes, ils abandonnent leur projet.

De leur côté, les affranchis ne laissent pas le temps aux sénateurs de tergiverser. Ils actionnent déjà quelques discrets leviers pour pousser le maître qu'ils se sont choisi sur le devant de la scène. Nerva, dont la vieillesse n'a d'égale que la sagesse, est déjà prêt à assurer l'intérim. Nul besoin de relancer la guerre civile. L'Empire entre dans son âge d'or.

« On rapporte que Domitien lui-même rêva qu'une loupe d'or lui venait sur la nuque et fut persuadé que cela présageait pour l'État une période plus heureuse et plus prospère après sa mort, ce qui fut bientôt réalisé, à coup sûr, grâce au désintéressement et à la modération des empereurs qui lui succédèrent[34]. » Suétone pose son calame et contemple le papyrus noirci de sa fine écriture. Il sourit d'aise, empli de cette joie que seul procure un long travail mené à son terme. Il s'étire et détend les muscles de son dos engourdis par sa position penchée sur sa table de travail. Cela fait trois ans qu'il rédige son œuvre, *Les Vies des douze Césars*. Certes, la biographie est un genre mineur, mais il laisse volontiers la narration virtuose des hauts faits au grand Tacite. Lui, ce qu'il aime, c'est se plonger dans les archives. Il repense avec bonheur aux heures passées dans les bibliothèques du palais à exhumer les documents anciens. Lire les lettres que s'échangeaient Livie et Auguste l'avait grisé. Il avait adoré comparer les techniques d'écriture des discours des différents empereurs. Il avait eu le sentiment de devenir intime avec eux, de les connaître parfaitement. Mais il ne lui fallait pas perdre de vue son objectif. Son ouvrage doit plaire à l'empereur Hadrien. Le *princeps* doit puiser dans ses petits livres des exemples de vertus – il en a déjà tant – et se sentir magnifié par son comportement exemplaire, à l'inverse de ceux des tyrans. D'ailleurs, la conclusion de son dernier chapitre est un éloge de l'âge d'or que vit Rome depuis l'avènement des Antonins. Il en est fier. Cela ne passera pas inaperçu.

Suétone enroule ses manuscrits et les range méticuleusement dans une *capsa**. Il les fera recopier dès demain et

* Boîte ronde servant à ranger les papyrus roulés.

en offrira un exemplaire à l'empereur et un autre à l'impératrice. Il a toujours trouvé Sabine si belle… Cette idée le réjouit. Au moment où il s'apprête à quitter le bureau, sa *capsa* dans les bras, il tombe nez à nez avec son protecteur, Septicius Clarus. Le préfet du prétoire regarde l'*ab epistulis* d'un air navré. Suétone sent son sentiment de joie s'évanouir. Si Clarus, vêtu en civil, a pris la peine de venir le voir au bureau, une chose grave s'est produite.

— Mon cher Suétone, je suis au regret de t'annoncer que nous sommes victimes de vilaines calomnies. On nous dit trop familiers avec l'impératrice. Nous avons ordre de quitter le palais*. Te voilà sans emploi. C'est parfaitement injuste. J'en suis désolé.

Suétone jette un œil à la boîte qu'il serre sur son cœur.

— Ah ! s'écrie-t-il piteusement, c'est dommage…

Il se ressaisit rapidement et regarde malicieusement Clarus. Il lui sourit, presque serein conformément à son surnom, Tranquillus.

— Eh bien, puisque je vais avoir du temps libre, je vais pouvoir commencer mon prochain livre. Je voulais justement me lancer dans un ouvrage sur les injures** !

---

* *Histoire Auguste*, *Vie d'Hadrien*, XII, 3 : « Hadrien destitua le préfet du prétoire Septicius Clarus, le maître du bureau de correspondance Suetonius Tranquillus ainsi que beaucoup d'autres parce qu'ils avaient eu vis-à-vis de son épouse Sabine et à son corps défendant une attitude plus familière que ne le tolérait l'étiquette de la maison impériale. » Cet événement se produit en 122, alors qu'Hadrien se trouve en Bretagne. Il semblerait que Suétone ait terminé ses *Vies des douze Césars* cette même année.

** Il s'agit en effet d'un des livres perdus aujourd'hui appartenant à la longue bibliographie de Suétone.

Conclusion

J'avais vingt-deux ans. Je venais d'arriver à Paris. J'entrais en master à la Sorbonne. J'étais fière. J'allais travailler sur ma passion : l'Antiquité. Le professeur Yann Le Bohec, mon directeur de mémoire, m'avait confié un sujet sur les impératrices et les princesses julio-claudiennes dans la numismatique. Pour mener à bien mon étude, il me fallait mon propre exemplaire de Suétone. Mes *Douze Césars* à moi. Je me vois encore franchir la porte de la librairie de la rue des Écoles et prendre sur les étagères le livre tant convoité préfacé par Marcel Bénabou dans la collection « Folio Classique ». Sur la couverture, il y avait un détail des *Romains de la décadence* peint par Thomas Couture avec cette courtisane toute de blanc vêtue, son regard perdu dans le vide et son expression mélancolique, comme absente à elle-même. Cette peinture m'avait fait forte impression la première fois que je l'avais vue au musée d'Orsay alors que j'étais en classe de première. Retrouver ce détail-là sur ce livre était comme un signe. J'étais sur la bonne voie.

Cet exemplaire des *Douze Césars* ne m'a jamais quittée. Il m'a suivie pendant mon master, puis ma thèse de doctorat et l'écriture de mes deux premiers livres. Tellement de Post-it colorés dépassent de sa tranche que je ne sais même plus à quoi ils correspondent. Peu importe. J'ai tout repris depuis le début. En hommage à Suétone, mon compagnon d'études, je réécris les *Douze Césars*, *mes* douze Césars, car cela fait plus de douze ans que je vis un peu avec eux. Tout fait sens.

La réputation d'écrivaillon avide de rumeurs de Suétone, surtout lorsqu'on le compare à Tacite, m'a toujours paru injuste. La structure thématique des *Douze Césars* témoigne d'un esprit analytique. Le style est vif. Les anecdotes, piquantes. Elles imprègnent des images dans mon esprit. Celles-ci se sont précisées au fil des longues années d'études et des livres écrits. Je suis devenue une intime des Césars et de leur famille. Voilà sans doute la pierre angulaire de cet ouvrage : la *Domus Augusta*.

Les empereurs sont bien évidemment le produit de leur époque, mais aussi de leurs familles particulièrement toxiques et violentes. Je tenais à les replacer dans leurs constellations familiales et à ne pas me limiter à leurs hauts faits sur le champ de bataille ou au sénat. Cela fait des siècles que les historiens parlent de leur politique, je voulais parler des hommes. À part César, Auguste et Vespasien, parce qu'ils sont allés chercher le pouvoir et ont su le conserver et le transmettre, les Césars me sont apparus faibles, esseulés, souvent brisés avant même d'être parvenus à la pourpre, quand ils n'étaient pas animés par une vaine arrogance, à l'instar de Galba, d'Othon et de Vitellius. Le pouvoir n'a fait qu'ouvrir leurs failles et laisser paraître au jour ce qu'ils portaient en eux de plus noir : un surmoi fragile, un complexe d'infériorité, un ego hypertrophié, des tendances sadiques. Ainsi, l'objet de ce livre n'est pas de les *réhabiliter*, terme à la mode dans ma discipline*, mais d'essayer de les comprendre, forte de toute l'humilité dont un historien doit être pourvu face à l'abîme des siècles révolus. Je voulais expliquer leurs comportements les plus fous, trouver l'étiologie de leur paranoïa ou de leur mégalomanie. Pour cela, il faut être bienveillant mais sans complaisance, interroger leur nature sans les juger et jeter des ponts en toute modestie avec d'autres sciences humaines.

Je livre ici mon intime conviction sur les Césars. J'ai souvent accordé beaucoup de place à leur jeunesse afin de comprendre leur formation intellectuelle et leurs rapports aux membres de leur famille. J'ai tâché de mettre en évidence les temps forts de leur principat à la lumière de l'évolution de ces liens. Il m'a semblé voir leurs nerfs céder après quelques années au sommet de l'État sous le poids de leurs responsabilités, d'une toute-puissance écrasante et de nombreuses pressions intrafamiliales.

Les Julio-Claudiens n'ont pas vécu à l'ère de la psychanalyse et de la bienveillance généralisée (concept

* Jean-Noël Castorio a très bien démontré dans son ouvrage sur Messaline que la perception que nous avons d'un personnage historique évolue en fonction du système de valeurs de chaque époque (voir *Messaline, la putain impériale*, Paris, Payot, 2015, p. 158-168).

quelque peu hypocrite et galvaudé aujourd'hui). Être faible, être une victime n'a rien d'honorable dans le monde romain*. La dignité avait alors un sens profond. C'était l'une des vertus principales du *mos maiorum*, la coutume des anciens. Cette *dignitas* mâtinée de *gravitas* et de *severitas*** impliquait de se conduire comme un homme, un surhomme même lorsqu'on devenait empereur. La virilité physique n'était que la dimension triviale de la virilité sociale constitutive de l'homme romain par opposition aux femmes mais aussi aux esclaves, aux affranchis, aux Barbares. Ce n'est pas un hasard si ses détracteurs ont accusé Tibère d'être impuissant. Cela le renvoyait à son incapacité à gouverner un empire. Le citoyen avait l'obligation de se montrer fort, intelligent, dominateur, et de prouver sans cesse une grande capacité à imposer son autorité, surtout dans l'aristocratie[1]. Pour l'empereur, ces exigences sociétales étaient si lourdes à porter que beaucoup y ont échoué. Les déviances tyranniques de Tibère, de Caligula, de Néron ou de Domitien découlent en partie d'une incapacité à se conformer à des standards si élevés de vertu et de virilité. Cet échec était d'autant plus culpabilisant que les empereurs avaient parfois en face d'eux des mères ou des sœurs à « l'âme virile », comme le disaient les Romains. Des

---

* Alors qu'aujourd'hui la position de victime est passablement gratifiante. Voir à ce sujet P. Bruckner, « Vers une société de victimes ? », *Constructif*, n° 10, 2005.

** *Dignitas*, *atis*, f. : fait d'être digne, d'avoir le sens de l'honneur ; *Gravita*, *atis*, f. : dignité empreinte de sérieux, de rigueur ; *Severitas*, *atis*, f. : sévérité, austérité, sérieux.

femmes – Livie, Antonia ou les deux Agrippine – plus capables de régner qu'eux. Elles ont souvent agi en castratrices, leur ont fait ressentir la honte de ne pas être des hommes parfaits. Ils ont donc en partie compensé ce défaut de puissance par une autorité violente et déraisonnée, allant jusqu'au matricide dans le cas de Néron. Évidemment, il ne s'agit pas là du seul facteur conduisant à la tyrannie, nous en avons donné beaucoup d'autres tout au long de cet ouvrage, mais cette cause a rarement été prise en compte par les historiens des grands hommes. C'est négliger l'importance des femmes dans les coulisses de l'histoire alors que les Julio-Claudiennes ont largement partagé les passions violentes de leurs proches masculins. Loin d'être des parangons de vertu, mais admirables pour leur détermination et leur courage, elles ont contribué à façonner les empereurs.

Les douze Césars ne sont en définitive ni des héros ni des monstres, et encore moins des démons, car non, Néron n'est pas un agent de l'Antéchrist[2] ! Ils sont humains, et j'ai tenté de leur rendre, avec humilité et compassion, une part de cette humanité diluée dans leurs mythes.

Généalogies

Généalogie générale des Julio-Claudiens

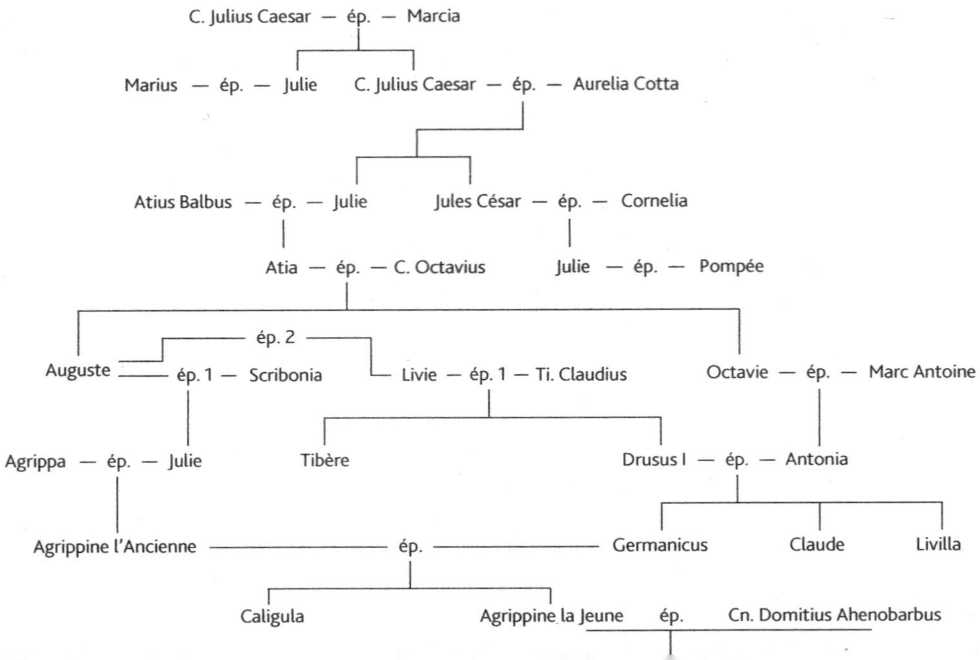

Généalogie détaillée des Julio-Claudiens

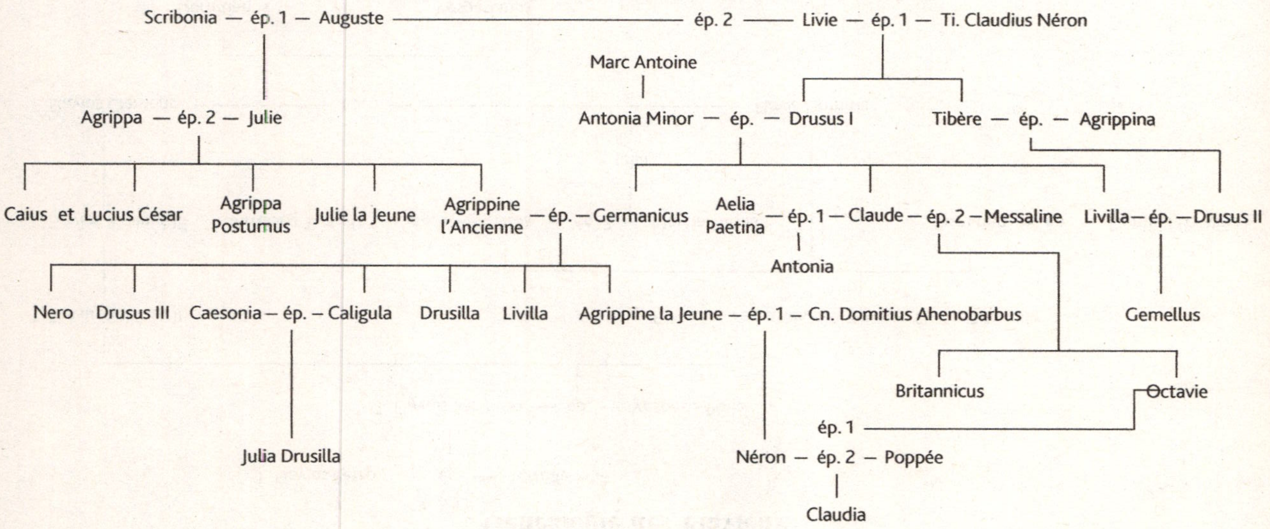

N. B. : L'ordre de naissance dans les grandes fratries a été modifié de manière à limiter les croisements de lignes entre les personnages.

Généalogie des Flaviens

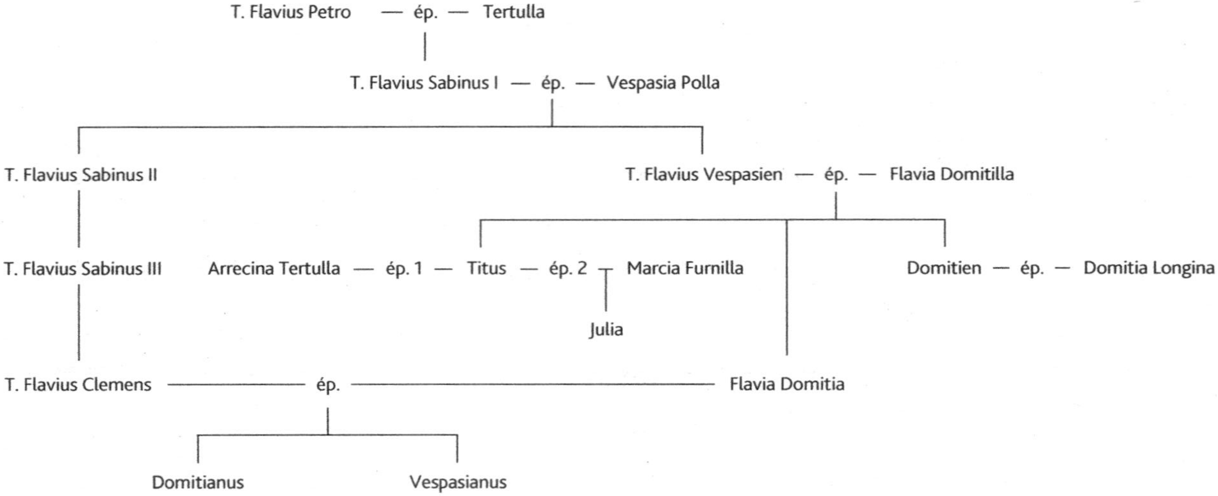

Chronologie

100 av. J.-C.	12 juillet : naissance de Jules César.
83	Naissance de Marc Antoine.
82-79	Dictature de Sylla.
81-79	César proscrit.
78	Retour de César à Rome.
75	César capturé par les pirates.
69	Naissance de Cléopâtre.
67	César épouse Pompeia.
	Alliance politique avec Crassus.
63	Naissance d'Octave.
	Conjuration de Catilina.
	Cicéron consul.
62	César préteur.
	Scandale de Clodius.
	Pompeia répudiée.
60	Premier triumvirat.
59	César consul.
	Mariage de Julie et de Pompée.

58-50	Guerre des Gaules.
55	Ptolémée XII rétabli sur son trône par les Romains.
52	Bataille d'Alésia.
51	Ptolémée XIII et Cléopâtre VII souverains d'Égypte.
49	César franchit le Rubicon. César dictateur (I). Guerre civile entre César et Pompée.
48	Rencontre de César et Cléopâtre. Mort de Pompée. Mariage de Cléopâtre avec Ptolémée XIV.
47	César dictateur (II). Naissance de Césarion (?).
46	César dictateur (III). Triomphes de César. Premier séjour de Cléopâtre à Rome. Inauguration du temple de Vénus Génitrix.
45	Triomphe de César. Nouveau testament en faveur d'Octave. Deuxième séjour de Cléopâtre à Rome.
44	**César dictateur à vie.** 15 mars : assassinat de César. Cléopâtre quitte Rome. Brutus et Cassius quittent l'Italie.
43	Guerre de Modène. Octave consul. Second triumvirat. Assassinat de Cicéron.

42	1er janvier : apothéose de César. Bataille de Philippes. Mort de Brutus et de Cassius.
41	Guerre de Pérouse.
40	Mariage d'Antoine et Octavie. Mariage d'Octave et Scribonia.
38	Mariage d'Octave et Livie.
37	Mariage d'Antoine et Cléopâtre (?).
32	Octavie répudiée par Antoine. Octave dévoile le testament d'Antoine.
31	2 septembre : bataille d'Actium.
30	Juillet : suicide d'Antoine. Août : suicide de Cléopâtre. Meurtre de Césarion. Égypte, province romaine.
27	**16 janvier : Octave prend le surnom d'Auguste.**
15	24 mai : naissance de Germanicus.
14	Naissance d'Agrippine l'Ancienne.
3	24 décembre : naissance de Galba.
1	Naissance de Sénèque.
4 après J.-C.	Adoption de Tibère par Auguste et de Germanicus par Tibère.
5	Mariage de Germanicus et d'Agrippine.
9	17 novembre : naissance de Vespasien.
12	Naissance de Caligula.
14	**19 août : mort d'Auguste. Tibère empereur.**

15	24 septembre : naissance de Vitellius. 6 novembre : naissance d'Agrippine la Jeune. Séjan préfet du prétoire.
17	Triomphe de Germanicus.
19	10 octobre : mort de Germanicus à Antioche.
20	Retour des cendres de Germanicus à Rome. Procès de Pison.
23	Mort de Drusus II.
27	Installation de Tibère à Capri.
28	Mariage d'Agrippine la Jeune et de Cnaeus Domitius Ahenobarbus. Naissance de Bérénice.
29	Mort de Livie. Exil d'Agrippine l'Ancienne.
31	18 octobre : mort de Séjan.
32	Naissance d'Othon.
33	18 octobre : mort d'Agrippine l'Ancienne. Premier mariage de Caligula.
36	La femme et le bébé de Caligula meurent en couches.
37	**16-18 mars : mort de Tibère. Caligula empereur.** 1er mai : mort d'Antonia. Octobre-novembre : maladie de Caligula. 15 décembre : naissance de Néron.
38	Mort et apothéose de Drusilla.

Disgrâce de Macron.
Mariage de Vespasien et Domitilla.

39 Complot de Gaetulicus, Lepidus, Agrippine la Jeune et Livilla.
30 décembre : naissance de Titus.

40 Caligula au camp de Boulogne.
Mort d'Ahenobarbus.
Naissance d'Octavie (fille de Claude et Messaline).

41 24 janvier : mort de Caligula. Claude empereur.
Retour d'exil d'Agrippine et Livilla.
12 février : naissance de Britannicus.
Relégation de Sénèque.

48 Mort de Messaline.

49 1er janvier : mariage d'Agrippine et de Claude.
Sénèque précepteur de Néron.
Néron et Octavie fiancés.

50 Agrippine obtient le titre d'Augusta.
25 février : Néron adopté par Claude.

51 Néron prend la toge virile.
Burrus préfet du prétoire.
24 octobre : naissance de Domitien.

54 13 octobre : mort de Claude. Néron empereur.

55 Apothéose de Claude.
Publication de *L'Apocoloquintose du divin Claude.*
Acté maîtresse de Néron.

	Mort de Britannicus.
	Agrippine chassée du palais.
58	Poppée maîtresse de Néron.
59	Nuit du 19 au 20 mars : mort d'Agrippine.
60	Néron organise les premiers jeux quinquennaux.
62	Mort de Burrus.
	Octavie répudiée et tuée.
	Néron épouse Poppée.
	Tigellin et Faenius Rufus préfets du prétoire.
63	Naissance et mort de Claudia Augusta.
	Naissance de Julia (?).
64	Première scène de Néron à Naples.
	18-27 juillet : grand incendie de Rome.
	Début de la reconstruction de Rome et de la Maison dorée.
65	Conspiration de Pison.
	Mort de Sénèque.
	Mort et divinisation de Poppée.
66	Mariage de Néron et de Statilia Messalina.
	Voyage de Néron en Grèce.
	Vespasien commandant de la guerre de Judée.
68	Révolte de Vindex.
	Insurrection de Galba.
	Soulèvement de Macer.
	11 juin : mort de Néron. Galba empereur.
	Titus en voyage pour Rome et retour en Judée.

69	2 janvier : Vitellius proclamé empereur en Germanie inférieure. **15-16 janvier : Galba et Pison assassinés. Othon empereur.** 14 avril : bataille de Bédriac. 15 avril : suicide d'Othon. **19 avril : Vitellius empereur à Rome.** 1er juillet : Vespasien proclamé empereur à Alexandrie. 20 décembre : assassinat de Vitellius. Domitien César. **21 décembre : Vespasien officiellement empereur.**
70	Avril-septembre : siège de Jérusalem. Naissance de Suétone (?).
71	Triomphe de Vespasien et Titus.
75	Bérénice à Rome (?).
79	**24 juin : mort de Vespasien. Titus empereur.** Apothéose de Vespasien. 24 octobre : éruption du Vésuve. Épidémie de peste.
80	Incendie de Rome. Inauguration du Colisée.
81	**13-14 octobre : mort de Titus. Domitien empereur.** Apothéose de Titus.
87 (?)	Mort de Julia.
89	Révolte d'Antonius.
96	**18 septembre : mort de Domitien.**

113	Entrée de Suétone dans l'administration impériale.
119-122	Rédaction des *Vies des douze Césars* par Suétone.
122	Disgrâce de Suétone par Hadrien.
	Mort de Suétone.

Notes

Avant-propos. La comédie humaine suétonienne

1. F. de Champagny, *Les Césars*, 1841 : *Revue des Deux Mondes*, période initiale, 1829-1848.
2. R. F. Martin, *Les Douze Césars, du mythe à la réalité*, Paris, Les Belles Lettres, 1991.
3. Voir à ce sujet les recherches de Dascher Keltner, professeur de psychologie sociale à Stanford.
4. G. Puccini-Delbey, *La Vie sexuelle à Rome*, Paris, Tallandier, 2007.
5. J. Mambwini Kivuila-Kiaku, « Histoire et rhétorique dans la textualité de la mort d'Agrippine (Tacite, Annales, XIV, 1-13) », *Revue des études latines*, 4, 2004, p. 87-101 ; L. Muller, « La mort d'Agrippine », *Les Études classiques*, 62 (1), 1994, p. 27-43.
6. J. Gascou, *Suétone historien*, Paris, Éditions de Boccard, 1984, p. XI-XII.
7. N. Loraux, « Thucydide n'est pas notre collègue », *Quaderni di storia*, 12, 1980, p. 55-81.

1. César, le destin d'un audacieux

1. Suétone, *César*, 32.
2. *Ibid.*
3. D. Gourevitch et M.-Th. Raepsaet-Charlier, *La Femme dans la Rome antique*, Paris, Hachette, 2001, p. 135.

4. Y. Le Bohec, *César, chef de guerre*, Paris, Tallandier, coll. « Texto », 2015, p. 21. La date exacte de la naissance de César a été soumise à de longs débats, mais celle du 12 juillet 100 est la plus communément admise. Suétone, *César*, 88 ; Plutarque, *César*, 69.

5. Y. Le Bohec, *César, chef de guerre*, *op. cit.*, p. 23.

6. Tacite, *Dialogue des orateurs*, 28.

7. *Ibid.*

8. Plutarque, *César*, III.

9. Suétone, *César*, 57.

10. Y. Le Bohec, *César, chef de guerre*, *op. cit.*, p. 29.

11. R. F. Martin, *Les Douze Césars, du mythe à la réalité*, *op. cit.*, p. 51.

12. Plutarque, *César*, IV.

13. Suétone, *César*, 45.

14. *Ibid.*, I.

15. Y. Le Bohec, *César, chef de guerre*, *op. cit.*, p. 40 : « Cette désignation a été expliquée de manière différente par les historiens. Les uns […] y ont vu une intervention de l'ombre de Marius, décédé en 86, et de Cinna, son successeur de 86 à 84. Les chefs des populaires auraient voulu protéger un parent. Les autres, à l'opposé, incriminent les *optimates* qui auraient entrepris de briser dans l'œuf la carrière d'un jeune homme brillant et prometteur. »

16. Suétone, *César*, 1.

17. Plutarque, *César*, I.

18. Suétone, *César*, 1 ; Plutarque, *César*, I.

19. Suétone, *César*, 2 ; Dion Cassius, *Histoire romaine*, LXIII, 20, 2.

20. Suétone, *César*, II.

21. *Ibid.*, 22.

22. Dion Cassius, *Histoire romaine*, XLIII, 20, 4.

23. Suétone, *César*, 2.

24. *Ibid.*, 4.

25. *Ibid.*, 4 ; Plutarque, *César*, II ; Velleius Paterculus, II, 41-42.

26. Suétone, *César*, 74.

27. Plutarque, *César*, III.

28. Suétone, *César*, 4.

29. *Ibid.*, 7 ; Plutarque, *César*, V, 6.

30. Suétone, *César*, 6.
31. *Ibid.*, 7.
32. *Ibid.*, 9.
33. Cicéron, *Correspondances*, XVII, 3 ; XXXIV, 3 ; CLIX, 15 ; Velleius Paterculus, II, 45.
34. Suétone, *César*, 6.
35. *Ibid.*, 10.
36. Y. Le Bohec, *César, chef de guerre*, *op. cit.*, p. 58.
37. Suétone, *César*, 20.
38. *Ibid.*, 10
39. *Ibid.*, 10.
40. Y. Le Bohec, *César, chef de guerre*, *op. cit.*, p. 52.
41. *Ibid.*, p. 53.
42. Suétone, *César*, 14.
43. Y. Le Bohec, *César, chef de guerre*, *op. cit.*, p. 55.
44. Suétone, *César*, 14.
45. *Ibid.*, 17.
46. Y. Le Bohec, *César, chef de guerre*, *op. cit.*, p. 59.
47. Plutarque, *Pompée*, II ; XXX-XLI.
48. Y. Le Bohec, *César, chef de guerre*, *op. cit.*, p. 61.
49. Suétone, *César*, 19 ; Plutarque, *César*, XIII.
50. Y. Le Bohec, *César, chef de guerre*, *op. cit.*, p. 62.
51. Suétone, *César*, 19.
52. Suétone, *César*, 20 ; Plutarque, *César*, XIV ; Dion Cassius, *Histoire romaine*, XXXVIII.
53. Dion Cassius, *Histoire romaine*, XXXXVIII.
54. Appien, II, 2, 14.
55. Suétone, *César*, 21.
56. *Ibid.*, 22.
57. Dion Cassius, *Histoire romaine*, XXXVIII, 12-18.
58. Suétone, *César*, 24.
59. Y. Le Bohec, *César, chef de guerre*, *op. cit.*, p. 111.
60. Suétone, *César*, 27.
61. *Ibid.*, 25.
62. César, *La Guerre des Gaules*, VII, 4, 4.
63. Suétone, *César*, 24.
64. César, *La Guerre des Gaules*, VII, 57, 3.

65. Y. Le Bohec, *César, chef de guerre*, *op. cit.*, p. 276.
66. César, *La Guerre des Gaules*, VII, 90, 8.
67. Suétone, *César*, 26.
68. Florus, *Abrégé de l'histoire romaine*, II, 13, 13.
69. Y. Le Bohec, *César, chef de guerre*, *op. cit.*, p. 304.
70. Dion Cassius, *Histoire romaine*, XL, 60 ; Y. Le Bohec, *César, chef de guerre*, *op. cit.*, p. 307.
71. Appien, *Les Guerres civiles*, II, 5, 33.
72. Suétone, *César*, 30.
73. *Ibid.*, 31.
74. *Ibid.*, 32.
75. P. Renucci, *Marc Antoine, un destin inachevé entre César et Cléopâtre*, Paris, Perrin, 2015, p. 98.
76. César, *La Guerre civile*, III, 102-103.
77. Plutarque, *César*, 54.
78. Suétone, *César*, 52.
79. Dion Cassius, *Histoire romaine*, XLVII, 3.
80. *Ibid.*, XLII, 44.
81. Plutarque, *Vie de César*, 56.
82. Suétone, *César*, 77.
83. *Ibid.*, 79.
84. *Ibid.*, 46-47.
85. *Ibid.*, 50.
86. *Ibid.*
87. *Ibid.*
88. *Ibid.*, 52.
89. *Ibid.*, 86.
90. *Ibid.*
91. *Ibid.*, 87.
92. B. Strauss, *La Mort de César*, Paris, Albin Michel, 2018, p. 90.
93. *Ibid.*, p. 95.
94. Y. Le Bohec, *César, chef de guerre*, *op. cit.*, p. 459.
95. Suétone, *César*, 81.
96. *Ibid.*, 81.
97. B. Strauss, *La Mort de César*, *op. cit.*, p. 135.
98. Suétone, *César*, 81.

99. B. Strauss, *La Mort de César*, *op. cit.*, p. 157 ; Dion Cassius, *Histoire romaine*, XLIV, 19.

100. B. Strauss, *La Mort de César*, *op. cit.*, p. 162.

101. Suétone, *César*, 82.

102. B. Strauss, *La Mort de César*, *op. cit.*, p. 164-165. La véracité de cette exclamation est mise en doute. Il faut admettre que l'on ignore la teneur exacte des derniers mots de César.

103. Plutarque, *Vie d'Antoine*, 15.

104. Suétone, *César*, 88.

105. Suétone, *Auguste*, 8.

2. Auguste, la comédie du pouvoir

1. Dion Cassius, *Histoire romaine*, LIII, 16.
2. *Ibid.*
3. Suétone, *Auguste*, 16.
4. *Ibid.*, 94.
5. *Ibid.*
6. *CIL* (*Corpus Inscriptionum Latinarum*), IV, 6893.
7. Suétone, *Auguste*, 5.
8. *Ibid.*, 5-6.
9. *Ibid.*, 4.
10. *Ibid.*, 2.
11. *Ibid.*, 3.
12. *Ibid.*, 7.
13. *Ibid.*, 6.
14. *Ibid.*, 3-4.
15. *Ibid.*, 8.
16. F. Hurlet, *Auguste, les ambiguïtés du pouvoir*, Paris, Armand Colin, 2015, p. 34. et n. 1, p. 34.
17. Nicolas de Damas, *Vie d'Auguste*, 3-4 ; Suétone, *Auguste*, 8.
18. P. Cosme, *Auguste*, Paris, Perrin, coll. « Tempus », 2009, p. 16.
19. Suétone, *Auguste*, 94.
20. F. Hurlet, *Auguste, les ambiguïtés du pouvoir*, *op. cit.*, p. 35.
21. Suétone, *Auguste*, 8.

22. F. Hurlet, *Auguste, les ambiguïtés du pouvoir*, *op. cit.*, p. 37.

23. Suétone, *Auguste*, 94.

24. P. Cosme, *Auguste*, *op. cit.*, p. 19.

25. *Ibid.*, p. 20.

26. Suétone, *Auguste*, 8.

27. *Ibid.*, 10.

28. Suétone, *César*, 88.

29. F. Hurlet, *Auguste, les ambiguïtés du pouvoir*, *op. cit.*, p. 43.

30. Suétone, *Auguste*, 10.

31. *Ibid.*

32. P. Cosme, *Auguste*, *op. cit.*, p. 28.

33. Suétone, *Auguste,* 10.

34. P. Renucci, *Marc Antoine, un destin inachevé entre César et Cléopâtre*, *op. cit.*, p. 258.

35. Suétone, *Auguste*, 24 ; Appien, *Les Guerres civiles*, III, 80 et 82 ; Dion Cassius, *Histoire romaine*, XLVI, 41 et *sq.*

36. F. Hurlet, *Auguste, les ambiguïtés du pouvoir*, *op. cit.*, p. 51.

37. Plutarque, *Cicéron*, 49.

38. Suétone, *Auguste*, 13.

39. *Ibid.*, 14.

40. *Ibid.*, 15.

41. *Ibid.*, 62.

42. Plutarque, *Romulus*, XIV, 7.

43. Suétone, *Auguste*, 16.

44. *Ibid.*, 16.

45. *Ibid.*, 17.

46. Dion Cassius, *Histoire romaine*, L, 3-4 ; Plutarque, *Antoine*, 58-59.

47. Suétone, *Auguste*, 17.

48. *Ibid.*, 17.

49. *Ibid.*, 18.

50. *Ibid.*, 18.

51. Dion Cassius, *Histoire romaine*, LII, 20, 4.

52. Suétone, *Auguste*, 28 ; F. Hurlet, *Auguste, les ambiguïtés du pouvoir*, *op. cit.*, p. 72.

53. F. Hurlet, *Auguste, les ambiguïtés du pouvoir*, *op. cit.*, p. 75.

54. Suétone, *Auguste*, 7.

55. V. Girod, « Une matrice : la cour romaine du Haut-Empire à l'Antiquité tardive », dans V. Battaggion et Th. Sarmant (dir.), *Histoire mondiale des cours, de l'Antiquité à nos jours*, Paris, Perrin, 2019, p. 121-122.

56. Suétone, *Auguste*, 62.

57. V. Girod, *Les Femmes et le sexe dans la Rome antique*, Paris, Tallandier, 2013, p. 219.

58. Suétone, *Auguste*, 64.

59. *Ibid.*, 63.

60. *Ibid.*, 67.

61. *Ibid.*, 53.

62. *Ibid.*, 32.

63. *Ibid.*, 34.

64. *Ibid.*, 35.

65. *Ibid.*, 37.

66. *Ibid.*, 38.

67. *Ibid.*, 37.

68. *Ibid.*, 38-39.

69. *Ibid.*, 31.

70. *Ibid.*, 40.

71. *Ibid.*, 42.

72. V. Girod, *Les Femmes et le sexe dans la Rome antique*, *op. cit.*, p. 53.

73. Suétone, *Auguste*, 41.

74. *Ibid.*, 43.

75. *Ibid.*, 45.

76. *Ibid.*, 44.

77. *Ibid.*, 42.

78. *Ibid.*, 58.

79. Voir à ce sujet le sentiment de fierté inhérent à l'appartenance à un groupe d'élite dont l'accès est difficile : J. Lang, « The Proud Executioner : Pride and the Psychology of Genocide », dans Th. Brudholm et J. Lang (éd.), *Emotions and Mass Atrocity, Philosophical and Theoretical Explorations*, Cambridge, Cambridge University Press, 2018, p. 64-80.

80. V. Girod, *Les Femmes et le sexe dans la Rome antique*, *op. cit.*, p. 210 ; Gaius, *Institutions*, 2, 111, 114, 286.

81. V. Girod, *Les Femmes et le sexe dans la Rome antique*, *op. cit.*, p. 211.

82. *Ibid.*

83. Suétone, *Auguste*, 28.

84. *Ibid.*, 29.

85. G. Sauron, « Le message symbolique des rinceaux de l'*Ara Pacis Augustae* », *Comptes rendus des séances de l'Académie des inscriptions et belles-lettres*, 126-1, 1982, p. 81-101.

86. Suétone, *Auguste*, 30.

87. *Ibid.*, 52.

88. *Ibid.*, 50.

89. Ovide, *L'Art d'aimer*, II, 503-515.

90. R. F. Martin, *Les Douze Césars, du mythe à la réalité*, *op. cit.*, p. 54.

91. Suétone, *Auguste*, 79.

92. *Ibid.*, 80.

93. *Ibid.*, 81.

94. *Ibid.*, 82.

95. *Ibid.*, 77.

96. *Ibid.*, 70.

97. *Ibid.*, 87.

98. Pline l'Ancien, *Histoire naturelle*, VII, 46.

99. Tacite, *Annales*, I, 3.

100. Suétone, *Auguste*, 65.

101. *Ibid.*, 65.

102. *Ibid.*, 97.

103. *Ibid.*, 98.

104. Dion Cassius, *Histoire romaine*, LVI, 30.

105. P. Cosme, *Auguste*, *op. cit.*, p. 261.

106. Suétone, *Auguste*, 99.

107. *Ibid.*, 99.

108. P. Cosme, *Auguste*, *op. cit.*, p. 264.

3. Tibère, le mélancolique de Capri

1. Suétone, *Tibère*, 7.
2. *Ibid.*, 14.
3. *Ibid.*, 5.
4. Velleius Paterculus, *Histoire romaine*, II, 71, 3.
5. Suétone, *Tibère*, 3.
6. *Ibid.*, 4.
7. R. Turcan, *Tibère*, Paris, Les Belles Lettres, 2017 p. 14.
8. Suétone, *Tibère*, 4.
9. *Ibid.*, 6.
10. Pour ce qui est de l'impact de stress importants sur les enfants en bas âge, voir : V. G. Carrion, C. F. Weems, et A. L. Reiss, « Stress predicts brain changes in children : A pilot longitudinal study on youth stress, posttraumatic stress disorder, and the hippocampus », *Pediatrics*, vol. 119, n° 3, 2007, p. 509-516 ; J. G. Green *et al.*, « Childhood adversities and adult psychiatric disorders in the national comorbidity survey replication I : associations with first onset of DSM-IV disorders », *Archives of General Psychiatry*, vol. 67, n° 2, 2010, p. 113-123.
11. Suétone, *Tibère*, 4.
12. R. Turcan, *Tibère*, *op. cit.*, p. 19.
13. Suétone, *Tibère*, 6.
14. Dion Cassius, *Histoire romaine*, XLVIII, 44, 5.
15. Suétone, *Tibère*, 57.
16. *Ibid.*, 71.
17. *Ibid.*, 70-71.
18. R. Turcan, *Tibère*, *op. cit.*, 25.
19. Suétone, *Tibère*, 6.
20. *Ibid.*, 14.
21. *Ibid.*, 7 ; R. Turcan, *Tibère*, *op. cit.*, p. 23. Cette cérémonie eut vraisemblablement lieu le 23 avril 27 av. J.-C. selon une inscription du *CIL*, I, p. 317.
22. Suétone, *Tibère*, 7.
23. *Ibid.*, 7.
24. *Ibid.*, 8-9.
25. *Ibid.*, 9.

26. V. Girod, *Les Femmes et le sexe dans la Rome antique*, *op. cit.*, p. 218-220.

27. Suétone, *Auguste*, 63.

28. Suétone, *Tibère*, 7.

29. *Ibid.*, 7.

30. *Ibid.*, 7.

31. *Ibid.*, 10.

32. *Ibid.*, 11.

33. R. Turcan, *Tibère*, *op. cit.*, p. 57.

34. J. Carcopino, *Passion et politique chez les Césars*, Paris, Hachette, 1958, p. 124.

35. Velleius Paterculus, *Histoire romaine*, II, 100.

36. Suétone, *Tibère*, 11 ; Velleius Paterculus, *Histoire romaine*, II, 100.

37. Suétone, *Tibère*, 50.

38. K. Carlsmith, T. Wilson et D. Gilbert, « The paradoxical consequences of revenge », *Journal of Personality and Social Psychology*, 2008.

39. Suétone, *Tibère*, 12-15.

40. *Ibid.*, 21.

41. *Ibid.*, 15.

42. R. Turcan, *Tibère*, *op. cit.*, p. 73-74.

43. Suétone, *Tibère*, 16.

44. Suétone, *Auguste*, 17.

45. Suétone, *Tibère*, 21 ; Velleius Paterculus, *Histoire romaine*, II, 123 ; Dion Cassius, *Histoire romaine*, LVI, 31 : il est le seul auteur à croire que Livie a dissimulé la mort d'Auguste en attendant le retour de Tibère.

46. Velleius Paterculus, *Histoire romaine*, II, 123 ; R. Turcan, *Tibère*, *op. cit.*, *Tibère*, 89.

47. Suétone, *Tibère*, 21.

48. R. Turcan, *Tibère*, *op. cit.*, 89.

49. Suétone, *Tibère*, 22.

50. *Ibid.*, 24.

51. Suétone, *Tibère*, 25 ; R. F. Martin, *Les Douze Césars, du mythe à la réalité*, *op. cit.*, p. 224 : selon l'auteur, les hésitations

de César sont le fruit de son sentiment de vulnérabilité, idée que nous partageons pleinement.

52. Suétone, *Tibère*, 24.
53. *Ibid.*, 26.
54. *Ibid.*, 27.
55. *Ibid.*, 28.
56. Velleius Paterculus, *Histoire romaine*, II, 94 et 97.
57. R. F. Martin, *Les Douze Césars, du mythe à la réalité*, *op. cit.*, p. 62 : sa peau était peut-être abîmée par son mode de vie, et notamment par l'abus de vin.
58. Suétone, *Tibère*, 68.
59. *Ibid.*, 70.
60. *Ibid.*, 42.
61. *Ibid.*, 72.
62. *Ibid.*, 45.
63. *Ibid.*, 41.
64. *Ibid.*, 31.
65. *Ibid.*, 37.
66. *Ibid.*, 35.
67. Tacite, *Annales*, IV, 22 ; R. Turcan, *Tibère*, *op. cit.*, p. 153.
68. Suétone, *Tibère*, 51.
69. *Ibid.*, 50.
70. Tacite, *Annales*, I, 8-15 ; Dion Cassius, *Histoire romaine*, LVII, 18.
71. Suétone, *Tibère*, 53 ; Tacite, *Annales*, IV, 54.
72. Suétone, *Tibère*, 51.
73. *Ibid.*, 54 ; Tacite, *Annales*, V, 3.
74. V. Girod, *Les Femmes et le sexe dans la Rome antique*, *op. cit.*, p. 178.
75. H. W. Bird, « L. Aelius Seianus and his Political Influence », Bruxelles, *Latomus*, n° 28, 1969, p. 61-63.
76. Suétone, *Tibère*, 55.
77. Tacite, *Annales*, IV, 8 et 12 ; Suétone, *Tibère*, 52 ; Dion Cassius, *Histoire romaine*, LVII, 22.
78. Dion Cassius, *Histoire romaine*, LVIII, 10.
79. Flavius Josèphe, *Antiquités judaïques*, XVIII, 6, 6.
80. Tacite, *Annales*, IV, 3.

81. Dion Cassius, *Histoire romaine*, LVIII, 11-16.
82. R. Turcan, *Tibère*, *op. cit.*, p. 162.
83. Suétone, *Tibère*, 39.
84. Tacite, *Annales*, IV, 59.
85. Suétone, *Tibère*, 60.
86. *Ibid.*, 44-46.
87. G. Puccini-Delbey, *La Vie sexuelle à Rome*, *op. cit.*, p. 330-333.
88. Suétone, *Tibère*, 44.
89. *Ibid.*
90. *Ibid.*, 67.
91. *Ibid.*, 72.
92. *Ibid.*, 72.
93. *Ibid.*, 53.
94. *Ibid.*, 75.
95. *Ibid.*, 76.
96. Pline l'Ancien, *Histoire naturelle*, XI, 4.
97. Suétone, *Claude*, III.

4. Caligula, la solitude du tyran

1. Dion Cassius, *Histoire romaine*, LVIII, 28.
2. Tacite, *Annales*, VI, 50.
3. *Ibid.*
4. Suétone, *Caligula*, XIII.
5. Dion Cassius, *Histoire romaine*, LVI, 26.
6. Suétone, *Caligula*, 8.
7. Tacite, *Annales*, I, 41.
8. J.-N. Castorio, *Caligula*, Paris, Ellipses, 2017, p. 48-49.
9. Suétone, *Caligula*, 9.
10. Y. Rivière, *Germanicus*, Paris, Perrin, 2016, p. 145.
11. Suétone, *Caligula*, 9.
12. Grand Camée de France, ou *Gemma Tiberiana*, en sardonyx à cinq couches taillé en camée. Il est daté du premier quart du Ier siècle et conservé au Cabinet des médailles de la Bibliothèque nationale de France (inv. Camée 264).
13. P. Renucci, *Caligula, l'impudent*, Paris, Perrin, 1986, p. 58.
14. Tacite, *Annales*, I, 35.

15. P. Renucci, *Caligula, l'impudent*, *op. cit.*, p. 58.
16. Dion Cassius, *Histoire romaine*, LVII, 5 ; Tacite, *Annales*, I, 41.
17. D. Pleux, *De l'enfant roi à l'enfant tyran*, Paris, Odile Jacob, 2002, p. 84.
18. Tacite, *Annales*, II, 41.
19. V. Girod, *Agrippine, sexe, crimes et pouvoir dans la Rome impériale*, Paris, Tallandier, 2015, p. 40-41.
20. Suétone, *Caligula*, 10.
21. Tacite, *Annales*, II, 51.
22. *Ibid.*, 53-55.
23. *Ibid.*, 69.
24. Suétone, *Caligula*, 5.
25. Tacite, *Annales*, II, 75.
26. *Ibid.*, IV, 57.
27. Dion Cassius, *Histoire romaine*, LVII, 3.
28. Tacite, *Annales*, V, 1.
29. P. Renucci, *Caligula, l'impudent*, *op. cit.*, p. 131.
30. Suétone, *Caligula*, 10.
31. *Ibid.*, 53.
32. *Ibid.*, 24 ; Tacite, *Annales*, VI, 15.
33. J.-N. Castorio, *Caligula*, *op. cit.*, p. 107.
34. Dion Cassius, *Histoire romaine*, LVIII, 23.
35. Suétone, *Caligula*, 11.
36. Tacite, *Annales*, VI, 23-25.
37. Pleux D., *De l'enfant roi à l'enfant tyran*, *op. cit.*, p. 167.
38. Suétone, *Caligula*, 11.
39. *Ibid.*
40. *Ibid.*, 12.
41. *Ibid.*
42. Tacite, *Annales*, VI, 46 ; Dion Cassius, *Histoire romaine*, LVIII, 28.
43. Tacite, *Annales*, VI, 46.
44. *Ibid.*, 50.
45. Suétone, *Caligula*, 12.
46. Tacite, *Annales*, VI, 50.
47. Suétone, *Tibère*, 73.

48. J.-N. Castorio, *Caligula*, *op. cit.*, p. 135 : cette date est validée par les actes des frères Arvales.

49. Suétone, *Caligula*, 13.

50. *Ibid.*, 16.

51. *Ibid.*, 15.

52. *Ibid.*, 14 ; Dion Cassius, *Histoire romaine*, LIX, 1, 2.

53. Dion Cassius, *Histoire romaine*, LIX, 8.

54. Suétone, *Caligula*, 23.

55. E. Cizek, *Structures et idéologies dans les* Vies des douze Césars *de Suétone*, Paris, Les Belles Lettres, 1977, p. 139-141.

56. Suétone, *Auguste*, 79 : les cheveux d'Auguste tiraient sur le blond ; V. Girod, *Agrippine, sexe, crimes et pouvoir dans la Rome impériale*, *op. cit.*, p. 132 : les cheveux de la sœur de Caligula, Agrippine, devaient être châtains.

57. Suétone, *Caligula*, 50 ; R. F. Martin, *Les Douze Césars, du mythe à la réalité*, *op. cit.*, p. 67 : selon l'auteur, les mimiques de Caligula sont un procédé littéraire pour le rendre plus effrayant.

58. R. F. Martin, *Les Douze Césars, du mythe à la réalité*, *op. cit.*, p. 69.

59. Suétone, *Caligula*, 52.

60. *Ibid.*, 23.

61. *Ibid.*, 15.

62. Dion Cassius, *Histoire romaine*, LIX, 3.

63. Suétone, *Caligula*, 15.

64. Voir à ce sujet : L. Grinberg, *Culpabilité et dépression*, Paris, Les Belles Lettres, 1992, p. 123 : « On tend à reproduire, dans différents scénarios et à plusieurs occasions, le même type de conflit qui correspond aux moules primitifs des premiers conflits infantiles. [...] Parmi les facteurs qui sont à l'origine de la compulsion de répétition, on trouve les situations d'angoisse qui proviennent de nos toutes premières expériences. Il s'agit d'angoisses persécutrices et dépressives et de sentiments de culpabilité qui nous obligent à répéter encore et toujours une certaine conduite envers nous-mêmes et les autres pour nous défendre contre ces dangers fantasmés au début de la vie. »

65. Suétone, *Caligula*, 15. L'événement fut également célébré par la frappe de sesterces représentant Agrippine au droit et son

char honorifique – le *carpentum* – lors des jeux du cirque au revers (*RIC*, I^2, 55). Voir à ce sujet V. Girod, « Le *carpentum* dans la numismatique romaine : évolution et signification », *Cahiers numismatiques*, n° 175, 2008, p. 27-47.

66. *RIC*, I^2, 7-8.

67. M. Beard, *Women and Power, A Manifesto*, Londres, Profile Books, 2017, p. 8 : l'auteur explique comment la misogynie est devenue un facteur structurel des sociétés antiques grecque et romaine.

68. Y. Rivière, *Germanicus*, *op. cit.*, p. 424.

69. *RIC*, I^2, 57, 59.

70. Suétone, *Caligula*, 15.

71. *Ibid.*, 15.

72. *Ibid.*, 23.

73. *Ibid.*, 29.

74. *Ibid.*, 23.

75. *Ibid.*, 15.

76. *Ibid.*, 23.

77. *Ibid.*, 26.

78. *Ibid.*, 35.

79. *Ibid.*, 26.

80. P. Renucci, *Caligula, l'impudent*, *op. cit.*, p. 185.

81. Philon d'Alexandrie, *Contre Flaccus*, 15.

82. Suétone, *Caligula*, 22.

83. *Ibid.*, 21.

84. *Ibid.*, 24.

85. *RIC*, I^2, 33 et 41.

86. V. Girod, « Agrippine la Jeune et la monnaie : de la princesse à la régente », dans F. López Sánchez (éd.), *The City and the Coin in The Ancient and Early Medieval Worlds*, British Archeological Reports International Series, 2402, 2012, p. 62.

87. Suétone, *Caligula*, 15.

88. P. Renucci, *Caligula, l'impudent*, *op. cit.*, p. 195. Les chevaliers n'ont pas la légitimité nécessaire pour organiser des coups d'État. Seuls les membres de l'ordre sénatorial peuvent y parvenir, et encore, chaque tentative est éminemment risquée.

89. *Ibid.*

90. Suétone, *Caligula*, 26.
91. *Ibid.*, 20.
92. *Ibid.*, 18.
93. *Ibid.*, 19.
94. *Ibid.*, 21.
95. R. F. Martin, *Les Douze Césars, du mythe à la réalité*, *op. cit.*, p. 212.
96. Suétone, *Caligula*, 14.
97. Musonius Rufus, *Entretiens*, XIV.
98. Suétone, *Caligula*, 27.
99. *Ibid.*, 28.
100. *Ibid.*, 22.
101. *Ibid.*, 22.
102. *Ibid.*, 30.
103. *Ibid.*, 24 ; Dion Cassius, *Histoire romaine*, LIX, 22.
104. P. Grimal, *Sénèque ou la Conscience de l'Empire*, Paris, Les Belles Lettres, 1978, p. 89.
105. S. Woods, « Diva Drusilla Panthea and the Sisters of Caligula », *American Journal of Archaeology*, 99, 1995, p. 457-482.
106. P. Renucci, *Caligula, l'impudent*, *op. cit.*, p. 184.
107. Suétone, *Caligula*, 27.
108. *Ibid.*, 26.
109. *Ibid.*, 30.
110. *Ibid.*, 26.
111. *Ibid.*, 40-41.
112. *Ibid.*, 47.
113. *Ibid.*, 49.
114. *Ibid.*, 48.
115. *Ibid.*, 47.
116. V. Girod, *Agrippine, sexe, crimes et pouvoir dans la Rome impériale*, *op. cit.*, p. 88.
117. A. Waytz, « The strange relationship between power and loneliness », *Harvard Business Review*, 27 avril 2016 (https://hbr.org/2016/04/the-strange-relationship-between-power-and-loneliness).
118. Suétone, *Caligula*, 25.
119. *Ibid.*, 50.

120. *Ibid.*, 36.
121. *Ibid.*, 24.
122. *Ibid.*, 55.
123. G. Puccini-Delbey, *La Vie sexuelle à Rome*, *op. cit.*, p. 289.
124. Y. Rivière, *Germanicus*, *op. cit.*, p. 173.
125. Dion Cassius, *Histoire romaine*, LIX, 29.
126. Suétone, *Caligula*, 47.
127. Dion Cassius, *Histoire romaine*, LIX, 29 ; Suétone, *Caligula*, 59.

5. Claude, la revanche de l'avorton

1. Suétone, *Claude*, 30.
2. *Ibid.*, 10.
3. *Ibid.*, 2.
4. *Ibid.*, 1-2.
5. *Ibid.*, 30.
6. *Ibid.*, 31 ; Dion Cassius, *Histoire romaine*, LX, 2.
7. R. F. Martin, *Les Douze Césars, du mythe à la réalité*, *op. cit.*, p. 183-187.
8. Suétone, *Claude*, 3.
9. *Ibid.*
10. *Ibid.*, 2.
11. *Ibid.*, 4.
12. *Ibid.*
13. *Ibid.*
14. *Ibid.*
15. *Ibid.*
16. *Ibid.*, 38.
17. P. Renucci, *Claude, l'empereur inattendu*, Paris, Perrin, 2012, p. 44.
18. Suétone, *Claude*, 5.
19. *Ibid.*, 6.
20. P. Renucci, *Claude, l'empereur inattendu*, *op. cit.*, p. 45.
21. Suétone, *Claude*, 26.
22. *Ibid.*, 27.
23. *Ibid.*, 28.

24. *Ibid.*, 7.

25. J.-N. Castorio, *Messaline, la putain impériale*, Paris, Payot, 2015 p. 32.

26. *Ibid.*, p. 53.

27. Suétone, *Claude*, 8.

28. Dion Cassius, *Histoire romaine*, LX, 1, 3.

29. Suétone, *Claude*, 10.

30. P. Renucci, *Claude, l'empereur inattendu*, *op. cit.*, p. 77.

31. Suétone, *Claude*, 11.

32. Dion Cassius, *Histoire romaine*, LX, 3, 2.

33. P. Renucci, *Claude, l'empereur inattendu*, *op. cit.*, p. 78-79.

34. Suétone, *Claude*, 12.

35. *Ibid.*, 30.

36. *Ibid.*, 12.

37. *Ibid.*, 40.

38. *Ibid.*, 35.

39. *Ibid.*, 13.

40. *Ibid.*, 17.

41. *Ibid.*, 18.

42. *Ibid.*, 40.

43. *Ibid.*, 23.

44. *Ibid.*, 24.

45. *Ibid.*, 25.

46. *Ibid.*, 24.

47. R. Turcan, *Vivre à la cour des Césars*, Paris, Les Belles Lettres, 1987, p. 63-64.

48. Suétone, *Claude*, 29.

49. *Ibid.*, 28.

50. P. Grimal, *Sénèque ou la Conscience de l'Empire*, *op. cit.*, p. 99.

51. P. Renucci, *Claude, l'empereur inattendu*, *op. cit.*, p. 133.

52. P. Grimal, « Les rapports de Sénèque et de l'empereur Claude », *CRAI*, 122, 1978, p. 472.

53. Tacite, *Annales*, XI, 12.

54. *Ibid.*

55. Suétone, *Claude*, 29.

56. Tacite, *Annales*, XI, 28-30.

57. V. Girod, *Agrippine, sexe, crimes et pouvoir dans la Rome impériale*, *op. cit.*, p. 124.

58. Tacite, *Annales*, XII, 6 ; F. B. R. Godolphin, « A note on the marriage of Claudius and Agrippina », *Classical Philology*, 29, 1934, p. 143-145.

59. Tacite, *Annales*, XII, 8.

60. Dion Cassius, *Histoire romaine*, LX, 33 ; V. Girod, *Agrippine, sexe, crimes et pouvoir dans la Rome impériale*, *op. cit.*, p. 128.

61. Suétone, *Claude*, 27.

62. Dion Cassius, *Histoire romaine*, LX, 33 ; Tacite, *Annales*, XII, 56.

63. Suétone, *Claude*, 21.

64. V. Girod, *Agrippine, sexe, crimes et pouvoir dans la Rome impériale*, *op. cit.*, p. 149-150.

65. Suétone, *Claude*, 43.

66. *Ibid.*

67. *Ibid.*, 46.

68. *Ibid.*, 33.

69. *Ibid.*, 44.

70. *Ibid.*, 45.

71. Sénèque, *L'Apocoloquintose du divin Claude*, 5.

72. *Ibid.*, 13.

6. Néron, la tragédie d'un fils à maman

1. Tacite, *Annales*, XIII, 19-20.

2. Suétone, *Néron*, 6 ; Dion Cassius, *Histoire romaine*, LXI, 2.

3. Suétone, *Néron*, 1.

4. *Ibid.*, 3.

5. *Ibid.*, 4. Voir aussi : Ph. Moreau, « À propos du sénatus-consulte épigraphique de Larinum », *Revue des études latines*, n° 61, 1983, p. 36-48.

6. Suétone, *Néron*, 5.

7. *Ibid.*

8. Dion Cassius, *Histoire romaine*, LXI, 2.

9. F. Kaltenbeck, « De la mère au symptôme », *Savoirs et clinique*, 2003/1, p. 9-15 : « Elle est atteinte dans sa puissance

puisqu'elle manque du phallus. Cette mère aime en son enfant l'image du phallus. L'enfant doit alors s'apercevoir que ce n'est pas lui qui est aimé mais cette image. [...] La mère aime en son enfant sa splendeur phallique. On se trompe donc à lui supposer un amour inconditionnel. [...] Le prince Hamlet mais aussi le névrosé obsessionnel sont particulièrement affectés, à l'heure de la vérité, par cette déception, quand ils doivent apprendre que leur mère aimait en eux, avant tout, l'image phallique. Comme ils sont eux-mêmes fascinés par le regard, ils supportent mal d'avoir été aimés avant tout comme une image. »

10. Suétone, *Néron*, 50.

11. Suétone, *Caligula*, 24 ; Tacite, *Annales*, XIV, 2 ; Dion Cassius, *Histoire romaine*, LIX, 10.

12. Suétone, *Néron*, 6.

13. K. R. Bradley, *Suetonius' Life of Nero. An Historical Commentary*, Bruxelles, Latomus, 1978, p. 50 ; Gaius, *Les Institutions oratoires*, 1, 189.

14. Suétone, *Néron*, 6.

15. Quintilien, *L'Institution oratoire*, X, 1, 23 ; Dion Cassius, *Histoire romaine*, LX, 23 ; Martial, *Épigrammes*, X, 2 ; Suétone, *Vie de Passiénus*.

16. E. Cizek, *Néron*, Paris, Fayard, 1982, p. 27.

17. Suétone, *Néron*, 6.

18. *Ibid.* ; Tacite, *Annales*, XI, 11.

19. Suétone, *Néron*, 52.

20. *Ibid.*

21. Tacite, *Annales*, XIII, 3.

22. *CIL*, VI, 2040-2045 ; Suétone, *Claude*, 27 ; Suétone, *Néron*, 7 ; Tacite, *Annales*, XII, 26.

23. *RIC*, I^2, 82.

24. Suétone, *Néron*, 7 ; Tacite, *Annales*, XII, 41.

25. Suétone, *Claude*, 45.

26. Suétone, *Néron*, 8.

27. Y. Le Bohec, *L'Armée romaine*, Paris, Picard, 1989, p. 21.

28. Tacite, *Annales*, XII, 69 ; Suétone, *Néron*, 8 ; Dion Cassius, *Histoire romaine*, LXI, 3.

29. Tacite, *Annales*, XII, 69 ; Dion Cassius, *Histoire romaine*, LXI, 1.

30. Suétone, *Néron*, 9 ; Tacite, *Annales,* XIII, 2.

31. *RIC*, I^2, 82.

32. Sénèque, *L'Apocoloquintose du divin Claude*, 4.

33. Suétone, *Néron*, 51.

34. Pseudo-Lucien, *Néron ou le Percement de l'Isthme*, 7.

35. R. F. Martin, *Les Douze Césars, du mythe à la réalité*, *op. cit.*, p. 77.

36. *Ibid.*, p. 78.

37. Suétone, *Néron*, 51.

38. V. Girod, « Une matrice : la cour romaine, du Haut-Empire à l'Antiquité tardive », dans V. Battaggion et Th. Sarmant (dir.), *Histoire mondiale des cours de l'Antiquité à nos jours*, *op. cit.*, p. 124.

39. Dion Cassius, *Histoire romaine*, LXI, 20.

40. Suétone, *Néron*, 20.

41. Dion Cassius, *Histoire romaine*, LXI, 3.

42. E. Cizek, *Néron*, *op. cit.*, p. 94.

43. Suétone, *Néron*, 10.

44. *Ibid.*, 11-12.

45. *Ibid.*, 26.

46. *RIC*, I^2, 1-7.

47. Tacite, *Annales*, XIII, 2.

48. V. Girod, *Agrippine, sexe, crimes et pouvoir dans la Rome impériale*, *op. cit.*, p. 164.

49. Tacite, *Annales*, XIII, 5.

50. Suétone, *Néron*, 28.

51. *Ibid.*, 33 ; Tacite, *Annales*, XIII, 15-16 ; Dion Cassius, *Histoire romaine*, LXI, 7.

52. Tacite, *Annales*, XIII, 20.

53. *Ibid.*, 21 ; XIV, 12.

54. *Ibid.*, XIII, 45.

55. Suétone, *Néron*, 34 ; Tacite, *Annale*s, XIV, 3-9 ; Dion Cassius, *Histoire romaine*, LXI, 12-14.

56. Suétone, *Néron*, 39.

57. Dion Cassius, *Histoire romaine*, LXI, 16.

58. A. A. Barrett, *Agrippina. Sex, Power and Politics in the Early Empire*, New Haven et Londres, Yale University Press, 1996, p. 193.

59. Suétone, *Néron*, 35 ; Tacite, *Annales,* XIV, 60-64 ; Dion Cassius, *Histoire romaine*, LXII, 13.

60. Suétone, *Néron*, 53.

61. *Ibid.*, 20.

62. E. Cizek, *Néron*, *op. cit.*, p. 47. La question est impossible à trancher…

63. Suétone, *Néron*, 21.

64. La pièce est attribuée à Sénèque, ou tout du moins à un imitateur.

65. Suétone, *Néron*, 54.

66. *Ibid.*, 22.

67. *Ibid.*, 30.

68. *Ibid.*, 13.

69. *Ibid.*, 23.

70. *Ibid.*, 29.

71. *Ibid.*, 35.

72. Dion Cassius, *Histoire romaine*, LXIII, 26.

73. Suétone, *Néron*, 35.

74. E. Cizek, *Néron*, *op. cit.*, p. 304.

75. Suétone, *Néron*, 38 ; Tacite, *Annales*, XV, 38-43 ; Dion Cassius, *Histoire romaine*, LXII, 16-18.

76. Suétone, *Néron*, 38 ; Dion Cassius, *Histoire romaine*, LXII, 16.

77. Suétone, *Néron*, 16.

78. *Ibid.*, 39.

79. Pline l'Ancien, *Histoire naturelle*, 34, 45-46.

80. Suétone, *Néron*, 31.

81. *Ibid.*, 35.

82. E. Cizek, *Néron*, *op. cit.*, p. 257.

83. *Ibid.*, p. 262.

84. Tacite, *Annales*, XV, 54-56.

85. Suétone, *Néron*, 45.

86. *Ibid.*, 32.

87. E. Cizek, *Néron*, *op. cit.*, p. 390.

88. Suétone, *Néron*, 42-43.
89. *Ibid.*, 43 ; Dion Cassius, *Histoire romaine*, LXIII, 25.
90. Suétone, *Néron*, 46.
91. *Ibid.*, 47.
92. *Ibid.*, 6.
93. *Ibid.*, 48.
94. *Ibid.*, 49.
95. *Ibid.*
96. *Ibid.*
97. *Ibid.*, 57.

7. Galba, de la rigidité des férules

1. Suétone, *Galba*, 4.
2. *Ibid.*, 3.
3. *Ibid.*, 4.
4. Plutarque, *Galba*, 3.
5. Suétone, *Galba*, 4.
6. *Ibid.*, 5.
7. *Ibid.*, 4.
8. *Ibid.*, 4.
9. *Ibid.*, 5
10. *Ibid.*, 6.
11. V. Girod, *Les Femmes et le sexe dans la Rome antique*, *op. cit.*, p. 57-58.
12. Plutarque, *Galba*, III ; Suétone, *Galba,* 6.
13. Suétone, *Galba*, 6.
14. *Ibid.*
15. J.-N. Castorio, *Caligula*, *op. cit.*, p. 290.
16. Suétone, *Galba*, 4.
17. *Ibid.*, 7.
18. *Ibid.*, 22.
19. *Ibid.*, 12.
20. *Ibid.*, 9.
21. *Ibid.*, 22.
22. R. F. Martin, *Les Douze Césars, du mythe à la réalité*, *op. cit.*, p. 165-166.

23. V. Girod, *Les Femmes et le sexe dans la Rome antique*, *op. cit.*, p. 161-163.

24. Plutarque, *Galba*, 4.

25. Suétone, *Galba*, 4.

26. *Ibid.*, 10 ; Plutarque, *Galba*, 5.

27. Suétone, *Galba*, 11.

28. *Ibid.*, 2.

29. *Ibid.*, 15.

30. *Ibid.*, 14.

31. *Ibid.*, 15.

32. *Ibid.*, 20. Homère, *Iliade*, V, 254 ; *Odyssée*, XXI, 426.

33. Suétone, *Galba*, 21.

34. Tacite, *Histoires*, I, 16, 1.

35. R. F. Martin, *Les Douze Césars, du mythe à la réalité*, *op. cit.*, p. 83.

36. Suétone, *Galba*, 16.

37. *Ibid.*, 18.

38. *Ibid.*, 19.

39. *Ibid.*, 20.

8. Othon, l'art de bien mourir

1. Suétone, *Othon*, 10.

2. *Ibid.*, 1.

3. *Ibid.*, 2.

4. *Ibid.*, 2.

5. *Ibid.*, 12.

6. Voir par exemple un denier du règne : *RIC*, I^2, 4.

7. R. F. Martin, *Les Douze Césars, du mythe à la réalité*, *op. cit.*, p. 85.

8. Tacite, *Annales*, XIII, 45.

9. Suétone, *Othon*, 5.

10. *Ibid.*

11. *Ibid.*

12. *Ibid.*, 4.

13. *Ibid.*

14. *Ibid.*, 5.

15. Plutarque, *Othon*, 1.
16. *Ibid.*, 2.
17. E. Cizek, *Néron*, *op. cit.*, p. 400-401.
18. Suétone, *Othon*, 10.
19. *Ibid.*, 8.
20. *Ibid.*, 9.
21. *Ibid.*, 10.
22. *Ibid.*
23. Au sujet des représentations magiques de Vénus, voir : G. Ficheux, « La chevelure d'Aphrodite et la magie amoureuse », dans L. Bodiou, D. Frère et V. Mehl (dir.), *L'Expression des corps : gestes, attitudes, regards dans l'iconographie antique*, Cahiers d'histoire du corps antique, 2, Rennes, 2006, p. 181-194.
24. Suétone, *Othon*, 10.

9. Vitellius, on achève bien les porcs

1. Suétone, *Vitellius*, 9.
2. *Ibid.*, 1.
3. *Ibid.*, 2.
4. Tacite, *Annales*, XII, 5-6.
5. Suétone, *Vitellius*, 3.
6. *Ibid.*
7. *Ibid.*, 5.
8. *Ibid.*, 7.
9. *Ibid.*, 6.
10. *Ibid.*
11. *Ibid.*, 7.
12. *Ibid.*, 8.
13. *Ibid.*
14. *Ibid.*, 7.
15. R. F. Martin, *Les Douze Césars, du mythe à la réalité*, *op. cit.*, p. 87.
16. Suétone, *Vitellius*, 17.
17. *Ibid.*, 10.
18. *Ibid.*, 11.
19. *Ibid.*, 12

20. *Ibid.*, 13.
21. *Ibid.*, 14.
22. *Ibid.*, 15.

10. Vespasien, heurs et splendeurs d'un opportuniste

1. Suétone, *Vespasien*, 1.
2. *Ibid.*, 5.
3. *Ibid.*, 2.
4. Tacite, *Histoire*, II, 80, 4.
5. Ph. Tarel, *Titus*, Paris, Ellipses, 2016, p. 39.
6. Suétone, *Vespasien*, 2.
7. *Ibid.*, 3.
8. *Ibid.*, 2.
9. *Ibid.*, 4.
10. Ph. Tarel, *Titus*, *op. cit.*, p. 54.
11. Suétone, *Vespasien*, 4 ; Tacite, *Agricola*, 13, 5 ; Dion Cassius, *Histoire romaine*, LX, 20, 3.
12. Suétone, *Vespasien*, 5.
13. Ph. Tarel, *Titus*, *op. cit.*, p. 45.
14. Suétone, *Vespasien*, 3.
15. *Ibid.*, 4.
16. *Ibid.*, 4.
17. Ph. Tarel, *Titus*, *op. cit.*, p. 118.
18. Tacite, *Histoire*, II, 2, 1.
19. *Ibid.*, III, 66, 7.
20. Suétone, *Vespasien*, 5.
21. *Ibid.*, 5.
22. *Ibid.*, 6.
23. Ph. Tarel, *Titus*, *op. cit.*, p. 184.
24. Suétone, *Vespasien*, 12.
25. *Ibid.*, 20.
26. R. F. Martin, *Les Douze Césars, du mythe à la réalité*, *op. cit.*, p. 89.
27. Suétone, *Vespasien*, 11.
28. *Ibid.*, 9.
29. *Ibid.*, 8.
30. *Ibid.*, 14.

31. *Ibid.*, 17.
32. *Ibid.*, 16.
33. *Ibid.*, 22-23.
34. *Ibid.*, 19.
35. *Ibid.*, 12.
36. Dion Cassius, *Histoire romaine*, LXVI, 16.
37. Suétone, *Vespasien*, 23.
38. *Ibid.*, 24.
39. *Ibid.*, 25.

11. Titus, itinéraire d'un héritier choyé

1. Suétone, *Titus*, 1.
2. V. Girod, *Agrippine, sexe, crimes et pouvoir dans la Rome impériale*, *op. cit.*, p. 137-139.
3. Suétone, *Titus*, 3.
4. *Ibid.*, 2.
5. R. F. Martin, *Les Douze Césars, du mythe à la réalité*, *op. cit.*, p. 89-91.
6. Suétone, *Titus*, 2.
7. Tacite, *Annales*, XIII, 16 ; Flavius Josèphe, *Antiquités judaïques*, XX, 152.
8. Ph. Tarel, *Titus*, *op. cit.*, p. 70.
9. Suétone, *Titus*, 7.
10. *Ibid.*, 4.
11. Pline l'Ancien, *Histoire naturelle*, préface, 3.
12. Suétone, *Titus*, 4.
13. Ph. Tarel, *Titus*, *op. cit.* La jeunesse de Titus est assez obscure. On ne sait pas grand-chose de son foyer, d'autant plus que les sources littéraires divergent.
14. Suétone, *Titus*, 5.
15. Flavius Josèphe, *La Guerre des Juifs*, V, 60.
16. Suétone, *Titus*, 5.
17. *Ibid.*, 6.
18. Ph. Tarel, *Titus*, *op. cit.*, p. 215-222.
19. Suétone, *Titus*, 7.
20. *RIC*, II, 388.
21. Suétone, *Titus*, 7.

22. *Ibid.*
23. *Ibid.*, 8.
24. *Ibid.*, 1.
25. Martial, *Épigrammes*, IV, 44.
26. Suétone, *Titus*, 8 ; *CIL*, X, 1492.
27. Suétone, *Titus*, 8.
28. *Ibid.*, 9.
29. *Ibid.*, 10.

12. Domitien, déréliction d'un cadet de famille

1. Suétone, *Domitien*, 3.
2. *Ibid.*, 20.
3. *Ibid.*, 19.
4. *Ibid.*, 1.
5. *Ibid.*, 20.
6. *Ibid.*, 14.
7. Ph. Tarel, *Titus*, *op. cit.*, p. 188.
8. Suétone, *Domitien*, 1.
9. *Ibid.*, 5.
10. *Ibid.*, 4.
11. Voir à ce sujet O. Gazalé, *Le Mythe de la virilité*, Paris, Robert Laffont, 2017.
12. Suétone, *Domitien*, 7.
13. *Ibid.*, 8.
14. *Ibid.*, 6.
15. *Ibid.*, 3.
16. *Ibid.*, 20.
17. *Ibid.*, 21.
18. *Ibid.*, 3.
19. *Ibid.*, 13.
20. *Ibid.*, 22.
21. *Ibid.*, 13.
22. Martial, *Épigrammes*, IX, 64-65.
23. Suétone, *Domitien*, 4.
24. R. Syme, « Antonius Saturninus », *Journal of Roman Studies*, 68, 1978, p. 12-21.
25. Suétone, *Domitien*, 21.

26. *Ibid.*, 11.
27. *Ibid.*, 14.
28. *Ibid.*, 15.
29. J. Schmidt, *La Mort des Césars*, Paris, Perrin, 2016, p. 82. Selon l'auteur, Domitien, inapte à égaler son frère et son père, a préféré la voie de l'absolutisme.
30. Suétone, *Domitien*, 15.
31. *Ibid.*, 16.
32. *Ibid.*, 17.
33. *Ibid.*
34. *Ibid.*, 23.

Conclusion

1. O. Gazalé, *Le Mythe de la virilité*, *op. cit.*
2. M. Bodinger, « Le mythe de Néron. De l'Apocalypse de saint Jean au Talmud de Babylone », *Revue de l'histoire des religions*, 1989, p. 21-40.

Bibliographie

Source principale

SUÉTONE, *Vies des douze Césars*, traduction de Henri Ailloud, préface de Marcel Bénabou, Gallimard, coll. « Folio Classique », édition de 1975.

Toutes les traductions de Suétone utilisées dans cet ouvrage sont de Henri Ailloud.

Bibliographie sélective

ASH, Rhiannon, *Tacitus*, Oxford, Clarendon Press, 2012.

BARRETT, Anthony A., *Caligula, The Corruption of Power*, Londres, Batsford, 1989.

—, *Agrippina. Sex, Power and Politics in the Early Empire*, New Haven et Londres, Yale University Press, 1996.

—, *Livia, First Lady of the Imperial Rome*, New Haven et Londres, Yale University Press, 2002.

BATTAGGION, Victor, et SARMANT, Thierry, *Histoire mondiale des cours, de l'Antiquité à nos jours* (dir.), Paris, Perrin, 2019.

BAUMAN, Richard, *Women and Politics in Ancient Rome*, Londres, Routledge, 1994.

BRADLEY, Keith R., *Suetonius' Life of Nero, An Historical Commentary*, Bruxelles, Latomus, 1978.

BURGEON, Christophe, *Domitien, un empereur controversé*, Paris, L'Harmattan, 2017.

BURNS, Jasper, *Great Women of Imperial Rome, Mothers and Wives of the Caesars*, Londres, Routledge, 2007.

CARCOPINO, Jérôme, *La Vie quotidienne à Rome à l'apogée de l'Empire*, Paris, Hachette, 1936.

—, *Passion et politique chez les Césars*, Paris, Hachette, 1958.

—, *Jules César,* 5e éd., Paris, PUF, 1968.

CASTORIO, Jean-Noël, *Messaline, la putain impériale*, Paris, Payot, 2015.

—, *Caligula*, Paris, Ellipses, 2017.

CIZEK, Eugen, *L'Époque de Néron et ses controverses idéologiques*, Leyde, E. J. Brill, 1972.

—, « L'*Apocoloquintose*, pamphlet de l'aristocratie latine », *Acta Antiqua Philippopolitana. Studia Historica et Philologica*, Sofia, 1963, p. 295 et *sq*.

—, *Structures et idéologies dans les* Vies des douze Césars *de Suétone*, Paris, Les Belles Lettres, 1977.

—, *Néron*, Paris, Fayard, 1982.

COGITORE, Isabelle, *La Légitimité dynastique d'Auguste à Néron à l'épreuve des conspirations*, Rome, École française de Rome, 2002.

—, « Les honneurs italiens aux femmes de la famille impériale de la mort de César à la mort de Domitien », dans M. Cébeillac-Gervasoni (dir.), *Les Élites municipales de l'Italie péninsulaire de la mort de César à la mort de Domitien, classes sociales dirigeantes et pouvoir central*, Rome, École française de Rome, 271, 2000, p. 237-266.

CORBIER, Mireille, « Divorce and adoption as roman familial strategies », dans B. Rawson (éd.), *Marriage, Divorce and*

Children in Ancient Rome, New York, Oxford University Press, 1991, p. 47-78.
—, « La maison des Césars », dans P. Bonte (dir.), *Épouser au plus proche, inceste, prohibitions et stratégies matrimoniales autour de la Méditerranée*, Paris, Éditions de l'École des hautes études en sciences sociales, 1994, p. 243-292.
—, « Male power and legitimacy through women, the Domus Augusta under Julio-Claudians », dans R. Hawley et B. Levick (éd.), *Women in Antiquity, New Assessments*, New York, Routledge, 1995, p. 178-193.
CROISILLE, Jean-Michel, « L'art de la composition chez Suétone d'après les vies de Claude et de Néron », *Annali dell'Istituto Italiano per gli Studi Storici*, 2, 1970, p. 73-87.
DEVILLERS, Olivier, *Tacite et les sources des* Annales*, enquêtes sur la méthode historique,* Louvain-Paris, Peeters, 2003.
FERRERO, Guglielmo, *Les Femmes des Césars*, Paris, Plon, 1930.
FLORY-BOUDREAU, Marleen, « The meaning of Augusta in the Julio-Claudian period », *American Journal of Ancient History*, 13, 2, 1998, p. 113-138.
GASCOU, Jacques, *Suétone historien*, Paris, Éditions de Boccard, 1984.
GAZALÉ, Olivia, *Le Mythe de la virilité*, Paris, Robert Laffont, 2017.
GIACOSA, Giorgio, *Women of the Caesars*, Milan, Arte e Moneta, 1992.
GIROD, Virginie, « Le *carpentum* dans la numismatique romaine : évolution et signification », *Cahiers numismatiques*, nº 175, 2008, p. 27-47.
—, « Agrippine la Jeune : de la princesse à la régente », dans F. López Sánchez (éd.), *The City and the Coin in the Ancient and Early Medieval Worlds*, British

Archaeological Reports International Series, 2402, 2012, p. 61-72.
—, *Agrippine, sexe, crimes et pouvoir dans la Rome impériale*, Paris, Tallandier, 2015.
—, « Une matrice : la cour romaine du Haut-Empire à l'Antiquité tardive », dans V. Battaggion et Th. Sarmant (dir.), *Histoire mondiale des cours, de l'Antiquité à nos jours*, Paris, Perrin, 2019, p. 120-137.
GRANT, Michael, *The Twelve Caesars*, Londres, Weidenfeld and Nicolson, 1975.
GRIFFIN, Miriam, *Seneca, A Philosopher in Politics*, Oxford, Clarendon Press, 1976.
—, *Nero: The End of a Dynasty*, Londres, Routledge, 1984.
GRIMAL, Pierre, *La Civilisation romaine*, Paris, Arthaud, 1960.
—, *L'Amour à Rome*, Paris, Hachette, 1963.
—, *Sénèque ou la Conscience de l'Empire*, Paris, Les Belles Lettres, 1978.
—, *Tacite*, Paris, Fayard, 1990.
HALLET, Judith, *Fathers and Daughters in Roman Society. Women and the Elite Family,* Princeton, Princeton University Press, 1984.
HOMO, Léon, *Vespasien, l'empereur du bon sens*, Paris, Albin Michel, 1949.
HURLET, Frédéric, *Auguste, les ambiguïtés du pouvoir*, Paris, Armand Colin, 2015.
JONES, Brian W., *The Emperor Titus*, Londres-Sidney, Croom Helm, 1984.
—, « Agrippina and Vespasian », *Latomus*, 43, 1984, p. 581-583.
KOKKINOS, Nikkos, *Antonia Augusta : Portrait of a Great Lady*, Londres, Routledge, 1992.
KÜHNER, Hans, et MATT, Léonard von, *Les Césars*, Paris, Hachette, 1965.

LE BOHEC, Yann, *César, chef de guerre*, Paris, Tallandier, coll. « Texto », 2015.
LEVICK, Barbara, *Claudius*, Londres, Routledge, 1990.
MARTIN, Jean-Pierre, « Néron et le pouvoir des astres », *Pallas*, 30, 1983, p. 63-74.
MARTIN, Régis F., « Les paradoxes de l'empereur Claude », *Revue des études latines*, 67, 1989, p. 149-162.
—, *Les Douze Césars, du mythe à la réalité*, Paris, Les Belles Lettres, 2004.
MASSARO, V., et MONTGOMERY, I., « Gaius : mad, bad, ill or all three ? », *Latomus*, 37, 1978, p. 894-909.
MOREAU, Philippe, *Incestus et prohibitae nuptiae, l'inceste à Rome*, Paris, Les Belles Lettres, 2002.
MULLER, Laurent, « La mort d'Agrippine », *Les Études classiques*, 62 (1), 1994, p. 27-43.
NONY, Daniel, *Caligula*, Paris, Fayard, 1986.
PETIT, Paul, *Histoire générale de l'Empire romain*, I : *Le Haut-Empire*, Paris, Le Seuil, 1978.
PICARD, Gilbert-Charles, *Auguste et Néron, le secret de l'Empire*, Paris, Hachette, 1962.
PUCCINI-DELBEY, Géraldine, *La Vie sexuelle à Rome*, Paris, Tallandier, 2007.
RENUCCI, Pierre, *Caligula, l'impudent*, Paris, Perrin, 1986.
—, *Claude, l'empereur inattendu*, Paris, Perrin, 2012.
—, *Auguste, le révolutionnaire*, Paris, Perrin, 2014.
—, *Marc Antoine, un destin inachevé entre César et Cléopâtre*, Paris, Perrin, 2015.
SALLES, Catherine, *Tibère, le second César*, Paris, Robert Laffont, 1985.
—, *La Rome des Flaviens*, Paris, Perrin, coll. « Tempus », 2008.
—, *Néron, empereur des arts*, Paris, Perrin, 2019.
SARTRE, Maurice, *Cléopâtre, un rêve de puissance*, Paris, Tallandier, 2018.

Storoni Mazzolani, Lidia, *Tibère ou la Spirale du pouvoir*, Paris, Les Belles Lettres, 1986.
Strauss, Barry, *La Mort de César*, traduit de l'anglais par Clotilde Meyer, Paris, Albin Michel, 2018.
Syme, Ronald, « Some friends of the Caesars », *American Journal of Philology*, 77, 1956, p. 264-273.
—, « Antonius Saturninus », *Journal of Roman Studies*, 68, 1978, p. 12-21.
—, *Tacitus*, Oxford, Clarendon Press, 1958.
—, « Domitian, the last years », *Chiron*, 13, 1983, p. 121-146.
Tarel, Philippe, *Titus*, Paris, Ellipses, 2016.
Turcan, Robert, *Vivre à la cour des Césars*, Paris, Les Belles Lettres, 1987.
—, *Tibère*, Paris, Les Belles Lettres, 2017.
Verdière, Raoul, « À verser au dossier sexuel de Néron », *La parola del passato*, 30, 1975, p. 9-21.
Veyne, Paul, *Le Pain et le Cirque*, Paris, Le Seuil, 1976.
Wallace-Hadrill, Andrew, *Suetonius, The Scholar and his Caesars*, Londres, Duckworth, 1983.
Wuilleumier, Pierre, « L'empoisonnement de Claude », *Revue des études latines*, 53, 1975, p. 3-4.
Yavetz, Zvi, *César et son image*, Paris, Les Belles Lettres, 1990.

Index

Remerciements

Chaque nouveau livre est une aventure solitaire. Pourtant, un écrivain n'est jamais vraiment seul, et à la cour de mes Césars, je fus bien accompagnée. Je souhaite remercier en premier lieu Vincent, car, en dépit des tumultes de la vie, il est toujours là pour m'écouter parler, me laisser réfléchir à haute voix et même parfois pour relire quelques pages. Il mérite ma plus profonde et sincère gratitude pour cela et bien plus encore.

Je souhaite également remercier mon professeur et ancien directeur de thèse, Yann Le Bohec. Je lui suis reconnaissante d'avoir pris le temps de relire mon chapitre sur César, lui qui en est l'un des plus éminents spécialistes. Il fait partie de ces personnes qui ont contribué à me forger intellectuellement en m'invitant à être un esprit libre et critique.

Évidemment, ce livre n'existerait pas sans Benoît Yvert, Christophe Parry et toute l'équipe de Perrin qui a veillé sur moi et sur chaque étape de la création de cet ouvrage jusqu'à sa venue au monde. Je leur en sais gré.

Al fin, agradezco Victor Battaggion, mi editor, medio esfinge, medio tirano. Por una vez, no vale la pena escribir mucho. Ya lo sabes todo.

Table des matières

Composition et mise en pages
Nord Compo à Villeneuve-d'Ascq

Imprimé en France par CPI
en novembre 2020
N° d'impression : 2054348

Pocket – 92 avenue de France, 75013 PARIS

Suite du premier tirage : novembre 2020
S30998/03